天下文化
BELIEVE IN READING

現代民用科技創新與競爭取代。

上圖為 Sony Discman CD 隨身聽；下圖則是體積更小且完全數位化的 Apple iPod Shuffle。iPod 透過卓越的使用者體驗，成功讓 Discman 退出個人音樂播放器市場。

兩張圖片均來自 iStock.com。

Fig. 52.—Knight in his Hauberk (after Meyrick).

中世紀軍事技術創新與競爭取代。

上圖為穿著昂貴鎖子甲的騎士；下圖則是使用長弓的弓箭手。成本較低且更具戰鬥效能的長弓弓箭手，讓英國在多場戰役中擊敗了法國騎士。

上圖來自 openverse.org；下圖來自維基百科。

現代軍事技術與部分競爭取代。

上圖是使用常規砲彈的傳統火砲；下圖則是使用智慧型精準導引彈藥的海馬斯高機動性多管火箭系統（HIMARS）。這兩種武器都在烏克蘭戰場上使用，但海馬斯高機動性多管火箭系統憑藉更先進的技術，提供了卓越的競爭優勢。

兩張圖片均來自維基百科。

專制國家的軍用技術發展缺乏創新。

上圖是美國的第一顆原子彈；下圖則是數年後蘇聯的第一顆原子彈。這兩顆原子彈非常相似，因為蘇聯完全複製了美國原子彈的設計特徵，這些設計都是透過間諜活動從美國竊取的機密計畫學來的。

上圖來自維基百科；下圖來自 Wikimedia Commons。

專制國家的民用技術發展缺乏創新。

上圖是蘋果開發的電腦 Apple II；下圖則是數年後蘇聯研製的 Agat 電腦。這兩台電腦非常相似，因為蘇聯複製了 Apple II 的整體外觀與操作體驗，且 Agat 的許多內部功能也與 Apple II 極為接近。

上圖來自 iStock.com；下圖來自 Sergei Frolov。

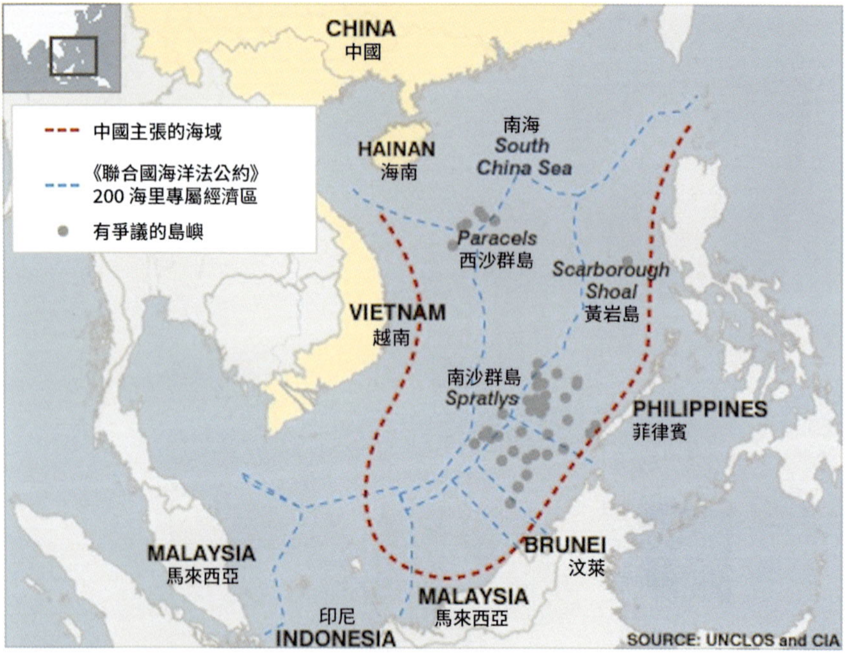

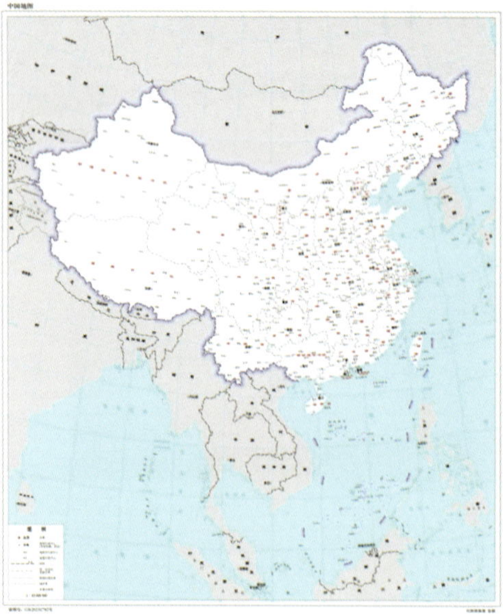

中國在南海的積極強硬態度。

上圖中，藍色虛線顯示根據國際法（基於規則的國際秩序）確定的邊界，紅色虛線則顯示中國所主張的「九段線」邊界。下圖是最近中國擴展為「十段線」，明確將台灣納入其主張範圍。中國聲稱對南海 90% 的海域擁有主權，這是個相當令人震驚的主張。

上圖來自 BBC 新聞；下圖來自中國自然資源部。

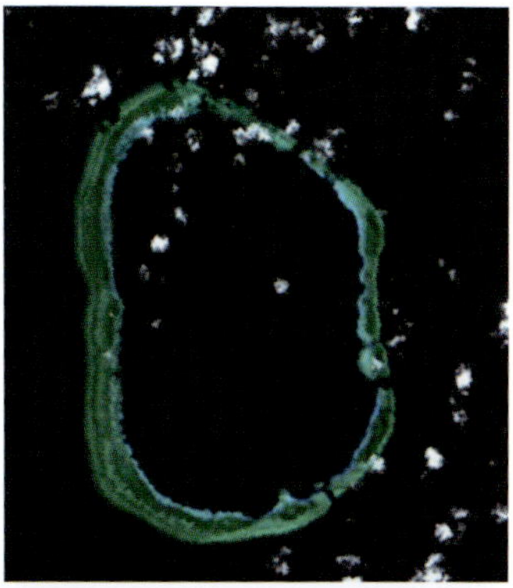

冷戰 2.0 在南海。

上圖是美濟礁（來自衛星圖像），位於菲律賓專屬經濟區內（但中國依據其「九段線」聲索主權）；此圖顯示中國進行建設之前的美濟礁樣貌。下圖也是美濟礁（來自航空照片），現在已經變成中國軍事基地，擁有長達 3.1 公里的軍用機場跑道、混凝土機庫、導彈掩體，以及大型雷達設施。

兩張圖片均來自維基百科。

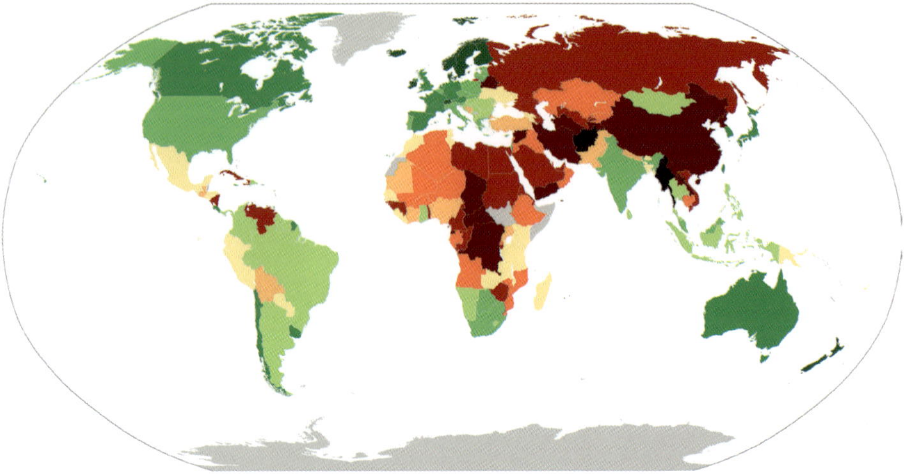

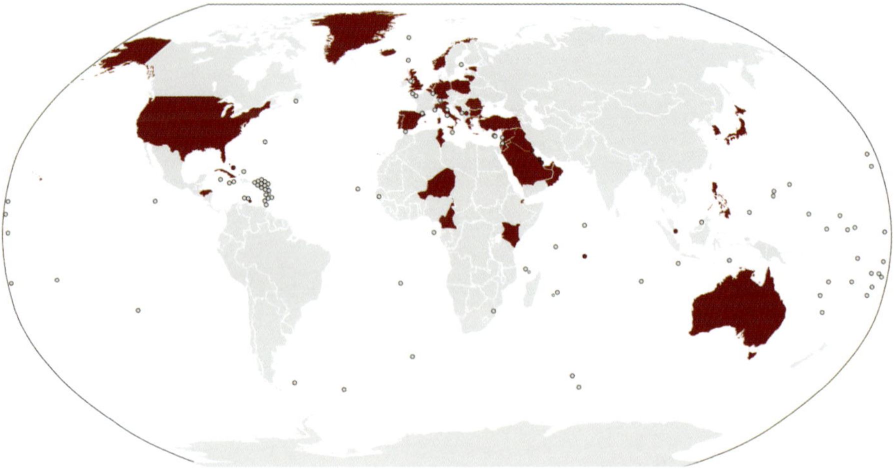

冷戰 2.0 的地理格局。

上圖是專制弧線，從北韓和中國開始，經過俄羅斯，接著往下到伊朗，穿越中東，再延伸至非洲。下圖則是美國在民主國家中的領導地位，展示了遍布全球的美軍基地。在上圖中，完全民主國家以深綠色標示，瑕疵民主國家為淺綠色，混合政體為黃色與淺橙色，專制政體則以深橙色和深紅色表示。在下圖中，美國及其盟國以紅色顯示，並且標注了額外的美軍基地。

兩張圖片均來自維基百科。

AI如何影響中美俄新戰略

冷戰2.0

喬治·塔卡奇 著

葉妍伶 譯

GEORGE S. TAKACH

ARTIFICIAL INTELLIGENCE IN THE NEW BATTLE BETWEEN CHINA, RUSSIA, AND AMERICA

COLD WAR 2.0

獻給芭芭拉

目次

——各界推薦——

對於關心國際關係、時事及世界超級強權在先進科技領域如何展開競爭的讀者來說，這是一本不可或缺的讀物。

——**《圖書館期刊》**

《冷戰 2.0》是對我們這個時代的一次關鍵剖析，揭示了科技與地緣政治交會之處，如何塑造數位時代國家命運的未來藍圖。本書不僅為理解未來國際關係格局中的戰略與科技前沿提供了一份指南，也點出完整理解全球相互連繫的重要性。在這場全球新冷戰的邊緣，本書照亮了前方的挑戰與機遇，提醒我們這場現代冷戰的影響遠遠超出了主要參與者，觸及了世界的每一個角落。

——**張越（Marina Yue Zhang）**｜《澳洲國際事務期刊》

喬治・塔卡奇說服了我：我們正處於與全球專制政權進行新冷戰的時代。塔卡奇主張，這場戰爭的勝敗並不取決於人們對事件的反應，而取決於人們對人工智慧的掌控能力。這種掌控能力通常源於人類的創新，而美國通常擁抱這種創新。《冷戰 2.0》是一篇深入研究的論文，揭示了我們所面臨的迫在眉睫的危險，並為我們指引唯一可能的勝利路徑。

——**莉絲・威爾**（**Lis Wiehl**）｜《明處的間諜》（*A Spy in Plain Sight*）作者

這本內容全面、條理清晰且令人著迷的著作，說服力十足地論證了以美國為首的民主國家將在冷戰 2.0 期間贏過當前由中國主導的專制勢力。塔卡奇憑藉過去 2,500 年來的豐富證據與思想，結合個人經驗和大量現代細節，來支持此一論點。從對各國主要相對能力的分析，到當前的熱點問題，再到政策建議和實際解決方案，他娓娓道來，指出民主國家當前可以做些什麼、應該採取哪些行動，才能確保在這場第二次冷戰中勝出。本書是政策制定者、學者與受當前危機和不確定性困擾的公民的必讀之作，不僅帶來希望，更展示了如何讓這份希望成為全球的現實。

——**約翰・柯頓**（**John Kirton**）｜多倫多大學政治學榮譽退休教授

喬治．塔卡奇在這本書中提出了一個值得深究的觀點，探討尖端科技，特別是人工智慧、半導體、量子運算、生物科技、雲端運算和核融合能源將如何影響即將到來的美中冷戰。自 19 世紀末以來，科技創新的進程不斷演化，並有效終結第一場冷戰，發揮了決定性作用。塔卡奇深入探討了這些動態，包括他所稱的「超創新」，以及民主國家在性別平等與創新方面的特定優勢。本書提供了洞察深刻的分析。

——**朱利安．史賓塞－邱吉爾教授**（Julian Spencer-Churchill）｜康考迪亞大學

這本書分析了人工智慧如何影響美中在台灣戰場上的對抗，相當發人深省，既即時又令人警醒。華府的關鍵決策者應在為時未晚之際閱讀喬治．塔卡奇的這本力作。

——**索爾．大衛**（Saul David）｜《魔鬼犬：從瓜達康納爾島到日本沿岸》（*Devil Dogs: From Guadalcanal to the Shores of Japan*）、《地獄的熔爐》（*Crucible of Hell*）、《雷霆行動》（*Operation Thunderbolt*）和《原力》（*The Force*）作者

俄羅斯對烏克蘭的侵略與中國對台灣的企圖，無疑引起了西方民主國家公民的憂慮。加上人工智慧和生物科技等創新科技的不確定性，未來似乎注定會是一場反烏托邦的科幻政治驚悚片。然而，塔卡奇理性地分析了地緣政治與科技危機，並傳達了一個充滿希望的訊息：民主的政治力量與市場經濟的創新潛力完全足以擊敗專制對手——前提是我們真正理解冷戰 2.0 的本質。

——**大衛．海德**（**David Head**）｜流氓共和國：美國新國家建設中的陰謀家與冒險家》（*A Republic of Scoundrels: The Schemers, Intriguers, and Adventurers Who Created a New American Nation*）及《和平的危機：喬治．華盛頓、新堡陰謀與美國革命的失敗》（*A Crisis of Peace: George Washington, the Newburgh Conspiracy, and the Fall of the American Revolution*）作者

——名詞對照——

ADS（air defense system）：防空系統

AGI（artificial general intelligence）：通用人工智慧

AI（artificial intelligence）：人工智慧

BT（biotechnology）：生物科技

C4（command, control, communication, and computers）：指揮、管制、通信、資訊系統，簡稱「指管通資系統」

CCP（Chinese Communist Party）：中國共產黨

CSTO（Collective Security Treaty Organization）：集體安全條約組織

DPP（the Democratic Progressive Party of Taiwan）：民主進步黨

EDA（electronic design automation）：電子設計自動化

EGM（ectogenesis machine）：人工子宮

EU（European Union）：歐盟

EUL（Extreme Ultraviolet Lithography）：極紫外光微影技術

GATO（Global Alliance Treaty Organization, a proposed collective defense alliance, like NATO, but among willing democracies all around the world）：全球聯盟條約組織（作者建議以北大西洋公約組織為範本，建立一個類似的集體防禦聯盟，但是納入全球願意加入的民主國家）

GRU（Soviet and Russian military intelligence）：俄羅斯軍事情報局

KMT（the Kuomintang）：中國國民黨
MIC（military-industrial complex）：軍事工業複合體
NATO（North Atlantic Treaty Organization）：
北大西洋公約組織，簡稱「北約」
NIST（National Institute of Standards and Technology）：
美國國家標準暨技術研究院
OECD（Organization of Economic Co-operation and Development）：
經濟合作暨發展組織
PATO（Pacific Alliance Treaty Organization, a proposed collective defense alliance, like NATO, but among willing democracies in the Pacific）太平洋聯盟條約組織（作者建議以北大西洋公約組織為範本，建立一個類似的集體防禦聯盟，但是納入太平洋地區願意加入的民主國家）
PRC（People's Republic of China: "mainland/Communist" China）：
中華人民共和國：「中國大陸」或「共產中國」
PLA（People's Liberation Army）：人民解放軍
QC（quantum computer）：量子電腦
RCP（Russian Communist Party）：俄羅斯共產黨
ROC（Republic of China: Taiwan）：中華民國：台灣
SC（semiconductor chip）：半導體晶片
SCO（Shanghai Cooperation Organization）：上海合作組織
SCS（South China Sea）：南中國海（內文大都簡稱「南海」）
SME（semiconductor manufacturing equipment）：半導體製造設備
STEM（science, technology, engineering, and mathematics）：
科學、科技、工程和數學，合稱為科際整合學科）

TRA（Taiwan Relations Act）：《台灣關係法》
TSMC（Taiwan Semiconductor Manufacturing Corporation）：台積電
UN（United Nations）：聯合國
UNCLOS（United Nations Convention on the Law of the Sea）：《聯合國海洋法公約》
UNSC（United Nations Security Council）：聯合國安全理事會
WHO（World Health Organization）：世界衛生組織

——2025 台灣版前言——

在 2024 年 1 月台灣總統及立法委員選舉前兩個月，我在這個迷人的國家展開兩週以上的研究之旅。我租了車子環島，由妻子協助導航。不僅在台北與多位深具見解的意見領袖交流，還有機會前往新竹、台中、台南、花蓮等地，與當地的人們進行深入的討論。

我還有幸造訪許多重要的歷史景點，例如綠島白色恐怖人權紀念園區的人權博物館。此外，我們參觀了台灣經濟的重要樞紐，例如新竹的台積創新館。做為一名加拿大人，我很高興看到以馬偕牧師命名的醫療中心，也造訪了他在 19 世紀晚期於淡水創立的女校。在金門，我們探索了多座軍事歷史博物館，這些地方見證了台灣英勇的士兵們數十年來守護台海和平的貢獻。

結束這次台灣之旅時，我對台灣人民的成就抱持著深深的敬意。我認為，台灣人是一個勤奮、聰明且慷慨的民族。台灣的民主文化堪稱世界一流，也因此促成了精采的公民社會在此蓬勃發展。台灣展現了性別平權、宗教包容以及充滿活力的音樂、藝術和建築文化，讓每個人都能共享。我也見識到了台灣人對教育的高度重視，促成了領先全球的科技創新經濟。在這座小島上，台灣人民面對艱困的環境卻依然取得了如此傑出的成就，著實令人敬佩。

因此，毫不意外地，台灣在本書中關於「冷戰 2.0」的討論中占據了顯著地位。在本書的分析框架中，專制國家又把世界的民主國家拖入了冷戰狀態。這場衝突源自專制政權拒絕遵守以規則為基礎的國際秩序。專制國家以赤裸裸的軍事力量構成的威脅，讓全球籠罩在陰影下。

面對冷戰 2.0 及專制者的侵略，民主國家必須重新致力於自由與公平選舉的價值（如 2024 年 1 月 13 日台灣的民主實踐，讓人佩服），並堅定保護人權和個人自由，支持由獨立法官監督的法治社會。在這些領域，世界有許多地方可以向台灣學習。

民主國家也必須相互合作，以提高應對能力。「團結才是力量。」本書提供了重要的思考、策略及行動方針，幫助民主國家攜手努力，共同實現更和平的世界。我非常高興，也十分感謝天下文化出版這本中文版本，使台灣讀者能更深入地參與，確保包括台灣在內的民主國家在冷戰 2.0 中取得勝利。

喬治・塔卡奇
寫於多倫多
2025 年 1 月

——緒論——

中國專制領袖習近平統治著 14 億人口，他曾明確說過一定要讓擁有 2,300 萬人口的民主台灣成為中國的一部分。中國的地理面積比台灣大 265 倍，人口則是 61 倍，可是習近平卻認為台灣的獨立存在會威脅中國。專制領袖厭惡與民主政體為鄰，唯恐對民主化的渴望感染專制國家國民，威脅專制政權。專制政權與民主政體之間的緊張關係，就是冷戰 2.0 的核心議題。

習近平想要台灣和平地歸順中國，但 2024 年 1 月的大選之後，民進黨新任總統賴清德在同年 5 月就職，而他想要讓台灣繼續維持自 1949 年以來與中國分離的現狀，這代表北京必然會傾向以武力拿下台灣。中國有意攻占台灣，就像俄羅斯在 2022 年侵略烏克蘭一樣。不確定的只是時間和方式。

就時間點來說，習近平沒打算把征服台灣的任務留給下一任，因為他已經把收服台灣人民的畫面融入了他的個人形象中。依照最典型的專制傳統，習近平將自己塑造為中國共產黨的終身領袖，該黨是中國境內唯一允許存在的政黨，不只掌控了政府，也管制著中國社會的方方面面。不過，假設他想要在 80 歲之前收復台灣（他出生於 1953 年），就得在 2034 之前接管台灣。那麼接下來就只剩下詳細的攻擊計畫要安排了。

軍事分析師認為，中國要接管台灣，會在兩種作戰計畫間選擇。中華人民解放軍可以直接武力入侵本島，或透過海軍與空軍來封鎖沿海，逼迫台灣投降。老實說，即使是封鎖計畫，也可能因為台灣或美國的軍隊試圖突圍而在短時間內升高為暴力衝突，尤其是考慮到台灣的能源儲備只有八天。

假設中國選擇入侵方案。在攻擊行動中，台灣境內的軍事指管通資（Command, Control, Communication, and Computers, C4）系統指揮中心，台灣與美國在這座島嶼周邊水域的海軍艦艇，以及美國在世界各地的 C4 中心，都會突然在同時間看到雷達螢幕上出現數百個光點。每一個光點就代表一枚中國從東岸戰機、戰艦、潛艦、基地所發射的精準導彈或無人機。台灣和美國的雷達與感應系統，包括台灣的蜂眼雷達、美國在台灣打造的鋪路爪長程預警雷達、台灣與美國的防空系統雷達，都會偵測到飛彈與無人機升空。台灣與美國的防空系統不只在地面，也有安裝在船艦上，包括台灣的天弓、天劍二型飛彈和復仇者防空飛彈系統。美國的愛國者飛彈與神盾防空系統、美國天基紅外預警系統（Space-Based Infrared System, SBIRS）那12顆在地球靜止軌道上的衛星、C4中心位在科羅拉多州的北美防空司令部（North American Aerospace Defense Command, NORAD）和美國太空司令部（U.S. Space Command, SPACECOM）的軍事設施、阿拉斯加的固裝相位陣列雷達系統（Solid State Phased Array Radar System, SSPARS）也都會發出警報。偵測到大量中國飛彈與無人機攻擊不是問題，有效即時回應才是台灣與美國防禦部隊的挑戰。

中國的導彈和無人機首度大規模壓境時，時間就不站在台灣這一邊了。分隔了台灣本島和中國大陸的台灣海峽，寬度僅160公里（100英里），中國沿海發射的數百枚巡弋飛彈可以在12分鐘內抵達台灣。若從中國海軍艦艇、潛艦和戰機發射飛彈，只需要幾分鐘就能擊中台灣。上述的C4設施中有雷達和衛星系統，可以提前偵測中國的高超音速飛彈，但因為速度實在太快了（每秒6公里），要以火力反擊來攔截這些飛彈的難度非常高。此外，防禦目標是要在「拋射物交戰區域」擊落進襲的飛彈與無人機，而不是在台灣上空擊落，尤其不能在人口稠密的都市上空。所以對於台灣和美國軍隊來說，要有效應對中國第一波攻勢，時間至為關鍵。

在這場攻擊中，台灣的命運和全球極權大國與民主大國（尤其是美國和中國）之間的權力平衡就取決於上述的復仇者、天弓、天劍、愛國者和神盾防空系統了。這些防空系統由台灣和美國的國防工業建造，由台灣和美國的軍隊操作，而防空武器的核心電腦則由人工智慧軟體驅動，當敵軍發射導彈和無人機時，軟體會立即從自己和其他的雷達、衛星、感應器接收資訊。接下來，人工智慧軟體會判斷、追蹤來襲導彈和無人機的軌跡，在適當的時間點發射防空飛彈來攔截敵軍的導彈和無人機。不過，這套人工智慧軟體的工作不只如此。

每套防空系統的人工智慧軟體還要連繫其他防空系統單位的人工智慧軟體，才能確保有條不紊地徹底攔截所有的敵軍飛彈和無人機。如果有兩枚以上的防禦飛彈都被指定去攔截同一枚敵軍導彈，結果有漏網之魚趁隙命中目標，將導致嚴重後果。這項工作很複雜。有的防空攔截飛彈只能擊落速度較慢的無人機，有的則擅長攔截敵軍最快的高超音速導彈。因此，人工智慧系統必須搞清楚指揮站螢幕上的每個光點是什麼，該指派哪個防禦系統來攔截。人工智慧系統和人類操作員都必須面對複雜又緊要的任務，導彈攻擊戰的邏輯很殘酷：攻擊者不需要 100% 的命中率（所以才會發射那麼多導彈和無人機），但防禦者必須達成 100% 的防禦率。這似乎不是一場公平的戰鬥。

美軍和中華民國國軍還有其他更令人憂慮的事。台灣位於極為繁忙的商業航線區域，只要稍微查看即時航班追蹤網 fightaware.com 就可以看到，在營業時間內每小時進出台灣的飛機有數十架。支援台灣國防的人工智慧系統必須考慮到這些飛機，盡量避免民航機在台海戰爭期間被擊落，最好把風險降為零。美國海軍巡洋艦文森斯號在 1988 年兩伊戰爭期間擊落伊朗民航機，造成 290 人死亡；馬來西亞航空 17 號航班則是在 2014 年被俄羅斯支持的烏克蘭反叛份子以俄羅斯導彈擊落，共計 298 人罹難，這些回憶對美軍和中華民國國軍的防禦部隊來說都是很真切的顧慮，他們會擔心友軍誤擊民航機。

在民主國家的軍事準則中，人工智慧軟體在分配目標時有三種操作模式。**手動**模式表示人工智慧負責收集和處理數據，但始終需要人類操作員來決定目標和時機。**半自動**模式則由人工智慧來選擇目標（進襲的導彈或無人機），而人類操作員有短暫的時間（例如 15 秒）可以覆寫或延遲電腦的決定。**自動**模式則是讓人工智慧系統來選擇目標，人類操作員沒有機會介入。

很可能，在那決定人類未來的關鍵時刻，中國向台灣發動第一波導彈與無人機攻擊的那一天，人工智慧就會迅速切換為自動模式。為什麼？原因很簡單，就是台灣和美國的軍事人員沒有足夠的時間可以有效地介入決策、選擇目標、核准行動。在這種戰鬥情境中，人類的眼睛和耳朵無法吸收足夠的數據，人腦也無法快速消化和處理資訊以理性判斷數百枚導彈和無人機來襲時要如何因應，其中大多數都會在幾分鐘內命中預定目標。諷刺的是，過去軍事領導者面臨的主要挑戰是「戰場迷霧」（fog of war，指領導人對戰場現況掌握程度太低），但在台海戰爭中，戰情清晰度過高（overwhelming clarity of war）也同樣棘手，軍事領導者掌握了所有數據，但仍無法即時決策。民主國家要獲勝，唯一的機會就是讓不同防空系統（ADS）所依賴的人工智慧盡責運算，**自主運作**以完成防禦任務。

讓人工智慧系統自主運作的設定是目前所有人類事務中情緒、心理和操作上難度最高的人工智慧部署計畫。若把人工智慧系統當成一行又一行的電腦代碼，那防空系統的人工智慧系統很龐大，必須能夠同時即時處理數百萬種可能情境，這是人類史上編寫過最複雜的軟體。這場關乎台灣未來的戰爭情境，代表了這個時代裡人類與科技最難解的課題。人類透過創新開發出精準導彈（也使用了人工智慧），速度如此之快，威力如此之強，以致於人類的防禦部隊也需要利用科技，在戰鬥的核心過程中消除人類的監管。那這會有什麼問題呢？儘管如此，防空系統中關鍵的自主防禦設計功能——完全無人的過程——絕對有其必要。在時間緊迫、壓力極大的情況下，人類都會是阻礙，就算是經驗豐富的軍事科技專家也一樣。根本沒時間讓人類參與其中。

基本上，台灣要繼續生存下去，延續獨立的民主政治，就要靠台美防空系統武器裡的人工智慧迅雷般的運算速度。幸好，幾年前，防空系統的電腦基礎設施已經升級，可以在量子電腦上集中運作或（在雲端上）遠端操作。量子電腦的運算速度大約比最快的傳統電腦快 2 億倍。在軍事任務中，量子電腦非常適合吸收大量的攻擊數據、確定行動方針、分派指令給相互連線的個別防空飛彈防禦系統。在台海戰爭中，以量子電腦為基礎的防空網絡軟體擁有懾人的能力，可確保每一枚中國發射的飛彈都被即時且妥善地解決掉，至少理論上是這樣；廣域飛彈防禦系統的棘手之處在於無法大規模全面測試，這意味著它們第一次上路實測就要抵擋數百枚來襲導彈。

防空系統人工智慧（在量子電腦上運行）發出的指令會分派給數百個硬體控制設備，由它們負責從防空系統武器中發射攔截導彈（在某些情況下則會發射高能脈衝武器以擊落飛行速度較慢的無人機）。這些硬體位於防空系統控制設備內部，就設置在即將發射的攔截導彈旁邊。由於擁有全世界最強大的半導體晶片，它們可以用極快的速度執行人工智慧 C4 單位所傳送的指令。更諷刺的是，這些半導體晶片不是美國製造的，而是由領先全球的台灣半導體製造商台積電（TSMC）所生產。台積電在台灣的廠房，擁有人類目前最尖端、最複雜的製程。廠房裡的設備和元件則來自全球數百間供應商，分屬於十多個民主國家，齊力讓台積電可以製造出指甲大小的半導體晶片。晶片上頭有數十億個電晶體，每秒可執行數兆次運算。民主國家目前用來製造優勢武器系統的科技軍火庫遍布全球，例如：台積電廠房裡最重要的設備就是在荷蘭製造的，造價為每台 4 億美元。台積電專精於將所有元件組合在一起，製造出擁有現代魔法的半導體晶片裝置，讓防空系統武器能即時發射防禦飛彈和其他武器，以對抗中國的導彈和無人機。

若如台美的預期，中國在首波攻擊行動的 15 分鐘後會發射第二波導彈。不過，大家可能沒料到，第二輪不是裝炸藥，而是生物病毒。活性劑釋放之後，短短幾分鐘內，數百萬台灣民眾和數千名美軍水手與其他軍種的官兵，都會因為強烈腹痛而倒地不起，至少兩天內無法行動。這些受害者不會死（至少死因不是生物毒劑），但在他們人生中最難受的 48 小時裡，他們無法執行任何軍事任務。在第二波飛彈投放生物毒劑之後的幾小時內，中國傘兵部隊會空降在島上，數十萬水陸兩棲部隊也會接著登陸，他們對病毒免疫，因為在攻擊行動的前一週，他們就已經服用了解毒劑。

台海戰爭的勝利將取決於雙方對於四項關鍵科技的掌握程度：人工智慧、半導體晶片、量子電腦和生物科技。而這四項科技的成敗則取決於兩個因素：一、專制國家與民主國家在戰爭爆發前的25年間，所培養的科學、科技、工程和數學（STEM）領域碩博士學位畢業生的素質。二、兩大陣營裡軍工業複合體整合創新到武器系統和防禦系統的能力。融合民用與軍用創新很困難。人類過去從來沒有這麼依賴過少數大學畢業生。

若中國自己一個陣營，台灣、美國與他們的盟友一個陣營，沒有人樂見這兩個陣營爆發戰爭。事實上，台灣熱戰可以避免，但前提是民主國家要能說服中國，讓中國相信自己不一定能在這種動盪衝突中取勝，而且無端冒險的成本高昂，會威脅到中國社會的穩定，因為中國發動攻勢之後，勢必會遭到多數民主國家施以嚴厲的經濟制裁，導致大規模失業。實際上，民主國家必須讓中國知道，攻擊台灣的軍事行動最終會失敗，就會像俄羅斯總統普丁在烏克蘭慘敗一樣。

民主陣營要把這急迫的訊息傳遞給專制領袖，最好的方法就是宣布專制國家和民主國家已經進入冷戰狀態。這樣一來，民主國家可以採取適合冷戰的措施，表示他們共同抵禦冷戰和熱戰的決心。這就是民主國家在 2014 年眼見俄羅斯侵略烏克蘭並非法併吞克里米亞之後該做卻沒做到的。民主陣營沒有在 2014 年宣布冷戰（並採取適合冷戰的行動），助長了普丁在 2022 年全面入侵烏克蘭的野心。民主陣營在 2014 年犯下的這個錯誤，不該在台灣問題上重蹈覆轍。幸好，烏克蘭（靠其他民主國家支援了價值數億十美元的武器）成功抵擋了規模強大許多的俄羅斯軍隊，民主國家可以利用這個結果來讓中國知道強行武統台灣會面臨的後果。民主陣營的關鍵目標就是要確保 21 世紀只會有一場大規模的領土擴張戰爭，而不是兩場。

許多民主國家的公民，尤其是年紀稍長、經歷過上一次冷戰的人，都不會樂見我們進入民主國家與專制國家的新冷戰之中。這確實是壞消息，但如果民主陣營忽視這個（或其他）壞消息，就是在傷害自己。其實，還是有很多好消息。

壞消息，好消息

不過，我們先談壞消息。主要的民主國家確實再度陷入了與主要專制國家對峙的冷戰之中（冷戰 2.0）。事情原本不需要變成這樣，人類前所未見地維持了長達 80 年的全球和平、繁榮與社會進步，但專制領袖決心推翻基於規則的國際秩序。此外，就像上一場冷戰（冷戰 1.0）一樣，冷戰 2.0 也有熱戰。在歐洲，2022 年 2 月，俄羅斯專制領袖普丁對鄰國烏克蘭發動了一場毫無理由的全面戰爭，延續 2014 年非法併吞克里米亞的行動。在這場冷戰 2.0 的動態戰爭（kinetic war）中，普丁矢志摧毀烏克蘭這個國家，因為在他眼中，烏克蘭是民主、自由和法治的典範，這都是在俄羅斯無法實現的價值，會威脅他的專制政權。

此外，還有一些強人在沒動用武器的情況下就展開冷戰 2.0 的威脅行動。在亞洲，中國專制領袖習近平提前 25 年終結了香港的民主制度，違反了一項重要的國際條約。習近平還在中國城市街頭逮捕其他國家的公民，毫無法律依據就扣為人質，做為囚犯交換的籌碼。此外，最高領導人習近平還聲稱對幾乎整片南中國海／西菲律賓海擁有主權，完全排除其他亞洲鄰國的權力，這違反了《聯合國海洋法公約》（習近平的前任領導人在大約 50 年前簽署了這份公約）。習近平還經常在台灣領導人會晤重要的世界領袖時，試射飛彈到台灣附近或飛越台灣上空。儘管這些飛彈都沒有落在台灣，但這無疑是一種心理戰和強烈的恐嚇。中國這些「灰色地帶」軍事演習，也是在對上述「攻台」情境進行實戰演練。

還有很多冷戰 2.0 的壞消息，來自其他沒那麼強勢但仍具有影響力的專制者。沙烏地阿拉伯在 2018 年邀請《華盛頓郵報》的專欄作家哈紹吉（Jamal Khashoggi）到駐伊斯坦堡大使館領取文件。哈紹吉一走進去就被分屍，屍塊後被裝進多個垃圾袋。沙烏地阿拉伯當初犯下這十惡不赦的罪行，現在想靠運動洗白，買下英格蘭的紐卡索聯足球俱樂部，並舉辦高爾夫球錦標賽，從民主國家挖角，付出高額簽約金（5,000 萬至 2 億美元）給好幾位高球好手。這些運動員拿了錢，被問到參與萬惡沙烏地政權的洗白運動有什麼感覺時，只露出空洞的眼神。另一個依賴石油的專制政權委內瑞拉則是有個逼使 700 萬公民流亡海外的專制領袖。這個國家不久之前還很富庶，但終身專制總統馬杜洛（Nicolás Maduro）造成了人為的饑荒。

其他專制領袖也帶來了不少冷戰 2.0 的壞消息。伊朗的神權政體（和俄羅斯、中國、朝鮮組成「專制國家網絡」）在過去幾年內就殺了大約 500 名抗議者（其中包含 60 名婦女），因為國內婦女在爭取出門不戴頭巾的行動自由。俄羅斯愈來愈依賴伊朗供應無人機，除了直接向伊朗首都德黑蘭購買無人機，還讓伊朗在俄羅斯境內建立了無人機製造廠。伊朗在專制國家網絡的角色愈來愈吃重，這點可以從幾項重要發展中觀察出來。例如：伊朗供應武器、軍事科技專業與豐厚的財務資源給中東的恐怖份子代理組織，包括真主黨（Hezbollah）、激進團體「青年運動」（Houthis，以這些武器干擾亞丁灣和蘇伊士運河的航運）和哈瑪斯（Hamas，2023 年 10 月 7 日以這些武器攻擊以色列，引發加薩戰爭，哈瑪斯高階政治領袖在攻擊前三度會晤俄羅斯高階政府官員並不是巧合）。

北韓的第三代專制領袖金正恩花費巨資發展核武器，卻任由人民挨餓；就像中國發射飛彈飛越台灣上空一樣，金正恩也經常帶著威脅意味朝南韓和日本試射飛彈。俄羅斯在 2022 年 2 月全面進攻烏克蘭後，幾個月內，莫斯科就和北韓重新強化關係，北韓供應俄羅斯軍隊大量彈藥（總量超過 250 萬發），而俄羅斯回報北韓的物資違反了聯合國對北韓的制裁措施，這些制裁措施是俄羅斯先前也同意的。當情勢危急時，專制政權往往更肆無忌憚地無視國際秩序。

現在講講好消息。民主國家會在冷戰 2.0 中獲勝，打倒專制大國（包括中國與俄羅斯），理由就和贏得第一場冷戰的原因一樣，最關鍵的因素是民主國家擁有卓越的創新科技能力，因此經濟實力、軍事力量和軟實力會大幅超越專制國家。專制國家的創新是由上而下，透過政府主導，這根本無法帶來卓越且持續的創新。此外，光是一名中國或俄羅斯的科學家在學術實驗室裡構思出新發明還不夠，一項重大科技的發展必須獲得資金挹注，並且經過實作，化為可行的科技，最終發展為有用、耐用而且廣受市場歡迎的商用（或軍用）產品。

專制政權的結構本身就會扼殺這些創新的活動，阻礙新概念取得卓越成就。重大的新科學、新科技、新商業模式出現時，必須和現有的科技或商業流程競爭，**以新汰舊**（competitively displace）。這是專制者無法克服的挑戰，因為他們或他們的金主已經在現有科技中投入了大量資本，所以不管下一項創新的潛力有多大，都會被壓制和埋沒。雪上加霜的是，創新科技背後的科學家或企業家往往會逃到民主國家，在那裡他們才能成功地把創新概念推向市場。

民主國家表現優異的研究型大學比專制國家多，這讓民主陣營再添創新優勢。這些民主國家的頂尖大學會吸引全世界最聰明的人才（其中有很多科際整合領域的人來自專制國家），帶來大量科學突破和最尖端的科技。其中有很多人會選擇創業（由龐大且「具智慧」的私有資本支持）或加入現有的民間企業，將重大創新更快地從實驗室推向市場。這是目前人類已知最成功的創新模式，而且只有在民主國家裡才能完全成形。這就是民主國家將在冷戰 2.0 中戰勝專制國家的原因。

簡單來說，專制中國的科技創新模式離理想還很遠，美國的創新模式則優越得多。其他主要民主國家，包括法國、德國、日本、荷蘭、南韓、台灣和英國，雖然在創新和創業方面不如美國，但是把新概念從科學實驗室移植到市場的能力，還是超越了中國。整體而言，民主國家在創新方面遠勝中國，正如書中的詳細數據和指標所顯示。只要這股創新優勢運用得當——正如本書所建議的——這項優勢將會讓民主國家在冷戰 2.0 的競爭態勢中，成功戰勝專制國家。

對民主國家來說，還有更多好消息。自第一場冷戰在 1989 年至 1991 年之間結束以來，民主國家在開發和運用科技創新時累積了更多優勢。其中一項關鍵新力量就是民主國家正穩步邁向性別平等，逐步實現目標。儘管路還很長，性別平等確實已有顯著進展；美國經濟裡女性參與度在 2023 年 6 月達到 77.5%，創下歷史新高，同時，獲得大學學位的美國女性也比男性多。

看到 2016 年至 2024 年間，台灣的女性總統蔡英文號召國人對抗中國最高領導人（專制領袖）習近平的脅迫，就很鼓舞人心。同樣地，歐盟執委會主席馮德萊恩（Ursula von der Leyen）積極呼籲歐洲各國支持烏克蘭對抗俄羅斯專制領袖普丁。在美國，有許多業界最大的科技公司和國防工業公司的高級主管是女性，同樣振奮人心。其中包括 3 歲時就從台灣移居美國的蘇姿丰，她是超微半導體（AMD）的執行長，而超微半導體是領先全球的半導體晶片公司。此外，諾斯洛普格魯曼（Northrup Grumman）名列美國最主要的國防企業，執行長沃登（Kathy J. Warden）也是一名女性領導人。在加拿大，副總理兼財政部長方慧蘭（Chrystia Freeland）是七大工業國組織（G7）裡最挺烏克蘭的支持者，曾任國防部部長的阿南德（Rita Anand）、加拿大國防與安全產業協會的總裁暨執行長錢法拉尼（Christyn Cianfaran），皆為女性。中國、俄羅斯、沙烏地阿拉伯、伊朗、委內瑞拉或北韓等專制政權，則都很少出現女性首長。

同理，多元社會是另一個民主政權與專制政權相異之處，也是很重要、很正面的差異。專制政權竟把多元社會視為民主制度的弱點，簡直難以置信，不過他們大錯特錯。蘋果公司是全球最有價值的企業（市值超過 3 兆美元），也是全球最領先的科技公司，而蘋果的執行長庫克（Tim Cook）是同志，全球有數百萬名同性戀者，包括專制政權裡也有。同志在專制政權裡生活可能很危險，有時甚至無法安身立命，例如俄羅斯在 2022 年又通過了一項反同法案。與專制政權不同的是，過去五十多年來，民主國家歡迎同志進入社會主流，全面參與科學、科技、政治、商業、文化、教育與公民社會。

民主國家也歡迎、支持並讚揚多元族裔，不管是有著深厚家族根源的本地人或是初來乍到的移民。美國國防部長奧斯汀（Lloyd Austin）和參謀總長布朗（Charles Brown）都是非裔美國人。這樣的例子還有很多：許多上市與未上市科技企業的執行長都出生於印度，包括三大巨頭 IBM、Google（字母集團）和微軟（Microsoft），以及知名度略遜一籌的上市科技公司如 Adobe、美光科技（Micron Technology）、網路器械公司（NetApp）和威睿（VMware）也都拔擢了印度裔執行長。

本書在比較民主政體與專制政體時，會詳細討論許多驅動力，這些驅動力影響了各國的經濟、軍事、軟實力，特別是科技與科技創新這兩股超強大的驅動力。然而，科技始終來自於人，正是這些創新、研發、部署先進科技的人，讓各個國家的經濟實力與國家安全更強大。有鑑於專制政權普遍厭女、恐同，並強化民族主義、沙文主義、種族主義，他們讓自己無法受惠於大量成年公民的技能、智慧與勤奮。相較之下，民主政權可以有效地讓更多公民參與，包括擔任高層領導職位。這是民主制度相較於專制政權的巨大結構優勢，也是影響冷戰 2.0 結果的關鍵因素。

讓我說清楚，對民主國家來說，冷戰 2.0 的競爭比冷戰 1.0 更嚴峻。專制國家已經從冷戰 1.0 的毀滅性錯誤中汲取了教訓，像是他們認知到完全專制的經濟體系注定崩潰，因為根本無法有效運作。基本上，蘇聯在 1980 年代末解體，是因為經濟不能由中央官僚機構從上往下來指揮，這個中央官僚機構設定商品價格、創新做法、生產配額，並根據政治決策來分配產品和服務。如今，中俄都從民主國家學到了開放市場的做法，加以運用。中國就是利用這個方式，創造了過去四十年的經濟成長奇蹟。

不過中俄都沒有發現民主真正的祕密武器——擁有思想自由與言論自由的人可以彼此合作，他們的創新力和生產力會遠超過被專制國家箝制了心智、行動、喜惡和見識的人。儘管軍隊因為組織架構的關係，不能說是民主的典範，但是在民主社會裡，即便是最資淺的軍官或軍階最低的士兵都能獨立思考，在作戰決策中發揮創意，這和專制政體裡的官兵都必須嚴格服從軍令很不一樣，烏克蘭在俄烏戰爭中的創新成功就是一個典範。

換句話說，在專制政體裡，創新最大的阻礙就是專制領袖。在冷戰 2.0 時代裡，這個障礙和冷戰 1.0 時期一樣顯著。這就是專制政府最顯眼的結構性缺陷。一個國家可以選擇由專制領袖及其支持者建立的從上到下控制嚴密的社會，也可以選擇建立從下往上蓬勃發展的創新文化，但不可能同時擁有這兩種素質。相較之下，民主國家透過高度創新能力建立了極具動能的經濟體，產生更多財政盈餘，可以用來提升人民生活水準，並為更優越的國家安全提供資金上的支持。

民主政權和專制政權之間的基本差異在上一場冷戰就存在了，只是這差異在我們目前所處的數位時代更難以忽視，好幾個創新領域內同時有大幅科技進步，每個子領域的突破和成功不但會推動自己的成長，也會加速其他領域的輝煌成就。只有民主國家才能培育出這種超創新環境，這也是民主國家可以在冷戰 2.0 中戰勝專制國家的原因。

儘管這是本書的主題，但有很多細微的差異也需要考量，尤其是要在現實世界裡落實概念的時候。冷戰 2.0 不只比腦力，也要在實際行動中見真章。此外，專制國家雖然創新結構不夠理想，但其他方面仍十分強大。中國和其他專制國家都累積了巨額財富——不是靠自己的科技創新，而是運用民主國家開發出來的科技去製造產品。專制國家的創新素養不足，但透過偷竊或取得大量二流科技來彌補，還是能達到某種程度的品質。

然而，專制政權中有個根本的缺陷，一定會導致專制政權解體。本書強調的四種加速器科技——人工智慧、半導體晶片、量子電腦和生物科技——可能是人類史上最自由、最解放的科技。專制政權卻利用這些科技來建立人類史上最壓迫的政府控制體系，這是冷戰 2.0 中專制國家的標誌性發展，最後一定會適得其反。我們從 2022 年秋季在中國爆發的大規模抗議活動中就可以看到未來強烈反彈的先例，當時中國人抗議 COVID-19 大爆發之後的嚴厲封鎖措施。政府能把平民關在狹小公寓裡多久？上限大概就是 30 天。過了這個臨界點就可能爆發強烈反抗。在許多專制國家，類似的燃點都發生在極端侵入性的科技系統用來控制社會、令人窒息之時。接下來的問題就有趣了——那個臨界點會是何時？

冷戰 2.0 中還存在一個細微的差異，民主國家必須理解和重視。要承認這點很痛苦，但有時候民主國家就是自己最大的敵人。這很諷刺，因為本質開放，所以民主很脆弱，專制者會樂於利用這一點。若這世界只有民主國家，開放不是問題。可是在冷戰 2.0 的現實世界中，科學與科技毫無限制的共享，加上社群媒體的操縱不受限制，會對民主國家造成重大風險。更具諷刺意味的是，民主社會的開放政治可以讓專制領袖在民主沃土裡成長。（我們絕對不能忘記，2000 年的普丁和 1933 年的希特勒，都是透過民主方式上台的。）實際上，民主國家必須不斷從自身的缺點（和自己造成的負擔）中學習，並不斷修正調整，以應對新挑戰。沒有任何永恆的大理石碑上刻著民主國家必定戰勝專制國家。儘管我們希望如此，但歷史永遠不會結束。相反地，每一代深信民主模式的公民都必須持續致力於維護並改進民主制度。民主國家的公民永遠無法實現完美的民主，他們只能承諾為後人種樹。從這個角度，我們可以看看美國憲政的制衡體系是否足夠強大，能不能阻止川普在第二任期內獲得他夢寐以求的專制權力。

本書書名使用了備受爭議的「冷戰」一詞。有些人會認為民主國家和專制國家間的關係是較勁、對抗，但強度還不到**冷戰**。這個觀點錯了。紐約洋基隊和波士頓紅襪隊在棒球比賽中的關係，或者曼聯和曼城在英格蘭足球聯賽中的關係，或者霍桑和吉隆在澳洲橄欖球聯賽中的關係，或者多倫多楓葉隊和蒙特婁加拿大人隊在冰球中的關係，這些都是對手在較勁。百事可樂和可口可樂之間也是對手在較勁。這些競爭可能很激烈，但是和民主大國與專制大國間的對抗完全不同，因為後者是攸關生存、被意識型態驅動且無比深刻的對抗。專制國家持續在全世界系統性地攻擊國際秩序。如果專制國家成功了，將對民主國家的生活產生翻天覆地的影響。從實證經驗來說，這就是為什麼冷戰 2.0 很真實、很重要、很需要大家嚴肅看待。

此外，我們也有必要把專制國家對國際秩序的攻擊標示為冷戰 2.0，因為這是在對民主國家的人民傳遞訊號，表示專制政權對民主的威脅很真實、很危險、很普遍，必須加以抵制，否則民主在人類社會中岌岌可危。目前冷戰的態勢應該要引起大家的注意。理想中，大家應該從字面就能理解，這場衝突還需要一段時間才能解決。第一場冷戰可是持續了 45 年。俄羅斯對烏克蘭全面入侵、中國每週以飛彈威脅台灣、中國在南中國海／西菲律賓海的跋扈專橫、中國透過科技系統打造出極端壓迫的公民控制系統，這些行動都讓本書書名毫無爭議，更何況這本書是要號召大家起而行，採取應對措施。

至於書名指定加上「2.0」，這是要說明科技在這場新冷戰中發揮超大的作用。大家應該不意外，畢竟高科技機器、設備和商業模式已經深入現代生活的每個角落。不過，現今科技和創新推動國家經濟實力、軍事力量與軟實力的程度，確實前所未見。全球地緣政治的未來，可以在人工智慧演算法、微型半導體晶片、深奧的量子電腦，以及基因剪接器內找到。因此，我們正身處於冷戰 2.0 之中。

「熱」戰通常簡稱為「戰爭」，是指兩國之間互相發射子彈、導彈和砲彈，殺死對方的士兵（往往還有平民）。「冷」戰則指兩國之間最重要的秩序原則是國家安全，但還沒有開始以致命武器殺害或攻擊對方的士兵與平民。不過，在冷戰中，安全議題會凌駕國家間原本正常且和平的活動之上，包括貿易、金融、科學、教育、學術、醫療、慈善、文化交流、體育、移民、旅遊及其他各種不會毀滅對方的互動。冷戰並不是國際關係中最糟糕的狀態——熱戰才是。

在當今世界中，像美國與中國這樣的大國之間的冷戰，往往伴隨著一些小規模的熱戰，例如俄羅斯侵略烏克蘭。管理冷戰規模時，必須防止小型戰爭蔓延，尤其必須避免捲入大國，同時也不能允許專制國家在冷戰期間藉由威脅發動小規模或大規模熱戰來擴張領土。冷戰期間，民主國家的一個關鍵目標是要採取行動來阻止專制國家將衝突升級為熱戰。本書就是要協助實踐這個目標。

本書致力於保護、讚揚、推廣民主。全球有數百萬人，他們日常的每個行動，無論多麼微小，都在強化民主的力量，謹以本書獻給這數百萬人。

喬治・塔卡奇
寫於多倫多

第 1 章
科技與國力

1927 年，中國第一位共產主義專制領袖毛澤東說過：「槍桿子出政權。」[1] 他很清楚自己在說什麼。22 年後，他領導的中國共產黨贏得中國內戰，毛澤東成為最高領導人，統治了全球人口最多的國家。他的現任繼任者，專制領袖習近平，可能會把原本的格言改成「民生與軍事力量出自半導體晶片」，以回應民主國家對中國實施半導體晶片的出口禁令。幾年前，俄羅斯現任專制領袖普丁曾說過，主宰人工智慧者將統治世界。[2] 毛澤東和普丁都說得很對，習近平強調微電子技術的重要性也是對的，因為在冷戰 2.0 期間，科技創新就是國家經濟力、軍力和軟實力的主要來源。

要充分理解毛澤東、習近平和普丁的意思，從而掌握冷戰 2.0 中全球地緣政治力量在民用與軍用領域的角力，就必須認識創新、工業實力、超級創新、數位創新的機制，以及「競爭取代」（competitive displacement）所扮演的重要角色。另外還要考慮軍事創新的成本和價值，以免不斷追加的國防預算像黑洞般吞噬政府的所有資源。最後，日本過去這 150 年來的經濟與軍事發展，主要來自科技創新，其經驗具有啟發意義，這可以做為中國的榜樣嗎？

民用科技創新；競爭取代

Sony 可攜式音樂播放器在 40 年前面世，後來改名為 CD 隨身聽，當時是革命性產品，能讓使用者在戶外行走時播放音樂光碟，只需將隨身聽掛在肩上即可。使用者若走太快或跑起來，音樂可能會間斷一秒（確實有點惱人），但為了能隨身攜帶音樂，這只是一個小小的代價。2001 年（在卡匣式隨身聽問世 22 年後），蘋果推出了 iPod。這是現代科技史上的美妙時刻，科技創新完美地搔到癢處。iPod 夠小，完全數位，賦予使用者一股魔力 —— 讓用戶可以編輯、混合自己的播放清單。而且去跑步或滑雪的時候還可以奇蹟似地不跳針、不漏拍。大約有 4.5 億人無可救藥地愛上 iPod，從此對機械錄製音樂的熱愛也轉為數位格式。

不意外地，iPod 上市之後沒多久就**在競爭中取代**了 CD 隨身聽。在開放市場的經濟體中，尤其是民主國家，更新更好的發明可以完全取代現有的裝置、機器、流程或技術。創造 iPod 的蘋果公司就特別擅長在競爭中取代其他產品。蘋果在 2011 年前後推出 iPhone，取代了加拿大製造的黑莓機，當時加拿大人相當生氣。不過，加拿大人最後也釋懷了 —— 更先進的技術就是能讓人不再對本國科技大牌忠誠。iPhone 內建的音樂應用程式，甚至淘汰了自家的 iPod。人們對 iPod 的愛轉移到了 iPhone 身上。

開放市場裡的競爭取代可以創造出驚人的財富。蘋果是全球最有價值的科技公司，市值約 3 兆美元，[3] 也是一個散發著領導力、知名度與科技智慧的品牌。不意外地，開放市場也創造出了 iPhone 的競爭者（更多**企圖**競爭取代的證據），尤其是來自南韓的三星 Galaxy。這兩款智慧型手機，以及中國供應商如小米、OPPO、Vivo 生產的平價機種，都因為數十億用戶而引爆洶湧的錢潮。智慧型手機桌面上的每一個應用程式圖示，都代表著一家在競爭中被取代的企業（現在還有誰會買紙本地圖？），但這些電子商務企業也創造了成千上萬的新職位，和數百個新機會（如果沒有智慧型手機，就不會有 Uber，也不會有亞洲的滴滴打車等服務）。智慧型手機不只讓蘋果和三星的股東荷包滿滿，也為用戶創造了龐大的機遇和財富。

蘇丹是全世界最大的芝麻產地，想像一下蘇丹的自雇芝麻農在擁有智慧型手機之前，收割後得騎著自行車把作物載到城裡，售價由壟斷通路的盤商決定。可以想像在這筆交易裡誰賺得比較多。現在，她可以拿出智慧型手機查看其他三個城鎮的芝麻批發價。智慧型手機提供了更多選擇和機會。由智慧型手機創造出的競爭態勢正為她帶來好處。智慧型手機帶來的額外收入，可以讓她把唯一的交通工具從自行車升級為電動自行車。她準備種更多芝麻，並且聘請了第一位員工。

智慧手機的核心是高階半導體晶片。這些半導體晶片編排出魔幻的舞蹈，讓各種應用程式可以滿足智慧型手機用戶。同樣地，半導體晶片在如今幾乎所有電子設備上都發揮了作用，包括汽車、咖啡機、微波爐、洗碗機。這麼說一點也不誇張：各國的經濟實力愈來愈倚賴半導體晶片電路。不僅如此，半導體晶片也是解鎖人工智慧完整潛力的關鍵，包括 OpenAI 的 ChatGPT、Google 的 Gemini 和

iPhone 上的語音助理 Siri。更不用說，現在一個國家的現代國民經濟都靠半導體晶片上的數位科技。創新的高科技文化會有很多要求，不願或不能擁抱這些要求的國家就會被留在類比世界的經濟塵埃中。

我們必須理解：蘋果和其他科技公司的影響力非常遼闊，不限於產品相關的經濟環境。蘋果的產品在提高生產力並進行競爭取代時，創造了難以計數的額外經濟活動。最重要的是，像蘋果這樣執著於創新的企業，不但可以達到超高消費者滿意度，還（再度透過競爭取代）發展出大量的**新**經濟活動。民主國家有開放市場和穩健的競爭取代機制，所以有實質的經濟成長，而這種成長的分配並不是零和賽局 —— 幾乎每個人都可以同時獲得更多財富（前提是要允許競爭取代自然發展）。說白一點，不只是餅不斷變大，每個人分到的那一片也在不斷變大。當然，有些經濟參與者賺取的收入和累積的財富會比別人多，但一般而言，專制國家（尤其是中國）不平等的狀況比民主國家（尤其像加拿大、德國、瑞典，甚至包括美國）嚴重，因為社會底層階級在民主國家要取得教育資源還是比在專制國家容易多了。[4]

要讓競爭取代發生，政府必須允許它發生。在民主國家，政府有破產法的協助，可以提供一套有秩序的流程來實現競爭取代，保障勞工獲得薪資酬勞。破產很艱難，但有其必要。中國沒有成熟的破產流程，而是由地方政府向銀行求助，挽救績效很差的企業，導致更多優質資金被投入不良企業。因為沒有破產法，專制國家會指控經營不善的企業領袖貪汙，讓他們吃上刑事官司。這就是競爭取代在中國行不通的一個主要原因。

為了理解競爭取代及其在冷戰 2.0 中的關鍵作用，就要清楚地知道：在民主國家運作的開放市場，推動了科技帶來的複合經濟實力。1960 年，美國經濟規模為 0.5 兆美元；到了 2024 年，這數字是 28.78 兆美元，[5] 這段期間人口只成長了 89%，但經濟成長了 5,656%。其他國家也有相同的情況，尤其是透過開放市場釋放科技創新力的國家。全球經濟規模在 1970 年僅 3.4 兆美元，到了 2024 年則達到了 109.53 兆美元。[6] 淨成長不能全部算在創新的帳上，但有很大一部分確實是因為創新。這個核心的經濟現實對冷戰 2.0 的許多方面來說都很重要，包括一個簡單的命題：軍事實力要靠民間的經濟實力支撐。美國擁有 28 兆美元的經濟規模，才能負擔得起 9,160 億美元的軍事預算，遠遠超過其他國家。美國經濟規模之所以能達到 28 兆美元，是因為美國擁有開放市場，而科技創新在競爭取代的推波助瀾下，讓經濟成長勢不可擋。

軍用科技創新

科技創新不只在民用領域透過競爭在汰舊換新，也推動了軍事力量的穩健優化。庫柏力克（Stanley Kubrick）1968 年的代表作《2001 太空漫遊》一開場就讓黑猩猩發現科技創新的好處，牠們使用死去水牛的骸骨，將另一群爭奪水源地統治地位的黑猩猩毆打得奄奄一息。[7] 庫柏力克的重點是什麼呢？顛覆傳統遊戲規則的科技，讓創新者在暴力衝突中所向披靡。以更現代的口吻來說——不要帶著刀子去參加槍戰。

沒有直接證據顯示出黑猩猩已經聰明到可以拿起水牛的股骨做為武器。不過，人類墓葬遺址中，有許多集體墓葬，古代人顯然曾使用刀、劍、矛等武器。他們的骸骨上都有傷痕和切口，證明了死於暴力，而凶器也被葬在一起。時不時，有一群人類會發明出全新的科技，並持續優化到盡善盡美，在戰場上展現出驚人的成效（這種新裝置可以說是當時的軍用 iPod）。新的武器系統讓發明者可以在征戰過程中透過競爭取代其他人，獲得區域領導權，或者，如果這次創新夠撼動天地的話，甚至可以統御整片大陸。

蒙古在 13 世紀初憑藉一種新穎的武器系統征服了中國（最終還征服了俄羅斯和東歐的大部分地區，以及兩者之間的所有區域），他們讓弓箭手騎著體型較小但迅捷靈活的蒙古馬，在全速奔馳時射箭（還搭配另一項創新：馬鐙）。[8] 這種戰爭形式的受害者本想以牙還牙，但是歐洲培育出來的高頭大馬太過笨重，無法與蒙古人在亞洲草原上精心繁殖數代、迅捷靈敏的馬匹相比。這是早期透過生物工程推動競爭取代並在戰場上獲得巨大回報的案例。

類似的情況發生在 1415 年，英國人在重要的亞金科特戰役（Battle of Agincourt）中大勝法國人，主要是因為英國人發明了一種「長弓」，在戰場上擊潰法國軍隊。6 萬年前發明的「普通」弓箭就已經是矛和劍的進化版了，因為可以儲存動能，並透過弓來傳導動能，讓箭矢飛得比擲矛更遠、穿透力更強大。弓箭可以在一定距離範圍內大量殺敵，而長弓進一步增加了射程，所以在亞金科特戰役中，英國弓箭手可以在法國弓箭手進入射程傷害英軍之前，就先殲滅法國弓箭手。[9] 英國長弓是當時的海馬斯高機動性多管火箭系統（HIMARS），透過競爭取代了法國弓箭，讓英軍得勝，最後占領了諾曼第。

軍事工業量能

工業革命讓民用科技的進步與軍事發展緊密結合，工業產能也變得重要了起來。發明和優化技術先進的設備、機器或製程是一回事，能快速大規模生產是另一回事。為了回應這項挑戰，威尼斯甚至在進入工業時代之前，早在 12 世紀就建造了「亞森諾軍火庫」（Arsenale），占地 110 英畝，是工業革命之前世界上最大的製造廠。當時歐洲的海事強國在這裡打造出標準配備的戰艦。1320 年擴建之後，亞森諾軍火庫開始打造大型商船（速度很驚人，多虧了 1.6 萬名工人和超級標準化的生產流程，竟可一天一艘）。直到今天，許多造船廠仍在龐大的旱船塢裡同時建造民用和軍用船隻。此外，隨著工業革命在 19 世紀中後期達到顛峰，「軍民兩用」科技也有實質成長，例如鐵路這項技術可以同時為軍方和民間所用。

工業能力在戰爭中的重要性可從 19 世紀的一個經典案例中看出來，當時英法聯軍派遣軍隊前往黑海，將俄羅斯驅逐出克里米亞半島。英法聯軍圍攻塞凡堡 11 個月，要將俄羅斯黑海艦隊趕出這個重要港口和海軍基地。俄羅斯最終輸掉了這場戰爭，因為沒有鐵路可以讓受困的軍隊獲得補給（英法聯軍的軍艦和步槍也比較先進）。整體而言，1853 年至 1856 年間的克里米亞戰爭對俄羅斯來說是一場災難，因為軍用與民用科技都比不上法國和英國。如〈緒論〉所述，歷史從來不會完全重演，但歷史有類似的規律，克里米亞這段經歷就是如此。10 年後的美國內戰（1861 年至 1865 年），南方邦聯也吃了類似的苦頭，雖然初期南方軍隊較出色，但北方發明了更先進的民用與軍用科技，大規模製造，並且透過更優越的後勤網絡有效部署，讓林肯總統得以實現戰爭目標，維持美國統一。

將民用科技的進步（包括有效的工業產能）轉化為軍事霸權的效果，在「漫長的 19 世紀」中尤其顯著。中國、印度和歐洲在 1790 年代末期的工業基地分別各占全世界的三分之一，包括工廠、鑄造廠、紡織廠等等。到了 1900 年，這個比例變成日本占 2%、俄羅斯 8%、西歐 70%，而美國在單一國家中以 20% 的比例獨步全球。經濟實力的巨大變化後來轉化為地緣政治軍事實力：1913 年，地表約 80% 的土地屬於歐洲列強，單單英國就占了 23%（甚至美國也加入了帝國的行列，在 1898 年占領菲律賓和古巴）。印度和中國因為沒有採用民主國家的最新科技，結果在 19 世紀下半葉慘遭屈辱。這是兩國在冷戰 2.0 都想極力避免的狀態和結果。

工業軍事能力的重要性，現在很依賴高科技製程，這可以從目前的俄烏戰爭中看出來。我再強調一次，光發明或提升現代武器系統與各種元件還不夠，還要大規模生產才行。烏克蘭戰爭中，在巴赫姆特戰役（Battle of Bakhmut）高峰期，烏克蘭軍隊每天發射約 6,000 枚砲彈（不是海馬斯高機動性多管火箭系統，而是「常規」的非導引榴彈砲）。這些砲彈來自幾個北約會員國。然而，做為烏克蘭最大的火砲供應國，美國當時只有一間工廠能產出這種砲彈，日產量約 460 枚，遠不足以支撐烏克蘭需要的用量。其他北約國家協助填補了缺口，但到了 2023 年初，很明顯地，如果烏克蘭要繼續獲得有效的火砲支援，新砲彈的產量必須增加，產能也必須加速。美國和歐洲都逐步增加了產能，生產 155mm 砲彈，以支持烏克蘭並補充北約的庫存。不過，美國必須使用土耳其的現代金屬成型技術來增加產能。為冷戰 2.0 備戰的人絕對不能忘記，儘管現在軍用和民用創新把重點放在數位發展上，實物製造仍非常重要。

關於軍事工業量能，還有另一個重點：和平時期建立軍備庫存還不夠，真正強大的軍工實力是可以即時替代戰鬥中折損的武器系統，如噴射戰鬥機、坦克、導彈或現在的無人機。在和平時期，國防部長和其他將領往往忽略了軍事工業量能的這個關鍵面向。重點不僅僅是開戰的時候有多少輛坦克，還包括戰損能多快替補，而戰損包括人力與物力，如坦克和受過完整訓練的坦克組員。這也是俄烏戰爭讓我們（重新）學到的另一個教訓，希望台灣的戰略規畫者能從這場二戰以來歐洲最大規模的戰爭中汲取智慧。

這也反過來要求我們考量訓練的素質，尤其是新進人員的訓練。像海馬斯高機動性多管火箭系統這類武器在主戰場被消耗完之後，不但要以空前的速度建造新的武器系統，人員也要快速接受訓練，配備海馬斯高機動性多管火箭系統的部隊（或坦克、F-16 戰機，更不用說 F-35）才能迅速進入衝突區域。數位科技，尤其是具備重要人工智慧元素的技術，運行於高效能半導體晶片（未來甚至可能運行於量子電腦），將決定訓練時間能夠縮短多少。配備海馬斯高機動性多管火箭系統的烏克蘭部隊僅受訓 3 個月，已經足以體現他們的軍力精實、基本知識充足。但這步伐還是不夠快，在科技的協助下，相關訓練最終需要縮短至 3 週。北約多國提供了 F-16 戰鬥機給烏克蘭飛行員，而飛行模擬器訓練則在練習過程中發揮了重要的作用。

武器系統或其他軍事資產一旦被製造出來，就要處理後勤問題，在正確的時間將正確的物品送到正確的地方。儘管蒙古人在全盛時期如此強大，忽必烈依然無法揮軍日本，因為他們的攻擊船艦只能行駛在河上。當時中國已經被蒙古征服並占領，船隻卻無法橫渡中國和日本之間的海洋水域。忽必烈的船隻龍骨不夠深，最終只能返港。日本得以倖免於難，沒有被蒙古人征服，就是因為後勤無法支撐蒙古精銳的戰鬥力。中國當前政權想必正在仔細回顧這段歷史，為侵略台灣這個島國做準備。值得關注的是，美國軍方則大力倚賴聯邦快遞（FedEx）和優比速（UPS）等民間貨運公司，在需要緊急運輸大量物資的重大衝突場景中協助疏運士兵和軍備。要妥善執行，民間企業和美國軍方必須允許對方共享即時存取同一套後勤電腦系統的權限。這也是個說服力極強的案例，說明軍民實力無縫整合的必要。只有能做到「整個社會」都具備科技專業的那一方，才會贏得冷戰 2.0。

關於目前滲透軍事力量的科技，我們還必須理解另一個關鍵的細微差異：攻擊性武器系統的發展，必然會促成防禦性武器系統的創造。這麼說實在是對牛頓很抱歉，但攻擊性軍事科技的每一項進展，都會帶來一股相對且等量的防禦性軍事科技反應。在古代和中世紀，為了防禦敵軍進犯，城堡都蓋在山頂，這就是典型案例。康斯坦丁堡（現稱伊斯坦堡）的高聳城牆建造於 4 世紀，成功地在接下來一千多年內阻擋入侵者。馬爾他的防禦工事可追溯至 16 世紀，現在依然保留著當初最完整的城牆防禦設施，尤其是在麥地那，而最具代表性的是首都瓦萊塔。二戰之後，就很少國家建造這樣的防禦城牆了，因為擋不住飛機和導彈。取代城牆的是大量防空系統。世界上最先進的美國愛國者地面防空系統和神盾海基防空系統，都證明了防禦系統會回應攻擊性武器的發展，這就是現代軍備競賽中「攻擊行動與防禦回應」的節奏。

這種攻守節奏很重要，對軍用領域的影響更甚於民用領域。科技競爭取代的力道在軍用和民用領域其實差不多大，但被取代的後果差很多。Sony 在個人音樂設備的領域內被蘋果的 iPod 取代時，還有其他業務可以經營，直到今天，Sony 的遊戲主機仍是市場上的領導者。隨身聽輸給蘋果的 iPod，並不是 Sony 的末日。在軍事方面，如果愛國者和神盾系統在未來的台海戰爭中失敗，台灣的民主社會將被專制中國剝奪自由。在烏克蘭，海馬斯高機動性多管火箭系統的效力會遞減，因為俄軍學會電戰反制措施了。實際上，競爭取代的代價在軍事領域就是比較高。民用領域裡，競爭取代的後果是財務上的損失，而在軍用領域裡往往是生存上的威脅。民主國家若忽略了這個冷戰 2.0 的重要訊息，就會很危險。

總的來說：要增強硬實力，勝過沒有同等技術的其他國家，就要發明新的軍事科技，讓更具創新力的國家獲得顯著的競爭優勢。但歷史教訓告訴我們，通常發揮作用的不是最初的發明，而是靠接下來對機器、裝置或製程的調整、改良和優化，特別是要將民用發明轉為軍事用途時。

創新＝發明＋改良

創新包含兩種活動，先**發明**新裝置，再加以**改良**。很多人沒想到，改良通常比發明更有價值，民用軍用皆然。

大多數對工業革命只有模糊概念的人，可能會以為是瓦特（James Watt）發明了蒸汽機，這其實是錯的。事實上是紐科門（Thomas Newcomen）在 1712 年**發明**了蒸汽機，但他的作品並不理想。瓦特在 1765 年讓蒸汽機更**完善**，可用來為工廠提供動力，最後應用在火車、輪船、拖拉機和其他工業革命的重要機器上。發明很重要，但改良通常更重要。

這個原則對冷戰 2.0 也很重要，因為民主國家和專制國家會不斷超越對方的技術。回想一下，在我們慣用 Google 搜尋之前，人們用過 Lycos、AltaVista 和其他十幾種當時具有競爭力的搜尋引擎；而現在 ChatGPT 威脅著 Google 搜尋的主導地位。顯然在今日的科技導向經濟中，改良在競爭取代裡也發揮著作用。過去 150 年來一直都是如此。大眾都以為是愛迪生（Tomas Edison）「發明」了燈泡，而發亮的燈泡至今都還是發明的象徵。不過，事實上，當時已有燈泡的概念，愛迪生是在這個概念基礎上，嘗試了 600 種不同的金屬和材質做為燈絲，以極大的耐心辛苦改良，最終才找到合適的材質。

在軍事領域，火藥就是改良的重要性一個經典的案例。早在 9 世紀，中國人就混合了硝石、硫磺和木炭，組成易燃物，但最初的應用方式是把燃燒中的火藥團塊丟向敵人。這是一種威嚇戰術，在戰場上的實際殺傷力有限。

拜占庭在 13 世紀改良了投擲的方式，把火藥裝入砲管裡發射，但這在當時是很罕見的武器，還未成為主流。中國人在軍械庫裡實驗早期的火砲時略有所成，但那些試驗很粗淺，也不是很有效。

西歐改良了中國與拜占庭使用的火藥之後，火藥才真正成為軍械，最終在 16 世紀成為當時的決定性武器。歐洲人在槍械或大砲的彈膛裡點燃一小部分火藥，控制爆炸在投擲後啟動，彈藥從槍管或砲管發射出去後，將對敵人造成重大損傷。透過火藥朝敵軍發射金屬彈殼，是軍事**改良**史上的革命時刻，永遠改變了國力的消長。

以下的比較可以清楚說明火藥經過創新再造的重要性。一般的弓可以讓飛出去的箭矢產生約 80 焦耳的動能，而早期的火槍可以讓射出去的小金屬彈丸產生 1,500 焦耳的能量。成熟的火槍（步槍的前身）可以將能量提高到 3,000 焦耳。這就是為什麼金屬盔甲可以擋得住箭矢，卻擋不住火槍射出的子彈，更遑論現代步槍了。要基本防禦手槍和步槍，得等到 1890 年代防彈背心出現，不過要有效防禦子彈則要等到 1970 年代發明了克維拉纖維（Kevlar）之後。

歐洲人採取完全不同的方式優化了火藥的使用，因此可以靠武力征服歐洲以外的世界。這也讓教宗聖庇護五世組建的基督教海軍艦隊在 1571 年的勒班陀海戰（the

Battle of Lepanto）中擊敗了鄂圖曼帝國海軍艦隊。火藥的**改良**還開啟了西歐大航海時代。值得深思的是，火藥也引發了歐洲各國之間持續 450 年來戰爭不斷，造成無數死亡和大規模傷殘。軍事上的競爭取代，從來不是一件輕鬆的事。

學習創新與民主：亞洲的案例

創新可以學，改良更可以學得會。想想 19 世紀中期，歐洲和美國的現代戰艦進犯中國和日本的海港與河口，要求這些閉關自守的亞洲國家開放貿易，這時中國和日本的地緣政治反應大不相同。歐美的要求能成功，是因為有火藥驅動的大砲和步槍撐腰，而中國人和日本人當時都沒見過這種武器。英國的武力強大到中國被迫接受鴉片做為貨款。英國在印度種植罌粟，提煉出鴉片，英國出口這種邪惡的毒品到中國，最終導致約 9,000 萬中國人（當時人口的 30%）對海洛因上癮。直到一百多年後，鄧小平揭開了現代中國經濟成長的序幕，中國才開始從被西方列強羞辱的創傷中逐漸恢復過來。即使是今天，現任中國領導人習近平說起英國在 19 世紀對中國做的事，還是會稱之為中國的「屈辱時代」。諷刺的是，中國正在對民主國家進行某種程度的報復，向墨西哥的兩大毒品集團提供先驅化學品，讓他們去製造非法的類鴉片止痛劑，再走私到美國。這些非法藥物每年導致約 10 萬美國人死於類鴉片止痛劑用藥過量。有時候，歷史的回音真是響亮。

中國在 19 世紀對於西歐掠奪的反應是軟弱、猶豫不決、屈服順從。日本就不一樣了，日本立刻積極面對。被美國侮辱之後，日本決心面對缺乏現代科技的窘境，做點有意義的事，於是日本政府在 1871 年至 1873 年間派遣使者前往世界各地，學習如何以最新、最好的方式來創新、製造和布建現代科技。最終，日本的教育系統學法國、工業生產系統學英美、建軍方式學德國。科技世界有所謂的「先行者優勢」，但後進者也有好處。在科技創新史上，日本就是最出類拔萃的後進者。

日本明治政權努力採用新技術和新方法，應用於軍事目標，結果非常成功，打造出了專制帝國。1895 年的甲午戰爭（第一場中日戰爭），日本擊敗中國，獲得一系列戰爭賠償，其中包括將台灣割讓給日本。日本隨後將台灣做為殖民地統治，直到 1945 年。1905 年日軍向俄羅斯開戰並贏得勝利，在當時震驚各國。日本在這場戰事中偷襲俄羅斯在旅順（中國租給俄羅斯的港口）的海軍，以奇襲開戰。歷史從不完全重演，但是約 35 年後的日本突襲珍珠港事件，和這次的旅順奇襲頗為相似。正如在約 50 年前的克里米亞戰爭中，俄羅斯因為戰敗而從日本人身上學到了：科技（包括創新、製造和後勤部署）是國力的關鍵決定因素。當然，現代作戰準則、部隊的穩健士氣和具備戰略領導能力的強大軍官組織等其他因素也很必要，但如果缺少了致命性科技，就算具備其他元素也不夠。實際上，相較於冷戰 2.0，要評估一國當前的軍力可以觀察先進武器的庫存，但要預測這個國家未來 20 年的實力，則要觀察該國最優秀的高中生如何學習數學、物理、生物和化學的新觀念。

日本利用歐美的工業科技，在日俄戰爭之後成為亞洲的區域霸主，直到在二戰中戰敗，才歸還殖民地（包括台灣）。二戰結束後不久，日本恢復了經濟活力，但是（在美國強力指導下）承諾建立民主的政治體制。日本在 1960 年代成為經濟強國，在 1964 年承辦東京奧運，讓世界看到一個現代化、和平的民主國家如何堅定地融入全球民主社會。到了 1970 年代，日本甚至開始挑戰美國的經濟主導地位；日本車在競爭中逐漸取代美國車，日本電視機在競爭中取代了美國電視機，這種現象還蔓延到其他產業和消費品。事實上，日本人已經知道他們不必像二戰前那樣以槍枝彈藥進軍海外市場。數十年來，日本的常備軍只有 10 萬人，直到今日，因為冷戰 2.0 引起亞洲緊張局勢，人數才增加到大約 27.5 萬。日本人已經明白：要確保經濟繁榮，只需生產優質商品，因為奠基在規則之上（尤其是貿易法規與條約）的國際秩序，讓他們能夠將產品銷售給全世界。

南韓和台灣複製了日本的成功，只是規模稍小一點。南韓在日本殖民統治期間（1910 年至 1945 年）和韓戰期間（1950 年至 1953 年），承受了劇烈的創傷和破壞，因此，韓國從 1950 年代末期開始在工業排行榜上崛起並持續至今，格外讓人佩服。在冷戰 2.0 的脈絡中，南韓耀眼的成就、相對開放的市場經濟與民主社會，都與北韓悲慘的生活條件（與反覆發生的饑荒）形成鮮明對比，北韓因為堅持政治和經濟雙重專制，形成故步自封的「隱士王國」。西德明明在 1945 年至 1989 年間就已經透過大勝東德的優越表現證明過這一點了；現實世界裡，在兩種體制並排比較的實驗之後，民主制度在各種人類可以想像的指標上都超越專制社會。

台灣則在 1980 年代大力投入半導體晶片的生產，到了 1990 年代，竟然透過競爭取代了美國的半導體晶片，這是最極致的堅毅無畏和卓越戰略。（南韓也在這個時間點進入半導體晶片生產市場，專注於半導體記憶體晶片的生產。）那麼，讓南韓和台灣加入日本的行列，從 1980 年代開始致力於民主，充分證明了過去 50 年來領導人與公民的耐心、成熟和正確判斷。北京和平壤（北韓）的政戰宣傳都說亞洲人天生適合專制主義，不適合民主，但對於這種說法，日本、南韓、台灣都堅決不買單。這三個國家都遵守以規則為基礎的國際秩序，國民也從中獲益匪淺。

隨著冷戰 2.0 逐漸展開，中國應該效法這三個亞洲典範國家，學習經濟競爭取代與政治民主的經驗。中國目前在走的路，很類似日本在 1885 年至 1945 年間的歷程，當時日本拚盡全力要靠武力成為亞洲的帝國霸權。中國過去 20 年來的行為 —— 壓制香港的個人自由、大規模擴建人民解放軍（包括武裝部隊和核武器儲備）、在南海建造島嶼和軍事基地、利用先進的監控科技壓迫人民（尤其是維吾爾人）、強化習近平的個人專制統治 —— 都很接近日本在二戰前的行為，相似度讓人感到危險。與其模仿這個版本的日本，最後在日本、亞洲和中國（這實在很諷刺）造成災難，中國應該仿效二戰後的日本，真正致力於遵守國際秩序，成為國際社會中負責任、受尊敬、真富裕的佼佼者。換句話說，亞洲地緣政治現在最啼笑皆非的地方就是中國想併吞台灣，讓台灣更像中國，但其實應該是中國要變得更像台灣才對。這任務很艱巨，但奇蹟永遠不會停止。有句古老的中國格言，常被用作警示，但此刻很適合做為對中國的忠告：「物極必反。」

超創新

從 19 世紀末期開始，西歐和北美的工業國家，以及逐漸崛起的日本，開始體驗到了科學與科技創新的高速進步，許多科學學科和技術領域都取得了突破性進展，而且頻率愈來愈高。在醫學領域，在加拿大出生並受教育的奧斯勒（William Osler）於 1888 年遷居到巴爾的摩，擔任約翰．霍普金斯醫院的領導人。1892 年，他寫出最後一本試圖涵蓋現代醫學全範圍的醫學教科書《醫學原則與實務》（*The Principles and Practice of Medicine*）。後來，醫學分科專業化的時代來臨，醫學知識與技術爆炸性成長，再也不可能在任何單冊書籍中包含所有醫學領域。（舉例來說，目前在多倫多市中心的大學健康網絡〔University Health Network〕名列世界前五大醫學中心，[10] 光外科部門就分為 14 個專科！）

同一時期，化工產業（尤其在德國）在一戰（1914 年至 1918 年）爆發後的 30 年內取得了長足的進步，讓生物科學也有重大的進展，像是發明了氮肥。一戰期間，德國及其盟國在法國北部和比利時的戰場上使用如芥子毒氣等化學戰劑，再次說明了所有的科技創新都有「兩用」的本質，具有作惡的潛力。化學氣體攻擊導致數萬名士兵在戰爭期間中毒、喪命、失明。

大約在同一時期，貝塞麥轉爐煉鋼法的發明讓鋼鐵產業大躍進。鋼梁骨架讓建築物愈蓋愈高，到一戰爆發時，有些美國城市像是芝加哥和紐約，建築物已經高達 25 層。美國人奧的斯（Elisha Otis）發明了電梯，讓都市生活可以垂直開展。另一個雙用途技術的案例是用來建造高樓大廈的新型鋼材也可用來打造潛艦，而潛艦就是一種革命性的威脅，在競爭取代過程中，是水面艦艇組成的海軍和商船艦隊的致命對手。坦克的發明讓地面戰更具機動性，而一戰的坦克源自 19 世紀後期發明的民用汽車，只是加裝了鋼鐵裝甲。為了完善這個創新、致命、軍民兩用的陸海空套裝方案，萊特兄弟在 1903 年發明了飛機。他們把輕薄的滑翔翼加上小型引擎，離地幾公尺高之後往前飛行了 30 公尺。十幾年後，經過大幅改良的飛機在戰場上進行偵察任務，甚至可以向敵軍投擲小型炸彈。

如前所述，提到創新時，改良總是會比當初的發明更出色。一戰中那三種試驗型戰爭工具，在不斷成功改良後，最終在二戰（1939 年至 1945 年）成為規模化、工業化的怪物，所經之處摧枯拉朽。潛艦在一戰的時候還很原始，經過 25 年之後變成造型精巧且威力強大的威脅。德國 U 型潛艦共擊沉了 2,825 艘盟軍商船和 175 艘盟軍海軍船艦，在戰爭初期英國孤軍對抗納粹時，幾乎要讓英軍屈服。英國首相邱吉爾曾評論道，在所有戰爭發明中，他真正感到畏懼的就是潛艦。

至於飛機，一戰期間由木材、布料和電線製成的雙翼機可以投擲小型手工製炸彈，到了二戰才被鋁和玻璃製成的龐大四引擎轟炸機所取代，經過特別設計，每一架四引擎轟炸機都可以飛到敵方領土上空，投下大量高爆彈。令人屏息的科技創新帶來了全面戰爭，轟炸機朝城市裡的平民投下致命的炸彈。二戰共造成 7,000 萬人死亡，其中約 5,000 萬是平民。

坦克則成為所有陸軍的基本武器系統，讓德國在波蘭和法國境內取得了戰爭初期的勝利。德國坦克差點在俄羅斯草原上擊敗俄軍，但最終未能完成這個目標。史達林很精明，把俄羅斯的坦克工廠都設在烏拉爾山脈以東，這樣俄德兩軍在山脈西側交戰的時候，工廠還能繼續製造坦克——再度凸顯軍事工業量能的重要性。

過去 125 年來，潛艦、戰機和坦克的發展歷程，凸顯了**改良**在創新方程式裡的重要性。這三種武器系統目前仍是各國軍隊的核心，未來在冷戰 2.0 的數十年裡也還會是極為重要的武器系統。不過，潛艦、戰機和坦克這幾年會經歷大規模改造，特別是在機械系統中整合更多人工智慧和高階半導體晶片。這些武器系統將使用量子電腦來協助處理複雜的目標計算。在冷戰 2.0 期間，武器開發過程中會把數位科技的新酒裝入舊瓶子裡。

二戰期間，科學家、工程師和科技專家投入人類史上最艱難的科學專案——原子彈的設計、開發與部署。1930年代，理論物理學家計算出某種類型的原子可以在操作後釋放出大量能量，但是要結合科學理論和應用工程並不容易。儘管如此，美國科學家（在英國與加拿大同僚的大力協助下）頂著急迫的時間壓力，克服了龐大的技術難題，在新墨西哥州沙漠裡的洛斯阿拉莫斯（Los Alamos）花費了超過 22 億美元（相當於現在的 370 億美元）製造出第一枚原子彈。在這專案的高峰期，共有數萬人參與其中。1945 年，美國朝日本城市投下兩枚原子彈，以避免對日本其他島嶼採取兩棲攻擊方案，導致美軍（和日本）的傷亡更加慘重。

釋放原子裡的能量是兩用創新的典範。戰後數年內，美國人打造出世界第一座民用核電廠，接著英國、加拿大、法國和其他國家也陸續跟進。放射性同位素也開始應用於醫療領域，尤其是癌症治療。同樣地，二戰期間的大型轟炸機在戰後催生了商用飛航工業，先使用螺旋槳引擎，後來在 1960 年代改用噴射引擎。數百個新機場和航空貨運設施建好之後，一個龐大的新產業應運而生。正如我們在本章前面所提到的，這是過去 80 年來推動全球經濟巨幅成長的眾多新興產業之一。

同時，往大氣層上去一點，蘇聯在 1957 年率先發射小型衛星，命名為史普尼克（Sputnik）。此舉震驚了民主國家，因為大家向來以為專制的共產主義政權不擅長創新。一般來說，確實是這樣，現在仍然如此，但是事實證明，專制政權可以集中在特定的科技專案上投入巨額資金，最終透過量變達成質變。蘇聯率先把人類——尤里·加加林（Yuri Gagarin）——送入太空軌道時，再度震撼各國。美國的反應就是成立太空總署，展開雄心勃勃的計畫，要在 1970 年以前把人類送上月球。在太空計畫全盛時期，每年花費是全美 GDP 的 4%。與此同時，美國還在越南打一場重要（且昂貴）的戰爭。不過，美國強大的經濟在整個 1960 年代都非常有活力，讓這個世界領先的民主國家可以（勉強）負擔得起這兩筆龐大的開銷，直到阿波羅計畫在 1969 年把人類送上月球以及隨後幾年的相關支出。說來諷刺，蘇聯最後會輸掉軍備競賽是因為銀彈出盡，不得不放棄登月計畫，整個專制經濟體系崩潰也導致其政治體制瓦解。

創新的數位武器

阿波羅登月任務大量運用了電腦技術，確實，沒有其他創新比電腦產業更能彰顯美國在 1960 年代及其後數十年（甚至延續到今天）的科技優勢。電腦的早期雛形出現於二戰期間，用於破解德軍的密碼，解讀他們的遠距離機密軍事訊息。第一代電腦使用真空管，和 1920 年代的第一代收音機或 1930 年代的電視機沒什麼不同。不過，到了 1950 年代末期和 1960 年代初期，許多美國企業（主要是貝爾實驗室、蕭克利半導體和快捷半導體）的研究實驗室開發出一種新技術：使用固態半導體材料來取代真空管，性能更優，耗能更低，體積也更小。1961 年，以半導體晶片為基礎的數位電腦誕生於美國，當時只有四個電晶體。經過 60 年後（大約是人的一輩子），最強大的半導體晶片要小得多（跟指甲一樣大），但上面有至少數十億個電晶體。確實是超創新！

電腦、各種元件（尤其是半導體晶片）和軟體已經幾乎滲入了地球上所有的現代電子裝置裡。電腦也是一種軍民兩用科技的例子，現代武器系統如潛艦、飛彈、戰機、海軍水面艦艇、坦克和無人機，其實都是運載著爆炸彈頭的電腦。軍用智慧炸彈和民用智慧型手機使用相同的衛星導航系統。陸軍直升機所使用的電腦化「線傳飛控」系統和礦業公司在荒野所使用的直升機數位控制系統非常相似。這個世界已經來到了「冷戰 2.0 奇點」，民用與軍用的創新本質是一樣的。

軍隊和軍事武器系統持續電腦化之後有幾個重要影響。就和民用科技產業一樣，現代武器系統的軟體也需要不斷更新。智慧型手機每 12 至 16 個月就要更新一次，智慧型炸彈、飛彈、雷達、愛國者和神盾也一樣。這會增加採購和維護現代數位化武器系統的成本，也會影響部隊的持續訓練需求。在民用領域，如果使用者搞不懂智慧型手機的最新功能也無傷大雅。但在軍用領域，如果海馬斯高機動性多管火箭系統的戰車組員沒有徹底學會如何使用最新版的軟體，就可能會危及自己和整個任務。數位軍事系統的訓練課程不是選修課，而是絕對必要。確實，在冷戰 2.0 期間，人類用戶終身學習科技已經先落實在軍事領域裡了，早於民用經濟領域。

武器電腦化之後，致命性也提高了。這不是新趨勢。數十萬年前，人類所使用的第一種武器是棍棒。後來，人類發展冶金術，發明了刀子、斧頭和青銅劍（後來還有鐵劍）。斧頭也是另一種徹底軍民兩用的武器，可以砍伐樹木，也可以斷人手腳。不過這些武器只能在「近身格鬥」裡派上用場，傷害範圍很受限。如前所述，弓和箭讓致命程度提升到另一個境界。刺擊武器要靠人的肌力來揮動棍棒、斧頭、刀劍，弓箭手則是利用固定弓和十字弩的動能來釋放箭矢。以火藥為基礎的武器又透過化學原理提高殺傷力，核武器則運用物理學將致命程度推向極致。

數位武器提高致命程度的方式是靠精準度。16 世紀的火砲射程只有數百公尺，砲彈很少命中目標，所以要發射大量砲彈。到了一戰時期，火砲射程為 8 至 14 公里，但準頭還是會受到機率和重力影響。現在的海馬斯高機動性多管火箭系統和類似系統定位完全不同。這種武器可以瞄準 50 至 80 英里外的目標，讓彈頭落點偏差不到幾英尺，這要歸功於數位瞄準和導引功能，這些功能使用了衛星導航系統，就和智慧型手機上的「地圖」服務一樣。還有許多導彈（如巡弋飛彈），首次大規模應用是在 1991 年的波灣戰爭，當時只占了盟軍所用武器的 20%，卻造成了 75% 的損害。導彈殺傷力更強，但更能精準打擊以避免誤傷平民。這是冷戰 2.0 時期創新數位武器帶來的新悖論。

創新的財務考量

英國長弓的影響很全面，不只是性能優越而已，發明長弓還有一個間接好處，做為競爭取代在「供應端」的祕密武器，派長弓手上戰場遠比中世紀騎士省錢。在長弓出現之前，騎士才是原本的主要武器系統。但騎士的裝備很昂貴，而且騎士的人數不多，因為要具備貴族血統才能成為騎士。相比之下，弓箭手的裝備、駐紮和食宿費用只要騎士的一小部分。英國國王（如亞金科特戰役中的亨利五世）在考慮要不要讓弓箭手代替騎士上場時，可以根據敵人的兵力決定要保留更多騎士或節省軍費開支。軍事力量的財務參數一直都很重要。從國王開始，到後來不同時代的總理與總統，都會認真看待戰場科技的成本，因為沒有人能忽略預算赤字和政府債務。不管冷戰 2.0 期間的民間經濟多麼富裕、能產生多少盈餘，這個考量永遠不會改變。

和專制政權相比，這其實是民主政體的弱點，尤其是當冷戰 2.0 的強度在烏克蘭和台灣等地升級的時候。一個國家的軍事費用可能會引起很大的爭議，尤其是在民主國家，預算編列的過程很公開，還要經過民意代表的辯論與批准。19 世紀曾有一段時期，國防支出占政府預算的九成或甚至更多。這很容易讓人誤會，因為 19 世紀早期的政府沒有花錢在（當時尚不存在的）社會計畫上。因此，國王、總統或首相如果要求立法機關增加政府資金（所以要加稅），通常是為了發動戰爭。

自二戰以來，全球戰爭數量穩定下降，民主國家的人民逐漸要求政府把錢花在社會計畫上（如醫療保健、教育方案、失業津貼等），幾乎所有民主國家的國防支出在整體公共預算中的比例都大幅下降了。自普丁 2014 年入侵烏克蘭以來，民主國家都有增加國防支出的壓力。普丁 2022 年全面進攻烏克蘭之後，增加國防支出的壓力更加強烈，但是，社會計畫支出的優先需求並未消失。要同時滿足所有的社會需求**與**國防需求，答案就是高額赤字，這表示未來某個不幸的世代將必須在帳單到期時全額付清。

和民主政體相比，專制政權要調整預算分配時比較少受到這類特殊預算動態的影響。專制領袖可以相對自由地調配國家預算，而民主國家的領導人無法這麼做。不過，專制政權苦於貪腐。貪汙腐敗和長期軍力投資不足有同樣的惡劣影響。俄羅斯軍隊在 2022 年 2 月入侵烏克蘭的時候，許多坦克、裝甲運兵車和其他軍用車輛（如補給卡車）都因為長年缺乏妥善保養而故障。例如卡車輪胎因為太過老舊、磨損嚴重而解體，這些輪胎在數個月前或甚至數年前就該汰換了。這些設備沒有及時汰換或妥善保養，是因為貪腐的高階軍官把車輛保養費等資金中飽私囊。在民主國家，軍隊得不到預算的話，這筆錢至少會流到其他政府部門（讓孩子接受教育或讓病患得到醫治），而不是流進軍官的非法帳戶。專制政體裡因貪汙而造成的弱點，會讓民主國家在冷戰 2.0 期間獲益。

另一方面，民主國家（與專制國家）還要面臨另一項財政負擔——現代高科技裝備驚人的高成本。精準導引武器很有效，但是造價也很驚人。一枚巡弋飛彈就要 200 萬美元。軍事武器系統也很貴。一架 F-35 第五代戰鬥機——才一架——就要 8,500 萬美元。這還只是採購費用，加上操作和維護，15 年的綜合成本還得再增加 1.3 億美元。而這只是一架戰機的成本。各國政府肯定會開始思考，一架

F-35 真的比標價 2,000 萬美元的先進無人機厲害 10 倍嗎？無人機會不會是現代的長弓，而 F-35 就像是中世紀騎士？此外，在多數需要火力支援的作戰中，可重複使用的無人機配備的地獄火導彈（每一枚「僅」15 萬美元），能不能取代巡弋飛彈（每一枚 200 萬美元）？最重要的是：指揮官在戰場上面對戰情迷霧、高壓力和高風險的時候，還要考慮成本嗎？

另一個我們必須時常提出的問題是：軍事預算可以從哪些方面節省開支？幾年前，美國在考慮升級「三位一體」的核防禦系統時，最終認為核嚇阻還是需要聯合三軍：空軍轟炸機搭載核彈頭巡弋飛彈、海軍潛艦搭載核彈道飛彈，陸軍火箭車也要搭載核彈在美國中西部巡遊，避免被敵軍當成首波攻擊的目標。全面更新陸海空體系，必須在接下來的 30 年內投入 1.5 兆美元。如果美國放棄其中一根支柱，大約可以省下三分之一的費用，即 5,000 億美元。這很合理，也不會顯著增加軍事準備的風險，但沒有任何一個軍種願意站出來表示將削減職責（和開銷）。正是這種支出和戰略錯誤，讓美國的國防預算（以及整體聯邦政府預算）陷於危境。目前美國和大多數民主國家的公共債務高到一個前所未見的程度，而冷戰 2.0 就在這個時間點展開了。民主國家必須明智地處理軍事支出。否則當金融市場最終拒絕購買美國國債時，將對財政帶來毀滅性衝擊。屆時，專制國家將贏得冷戰 2.0。

現代武器的限制

現在武器成本都這麼高，讓人擔憂，至少一部分解憂的想法是「一分錢一分貨」。從這個角度來看，數位化導引彈藥的一大優勢就是大幅減少對平民的傷害或其他附帶損害，或至少在使用時以此為目標。這對民主國家的領導者至關重要，尤其現在軍隊的作戰任務會產生大量照片和影片，流傳在社群媒體上。在這種情況下，由於民主國家的領導人要面對選舉和選民，必然得將武器的殺傷力局限於敵軍的武裝部隊。

遺憾的是，專制領袖的目標往往相反。在烏克蘭，從 2022 年 10 月開始，俄軍就針對民用基礎設施（如發電廠和其他公用設施）及平民（像是朝著市區裡的市場或住宅公寓的定向攻擊）發動了數百次導彈和無人機襲擊，要打擊烏克蘭民眾的士氣，讓民眾對民主領袖施壓，逼迫他們接受對俄羅斯入侵者有利的條件以換取和平。攻擊平民讓俄羅斯人犯下了數百起戰爭罪行，因為這明顯違反了多項《日內瓦公約》的規定。俄羅斯專制領袖普丁的卑劣策略並非無意的疏失。在民主國家，特定戰爭罪行會發生，通常是源於軍事文化的缺陷（需要透過法律程序進行調查和負責任地處理）。相比之下，對專制政體來說，犯下戰爭罪行是戰爭方式的核心特色。俄羅斯毫無正當理由就在烏克蘭發動戰爭（本身就是戰爭罪行），普丁還在俄羅斯通過了一項法律，賦予在烏克蘭犯下戰爭罪行的俄羅斯士兵全面免責，即俄羅斯士兵在執行任務時，即使犯下戰爭罪行，只要符合俄羅斯軍事目標，他們將不會因此受到俄羅斯法律的追究或懲罰。這深刻地顯示出專制國家與民主國家間的道德觀和法治觀判若鴻溝，也是冷戰 2.0 存在的根本原因。

現代武器系統的數位功能也加快了軍事行動的節奏，尤其是防禦行動。敵軍的導彈、無人機和現代戰鬥轟炸機都可以高速飛行（超音速導彈的飛行速度是音速的 5 倍，約每小時 6,200 公里），進入對手領空之後，僅需幾分鐘就可以抵達市區或戰略目標。為了抵禦這種攻擊，守備方必須迅速整合關於來襲物的所有相關感應器資訊，包括來源、位置和速度，然後要立刻發動反制措施，可能是要讓戰鬥機升空擾亂，或是發射防空飛彈來攔截敵軍導彈。單靠人類沒辦法好好執行這項功能，或甚至根本無法執行這項功能，如果來襲導彈超過兩、三枚，人類很難在短時間內處理所有相關資訊（請參閱〈緒論〉開頭描述的場景）。就像現代生活中的各種民用科技一樣，現在的軍用科技發展速度遠超過人類極限；在防空方面，隨著冷戰 2.0 的進展，人類的參與會愈來愈少。

因此，不意外地，在防空和反導彈防禦方面，電腦、軟體，尤其是人工智慧，會被大量應用來協助收集相關資訊、處理資訊，然後，最重要的是，發動反制措施、攔截導彈，通常這會自動進行，因為到時候人類根本沒有足夠的時間來介入因應敵方威脅的必要流程。這會開啟數位戰爭的新時代，民主國家和專制國家都要面對一連串重要的問題。多數問題的核心都是人類在這些數位系統上究竟應該保留多少監督的權責。軍事領域的超創新將在冷戰 2.0 中帶來棘手的道德與倫理難題。

換個角度看，這種難題以前也出現過。這 120 年來，人類開發了許多武器，許多國家，包括民主國家和專制國家，都同意某些殺傷力過於殘暴的武器應該被禁止使用或至少受到嚴格管制。一戰時，交戰雙方都在戰場上使用了化學武器，朝敵軍的壕溝投擲裝了氯氣和芥子毒氣的罐子，甚至跨越雙方的無人區。化學武器所造成的死亡慘劇，就連最強硬的將領也都反感至極。1925 年，38 個國家（如今已增加至 146 國）同意在戰爭中禁止率先使用此類化學武器（但各國仍可開發化學武器，並在敵方率先使用後予以報復）。

1972 年，簽約國同意將生物製劑納入禁用物質的清單中，寫進條約裡，並於 1993 年進一步限制化學和生物武器。[11] 能推動這一系列國際公約，是因為當時一旦使用化學和生物武器，就必然會因為風向不可預測而傷害到原本釋放武器的國家和軍隊。現在，風向的問題已經可以解決了，像炭疽病這樣的物質，只要使用化學製劑的國家幫自己的軍隊接種疫苗，就可以有更多使用機會。這種危險的困境在冷戰 2.0 中會更普遍，因為人們自認（有時是誤以為）已經充分掌握了相關科技。

化學和生物武器公約的另一個缺點是有些國家（主要是專制國家，但有些民主國家也不願意）不願意允許聯合國檢查基地，可是聯合國必須檢查才能確保這些國家都有遵守條約。既然沒有一個大家都願意遵守的監管系統，國際間就沒什麼信心能成功管制這種致死物質。21 世紀的科技一定可以協助解決這些問題，像是在實驗室和工廠布建視覺感應器和其他感應器，並利用人工智慧來追蹤被全球軍事工業複合體消耗的資源。

融合軍民創新

21 世紀的第三個十年，各國已經來到了關鍵的時間點，經濟主導地位和軍事專業知識都極依賴數位創新的能力。電腦工程師、數據科學家、軟體程式設計師和數位供應鏈上的同事，都在設計、開發和部署現代系統，為經濟體內的所有工作流程帶來附加的數位價值。同時，他們的數位同行則在國防工業企業或武裝部隊中執行相同的工作，打造嚇阻所有侵略行為的武器系統，如果嚇阻失敗，那就要能徹底擊敗敵軍。此一現實帶來一個首要顧慮：民主國家會嚴重缺乏這樣的人才，因為冷戰 2.0 期間，民間與軍方的雇主都在同一個人才庫裡徵人。（在 LinkedIn 網站瀏覽徵才資訊，就可以清楚地看出軍方和民間對這些技能的高需求。）不過，民主國家在人才之戰中有個優勢：來自不結盟國家的大學畢業生會比較願意移民到民主國家而不是專制國家，這可以緩解民主國家在冷戰 2.0 期間勞動市場急需技能人才的緊張情況。

烏克蘭在面對俄羅斯 2022 年 2 月的全面進攻時所達成的驚人成就，充分展示出軍民現代科技如何完全融合。俄羅斯的軍力是烏克蘭的 8 倍，國防預算是烏克蘭的 10 倍，當俄羅斯的陸軍團在 2022 年 2 月 24 日侵入烏克蘭國境時，幾乎沒有人認為烏克蘭能撐得過幾週。美國甚至立刻提供運輸管道給烏克蘭總統澤倫斯基，準備將他送到歐洲某個安全的地方，讓他從遠端發動反抗軍活動。澤倫斯基拒絕了這張「免費機票」，而是要求美國提供武器。

遺憾的是，2022 年末到 2023 年初的那個冬季，民主國家向烏克蘭提供武器的步伐過於緩慢，讓俄羅斯有時間建構堅固的防禦力量，導致陸地上出現消耗戰的局面。然而，在黑海，烏克蘭憑藉高超的科技能力，成功將俄羅斯海軍逐出這個重要的海上戰線。儘管如此，在這場戰爭中的每個關鍵時刻，烏克蘭都展現出比俄羅斯侵略者更強的科技實力。他們隨機應變地使用改良版無人機，在戰場上完成許多目標，現在已經成為傳奇了。在全面戰爭爆發之前，大約有 30 萬名烏克蘭人在民間的資訊科技企業工作，服務對象多為歐洲或北美的外國科技業客戶。2021 年，烏克蘭的 5,000 家科技公司資訊科技服務出口額為 68 億美元，占全國總出口的 37%。這個重要人才庫的價值在俄烏戰爭中明確地體現出來。烏克蘭人可以拿起 45 個民主國家共同捐贈的現代武器，迅速摸熟高科技性能，在短時間內開始擊退俄軍。全面戰爭爆發後的 6 個月裡，烏克蘭在兩大戰役中成功反擊俄羅斯軍隊，收復了數千英畝原本被俄軍占領的土地（俄羅斯人在這場由他們非法挑起、毫無正當理由的血腥戰爭中，也在快速學習教訓，累積關於高科技的心得）。從 2025 年的角度來看，現在要判斷這場戰爭將如何結束還太早，但到目前為止可以確定的是：烏克蘭一直是軍事創新的魔藥釜（cauldron）。

俄烏戰爭也將對冷戰 2.0 產生更廣泛的影響。亞洲，尤其是中國，一直在密切關注歐洲的衝突並從中汲取教訓，尤其是面對台灣問題時，如果台灣鞏固防禦，下定決心長期應戰，並且端出可信的「刺蝟防禦」戰略，中國要武力攻台，將必須付出沉重的代價。同樣地，民主國家也在理解，殘酷的專制領袖願意為了軍事征服付出多麼昂貴的代價，而他們付出的代價是由農村地區的年輕男子、少數民族和監獄囚犯來承擔，這讓民主國家的公民很恐懼。同時，台灣數十萬科技工作者也正緊張地從烏克蘭戰爭中汲取關於創新、科技和國力的重要經驗。目前台灣每年約有 90 萬人移民出國，約有 100 萬人移民入境，對於 2,400 萬人口的台灣來說，這是個正向的趨勢。不過，值得注意的是，離開台灣（特別是前往美國）的公民大都受過高等教育（其中 70% 擁有大學學位），而且多數相當富裕。烏克蘭戰爭持續的同時，台灣移民數據會受到更多關注，留學生回台的比例也會被仔細分析。

前述有關科技、國家經濟與軍事實力的分析，為民主國家提供了一些關於冷戰 2.0 的寶貴資訊。保持市場開放，讓競爭取代發揮魔力。可以監管特別敏感或危險的創新，只是不要太早介入，以免監管扼殺了創新，或過度監管導致科技業大公司坐享其利。另一個很重要也很關鍵的心得：專制政權不會允許競爭取代發生，因為專制領袖及其金主已經在現有的壟斷或寡頭企業上投資太多了。因此，在專制國家，科技創新永遠不會像在民主國家那樣強健有活力。這樣一來，民主國家在冷戰 2.0 中和專制國家競爭時，會擁有強大的優勢，只要民主國家不浪費這個優勢就行了。

給民主國家的主要建議是：不要白白浪費了競爭取代所帶來的科技優勢，避免讓專制者和綏靖主義者在民主政權裡找到上台執政的機會。換句話說，專制政權永遠無法具備足夠的科技實力來擊敗民主國家，所以民主國家應該避免自毀長城。

另一個給民主國家的建議是：不要給予專制國家可以用來打敗民主國家的武器。白話一點的意思就是：不要給專制國家繩子，讓他們用來絞殺民主國家。因此，民主國家一定要執行有效的計畫，避免先進科技流入專制國家，這會大幅阻礙民主國家的經濟成長，可能在 10 年內經濟成長率會減少 9%。[12] 軍民科技整合的程度會影響專制國家武器系統現代化的程度，從而動搖中國攻打台灣並獲勝的信心。因此，拜登政府在 2022 年 10 月推出（並於一年後強化）的高階半導體晶片經濟制裁計畫是很合理的，但這只是開端。在其他科技領域，包括人工智慧、量子運算和生物科技方面，也應該採取類似的措施。而且，光是希望世界其他國家遵守制裁還不夠，民主國家在執行這些制裁時要更強勢，以確保其效果得以實現。

第 2 章

第一場冷戰：專制、民主和科技

第一場冷戰是 1945 年至 1989 年這 40 年間地緣政治的主要關注焦點，兩種完全不同的意識型態在冷戰期間表現出全球擴張的企圖心。對於新型工業、消費科技和軍事科技的設計、發展與部署，當時有兩種截然不同的做法，都對冷戰起了推波助瀾的功效。冷戰催生了太空科技與人類的太空旅行。冷戰見證了一個分裂的世界如何努力管理當時的無限寶石（kryptonite）——數千枚核子武器。冷戰差點就要目睹無法想像的核戰會帶來的浩劫。然而，兩強爭霸中，專制大國拚命想要追上民主大國的科技步伐，專制政權原生的弱點便逐漸浮現出來，最終自食嚴重的惡果。到最後，挫折氣餒又充滿希望的人民徒手拆毀了隔開兩個陣營的水泥牆和鐵幕，東歐人民獲得解放，德國實現了統一（但朝鮮沒有），而這個過程幾乎沒有爆發暴力衝突。

儘管冷戰 2.0 和第一場冷戰有很多相異之處，第一場冷戰還是提供了很多教訓，能幫助現在的領袖度過冷戰 2.0 的危險局勢。這兩場冷戰共同的現實處境就是民主與專制政權的對峙。這很重要。多數國際戰爭都是由國內因素引起。此外，一個在國內拒絕遵守法治的專制者，也絕對不會遵守國際條約；民主國家的領袖如果以為他們會守法，那就太天真也太危險了。同時，有些民主國家的領導人渴望成為專制領袖，但他們很難在國內實現專制夢，所以會試圖在外交事務上發揮專制本色。因此，讓我們先比較這兩種生活觀與政治觀，會更了解冷戰。

民主

據報導，英國在二戰期間的首相邱吉爾曾說過：民主是讓人民掌握政府，專制是讓政府掌握人民。本質上，在民主體制裡，人民有權決定由誰來組成政府。這個決定要透過公平、自由和可信賴的選舉來實現，在民主選舉中會有多位候選人（通常來自不同政黨）參選（沒有任何人可以禁止他們參選），並由公正的組織監督選舉過程，確保選舉流程都按照嚴格而中立的規則進行。

贏得選舉後，新政府就獲得了在下一次選舉前治理國家的合法性，通常每四年舉行一次選舉。民主國家的選舉有個關鍵的基本原則：如果執政黨在選舉中失利，必須和平地將政權轉移給勝選的政黨，而前提是勝選政黨必須允許敗選政黨在接下來的四年中繼續存在，並參加下一次選舉。

民主選舉要求人民能夠行使關鍵的政治權利，包括言論自由、集會自由（這也意味著必須存在多黨生態）。如果有一位候選人（尤其是在野黨的候選人）不能直接與選民交流或間接透過媒體與選民交流，那這場選舉就被操縱了，既不公平也缺乏可信度。民主制度裡，不管哪個政黨贏得選舉，所有政治權利與法律權利都能受到保護。而且，個人權利不僅限於投票權，個人權利是「民主」意義的核心，包括法律之前人人平等、不受歧視，以及如果有人因犯罪而被捕，未經審判證明有罪前，必須推定為無罪。

民主制度還需要自由的新聞媒體。大多數人既沒有時間也沒有專業知識來仔細審查政府、法庭、企業董事會或社會上任何其他涉及權力運作的角落發生了什麼事。記者做為人民公正的資訊代理人，必須追查這些流程，讓人民可以憑藉資訊來討論當天的事件，形成觀點，決定下次選舉要投給誰，並且要求民選官員負起責任。自由的新聞媒體也需要報導人民能否真正行使權利，尤其在我們這麼複雜的世界中，若沒有獨立的新聞業，民主連一個星期都存活不下去。

民主需要「法治」，這表示法律只能被合法當選的民意代表制定出來，這也表示在民主國家，所有人——包含政府官員、總統或首相——都必須接受法律約束，而法律必須以相同的方式適用於所有人。在法律之前，有權、有錢或有名的人並不會有較好或較差的待遇。每個人都受到同樣的對待。在民主制度裡，沒有人可以逍遙法外；每個人都必須遵守由民選立法機關通過的法律。

民主和法治需要獨立的法官來解釋法律，並公正、一致地執行法律。同樣地，民主國家的軍隊、警察和國安機構，必須獨立於民選政府之外，一同接受法律約束，例如：警察要搜查嫌疑人的住所，一定要先取得獨立法官批准的搜索令。

至於經濟，民主制度需要有開放的市場，但是要受到合理的監管。「開放」的意思是任何商品或服務要進入市場都不會受到法律或政治阻礙。「監管」則表示要遵守法律，像是降低汙染、保障勞工權益、監管高風險金融業務等[1]——尤其是在許多加密貨幣相關企業崩潰之後。最後，經濟體系結合法治，一定要允許「競爭取代」。

民主制度需要上述**所有**要素，有些政治體系少了某些關鍵要素（民主三腳凳缺了一條腿），那就不是民主制度。它們通常是某種形式的專制統治，但不是民主，所以不能被稱為民主國家。「不自由民主」（illiberal democracy）、「極簡民主」（minimalist democracy）、「主權民主」（sovereign democracy）、「可控民主」（managed democracy）等詞彙毫無意義，它們的本質還是專制，所以應該被當作專制國家。另一方面，使用「有缺陷的民主」一詞的評估機制可能會有所幫助。[2]

一個民主國家有沒有健全的競選財務規範、能不能有效執法來打擊公職人員和法官的利益衝突，決定了這個國家在「瑕疵民主」排行榜的名次，如挪威（完全民主）是第 1 名，而美國（瑕疵民主）是第 29 名，而兩國之間的差異意義重大，因為每個國家都在努力成為更完善的民主國家。例如：任期就是民主制度裡的好工具。美國總統最多只能連任兩屆，每屆任期四年；美軍參謀長聯席會議主席（美國軍隊的最高階軍官）只能擔任一屆，任期四年。

任期限制降低了貪腐的機率，確保領導團隊能注入新血與新思維，即便是最糟糕的行政首長也不至於完全無法忍受，因為公民都知道他的任期遲早會結束。

民主很罕見。自從農業和都市在大約 1 萬年前開始發展以來，直到二戰之前，世界上只出現過少數幾個民主政體。過去這 80 年來，民主制度發展得比較好，但目前全球也只有大約一半的國家是民主國家。許多民主國家最終滑向專制，通常這都「不是來自外部干預」，而是國內曾經相信民主，或至少願意遵守規範的領導人，最終揭開面具，露出本色，把國家推向專制。

專制

專制政權和民主體制有明顯的區別。專制政權是由單一個人進行統治，即專制領袖掌握權力。專制領袖之所以能取得並維持權力，是仰賴一群「擁護者」（enablers，通常包括軍隊、警察和國安高層），以及願意投靠專制領袖的政治要角、犯罪組織集團高層、有影響力的企業家、其他宗教領袖和文化偶像。輔佐專制領袖上台的擁護者會獲得豐厚的報酬，以確保專制領袖可以鞏固權力。這些人會進一步買通關係或打壓政敵，以維護專制領袖的權力（當然還有他們自己的權勢）。權力階層關係、黑金和鎮壓行動的結構有其必要，因為專制領袖的合法統治地位缺乏共識，他畢竟沒有經過公平、自由和可信賴的選舉取得權力。既缺乏民主的三大要素，在沒有合法投票的情況下，專制領袖就是靠賄賂和暴力來鞏固和維持權力。

專制體制不舉行選舉，即使辦了（為了做為宣傳活動的一部分），也毫無意義，因為這種選舉既不公平、不自由，也不可信。專制領袖（幾乎都是男性）及其擁護者擅長造假選票來操控選舉，或者利用警察（收取利益而成為專制領袖的擁護者）在競選前以不實指控逮捕最強大的反對黨候選人，像是捏造出候選人逃漏稅的資訊，便足以讓他們失去參選資格。有時，專制領袖會安排暗殺，阻止其他有能力且正直的人參選。

專制領袖的統治不受約束，除了極少數來自強大擁護者施加的約束。專制領袖通常會摧毀不能協助他穩固地位的人，還有任何想要制衡他的機構被。專制領袖統治時，即使犯罪也不會受罰，所以能為所欲為，只要能實踐對擁護者的承諾即可。同時，聰明的專制領袖都知道，人民飢餓到一個程度，就會起身反抗、要求食物，接下來可能就會要求自由，進而要求更多。為了避免人民起義，有些精明的專制領袖願意與公民分享更多的國家財富，像是增加退休金等等。深謀遠慮的專制領袖不會特別在意小惠，因為他們知道來日方長，還有很多時間可以從國家財庫中竊取和挪用資金。畢竟專制者從不受任期限制的約束（普丁已經執政 25 年，習近平則進入第 13 年，兩人都不太可能在短期內退休。而當他們最終退位時，接班問題將會成為巨大挑戰，這在專制政權中總是如此）。

專制政權裡，真正的問題是接班，因為缺乏組織化的方式把政權從現任專制領袖手中移交給他選出的接班人。在接班人之戰中，常看到有人喪命。專制統治不適合膽怯的人。專制政權不是法治而是人治，也就是「專制領袖的統治」。專制領袖單方面的決定就具備法律效力。專制政權是**藉由**法律來管理（rule by law）國家，但不是真正的法治（rule of law）。專制領袖擅於制定反映其意志的新法律，也不需要其他人的參與，雖有法卻無法治，因為專制領袖及其擁護者不受獨立法官制裁。

不遵守國內法治的專制領袖也不會尊重國際法。與民主國家領導人相比，專制領袖更容易發動戰爭。同樣地，他們打仗時也不理會戰爭規則。他們認為國際條約是給傻子看的；他們會為了作秀而簽署條約，但他們只會偶爾遵守，而且只在符合自身利益時才遵守。專制領袖只尊重赤裸裸的武力，無論是直接對他們施加的武力，或是集結起來對抗他們的武力。他們沒有羞恥心，但也不是愚笨的人，若人數上處於劣勢或被火力壓制時，他們也能看清自己的處境。

專制政權下，不存在個人權利，也不存在「私人空間」，無法讓個人獨立於團體利益或團體生活之外。公民（即便是權力擁護者）不能公開反對領導人，更不可能組織抗議活動或其他形式的集會。專制政權沒有開放的經濟市場，所有企業家都必須遵從最高領導人的指示。就算是來自境外、在境內經營業務的人，也會發現自己受到箝制。[3]在專制政權中，若不遵從專制者的意願，就會受到嚴重懲罰；通常會被流放出國，永遠不能回國。就算過去勢力強大，曾經扶植專制者，只要專制者決定反目，他們便會遭受同樣的命運。專制者沒有長期的朋友或盟友，只有權宜之計的短期利益。

專制政體裡，法官的存在不是為了公平公正地解釋法律。相反地，（與專制領袖沆瀣一氣的）法官是按照專制領袖的指示來判決案件。若法官有任何自由裁量權，也是可以收買的——專制政權的司法體系內，貪腐猖獗。警察、軍隊和國安部門也是如此，完全不獨立，只是在執行專制領袖的命令，當他的私人打手和執法團隊。專制領袖會收買軍隊、警察和國安高層，以及其他權力擁護者。貪腐猖獗是因為專制領袖通常允許他黨羽從事各種非法和不受監管的副業（side businesses）——當然，他們會要求分一杯羹。

專制領袖不容許批評，原因很簡單，他們不需要容忍。專制政權中幾乎沒有言論或新聞自由，更不用說集會了。專制領袖厭惡真相，更仇視所有決心要發掘或傳播真相的個人或專業人士。專制政權得在謊言、欺騙、審查和虛假消息的泥淖中生存和茁壯。因此，獨立記者是專制領袖的頭號敵人，這毫不意外。[4] 記者在專制政權裡若秉持新聞業最高標準，根據事實做出報導，他們的生活將風險四伏。接觸外國人的記者會被國家安全警察嚴密監視，經常因捏造的間諜罪名被逮捕。[5] 外國記者也常受到專制領袖迫害。[6] 專制領袖經常謀殺記者。2022 年，全球共 67 名記者只是為了完成自己的工作而被殺害，主要都發生在專制國家。[7] 專制領袖也厭惡以政治幽默為主題的喜劇演員。[8] 要判斷一個社會的開放程度和民主基礎，可以從當地喜劇社團的幽默感窺見一斑。專制政權裡，公共場所聽不到關於專制領袖或軍隊的笑話。

專制領袖特別畏懼公開反對他們的示威活動。他們讀過歷史，心知肚明：過去 250 年來，很少專制領袖能壽終正寢。在過去兩個半世紀裡，很多專制領袖是被怏怏不平的公民絞死（有時是用鋼琴弦）或斬首，這往往是因為廣大民眾已經被專制領袖壓迫到極限了。或者，專制領袖可能死於政變，想成為新任專制領袖的權力擁護者策畫了這場政變，他拿了更多錢來賄賂軍隊、警察和國安高層，推翻舊主上台。

專制領袖知道自己的職涯可能會有個殘暴的句點，所以會盡力避免。最理想的情況是把數十億美元的貪汙款存入海外銀行帳戶，去另一個專制政權統治下的僻靜小島，買下一座大型莊園。一旦聽到憤怒的公民在吶喊，或下一任專制領袖的士兵在踏步，警覺的專制領袖就會逃往這個寧靜的避難所。

俄羅斯特色專制政權

第一場冷戰始於 1945 年左右，但要真正從俄羅斯的角度去理解第一場冷戰的運作方式，就必須先知道列寧和史達林在此前 25 年間如何統治俄羅斯。俄羅斯是在 1914 年加入第一次世界大戰，到了 1916 年時，俄軍對德國的戰爭進展得非常不順利。當時的俄羅斯專制君主是沙皇尼古拉二世（沙皇在俄語中意為國王，是俄語版的「凱撒」，指古羅馬的專制皇帝）。尼古拉二世親赴戰場，期望提升俄軍士氣，但到 1917 年初，許多士兵已經開始叛變。自由派政治家克倫斯基（Alexander Kerensk）說服尼古拉二世於 1917 年 2 月遜位。沙皇與家人偏安在莫斯科郊外的一處鄉村莊園，而克倫斯基則召開制憲會議，選出一個致力於民主的政府。

列寧（Vladimir Ilyich Lenin）是一名共產主義者。他遵循哲學家馬克思（Karl Marx）的教導，馬克思出生於德國，呼籲工人起身反抗擁有工廠的資本家。馬克思的政治哲學預測：在共產主義制度下，工人最終將擁有所有的生產工具，包括工廠和農場。列寧是個精明的政治組織者，他讓俄羅斯共產黨人在克倫斯基的制憲會議選舉中積極競選。然而，列寧的共產黨人只贏得了 24% 的席位，因此列寧無法按計畫透過選票來實施他的馬克思主義共產黨宣言。然而，列寧是個優秀的專制領袖，他在 1917 年秋天策畫了一場政變，共產黨人透過武力接管了俄羅斯政府，並解散了制憲會議——專制領袖不需要這樣的民主機構。今天，普丁保留國會（Duma），是為了給他的冷酷無情專制統治風格披上民主的外衣，但當國會經常一致通過普丁提出的法案時，就露出了真實的本質。

為了鞏固自己的地位，列寧創建了「契卡」（Cheka）。這是個強大而可怕的國家安全警察機構，專門以武力保障俄羅斯共產黨的執政地位。契卡的外表和行動都很像俄羅斯帝國沙皇在位時的祕密警察（Okhrana）。這並不奇怪，因為沙皇尼古拉二世是至高無上的專制者，自 1613 年以來，羅曼諾夫王朝歷任統治者都是。契卡——經歷多次改名，1924 年名為內務人民委員部（NKVD）——在 1920

年代和 1930 年代執行了「恐怖」政策，不斷圍捕國家真實或虛構的敵人，有些被處決，有些送往勞改營或集中營。在那裡，囚犯經過幾年辛苦的勞動，通常會因過度勞累和食物不足而死亡。同樣地，俄羅斯共產黨的專制手段與沙皇的鎮壓系統沒有太大區別，正如今天普丁的聯邦安全局（FSB）延續了契卡、內務人民委員部和國家安全委員會（KGB）的傳統，繼續使用恐嚇、無端逮捕和暴行來維持權力。

列寧讓他最信任的同僚托洛茨基（Leon Trotsky）建立了紅軍，這支新軍隊完全效忠新的專制政權。列寧還有另一位重要的同伴叫做約瑟夫．朱加什維利（Joseph Jughashvili），不過他的「戰時化名」史達林更廣為人知，在俄語中的意思是**鋼鐵**。他們走遍俄羅斯帝國，把俄羅斯沙皇在過去 400 年間征服的所有民族共和國變成仍受莫斯科直接控制的共產主義「蘇維埃」。這個做法很關鍵。

第一次世界大戰結束後，奧匈帝國瓦解，催生了許多歐洲中部的新國家，例如捷克斯洛伐克。同時，鄂圖曼帝國的崩潰也使巴爾幹地區出現了幾個新國家，例如克羅埃西亞和塞爾維亞。德意志帝國的海外殖民地也分裂成許多個新興的獨立國家。20 世紀的去殖民化浪潮正在席捲全球 —— 除了俄羅斯。去殖民化是 20 世紀的基本趨勢，但俄羅斯相反，列寧和史達林非常謹慎地確保俄羅斯的陸上帝國和過去的規模一樣，只不過換人管理。普丁自 2012 年上台以來所採取的行動，幾乎可以說就是在延續這個帝國野心（imperial agenda）。

1920 年代和 1930 年代，列寧和史達林依據共產主義專制原則重構了俄羅斯的社會和經濟。共產主義的俄羅斯成為一黨制國家。唯一被允許存在的政黨是俄羅斯共產黨。我們必須明白，民主國家的政黨與俄羅斯共產黨或今天的中國共產黨有著天壤之別。1991 年蘇聯解體前的俄羅斯共產黨，和 1949 年以來的中國共產黨（至今仍勢力強大），是中俄兩國國內最重要的機構。在民主國家，政黨便於將志同道合的政治支持者聚集在一起，共同參選。選戰之間的空檔，政黨幾乎處於休眠狀態，主要專注於為下一次選舉籌集資金。相比之下，在共產主義專制國家中，政黨是革命的先鋒，而革命永遠不會結束，革命要一直持續進行；因此，共產黨不斷參與所有公民生活的每一個細節。而且，共產黨還執政。共產主義專制政黨介於戰時的軍隊和對領袖的狂熱崇拜之間。黨就是一切。儘管今天的俄羅斯最高專制者普丁早就不是共產主義者，但他已在俄羅斯社會中樹立了類似的形象和地位。

蘇聯在 1917 年被共產黨接管之後，俄羅斯共產黨將所有工廠和土地全部國有化，包括農場。莫斯科的俄共官僚實施了專制經濟政策。從此，俄共片面決定工廠和農場要生產什麼、生產多少。國家接收所有產品和農作物，然後俄共用自認為合適的方法在全國分配物資，價格也由俄共決定。俄共還能主宰誰要住在哪座城市的哪間公寓裡。俄共決定了所有的經濟和政治決策，而在黨內，列寧擁有最終決策權（列寧在 1924 年去世後，便由史達林掌權）。

凡是阻擋俄羅斯共產黨或當今中國共產黨的人，往往都會被無情地剷除。列寧和史達林有他們的使命，不允許任何人妨礙。數百萬俄羅斯農民不願意為集體農場工作（後來在中國也是如此），就被立即處決，或是看著國家強行徵收他們的農作物後被活活餓死。烏克蘭當年是蘇聯內部的一個「自治蘇維埃共和國」，因為農村社會再造導致了「大饑荒」，數百萬烏克蘭人在這場人為製造的饑荒中死亡。列寧和史達林認為這些人命和其他數百萬條人命都是俄羅斯轉變為共產主義工人天堂所必須付出的代價。唯一比普通專制領袖更致命的，就是相信自己正在實行一套令人信服的普世價值和社會體系組織的政治領袖。中國首位共產主義專制領袖毛澤東在 1949 年至 1976 年間實施了類似的社會制度，導致大約 3,000 萬人早逝。當然，中俄都從來沒有實現過工人天堂的理想，但這不是重點——對列寧、史達林和毛澤東來說，只要是專制領袖想做的事，再殘酷的手段都解釋得過去。普丁在 2022 年全面入侵烏克蘭及隨後的戰爭中，將數萬名未經訓練的年輕新兵送上戰場犧牲，完全漠視人命，歷史再度上演類似的規律。

更糟的是，專制領袖有個很大的問題，在長期執政後（因為專制政權沒有任期限制），他們會變得偏執。他們相信國內外有很多人正積極企圖殺害他們——這麼想其實也沒錯，因為只有謀殺專制領袖才能推翻其政權。史達林在 1930 年代末期開始產生偏執恐懼，他讓國家安全警察處決了約 2 萬名蘇聯軍官，因為他認為這些人都在密謀政變要他下台。那時候高階將領折損最凶：13 名軍隊指揮官中有 11 名被處決，85 名軍團指揮官中有 57 名被處決，195 名師級指揮官中有 110 名被處決。數萬名對蘇聯社會有重要貢獻的人，包括科學家、工程師和文化人物，也在 1930 年代末的「大整肅」中被殺害。比較「幸運」的人則被送往西伯利亞的勞改營，很多人再也沒能回家，因為他們糧食太少，不足以在惡劣的環境中生存。[9] 托洛茨基，曾是史達林最信任的戰友，最終逃離俄羅斯，流亡海外。他在墨西哥被 NKVD 追捕，並以冰斧殺害。致命一擊是斧刃深深刺入大腦 7 公分。謀殺托洛茨基的 NKVD 特務在墨西哥監獄服刑 20 年。出獄後，返回蘇聯，當時的專制領袖布里茲涅夫（Leonid Brezhnev）和 KGB 主席授予他三枚「特殊功勛」獎章。

專制政權還有另一個核心缺陷，就是專制者的「獨斷」決策往往會導致非常糟糕的決策。例如：1930 年代，史達林眼看著歐洲另一位狂妄自大的專制領袖希特勒吞併了一片又一片中歐領土：1935 年的薩爾蘭、1938 年的蘇台德地區（捷克斯洛伐克）和奧地利。史達林擔心希特勒最終會攻擊俄羅斯，因此當希特勒提出《蘇德互不侵犯條約》時，史達林大大鬆了一口氣。根據這項和平協議，兩位專制領袖允諾不互相攻擊，而且決定共同攻擊並瓜分波蘭。一個月後，他們在 1939 年 9 月就立刻這麼做了。史達林認為這個聯合專制方案很高明，能滿足德國向東擴張的計畫，也讓俄羅斯從波蘭獲得了一大片土地。但他的顧問警告說，這只是希特勒在拖延時間，並在德國攻占西歐全境時牽制住俄羅斯。史達林不同意，反駁說他知道如何拿捏希特勒。結果史達林錯了，希特勒在 1941 年 6 月 22 日向俄羅斯發動了有史以來規模最大的入侵，史達林深感震驚和失望。德軍投入了 360 萬名士兵、3,000 輛坦克和 2,500 架飛機。[10]

暴虐的專制領袖史達林嚴重低估了希特勒。可想而知，史達林應該很後悔在幾年前處決了那麼多軍隊的高階軍官。要是那幾千名經驗豐富的軍事將領和各方領袖沒有在 1930 年代末期被處決，在對抗德軍的時候，或許就不會有那麼多俄羅斯士兵和平民喪命了。專制政權根本無法產生良好的決策。這是第一場冷戰所能提供的重要教訓，至於冷戰 2.0，普丁全面入侵烏克蘭同樣是個巨大的決策失誤。

第一場冷戰

因為俄羅斯在二戰中栽在德國人手上，蒙受慘重損失，所以史達林在與美國總統羅斯福和英國首相邱吉爾就戰後歐洲的安全架構進行談判時，堅持將東歐的九個國家納入俄羅斯帝國。愛沙尼亞、拉脫維亞和立陶宛（完全併入俄羅斯本土），以及保加利亞、捷克斯洛伐克、東德、匈牙利、波蘭和羅馬尼亞，這九國統稱為「東方集團」，做為俄羅斯的從屬國。讓東歐落入共產黨手中，來做為「緩衝國」以對抗未來可能復興的德國，這讓羅斯福總統感到不滿，但他無法與史達林正面對峙，因為他認為他可能需要俄羅斯幫助美國打日本。

史達林原本希望東方集團的九個國家都能在戰後的首次選舉中選出對俄羅斯友好的共產黨政府。然而，事實上，在這九個國家裡，共產黨都在選舉中敗選得很徹底。沒有一個國家選擇自願在共產主義專制的政治與經濟體制下生活。選舉失利後，史達林命令他的國家安全警察在東方集團國家中以武力扶植忠於莫斯科的共產黨政府。[11]

1948 年，這項計畫已部署完成，包括毫不隱瞞、明目張膽的布拉格政變，國家安全警察將捷克斯洛伐克的外交部長馬薩里克（Jan Masaryk）從四樓浴室的窗戶扔下墜樓而亡，只因他不願與專制者合作。歷史總是如此相似。史達林在選舉失敗後，在每個東方集團國家強行建立了一黨專制政府，就像 30 年前列寧在莫斯科選舉失敗後策畫了暴力政變一樣。難怪專制領袖痛恨民主——當人民有選擇政府的發言權時，專制領袖總是一敗塗地。

接下來，東方集團的九個國家進入了 45 年的共產主義專制時期。在這段時間內，沒有自由、公正或可信的選舉；公民沒有言論自由或集會自由等個人自由；法治不存在；法官不獨立；新聞自由也被剝奪。共產主義專制領袖摧毀了任何形式的公民社會（如私人慈善機構，或像男童軍和女童軍這樣的社團，都被國營的共產主義青年團所取代）；專制領袖全面推行俄羅斯的經濟專制體制，由中央政府的官僚控制所有和商品與服務生產有關的事。正如邱吉爾當時所宣稱，蘇聯在東歐拉起了一道「鐵幕」。[12]

同時，英國的民主制度仍持續運作，邱吉爾在 1945 年 7 月的選舉中落敗下台，這個結果讓人震驚，畢竟他是戰爭英雄首相，在 1940 年倫敦大轟炸那段最黑暗的日子裡，他鼓舞全國堅持下去。當時英國獨力面對納粹的專制威脅，因為法國已經在幾週前被納粹擊敗。然而，這就是民主的本質。英國人民知道戰爭即將結束，他們已經筋疲力盡，希望有一個不同的領袖來帶領他們進入戰後世界。這就是民主的智慧、魔力和魅力。史達林聽到邱吉爾沒有贏得連任的時候，一定在苦笑，因為他根本不用擔心選舉這種小事，他只要讓祕密警察頭子貝利亞（Lavrentiy Beria）忙著消滅政敵就行了，這些政敵包括了真實的挑戰者和假想的敵人，無論是在蘇聯境內，或是後來的東方集團國家。

幾年後，民主制度又創造了驚喜，這次是在美國。1948 年 11 月，杜魯門（Harry Truman）當選總統。原本最有希望獲勝的是紐約州的共和黨州長杜威（Tomas Dewey）。有張著名的照片，杜魯門手持《芝加哥論壇報》頭版，標題是「杜威擊敗杜魯門」。杜魯門的勝選和邱吉爾在 1945 年的敗選，都證明了，在民主國家裡，當人民真正有權做決策時，什麼事都可能發生。而在專制政權中，人民只能忍。（順帶一提，邱吉爾在 1951 年又當選了，並再次擔任首相直到 1955 年，這是英國民主發展的一個有趣的轉折。）

第一場冷戰初期，1948 年 6 月在柏林，民主國家對抗莫斯科專制領袖的意願與能力就受到了考驗。柏林位於蘇聯管轄的東德境內，但另外三個占領國（美國、英國和法國）也管理著柏林的部分區域，並各自監管當時的西德區域。有一條路線可以讓民主國家穿越東德往返於西德和西柏林之間，史達林對民主國家在柏林的存在感到不滿，所以想要封鎖這條通道，迫使他們離開。史達林期待「封鎖柏林」後，迫使民主國家因斷絕物資而撤離西柏林。

史達林的計畫沒有奏效。杜魯門出動大型美國空軍機群在西柏林空投大量物資。每天在柏林坦佩爾霍夫機場降落的美國飛機多達 1,400 架，日日運送食物和其他補給品。史達林氣急敗壞，但他認為美國人很快就會因疲憊而放棄。美國沒有放棄。最終，1949 年 5 月 12 日，史達林舉白旗結束封鎖。此後直到 1989 年柏林圍牆倒塌，民主國家都能通過陸路向西柏林供應物資，甚至還以鐵路連結柏林和西德。民主國家堅定立場，直面俄羅斯的專制霸凌。這個經驗對冷戰 2.0 很重要。

有鑑於俄羅斯在東方集團各國都扶植了共產主義專制政府，且史達林試圖把民主國家趕出西柏林，西歐各國擔心俄羅斯會西進入侵。新的《聯合國憲章》明文規定國家主權和邊界不可侵犯，但聯合國體制的問題在於，俄羅斯可以否決聯合國為對抗俄羅斯侵略所採取的任何軍事行動。這正是冷戰 2.0 中實際發生的情況，2022 年 2 月 24 日，俄羅斯（專制政權）全面入侵烏克蘭（民主國家），次日，俄羅斯行使了否決權，阻止聯合國安理會的任何行動。因此，西歐國家在 1940 年代後期為防止共產主義進一步擴展到他們自己的領土，不得不採取「自助」防禦措施。

1948 年 3 月，比利時、法國、盧森堡、荷蘭和英國這五個西歐國家成立了共同防禦聯盟，簽署了《布魯塞爾條約》。（其實，法國和英國早在 1947 年就已簽訂《敦克爾克條約》，首開先河。）這種「集體防禦」在聯合國體系下是被允許的。《布魯塞爾條約》的核心原則是：對其中一個國家的攻擊，將被視為對所有國家的攻擊；集體防禦的態勢就是要嚇阻俄羅斯對他們的任何軍事侵略。

其他民主國家意識到集體防禦有人多力量大的優勢，紛紛被邀請加入《布魯塞爾條約》。於是，1949 年 4 月成立了北大西洋公約組織（簡稱北約，NATO）。諷刺的是，史達林原本試圖透過封鎖柏林來削弱西歐，卻反而催生了北約，強化了西歐。就像普丁在 2022 年為了弱化北約而入侵烏克蘭，反而促使芬蘭和瑞典加入了北約。1949 年，北約包括《布魯塞爾條約》的五個國家，加上美國和加拿大，以及歐洲國家丹麥、冰島、義大利、挪威、葡萄牙，1955 年西德也加入了。北約至今依然蓬勃發展，經過 75 年，現在擁有 32 個會員國，成為歷史上最成功的集體防禦措施。《北大西洋公約》第五條規定：對任何北約成員國的攻擊，將被視為對所有北約成員國的攻擊。北約的集體防禦如此成功，以致於第五條在整個聯盟漫長的歷史中僅援引過一次，就是 2001 年 9 月 11 日美國遭受恐怖襲擊時（即一般所稱「911」事件），當時恐怖份子攻擊了紐約市的世貿中心和華府的五角大廈。實際上，很多人都說北約成功地做到了「讓美國加入，把俄羅斯擋在外面，並壓制德國」。

民主國家一方面透過北約強化集體軍事安全，另一方面迅速行動，重建西歐國家的經濟和公民社會，因為各國元首發現，如果民主國家的失業率偏高或生活水準偏低，共產主義就可能成功奪取政權。美國發起馬歇爾計畫，提供貸款和援助給 16 個西歐國家，共撥款 130 億美元——相當於今天的 1,500 億美元——主要用於重建基礎設施，如發電廠、交通運輸和鋼鐵生產，但部分資金也用於科技援助，以提高製造業工廠的生產力。西歐國家於 1957 年成立歐洲經濟共同體來推動經濟復甦，該組織至今仍以歐盟（EU）的形式存在。目前，歐盟包括 27 個國家，皆為民主國家（儘管其中一些有嚴重缺陷），並同意緊密整合其經濟，包括商品、人口和資本的流動。這些措施讓歐洲更繁榮，進而更和平，更能抵禦外來侵略。

重建整個歐洲民主的各種努力都奏效了。現在，歐洲是個繁榮的社群，共有 4.5 億人口（若再加上英國的 6,700 萬人口，歐洲總人口接近 5.2 億，這還不包括烏克蘭的 3,800 萬人口；英國雖在 2020 年脫歐，仍是北約成員，並與歐盟共享許多價值觀）。特別是飽受戰爭摧殘的納粹德國，在戰後經濟和民主復興，成為一個堅實的民主堡壘，過程可說是相當壯觀。西德在 1972 年舉辦奧運，兩年後又主辦世界盃足球賽，東德、東方集團其他國家和俄羅斯人都羨慕地看著慕尼黑和其他城市從二戰廢墟中重建起來的宏偉體育設施。今天，統一後的德國是世界第四大經濟體，透過公平、自由和可信的選舉，在不同政黨之間和平轉移權力，這個令人讚嘆的政經成功故事，和亞洲民主國家日本、韓國、台灣的情況很相似。

民主國家在第一場冷戰初期還有另一次重大考驗，就是始於 1950 年 6 月 25 日的熱戰，當時 22.3 萬名北韓專制共產政府的軍隊越過北緯 38 度線，入侵南韓。二戰後，朝鮮半島一分為二，類似於東德和西德的情況，蘇聯在北方扶植了一個傀儡政權，由新的共產主義專制領袖金日成領導。金日成在二戰期間曾在莫斯科學習，準備接管整個韓國。金日成攻擊南韓前，已得到莫斯科和北京的批准。中國在毛澤東的領導下已於 1949 年成為一個專制共產主義國家。攻擊行為引發了韓戰，打到 1953 年結束，但兩韓至今仍未簽署正式的和平條約。首波攻擊震撼了南韓，北韓的共產軍隊在短短幾天內就占領了南韓的首都首爾。

聯合國安全理事會為了回應北韓的無端侵略，迅速授權武裝部隊反擊金日成的軍隊。（蘇聯當時因為暫時杯葛聯合國，所以沒有行使否決權。）經過三年的激烈戰鬥——韓戰中投下的炸彈數量超過了二戰的總和——聯合國軍隊在麥克阿瑟將軍的指揮下，將北韓軍隊打回北緯 38 度線以北。美國指揮多國聯軍，美軍共出動 178 萬名兵力，南韓動員了約 150 萬名，英國約 10 萬名，加拿大約 2.5 萬名，另外還有來自其他 18 個國家的少量兵力。聯合國部隊一度將北韓軍隊推到了中國邊境，幾乎要將整個半島收回給南韓政府，這時中國發動了 70 萬軍隊的攻擊（戰爭期間總共有 200 萬中國士兵參戰），以拯救金日成的共產政權。南韓從未忘記美國如何維護他們的國家。越戰期間，南韓派遣了共計 35 萬名士兵支援美國，以防止北越共產勢力占領南越（美國派出了 55 萬名士兵）。

儘管史達林在 1953 年就去世了，俄羅斯仍願意在代理人戰爭中出動軍隊對抗民主國家（以及想要民主的國家）。史達林的繼任者赫魯雪夫（Nikita Khrushchev）在 1956 年 3 月的俄共二十大上發表演講，長達 6 小時，詳細羅列了史達林的各種罪行，包括 1930 年代的血腥清洗和各種災難性的軍事決策，透露出俄羅斯可能不會再那麼專制。東方集團察覺到鬆動的空間，有些當地領袖開始試探俄羅斯權威的界限。波蘭在 1956 年 6 月爆發了短暫的騷亂。

1956 年 10 月，匈牙利的納吉（Imre Nagy）提出有限度的改革（包括選舉中應有多名候選人參選），並在經濟政策上與蘇聯保持一定距離。匈牙利首都布達佩斯的大學生支持納吉，但希望採取進一步行動。他們開始抗議蘇聯對匈牙利的軍事占領。事件逐漸升級為暴力起義，匈牙利各城市、各鄉鎮的工人紛紛加入抗議活動。起初，蘇聯似乎有意撤出這個附屬國，但在 1956 年 11 月 4 日，蘇聯坦克和步兵進入匈牙利，殘酷鎮壓示威者。隨後爆發了獨立戰爭，2.5 萬名匈牙利自由鬥士被蘇聯軍隊殺害。匈牙利總人口才 980 萬，當年逃往民主國家的匈牙利難民就超過 25 萬。[13] 納吉和十多名同僚被控叛國；他和另外五人遭處死刑，其餘人被判 10 年監禁。多瑙河沿岸的民主之火短暫閃爍後就被撲滅了。後史達林時代，對於鐵幕後渴望建立民主的人來說，第一場冷戰仍然是充滿危險的時期。

當時蘇聯駐匈牙利大使是安德羅波夫（Yuri Andropov）。他對於鎮壓匈牙利自由運動持強硬態度，在確保蘇聯的血腥鎮壓行動中發揮了決定性作用。隨後，安德羅波夫被提拔為國家安全警察首腦，後來（1982 年 11 月）被任命為蘇聯的最高領袖。（他只擔任了 15 個月就因腎衰竭去世。）從成就來看，安德羅波夫是普丁的榜樣，後來更成為普丁的導師。普丁在 21 世紀殘酷鎮壓車臣、喬治亞和烏克蘭的民族運動，與安德羅波夫 1956 年對匈牙利的強硬手段有明顯的相似之處。

1968 年，類似的劇本在布拉格上演，當時捷克共產黨領袖杜布切克（Alexander Dubcek）呼籲改革國內的專制經濟和政治體系。蘇聯再次派遣坦克進駐，但這次捷克人甚至沒有嘗試反抗，因為他們知道對抗是毫無希望的——他們看過布達佩斯人在十年前流血捐軀的枉然。

在 1956 年的匈牙利革命和 1968 年的「布拉格之春」中，東方集團國家希望西方，至少是美國，能對他們的解放運動提供一些支持，但民主國家的軍隊從未出現，甚至連軍事裝備也沒運送給自由戰士。儘管如此，東方集團的庶民家庭可以透過電視畫面，看到民主國家的中產階級生活得多麼好。東方集團的居民看到民主國家的開放市場生產出大量高品質的消費產品，普通市民也能享受到這些產品。顯而易見，俄羅斯和東方集團的經濟模式是由專制政府高層自上而下推動的中央計畫經濟，無法提供足夠的生活必需品，更沒辦法讓人民過上民主國家中產階級所享有的舒適生活。

這些電視畫面都有經濟統計數據背書。在美國領導下，從 1950 年到 1990 年，民主國家的經濟以每年約 3.5% 的速度成長。相比之下，專制國家的經濟在 1950 年至 1975 年間也同樣以約 3.5% 的速度成長（主要依靠對重工業的投資），但在接下來的 10 年中下降到每年 2.1%，而到了 1985 年至 1990 年代初期，蘇聯的年經濟成長率崩跌至 1.3%。此外，與民主國家相較，俄羅斯的經濟成長有更高比例投入工業品生產和軍事支出。這加劇了兩個陣營之間在消費者生活水準上的差距。回想一下，每年 3.5% 的經濟成長率，財富可每 20 年翻一倍，而每年 2% 的經濟成長率，財富需要 36 年才能翻倍。

到 1970 年代，冷戰的經濟競賽已由民主國家輕鬆取勝。如果東方集團沒有緊鄰西歐，這種情況可能會無限期持續下去，畢竟東德與西德共享 1,381 公里的邊界。由於如此接近的地理、文化和可見的生活對比，兩個陣營之間的差距變得難以忽視。這兩場冷戰之間的相似之處非常多，不過在 2010 年代，不僅經濟財富讓人羨慕，民主制度也是。普丁認為，如果鄰近的烏克蘭發展成一個面向西方、傾向歐盟的開放民主國家，他就無法讓俄羅斯長期維持封閉的專制體制。最終，普丁選擇的解決方案（如今正在烏克蘭和俄羅斯的戰場上展開）是透過殘暴的方式將烏克蘭變成由俄羅斯控制的專制國家，而不是將俄羅斯轉變為民主國家。

貪腐是專制政權的特色，不是漏洞

民主和專制這兩種政治制度之間有個很重要的差異：

專制政權的腐敗程度遠遠超過民主國家。雖然沒有任何政治體系可以完全對貪汙免疫，但在民主國家，貪汙是制度中的漏洞，是對法治的冒犯；一旦貪汙弊案被發現，執法機構會進行追查。相比之下，在專制政權中，貪汙腐敗是制度的核心特徵，根本原因在於國家是由一位最高領導人所統治，而且他不受任何約束，即使犯罪也不會受罰。我曾親身經歷過第一場冷戰期間發生在專制政權裡的貪腐現象，我的第一手紀錄可以說明這個現象。

1984 年，我需要辦理簽證前往專制共產主義國家匈牙利。匈牙利駐巴黎大使館的職員告訴我，他們處理我的簽證需要 48 小時。我回應說這樣來不及，因為我第二天早上要趕火車。

「啊，」職員驚呼道，「那你可能需要簽證**加急**服務。我們可以馬上處理你的簽證，但費用是正常價格的 2 倍。」

我付了額外費用後，驚訝地看著她把錢塞進了她的錢包裡——當著我的面！（她已經把「正常」的費用放進了官方的收銀機。）然後，她叫來同事，讓他把簽證貼進我的護照，接著蓋上印章。整個簽證處理過程只花了 2 分鐘，因為他們根本沒有做任何背景調查或其他事情。坦白說，整個裝模作樣的簽證程序只是為了從外國訪客那裡榨取一些錢；加急服務則是一種貪腐行為，讓小官僚中飽私囊。在民主國家，也可能會有某些服務的「加急處理費」，但這些額外的錢仍會進入政府的帳戶。

那趟旅程結束時，我口袋裡還剩下一些福林（匈牙利當地貨幣）。神情嚴肅的邊境衛兵問我身上有沒有攜帶任何福林，還提醒我，將福林帶出匈牙利是犯罪行為。我窘迫地翻遍了口袋和背包，找到了幾張皺巴巴的福林紙幣，價值大約 10 美元。我把錢拿出來給衛兵看。我以為她會對我生氣，沒想到她從櫃檯下拉出一個手提箱，裡面有各種匈牙利紀念品，如毛線鉤織的桌布和餐巾。她愉快地說（她的態度變得熱情起來，顯然進入了銷售模式）：「你真幸運，我這裡剛好有一些手工藝品，你可以用剩下的福林買。」當然，我乖乖照做了，同時對她腰帶上的大手槍感到不安。

雖然這些例子好像都是小事，但更嚴重的貪汙事件會對允許甚至助長貪汙的制度造成非常嚴重的影響。俄羅斯在 2022 年 2 月開始全面入侵烏克蘭時，開往基輔的俄羅斯坦克和補給車隊在越過烏克蘭邊界幾公里後便停滯不前。其中一個原因是，勇氣過人的烏克蘭士兵使用肩射反坦克導彈，嚴重破壞俄羅斯機械化步兵旅。此外，還有一個原因是，許多俄羅斯卡車的輪胎出了問題。事實證明，俄羅斯的車輛沒有得到適當的維護。負責採購維修服務的俄羅斯軍官直接將維修資金據為己有。

專制政權的貪汙弊案遠多於民主國家。追蹤全球貪腐情況的國際透明組織，[14] 將俄羅斯和中國列為最腐敗的國家之一。例如：普丁總統的官方年薪約為 12.2 萬美元，但自 2000 年上任以來，他積累的個人財富估計在 700 億到 2,000 億美元之間。[15] 他的資產包括兩座巨大的豪宅，一座位於黑海沿岸，另一座新建的別墅占地 7.5 萬平方英尺（主臥室有 2,800 平方英尺，約 78 坪），位於莫斯科郊外的森林中，供情婦卡巴耶娃（Alina Kabaeva）和他們的兩個孩子居住。俄羅斯民主運動人士納瓦爾尼（Alexei Navalny）勇敢揭露貪腐真相，不僅讓俄羅斯人民知情，也讓全世界了解。由於他發起反對普丁的反貪腐行動，這位俄羅斯專制領袖將納瓦爾尼關押在北極的勞改營中，最終他在那裡喪命（年僅 47 歲）。[16]

專制政權中還有普遍存在的系統性腐敗，讓專制領袖及其擁護者的經濟狀況遠優於國內其他公民。在整個冷戰期間，蘇聯共產黨菁英與其他俄羅斯民眾的消費享受有天壤之別。對俄羅斯平民百姓來說，消費品長期供不應求，但蘇聯共產黨菁英從不匱乏。在蘇聯的經濟專制體系中，大部分國家支出都用於重工業和軍事工業複合體，進行工業設計和製造武器，特別是火箭和核彈頭。很少有資金用於日常民生商品，例如現代房屋和公寓、汽車、家用電器，這在民主國家日益壯大的中產階級眼中都是理所當然的存在，而冬天重要的度假行程是去溫暖的南方國家避寒。

相較之下，俄羅斯公民就算住在莫斯科和聖彼得堡這樣的大城市，通常都沒有汽車，也只能住在狹小的公寓裡。（普丁成長於 1960 年代，當時他們全家住在一間公寓裡，需要與另一戶人家共用浴室，他經常在樓梯間追趕老鼠。）人們普遍穿著破舊的衣服。我記得 1970 年代末在布達佩斯買鞋的經歷。普通鞋店的貨架上只有一款深灰色、笨重的共產主義鞋。店經理看我是個對商品不滿意的觀光客，便示意我到後面的房間，給我看了一雙以柔軟皮革製成的義大利精美皮鞋。和匈牙利製造的鞋子相比，這雙義大利皮鞋所費不貲，但確實值得。普通的匈牙利人沒有外幣，只能買店鋪前面那些難看的鞋子；而握有強勢貨幣的外國遊客和匈牙利政治菁英——專制領袖及其擁護者的親朋好友——則可以在後面的房間購買優質商品。

最令人憤怒的是，東方集團和俄羅斯的普通民眾甚至連採買日常所需都必須排隊。大多數時候，一般雜貨店甚至連肉類、牛奶和雞蛋等基本食材都供應不足。我記得在 1980 年代初造訪莫斯科時，曾走進一家普通的雜貨店，店裡唯一充足的商品是糖果。除此之外，貨架上幾乎空無一物。在肉類區，冷藏貨架上完全沒有任何東西。後來，員工開始擺放一些火腿，引起了一陣騷動。人們蜂擁而至，趕緊抓起一兩條。我仔細看了看那些火腿。在北美，火腿應該是實心的肉，上面帶有一兩條脂肪。而這些俄羅斯火腿恰恰相反，幾乎全是白色脂肪，只有少量的紅肉。我感到非常震驚，並且為俄羅斯民眾感到難過。

第二天，我參觀了一家專為蘇聯共產黨菁英服務的商店，讓我為俄羅斯民眾感到更加難過。門口的警衛把普通俄羅斯公民擋在外面，但透過商店的窗戶可以看到裡面的情況，所以普通俄羅斯人可以看到蘇共成員在購買什麼。裡面的情景與民主國家的雜貨店相去不遠，擺滿了從西歐進口的大量食物和現代家居用品。這就是普遍存在的系統性貪腐的典型案例，因為俄羅斯百姓不能在這裡購物；只有俄羅斯的菁英階層或像我這樣持有「強勢」貨幣的外國遊客才能進入。

專制領袖及其黨羽喝湯吃肉，而其他人只能撿菜渣，對我來說，這種經濟機會上的極度不平等，正是專制政權最需要被譴責之處。我不禁納悶：俄羅斯的群眾怎麼能容忍這種消費隔離現象持續下去？我的疑問在 1989 年至 1991 年得到了解答，當時蘇聯的經濟專制體系崩潰，專制政治體系也隨之瓦解，第一場冷戰因此結束——不過，在 2000 年普丁上台後，政治專制和專制經濟的各種元素又死灰復燃。

具有俄羅斯專制特色的高科技

俄羅斯在科技和創新方面落後於民主國家已超過 300 年。1717 年，俄羅斯沙皇彼得二世在西歐旅行時發現俄羅斯的落後，因此在 1724 年模仿德國同類機構，建立了俄羅斯科學院。彼得大帝本人及後來的統治者，尤其是女皇凱薩琳二世，都曾邀請德國教授到聖彼得堡，教授俄羅斯大學生最新的科學趨勢。在過去的 300 年裡，俄羅斯科學家算是有跟上最新的科學進展。然而，俄羅斯無法順利將科學研究轉化為可供企業或（在過去 100 年間）消費者使用的商業科技。造成這項缺陷的主要原因是俄羅斯的專制政治結構存在嚴格的階層，要絕對服從上級。

史達林理解科學和科技的重要性，但他不信任科學家。在 1930 年代的紅色恐怖和大整肅期間，他處決了數百名科學家。許多科學家看到共產主義來勢洶洶，早早就逃離了俄羅斯，其中一位知名度頗高的流亡者是西科斯基（Igor Sikorsky），這位世界級的航空工程師早在 1918 年列寧奪取專制權力後的幾個月內就離開了俄羅斯。他還在俄羅斯時就已發明可用的直升機，但他的創新都是在美國才商業化。時至今日，軍工業巨擘洛克希德馬汀公司（Lockheed Martin）仍以「西科斯基」這個品牌在經營旗下的大型旋翼機部門（生產軍用和民用直升機）。（洛克希德馬汀公司的前身在數十年前併購了西科斯基的公司。）

俄羅斯專制政權在科學和科技創新發展方面的核心問題在於，無論是沙皇、共產黨領袖，還是自 2000 年以來的普丁，專制領袖都握有壓制性的權力，政治力量過度集中於一人。在二戰期間及戰後，史達林不喜歡電腦及其前身控制論（cybernetics）。結果，史達林執政期間，電腦科學幾乎被完全禁止。史達林認為電腦是資本家策畫的陰謀。他有較多時間來認識核武器，只不過在二戰初期，他先把重心放在可用於坦克和飛機的傳統科技，因為他迫切需要這些武器來擊退德國軍隊。他允許一些俄羅斯科學家研究核科學，但他並未真正理解核科學的重要性，因此這一領域處於停滯狀態。相比之下，美國在二戰期間大力投資於研發核彈，如前一章所述。俄羅斯物理學家掌握了原子彈的理論基礎，但他們缺乏創造核武器科技所需的資源（如實驗室、人員等）。

1945 年，美國朝日本投下兩顆核彈後，一切發生了劇變。史達林這才認知到核武器的重要性。然而，俄羅斯在核研究方面遠遠落後於民主國家，尤其是製造核彈所需的技術。史達林的反應符合專制者的一貫做法——他命令國家安全警察從美國竊取祕密，讓俄羅斯能夠趕上美國。簡單來說，史達林的方針是：做不到，就去偷。這句話數十年來一直是俄羅斯（及中國）研發工作的座右銘。值得注意的是，由於史達林更鼓勵竊取而非研究，他最信任的副手——俄羅斯令人畏懼的國家安全警察首腦貝利亞——除了「日常工作」負責處決史達林認定的敵人，還負責世界上最重要的科技間諜計畫。

貝利亞成功竊取了美國原子彈計畫與其他複雜的相關科技。他在美國、英國和加拿大境內建立了一個間諜網，能夠竊得美國核彈設計和科技創新的各個面向。俄羅斯靠著這場工業間諜活動的淘金熱，在 1949 年 8 月測試了第一枚原子武器，精確地複製了美國原子彈。克勞斯．福克斯（Klaus Fuchs）等間諜還替俄羅斯竊取了美國氫彈的設計方案。俄羅斯在 1953 年測試了第一枚氫彈，僅比美國公開氫彈的時間晚了一年。寄生式的智慧財產權盜取模式讓俄羅斯獲益匪淺。

史達林建造了一個保密行政區，完全獨立於外界，專門用來安置製造原子武器的科學家和技術人員，名為薩羅夫（Arzamas-16）。另外還有 41 座類似的城市，完全對外封閉，如專注於微電子技術的綠城行政區（Zelenograd，或稱俄羅斯矽谷）。這些科學和工程人才與他們的家眷都能享有良好的待遇，擁有優渥的民生消費品和來自民主國家的舶來品。他們備受優待，就像是加入了一個菁英俱樂部。這些城市對外完全封閉，其他俄羅斯人進不去，其他國家的人更別想進去。這些地區的出入境受到 KGB 的嚴密控制。普通俄羅斯公民不能隨意在這些特殊城市裡走動、喝杯咖啡，更別說決定搬進去住。對於一個號稱要建立無階級社會的共產主義政權來說，這 42 個封閉的科學和軍事工業複合體城市無疑是在諷刺這種崇高理想。

這些封閉城市中，有 33 座服務於軍事領域，包括太空領域。這 33 個城市中的研究機構、企業和人員，共同組成了蘇聯的軍事工業複合體。蘇聯的軍事工業複合體大約有 200 萬名直接雇員，分別在約 300 家研發機構和另外 3,000 家製造工廠工作。正如前面提到的核武社區，軍事工業複合體的成員受到妥善的照顧，而俄羅斯其他大多數公民在當地商店裡卻連新鮮蔬菜或合腳的鞋子都很難買到。軍事工業複合體略有所成，例如俄羅斯成為第一個將衛星（名為「史普尼克」）送入太空軌道的國家。幾年後，他們又擊敗了美國，將太空人尤里．加加林送入地球軌道。1950 年代，俄羅斯精熟太空科技，因為他們的火箭科學很發達，他們需要開發火箭來運送核彈。在冷戰初期的 20 年間，俄羅斯投入了大量研究預算，用於核武器、運送核武器的導彈，以及將衛星和太空人送入太空的導彈。

同時，其他科學和科技領域的研究人員卻被降級了，有時甚至完全缺乏研究資金。在這些非軍事領域，首席科學家必須與最高專制領袖建立良好關係，否則不僅研究計畫會遭受毀滅性打擊，甚至整個學科都可能遭殃。在冷戰期間，專制領袖及其政黨（蘇共）是社會的先鋒，他們獨攬大權，決定俄羅斯的發展方向，包括國家將探索和利用哪些科學領域——但也決定哪些領域要荒廢或擱置。最嚴重的情況是，科學家只要與最高領導人和共產黨有良好關係，就可以決定整個研究領域在俄羅斯的命運。

前蘇聯生物學家李森科（Trofm Lysenko）就具有這樣的角色和分量。他從 1938 年左右開始活躍於俄羅斯的科學研究界。1950 年代初期，英國生物學家華生（James Watson）和克里克（Francis Crick）突破科學現況，發現了 DNA 雙螺旋結構，而且「西方微生物學」開始解碼人類基因，但李森科堅決拒絕接受這一發展，他認為遺傳學對理解生物學沒有用處。單只有他的拒絕並不至於引發災難，因為研究者經常會在特定科學議題上有分歧的見解。然而，李森科先後得到了史達林及其繼任者赫魯雪夫（1954 年至 1964 年擔任蘇聯領導人）的支持，使得整個蘇聯政府禁止任何人進行遺傳學研究。這一禁令始於 1948 年，直到李森科 1976 年去世後才被解除，結果生物學的研究極度落後，並加劇了俄羅斯和中國的饑荒死亡人數，因為北京也採用了李森科的錯誤理論。他的惡劣影響在他去世後仍持續了約 20 年，因為當他去世時，沒有年輕的生物學家能進入這一領域的高層。即使到今天，俄羅斯生物科技領域的研究技能缺口仍可歸因於「李森科荒」（Lysenko drought）。

火箭科學家切洛梅（Vladimir Chelomey）從李森科的案例汲取教訓，試圖透過幫赫魯雪夫的家人安排工作來贏得赫魯雪夫的青睞。這個計畫進展順利，直到 1964 年赫魯雪夫突然被布里茲涅夫（Brezhnev）罷黜，切洛梅的設計隨即被棄置。在專制政權中，依靠貪汙生存的科學家通常也會因貪汙而毀滅。這是專制體系的另一個結構性缺陷。接下來我們拿李森科和切洛梅的模式來與民主國家的這個典型案例相比。1934 年，當時英國最受尊敬的物理學家拉瑟福（Ernest Rutherford）在一場科學家會議上宣稱，任何認為能從原子中釋放能量的人都是瘋子；而同時期的愛因斯坦（Albert Einstein）也對此表示懷疑。然而，在自由思想的科學模式下，隔日上午，匈牙利裔的物理學家西拉德（Leo Szilard）就在同一場會議上詳細解釋原子如何釋放能量。事實證明，西拉德是正確的，他最終在二戰期間為原子彈的研發做出了重大貢獻。結論是——多元思維（在此案例中涉及科學探索）是民主國家的巨大優勢。

或許在冷戰時期，蘇聯專制下的科學與科技體系最嚴重的缺陷，是國內生產的電腦（包括半導體晶片）嚴重短缺。[17] 儘管有一些蘇聯科學家看到了電腦的龐大價值和潛力，並且在建造最先進電腦所需的基本數學和物理子學科方面也有一些出色的理論研究者，但當這些電腦科學的早期先驅試圖將他們的專業知識轉化為實際生產俄羅斯自主設計的電腦時，遇到了重重阻礙。蘇聯共產黨所任命的官員在各個權力中心（包括敵對的政府部門）裡否決了這些計畫，或是在政治層面上相互爭鬥該由哪個部門主導這個領域，以及五年經濟計畫（實施專制經濟的核心工具）應該如何論述電腦等等。

KGB 和內政部特別擔心俄羅斯公民可能會取得電腦在家中使用。想想數十年後智慧型手機和其他電腦設備如何在「顏色革命」中發揮作用，推動俄羅斯（和其他專制國家）的民主，1960 年代的擔憂也算是先見之明。不過，更重要的是，在冷戰期間，俄羅斯缺乏一套經濟體系，可以讓個別科技企業家與科學家合作，透過先進的製造和行銷技巧，將創新產品推向市場。

專制的俄羅斯不會允許俄羅斯版的賈伯斯（Steve Jobs）或蓋茲（Bill Gates）發揮他們的創業魔力。俄羅斯政府在 1970 年代初決定不投資打造國內電腦產業，尤其是硬體。因此，他們大多數情況下需要從民主國家購買或竊取電腦設備（包括晶片設計）和軟體。蘇聯時期，為數不多的電腦設備生產，主要是模仿民主國家的產品。例如：俄羅斯的 Agat 電腦就是 Apple II 的山寨版。實際上，俄羅斯選擇了退出第一場冷戰期間的電腦革命。有鑑於電腦在 20 世紀的最後 25 年裡大幅影響了現代經濟和社會，俄羅斯政府實在是犯下了致命的錯誤。

相比之下，加州矽谷在 1970 年代如火箭般迅速崛起，狂熱地推動了全球電腦革命。美國人在 1969 年 7 月成功登陸月球後不久，俄羅斯放棄了自己的登月計畫，部分原因是他們沒有足夠強大的電腦來支持這項任務。這問題不僅僅是俄羅斯在電腦領域落後於美國，而是電腦科學在蘇聯根本不算是一個學科領域（更不用說是創業）。我記得自己在 1980 年代中期曾拜訪匈牙利的親戚，他在科技業工作。他說他們的研發工作實際上是將兩三代前的美國電腦偷偷運入匈牙利，然後嘗試進行逆向工程。他告訴我，他知道這是一個可悲的商業模式。順帶一提，在 1980 年代初，年輕的普丁剛完成 KGB 訓練，被派往東德的德勒斯登，協助監督許多任務，包括從西歐偷運高科技產品進入東德，再轉運到俄羅斯。普丁很早就學會了從民主國家竊取技術的黑暗手段。

在 1970 年代末和 1980 年代初，蘇聯和民主國家的領導人都清楚地意識到電腦科技逐漸成為現代武器系統的核心。特別是，半導體晶片已成為巡弋飛彈等精準導引武器的核心技術。由於俄羅斯沒有最先進的半導體晶片，俄羅斯的精準導引武器變得笨重，性能遠遠落後於美國製造的武器。戈巴契夫（Mikhail Gorbachev）於 1985 年成為俄羅斯的最高領導人，一直執政到 1990 年。他仔細考慮了俄羅斯在科技尖端上與美國競爭的能力，並得出結論：以當時的形式，蘇聯根本無法跟上美國的步伐。（當時，連日本和某些領域的西歐國家科技，都超過蘇聯了。）那時候，蘇聯政府大約 30% 的聯邦預算用於軍事支出。戈巴契夫認為，要再大幅增加軍費以試圖追上美國的科技發展，並不現實。蘇聯解體的命運已經寫在克里姆林宮的牆上了。

1980 年代中期，俄羅斯經濟情勢嚴峻，戈巴契夫決定開放俄羅斯的政治和經濟，期待新的企業家智慧和活力能夠取代俄羅斯失敗的國有企業，實際上就是嘗試將矽谷的活力注入疲弱的科技業與製造業。戈巴契夫的指標政策「開放」（*Glasnost*）與「重建」（*Perestroika*）為時已晚，效果也有限。從經濟角度來說，俄羅斯的經濟狀況非常糟糕，迫切需要採取激進措施。第一個震撼人心的舉措是俄羅斯放棄了那些需要巨額補貼的東方集團附屬國。幾乎是在一夜之間，柏林圍牆被拆除，鐵幕不復存在。蘇聯帝國在 1989 年瓦解，東方集團的九個國家全部脫離了俄羅斯的控制。到 1989 年底，莫斯科從這些國家撤回所有 50 萬駐軍，除了東德，俄羅斯軍隊在 24 個月內全數撤離。

在東方集團瓦解後，俄羅斯境內的民族國家（如烏克蘭）看到了爭取獨立的機會。在 1991 年的一系列公投中，蘇聯的許多加盟共和國（如烏克蘭和摩爾多瓦）成為獨立國家。由於無法為公民提供進步的科技和繁榮的經濟，世界上最大的陸地帝國在 1989 年至 1991 年間瓦解了，而且過程中沒有發生任何流血或暴力衝突。這是 20 世紀最引人注目的地緣政治事件。第一場冷戰結束，民主國家戰勝了蘇聯。

不過，請各位記得，戈巴契夫雖然削弱了共產黨的力量，卻從未削弱 KGB 的角色或權力，那是全世界最強大的警察組織。戈巴契夫的繼任者葉爾欽（Boris Yeltsin）曾經試圖解散 KGB，但因為他們太過強大、太過殘酷，所以葉爾欽始終未能實現目標，最多只是將「國家安全委員會」（KGB）改名為「聯邦安全局」（FSB）。值得注意的是，葉爾欽在 2000 年卸任時，任命了當時 FSB 的領導人普丁做為他的接班人。

第 3 章

中國崛起

中國在第一次冷戰中的角色相當邊緣，只有介入韓戰，在 1950 年出動了 70 萬大軍，拯救北韓專制領袖金日成的政權。此外，在第一次冷戰中期，中國和蘇聯發生嚴重決裂，這兩個共產專制政權在 1969 年爆發邊境衝突，造成數百人傷亡。在毛澤東時期，中國不願在國際舞台上扮演重要角色。毛澤東去世後，中國才開始認真與世界接觸。在習近平的領導下，中國堅定不移地發展科技、積極布局，開始根據自己的喜好改變世界。

在冷戰 2.0 中，中國取代了俄羅斯，成為專制政權主角。俄羅斯在冷戰 2.0 時期依然是要角，儘管它實力有限，但它頻繁採取行動，所以能發揮超過自身條件的實力。中國有龐大的人口和經濟規模，還有資助科技發展的能力，所以成為民主國家在冷戰 2.0 最關注的對象。一旦俄烏戰爭結束，俄羅斯將淪為中國的次要夥伴。因此，我們必須了解中國的財力與軍力如何在過去 45 年內高速崛起，讓中國能夠大規模推動技術的設計、研發和部署——而在本土技術創新特別具挑戰性的領域，則竊取國外技術。中國推動科技並轉化為經濟和軍事力量的模式並不是沒有缺陷（有些缺陷還挺嚴重的）。冷戰 2.0 將是一場馬拉松，不是衝刺賽。

中國創新史

中國在國際舞台上一直恪守謹慎低調的態度，直到近代才出現變化。這主要是因為中國幅員遼闊，光是要維持各地區間大致統一的狀態，就讓所有的皇帝都耗盡心力了，當然就沒有多少時間和資源來從事海外的帝國擴張活動。大約 700 年前，鄭和下西洋就是一個天朝不想跟外界打交道的典型例證。

明朝皇帝朱棣在 1405 年做了個不同以往的決定，派遣船隊前往世界其他地區進行貿易探索。皇帝將這項任務交給了鄭和，而他建造了五艘大型船隻。每艘巨艦的船體都能輕易裝下四艘哥倫布用來探索西半球的葡萄牙船隻。鄭和駕駛這些巨艦沿著東非海岸航行，繞過今天的印度，最終進入今天的菲律賓群島。然而，中國皇帝對他交易回來的商品一點也不稀罕。最終，中國皇帝禁止繼續對外探險，中國再次轉向朝內發展。

請留意 700 年前這個重大決策所呈現的專制本質。皇帝一個人就決定了中國的地緣政治命運。一個自上而下的決定。鄭和在中國找不到贊助航海探險的資助者，因為中國是個大一統集權國家，一旦皇帝反對這位總督水師的計畫，那就沒戲唱了。將鄭和的經歷與哥倫布的相比。來自義大利的哥倫布想向西航行到達東印度，他帶著這個提議先去葡萄牙首都里斯本尋求資助，而葡萄牙國王只想往東繞過非洲去香料群島，所以拒絕了哥倫布。然而，哥倫布在西歐還有其他選擇。有競爭，就會有競爭取代的效應。哥倫布在葡萄牙吃了閉門羹，但西班牙國王和王后願意支持他。後來發生的事，大家都曉得了。

反事實思維往往見仁見智，但我們還是可以想像一下，若當初是鄭和發現了美國西部，替中國占領了美洲大陸，那歷史會如何開展。當然，我們知道歐洲國家從未停止探索新領土或發明新技術，所以他們特別擅長這兩件事，而中國則始終專注於內部挑戰。

鄭和停止下西洋之後，中國持續自我封閉了 700 年，幾乎一直延續到 1976 年毛澤東去世。事實上，中國地大物博，在 19 世紀，包括英國在內的幾個歐洲國家都曾派外交代表懇請中國皇帝允許貿易。就像明朝皇帝對鄭和遠航的態度一樣，清朝皇帝也不想和外國人打交道，只希望他們不要來打擾中國。然而，歐洲人並不接受這樣的拒絕，尤其是英國人，他們直接叩關。中國皇帝見洋人違逆旨意，感到非常受辱且憤怒，英國人卻不當一回事。

日本在 19 世紀同樣受到歐洲人輕視，但日本改變了自己的世界觀，採取各種西方的做法，包括接受科技（如現代工業時代的機關槍）。不過，中國一點也不想和歐洲人往來，更不想效法歐洲人或歐洲社會。結果，到了 19 世紀末，日本已成為一股非常強大的經濟和軍事力量，而中國還萎靡不振，遭受了進一步的屈辱，例如：1895 年輸了中日戰爭，並將台灣割讓給日本，為期 50 年。日本在 1910 年代（在 1905 年戰勝俄國後）占領了中國的滿洲，並殖民了整個朝鮮半島。日本接受西方的科學和科技，成為了亞洲的區域霸主；拒絕西方科學和科技的中國則承受了巨大的損失。當今中國的專制者不會忘記這個教訓。

諷刺的是，中國確實有著數千年的科學和科技傳統。中國人發明了許多重要技術，如繅絲、造紙、活字印刷、茶葉栽培、播種機、行栽作物、青銅術和冶鐵術、瓷器、火箭、牙刷、機械鐘錶，以及後來的火藥。本書第 1 章已簡要介紹了火藥的歷史，以及依賴火藥的槍械和火砲如何發展。儘管火藥是中國發明的，但後來在歐洲和美國進行的改良與應用卻優於中國。

另一個可以對比出中西歷史發展差異的例子就是印刷術的發明與發展。中國的雕版印刷首見於 9 世紀。這種新科技雖然增加了手稿的數量，但增額不大，因為皇帝要嚴格控管能夠閱讀的人群。除了印刷書籍，雕版印刷還被用來製作圖像、海報和文告，由皇帝分發到全國各地，確立他在全境的權威。

相較之下，1440 年古騰堡（Johannes Gutenberg）在德國**改良**的活字印刷術引發了一場真正的識字革命。從商人階級開始，隨後是中產階級，甚至農民也渴望擁有自己閱讀的書籍，從《聖經》、科學文本，到潘恩（Thomas Paine）等人撰寫的宣傳手冊，例如《常識》在英國的美洲殖民地售出 200 萬本，對美國革命的結果產生了重大影響。古騰堡的天才之處不在於印刷機本身——那是中國發明的技術。而是他開發了一種新穎的「複製鑄字」法，能夠創造出非常清晰且精確的字母。他還對紙張進行了特殊處理，讓紙張表面非常平整，並研發了一種使印刷品顯得非常「乾淨」的油墨。

中國最早發明的雕版印刷固然非常重要，但古騰堡的**改良**才讓一切變得不同，尤其是改良過後，大幅降低了歐洲和北美印刷書籍和其他材料的成本。這讓平民首次買得起書籍。此外，愈來愈充滿活力的公民社會能充分利用古騰堡的「完美印刷」。天主教會等專制機構試圖阻止那些「異端」發行高品質又平價的印刷品，但只是徒勞無功。這洪流太過洶湧，勢不可擋。資訊的堤壩崩潰了。就如同現在的社群媒體也無法阻擋。

古騰堡的一系列印刷改良也是「加速器」，除了帶動印刷業的成長，也促進了其他趨勢。數百本相對平價的科學與科技書籍、手冊紛紛上市，引爆了科技革命。這些印刷品裡面有精確又好看的插圖，正是人們想讀的素材。醫學、工程、建築、植物學和其他科技主題變得生動起來。中國開啟了印刷革命，但這場革命卻是在西歐和北美達到顛峰。

歐洲的識字率飆升也催生了一個新產業——眼鏡，因為開始閱讀之前，人類不太需要良好的視力。磨製鏡片的技師後來發現如何製作顯微鏡，不久之後又製作了望遠鏡，讓人們能夠研究以前肉眼無法看到的事物。接下來，科學和科技飛速發展，尤其是在識字革命全面開花的西歐和北美。天主教會再受打擊，當時哥白尼和伽利略利用望遠鏡證明了地球繞著太陽運行，而不是教會所宣稱的太陽繞著地球運行。因為古騰堡所處的政治與經濟環境相對開放，他推出的印刷術改良才能推動這一切改變與更多進步。古騰堡的改良很快也傳到了中國，但由於中國的社會結構與西方截然不同，改良過的印刷術並未在那裡產生同樣的影響。

當今的中國，尤其是習近平，非常理解現在的人工智慧、半導體晶片、量子運算和生物科技都是「加速器」，好比當年的印刷技術。當代中國絕不會忽視這些新興的加速器科技，因為北京很明白，中國要建立並維持財力與軍力就得運用科技。只不過，中國是近期才理解科技的角色。在毛澤東的年代和毛上台前的 150 年間，中國仍然不願意參與現代工業流程和機械的世界。

創新與地緣政治

中國擁有大約 5,000 年的悠久歷史，大部分時間是亂世。自 4,800 年前漢族崛起以來，戰爭幾乎不斷地在中國大陸上留下了傷痕。大約 2,400 年前，爭亂不停，以至於有一段長達 300 年的時期被稱為「戰國時代」。過了不久，古代著名的戰爭學者孫子受戰國時代的事件和動態啟發，寫下了《孫子兵法》。孫子的著作至今仍是世界各國軍事院校的必讀書籍，儘管這本書更多在講述專制領袖如何運用權力來維持政治控制。今天，這本書對於像習近平和普丁這樣的專制領袖來說，特別有用。

19 世紀對中國來說是一個充滿戰亂和恥辱的時期。英國和其他歐洲國家當時能夠逼迫中國進行貿易，或許可視為中國歷史上的最低點之一。太平天國運動（1850 至 1864 年）期間，一位由儒教改信基督教的宗教領袖發揮群眾魅力，帶領農民起義，造成約 3,000 萬人死亡。在後來的鴉片戰爭中，英國強迫中國購買鴉片，這樣英國才有貨物可以和中國的優質商品交易，據估計，當時有 9,000 萬中國人沉迷於這種罪惡的麻醉品。1897 年，德國從清朝手中奪取了山東租借地，再度沉重打擊中國人民的自尊心。1895 年，中國輸了中日戰爭，而不平等協議裡將台灣島（今台灣）割讓給日本，直到日本在二戰中失敗，不得不放棄包括台灣在內的海外殖民地。

今天中國的學校裡還是會教授所有這些發生在 19 世紀的事件，稱為「百年國恥」，強調外國列強，尤其是歐洲國家，為中國帶來了極大的傷害。中國的不幸延續到了 20 世紀。第一次世界大戰後，中國再次遭受屈辱，在 1919 年的巴黎和會上，德國之前在山東半島的租借地被轉讓給日本，而不是歸還給中國。（其中包括青島市，自 1903 年以來，世界聞名的青島啤酒就是來自熱愛啤酒的德國人在當地打造的日爾曼啤酒廠。）這個結果在中國引發成千上萬人的抗議。[1] 其中一名抗議者是年輕的激進份子毛澤東，幾年後，他在上海加入了新成立的中國共產黨。

當時的中國共產黨只有六名成員。中國有句古話說：「千里之行，始於足下。」毛澤東深諳此理，他也了解全力，明白如何獲取權力、運用權力及失去權力。就在這個時期，毛澤東宣稱：「槍桿子裡出政權。」毛澤東的動機與當時許多中國人的想法一致，如果民主國家無法在抗日鬥爭中幫助他們（如巴黎和會上關於山東租借地問題為中國帶來的羞辱），那麼或許正在俄羅斯鞏固權力的共產主義模式，會更適合中國的發展。

1930 年代，日本在中國占領了更多的領土。日本武器和軍事組織的科技優勢徹底壓倒了中國軍隊。日本成為亞洲地區的霸主。日本不僅征服了中國東北的滿洲地區，還殖民了整個朝鮮半島。在二戰期間，日本帝國的陸軍、海軍和空軍將其勢力範圍擴展到直接占領緬甸、香港、泰國、新加坡、菲律賓、馬來西亞和印尼。

1945 年，美國投下兩顆原子彈後，日本宣布戰敗，中國共產黨又繼續對抗舊政府，尤其是在農村地區。到 1947 年，蘇聯共產黨政府提供中共愈來愈多的武器。最終，中共在內戰中戰勝了國民黨政府。1949 年，中共接管了整個中國，除了東部沿海的小島福爾摩莎（今日的台灣）。國民黨政府及其 200 萬支持者，在台灣（包括金門和澎湖等更小的周邊島嶼）建立了一個臨時基地。他們認為這只是暫時的，然而，歷史上「臨時偏安」往往會變成很長的時間，台灣這個島國（正式名稱為中華民國，簡稱 ROC）至今在政治上仍然與中國大陸（正式名稱為中華人民共和國，簡稱 PRC）分離。

毛澤東並未對最大的島嶼福爾摩莎發動攻擊，但他進攻了金門。正如俄羅斯的專制領袖（無論是沙皇、共產黨，還是現在的普丁）始終支持俄羅斯帝國觀，中國在 1950 年代以武力威脅接管了圖博（舊稱「西藏」）。達賴喇嘛於 1959 年逃離家園，自此流亡印度。中國說這是在「和平解放圖博」，而藏人行政中央（西藏流亡政府的正式名稱）則說這是「中國入侵圖博」。直至今日，圖博仍由北京統治。中國以類似的方式接管了東突厥斯坦共和國，而且沒遭遇什麼抵抗。今天，這片土地成為中國的新疆省，北京運用現代數位和生物科技，以監控和社會控制系統管理 1,300 萬維吾爾族人。他們在中國是少數民族，但在新疆是多數民族。

二戰結束後以及冷戰期間，仍擁有殖民地的民主國家（如英國、法國、荷蘭和比利時）經歷了去殖民的過程，但世界上最大的兩個專制政權，俄羅斯和中國，卻成功抵擋了這個趨勢，實質擴展了他們的陸地帝國。中國在 1600 年時領土並不包括西藏、新疆、內蒙古和滿洲，但現在這些地區都被納入其版圖。此外，習近平成立了一個中共專門委員會，負責重寫中國歷史，聲稱中國過去從未有過征服，只是友善地吸納了渴望成為中國人的各民族。這也是習近平目前接管香港和進一步接收台灣的說法。這一切都是典型的中國式精神操控手法（gaslighting）。

中國特色的共產主義

1949 年，中國共產黨贏得國共內戰，是冷戰初期的重要里程碑。在毛澤東鐵腕專制的領導下，共產主義學說強調發展重工業和農業集體化。前者運作得相當不錯，後者卻是一場災難。1949 年的中國仍然是一個主要由農村農民組成的國家。這些農民珍惜自己的獨立性，儘管財產不多，但至少都是自己的。在共產主義到來之前，他們也相當具有生產力，能夠將多餘的農產品出售到當地市場，賺取金錢，購買家庭基本必需品。雖然沒有大富大貴，但對於數以千萬計的農民來說，這種生活是熟悉且符合偏好的選擇。

在莫斯科的鼓勵下，毛澤東決定將中國的農業集體化，落實馬克思和列寧的共產主義學說。這是一場艱苦的戰鬥。大約 4,500 萬農民在集體化的過程中喪生，這是一場大規模的內部屠殺。然而，毛澤東從未動搖過。他以專制領袖的冷靜態度面對這場大屠殺，辯稱要做出共產主義的煎蛋，就必須打破幾顆（或在這種情況下是很多）雞蛋。以列寧和史達林等專制領袖很喜歡的話來說：為達目的，不擇手段。毛澤東對中國農民的血腥鎮壓，很類似史達林早期在蘇聯剷除數百萬富農（*kulaks*，生活比較富裕的農民）的做法。第一場冷戰和後來的冷戰 2.0 有個一貫的主題：極端強權的專制領袖不喜歡被拒絕。

1949 年後，科學和科技並不是毛澤東最在乎的事，儘管他確實支持了一些戰略創新中心，通常集中於軍事工業領域。中國與蘇聯在冷戰初期的相似之處還是很驚人。此外，在毛澤東時期，中國的科學和科技得到了蘇聯的大力支持，雙方的科學交流至少持續到 1960 年代中蘇決裂之前。中國於 1964 年試爆了第一顆原子彈（以蘇聯的版本為基礎來設計），隨後在 1967 年試爆了氫彈。

整體來說，在毛澤東領導下，中國的科學和科技發展過程遵循了冷戰初期的蘇聯模式，科學研究的目標是由中共官僚自上而下設定的，科學家無法決定研究目標，企業家更無從置喙了。結果，中國在毛澤東時代的科技創新中，出現了許多與蘇聯模式相同的缺陷。

此外，1966 年至 1976 年這十年間，中國的科學和科技創新深受重擊。毛澤東秉持最典型的專制傳統，認為民眾正逐漸喪失共產主義革命熱情，於是發動了「文化大革命」。[2] 這場大規模運動就是要消滅中共所謂的「資產階級作風」。數百萬城市工人，包括科學家和大學教授，被送去農場勞動。大學關門了。更讓人難以接受的是，共產黨打著實踐教條純粹性的大旗，殺害了約 200 萬無辜平民。[3] 這像極了史達林在 1930 年代的大整肅，是一場以殘酷血洗國家敵人（無論是真實的還是想像的）來重振社會活力的專制灌腸運動。除了被處決的 200 萬人，還有數千萬人在文化大革命期間受到了傷害，其中包括習近平，他的父親曾被關押在勞改營數月之久。文化大革命箝制思想，中國許多最優秀的科技人才都無法自由思考或發展重要的思想，甚至完全無法從事自己的專業工作。其中數千人因此移民到民主國家，損害了中國後來的發展。

毛澤東於 1976 年去世後，中國得到了些許緩解，就像史達林去世後，蘇聯共產黨得以轉向較不殘酷的共產主義。這現象在專制政權中很常見，因為最高領導人通常不會下台，要等到他去世或在權力鬥爭中被暗殺——這是專制政權的一個主要缺陷。無論如何，除了在 1949 年贏得國共內戰，毛澤東生前沒什麼傲人成就。1976 年的中國，在經濟和科技方面都很落後。當時從事科學或科技活動的人相對較少。

鄧小平式中國經濟成長

毛澤東去世後，中國的經濟規則發生了變化，起初變化緩慢，但幾年後變化速度明顯加快了。這場轉型由毛澤東的繼任者鄧小平推動。他的核心改革是允許市場力量重新進入經濟體系。起初只是小規模改革，允許農民在當地市場上出售大部分農產品，而不必將大部分糧食交給國營批發商。光這項經濟變革就釋放了巨大的商業活力，不僅在農業領域，還影響許多相關領域。幾年後，鄧小平還允許輕工業擁有同樣的經濟彈性。最終，在鄧小平的領導下，經濟的 40% 轉為私人所有（按市值計算），而今天大約 60% 的 GDP 來自私營企業。然而，和冷戰 2.0 相關，很重要的一點是，在高科技領域，幾乎所有與經濟出口相關的活動都由私營企業進行，[4] 不過，中共透過各種手段對這些企業施加了實質性的影響力。

因為放寬了過去共產主義專制的經濟規則，才有這些令人矚目的成果。在整個 1990 年代和 21 世紀的頭十年，中國的經濟成長率保持在 9% 到 14% 之間，請記住，成長率 7% 即可在 10 年內讓經濟財富翻倍！在過去的 40 年裡，大約有 7 億中國人脫貧，這要歸功於解放後的經濟提供了營建業、製造業和最近的服務業更多工作機會。自經濟統計數據開始被記錄以來，沒有任何其他國家能在如此龐大的規模上達到中國的成長奇蹟。要在擁有 550 萬人口的新加坡實現高成長率是一回事，但在擁有 14 億人口的國家中實現這一點則完全是另一回事。

中國的輕工業製造業專注於出口低技術含量產品，想想美國量販超市沃爾瑪裡有多少「中國製」的商品——當時中國低廉的勞動力就是競爭優勢。在不到一個世代的時間裡，中國就成了世界工廠。許多全球工業公司感到有必要將中國整合到自己的製造與物流供應鏈中。到了 1998 年，中國的貿易順差約為 GDP 的 4.26%。截至 2023 年 4 月，中國的外匯存底高達 3.1 兆美元。這麼龐大的金額，在任何時空都沒見過，最接近的經濟成長軌跡是亞洲的日本、韓國和台灣。

說到中國的經濟奇蹟，還有許多令人驚嘆的數據。就人口統計而言，中國有 12 個城市的人口超過 900 萬（其中上海超過 2,000 萬）；另外 29 個城市的人口在 300 萬至 900 萬之間；還有 18 個城市的人口在 200 萬至 300 萬之間；以及 98 個城市的人口在 100 萬至 200 萬之間。這些數據對於冷戰 2.0 來說非常重要，因為許多科技公司找地方政府融資。基本上，科技公司被「賄賂」在當地設立營運據點，就可獲得市政稅收、貸款和其他財務優惠。

至於工業化帶來的物質消費財富，過去 40 年來中國的成長數字也非常驚人。中國現在約有 3.19 億輛汽車，但是在 1980 年代幾乎沒有汽車，汽車經銷商在 1985 年才開始出現。其他領域也可見到同樣的成長趨勢，包括家用電器和消費科技產品。蘇聯在第一場冷戰犯下錯誤，將工業化局限於生產工業和軍事產品。中國努力避免同樣的錯誤，北京把工業實力的成果分享給中國消費者，不過對大多數中國人來說，這些消費機會仍不及民主國家。

關於冷戰 2.0，中國看著剛到手的財富，心中有著很明確的地緣政治目標。中國建立了一支龐大的軍隊，即中國人民解放軍（PLA）。截至 2023 年，解放軍擁有 370 艘艦艇，按照目前的造艦進度，到 2030 年中國將擁有約 435 艘海軍艦艇，而美國海軍計畫到 2033 年擁有 304 艘艦艇。華府則提議通過「複製器」計畫（Replicator），建造數千艘由 AI 驅動的無人海軍艦艇，以彌補艦艇數量上的差距，這也是借鑑烏克蘭在對俄戰爭中採取的策略。不過，目前美國在海軍總噸位上仍然領先，擁有 13 艘航空母艦，而中國只有 3 艘。在精準導引打擊飛彈的時代，航空母艦就算裝了高科技的神盾反導防禦系統，究竟是淨資產還是負債仍然是未知數。答案將取決於艦艇內部的人工智慧在實際戰爭環境中的表現。

中國擁有 200 萬現役軍人，是世界上規模最大的軍隊（美軍是 140 萬）。中國擁有 4,600 輛坦克（美國 2,500 輛）；中國空軍擁有 2,500 架戰鬥機，雖遠不及美國的 5,200 架，不過中國正在穩步追趕。中國還擁有一個重要且不斷擴建的核武軍火庫，有能力將核彈頭投送到全球任何目標。中國還擁有龐大的太空計畫，推測其中大部分是針對軍事應用，雖然有一部分表面上是純粹的科學研究和太空探索。如果中國在太空領域取得成功，就可從中獲得巨大的軟實力利益。回想 1969 年 7 月，當時我 12 歲，在電視轉播中看到阿姆斯壯（Neil Armstrong）登陸月球，讓我對美國留下了無比深刻的印象。

中國部分軍事裝備的品質可能無法與美國相比，但數量的成長卻令人震驚；而數量達到一定規模後，也能形成一種戰略優勢。然而，在評估專制政權和民主國家的相對實力時，有必要將美國、北約國家以及亞洲的日本、韓國、澳洲、台灣和菲律賓的相應數據合併計算。中國可能在某種程度上依賴俄羅斯，但嚴格來說，中國和俄羅斯之間並沒有共同防禦協議。台灣和美國之間也沒有，但美國總統拜登（Joe Biden）曾多次明確表示，如果中國攻擊台灣，美國將保衛台灣。對於冷戰 2.0 的主要參與者來說，有沒有聯盟差很多。全球主要民主國家形成緊密的聯盟網絡，而美國就在網絡中心；中國和俄羅斯基本上只有彼此。儘管如此，近幾年來，俄羅斯一直從伊朗和北韓購買大量彈藥、無人機和其他軍事裝備，以支援派至烏克蘭的軍隊。

在評估冷戰 2.0 中專制政權和民主國家的相對實力時，也必須記住，中國的軍事力量基本上還沒經過實戰考驗。中國上一次大規模作戰是參與 1979 年的越戰，當時中國遭受重創。這些龐大的中國軍事資產在真正的高強度衝突中究竟能有什麼樣的表現，還有待觀察。令大多數軍事分析家驚訝的是，自 2022 年 2 月入侵烏克蘭以來，俄羅斯軍隊的表現遠不如預期。如果中國攻擊台灣，考慮到兩棲攻擊比陸地入侵要更困難許多，中國軍隊的表現是否也會令人失望？

從冷戰 2.0 的角度來看，我們一定要記得，中國之所以有錢可以支付軍費，都是因為過去數十年來，民主國家的數千萬消費者喜歡在各大量販超市如美國和加拿大的沃爾瑪、法國的家樂福、澳洲的沃爾沃斯（Woolworths）、德國的利多（Lidl）和英國的特易購（Tesco）購買相對廉價的「中國製」商品，更不用說這些國家的成千上萬家「銅板價商店」。如果中國攻擊台灣，民主國家實施貿易禁運，終止了大部分貿易，會對中國經濟造成什麼影響？備受吹捧的中國經濟奇蹟是否會戛然而止？大規模的失業是否會動搖中國社會模式的基礎，使中共因社會動盪而面臨巨大風險？這些問題可能在習近平考慮對台灣的計畫以及決定何時動用解放軍時，對他產生重大影響。

事實上，現在這場冷戰和過去那場冷戰最主要的區別在於，民主國家依賴中國經濟的程度。反過來說也成立，中國非常依賴在民主國家發展的出口市場。中國對民主國家的經濟依賴會讓中國在入侵台灣前三思而行嗎？目前的答案是否定的；民族自豪感、傲慢，以及專制者可能誤判的風險，會共同推動習近平無視經濟因素，毅然踏入那命運的深淵。從習近平目前的行為模式來看（包括中國解放軍在南海的挑釁行動、針對台灣的灰色地帶行動不斷升級、解放軍力量尤其是海軍的持續大規模擴張，以及中國對俄羅斯在烏克蘭戰爭中的關鍵支持），可以確認，對北京而言，國家安全考量已經超過了經濟利益。

現代中國科技創新

毛澤東去世後，中國經濟開始起飛，中共開始鼓勵科技專案和企業發展。毛澤東之後的中共最高領導人鄧小平明白，中國要在科學和科技領域趕上民主國家，還有很長的路要走。他精心籌畫了 1978 年 3 月的全國科學大會，在會上對 6,000 名科學家表示，要實現高速經濟成長，就得高速發展科學和科技。

鄧小平放鬆了對經濟的專制掌控，但他仍堅定維持政治專制。因此，科學研究和開發的資金配置仍然採取由上而下的方式，大部分資金來自政府。1986 年，中國實行了「863 計畫」，成立一個專門投資高科技公司的政府基金。[5] 最初，政府在資訊科技上花費了 2,000 億美元（約占中央政府總預算的 5%），其中 75% 用於電信企業。在接下來的那幾年，大量的財政援助從政府流向了以下領域：能源、自動化、雷射、太空、新材料和生物科技。基本上，中國政府努力在經濟體內出資培育世界級的高科技文化，這份努力和中國現代化的計畫密不可分。

自從 863 計畫啟動之後，中國推出了許多產業政策來提高科技創新成長率，例如：《國家中長期科學和技術發展規畫綱要》、「戰略性新興產業計畫」、「互聯網 + 行動計畫」、「中國製造 2025 計畫」和「新一代人工智能發展規畫」。有些計畫很成功，有些則不盡理想。本書第 6 章將討論北京為培植中國半導體產業而推出的「大基金」投資計畫，不過老實說，這計畫的績效不怎麼樣。

中國的第一代科技公司可以追溯到 1980 年代。華為成立於 1987 年，它的重要性再怎麼強調也不為過。這家公司成為中共的科技寵兒，後來更成為核心科技冠軍。華為最初在電信設備領域爭奪市場占有率，按照國際標準來看，華為的早期設備是較為劣質。來自民主國家的跨國企業試圖在競標時排除華為。然而，華為的產品逐漸改進，有時甚至不斷複製其他供應商的智慧財產權來提升產品。華為的價格也極具競爭力，很快就開始取代外國供應商在中國的地位。隨後，華為開始在進軍全球南方（Global South）市場，最終成功參與歐洲市場的競標。2012 年，華為成為全球銷售額最高的電信設備供應商，當年營收達 351 億美元。到 2010 年代末期，民主國家開始抵制華為的產品，美國對華為展開毀滅性的制裁。

華為只是中國科技產業中的眾多重要企業之一。在華為成立的兩年前，中興通訊（ZTE）就開始製造電話。今天，中興通訊的銷售額已達 170 億美元，主要來自全球南方國家的無線電信業者。中興通訊與民主國家的監管機構多次交鋒，如今所有產品在美國已被全面禁止。像華為和中興通訊這樣的電信設備公司在設計、開發和部署所謂的「壓迫技術堆疊」（oppression technology stack）時發揮了關鍵作用，這是指一套由硬體、軟體和網路產品及服務組成的系統，專門讓中國掌握監控科技，加強專制掌控，特別是在新疆地區。這種在中國精煉出來的公民監控和控制系統，現在已經被華為、中興和其他中國科技公司出售給全球 70 個其他專制國家。在民主國家和專制國家「科技脫鉤」時，中興和華為很重要，這需要放進冷戰 2.0 中民主國家的重要議程裡。

1990 年代末，第二波中國科技公司進入市場，最初只服務中國，但隨後擴展到其他地區。騰訊於 1998 年成立，一年後阿里巴巴成立。這些公司與後來的滴滴、百度和螞蟻集團，乘著網際網路的浪潮走向巔峰。最初，他們模仿亞馬遜和 eBay（分別成立於 1994 年和 1995 年），但到 2000 年代中期，在某些網路上的消費者服務和商業模式方面，他們超過了美國的網路巨頭。例如：他們是首批將電子支付引入大眾市場的網路公司。

在過去 20 年內，中國的其他科技公司也有顯著成長。中國國內在人工智慧、半導體晶片、量子運算和生物科技等領域，已具備一定的技術能力。儘管發明這些核心科技和產品的通常是民主國家的企業，但現在這些領域都有了不容小覷的中國同行。

習近平近期的公開聲明中很明確地許下承諾，要讓創新成為中國財力與軍力的基石。習近平在 2022 年 10 月的中共二十大全體會議上表示：「我們必須堅持科技是第一生產力、人才是第一資源、創新是第一動力。」2024 年 7 月的中共二十屆三中全會進一步強調這個主題，該會議呼籲透過世界級的科技來推動「戰略性產業」和「未來產業」，以發展「新質生產力」。北京同時強調，中國必須在科技導向的教育和高科技供應鏈方面實現自主和自給自足。顯然，北京此舉主要是針對美國及其他民主國家對中國某些高科技產品和設備所實施的出口管制所做出的回應。事實上，北京正在確認，民主國家與專制國家之間的全球科技脫鉤正在加速進行，這已成為冷戰 2.0 的核心議題。

中國持續面對的挑戰

如果以為中國的經濟奇蹟是毫無保留的成功，那就錯了。中國面臨著嚴峻的挑戰。任何誠實、理性的中國觀察者都必須能夠同時持有兩種對立的觀點。顯然，能夠保持這種分歧的評估能力（不僅僅是對中國的問題）就是一種大智慧。[6] 因此，為了對中國和冷戰 2.0 做出明智的判斷，評估中國在冷戰 2.0 中的整體角色和影響時，還需要考慮中國的種種弱點：

- **近期的經濟表現**。在 2010 年代，中國的年度經濟成長率在 6% 至 7% 之間；但好日子已成往昔。2022 年的經濟成長率為 3%，2023 年為 5.2%；而 2024 年預計落在 4% 左右，甚至有預測顯示，2020 年代末的成長率會降至 3.5%。這將對中國社會產生嚴重影響。

- **過度依賴製造業**。中國認為，要促進經濟成長，最好的方法是擴大製造業生產，特別是像電動車這類高階產品，並大量出口到民主國家，尤其是北美和歐洲（這是中國製造產品的兩大市場）。但這個策略行不通，因為這些國家的政府下定決心不讓中國掌控電動車的工業基礎。相反地，中國必須將 GDP 的很大一部分轉向滿足國內需求，尤其是服務業，才能讓中國的經濟與世界其他國家達到更好的平衡。迄今為止，北京仍拒絕考慮這一經濟方向的核心轉變，結果很可能是中國與民主國家之間爆發大規模貿易戰。
- **結構性經濟挑戰**。除了經濟活動下滑，中國還面臨著一個已經很嚴重但可能變得極端危急的結構性問題，甚至有可能成為生存危機。大多數中國公民的個人財富基礎建立在房地產上。壞消息是，中國的房地產市場正經歷著非常不穩定的時期。過去十年間，大量的市政房地產專案，興建了成千上萬棟高層住宅大樓，而這股建設浪潮可能即將結束。這種做法有點像多層次傳銷計畫——或騙局？就像大風吹，音樂停止時，最後一個持有房地產公寓的人會怎麼樣，這讓人很擔憂。恆大集團的危機顯示，不管泡沫何時塌陷，中國房地產行業的最終結局都不會是圓滿的。[7] 中國許多銀行也讓人擔憂，這些都是國有銀行。唯一的問題是，當人類歷史上最大規模的金融紓困來臨時，北京能夠挽救哪些資產？又有哪些資產會被放棄？更重要的是，將有數百萬投資者因這場混亂而受到實質影響，甚至承受巨額損失。

- **政府與企業的關係**。自 2020 年 10 月以來，北京採取了許多不同的方式打壓中國科技公司。這個反科技計畫的導火線是馬雲——人稱中國的馬斯克（Elon Musk）——發表了演講，批評中國金融監管機構，隨後馬雲立即消失，兩年內未曾在中國出現。（據報導，他這段期間在日本教書。）後來，科技公司領域的中國頂尖投資銀行家包凡也失蹤了。這種在中國商業界「長期失聯」的情況，對中國在國內或國際商業界的信譽造成極大損害。企業家被消失的策略很類似中國在 2018 年從上海街頭綁架兩名加拿大公民康明凱（Michael Kovrig）和斯帕弗（Michael Spavor）的行為，當時是為了報復加拿大應美國的法律引渡請求逮捕華為高層孟晚舟。但孟晚舟在溫哥華等待法院審理期間，是住在加拿大高檔地段的豪宅中，而康明凱和斯帕弗卻是被關押在中國的牢房裡。加拿大並不是唯一受到北京這種對待的國家。日本有 17 名企業高階主管被中國當局扣押為人質。日本對中國的投資在過去幾年大幅縮減，中國政府應該不會感到意外。

- **外資投資大幅減少**。數十年來，外資投資一直在中國經濟中扮演著重要角色，但那些日子已經結束了。2023 年，流入中國的外資僅有 330 億美元，遠低於 2021 年的 3,440 億美元。[8] 許多企業正在撤出中國，或即便留下，也不再增加新產能。2018 年，全球半導體產業的新投資案有 48% 把錢給了中國，但由於拜登政府於 2022 年對中國實施的半導體技術和設備禁令，這一數字已驟降至 1%。科技脫鉤正在對中國經濟產生實質性影響。
- **股市受挫**。中國過去幾年的經濟問題也反映在股市表現上。2023 年，中國的滬深 300 指數下跌 13%，這是該指數連續第三年下滑。香港的恒生指數也已連續四年下滑。與此同時，印度、南韓、日本、台灣和美國的股市在 2023 年均呈現上升趨勢，尤其是科技導向的納斯達克指數，成長 43%。

- **人口下降**。2022 年，中國的總人口首次出現下降。中國女性的生育率降低，對中長期可能會產生非常深遠的影響。如果沒有大量移民來補充勞動力，按目前預測的人口下降速度（從 14 億下降到 2100 年的 8 億），[9] 這將對中國經濟和整個社會產生根本性影響。中國能否不訴諸有爭議性的科技如體外發育（ectogenesis，即使用人工子宮技術來大規模增加人口），來應對人口下降這顆定時炸彈？
- **氣候變遷**。2022 年，中國批准興建約 100 座燃煤發電廠，比 2021 年增加了 50%；2023 年，全球 95% 的新建燃煤發電廠都位於中國。看這些數據，我應該無需多言。
- **疫情應對準備**。COVID-19 還沒結束，現在仍有人死於這場傳染病，但中國的死亡人數最多，尤其是 65 歲以上的長者，因為這個年齡層中有 35% 的人未完全接種疫苗。許多中國人不信任中國的 COVID-19 疫苗，世界衛生組織也不信任，因為中國尚未向世界衛生組織提交相關臨床研究結果。這種信任缺口將導致更多人死亡，唯一的問題是死亡人數將會有多少。此外，中國過於驕傲，拒絕接受向民主國家購買 mRNA 疫苗的提議。這是最高領導人習近平獨自做出的決定，可能會導致數十萬中國人在一年內失去生命。

- **缺少盟友**。除了俄羅斯，中國與其他國家幾乎沒有深厚的聯盟關係。中國與世界上幾乎所有國家都有貿易關係，並與少數國家建立了重要的多年商業合作關係，這些包括在「一帶一路」倡議下與超過 150 個國家達成的貸款和基礎設施建設協議。然而，這些關係並不深厚，無法支持長久的軍事合作。民主國家目前擁有更多可靠、長遠的安全聯盟，通常在某種程度上以美國為核心。
- **多項關鍵技術的落後**。自毛澤東去世以來，中國的經濟發展和科技創新已取得長足進步。然而，在這方面，中國仍未趕上美國，如果將主要的民主國家都考慮進去，中國在這方面的差距相當明顯，特別是在一些關鍵技術領域，中國明顯落後於民主國家，包括高效能半

> 導體晶片和半導體晶片製造設備、某些類型的人工智慧、核融合能源、商用飛機、飛機噴射發動機和機器人科技。此外，中國沒有任何一項技術是強大到民主國家超越不了的，中國缺少這種領先優勢。中國擁有一些其他國家目前短缺的礦物資源，並且在這些礦物的精煉能力上具有一些獨特的優勢，但透過時間、努力和財政投資，民主國家可以實現這些資源的自給自足。而中國要在目前落後的領域裡複製上述技術則需要付出更長的時間和更大的努力，而且，有些領域因為技術門檻極高，中國不一定能成功。

這些只是中國面臨的主要挑戰，此外還有其他次要問題。整體來說，中國人沒有三頭六臂，中國人早上起床穿褲子的方式和民主國家的人一樣，一次穿一條腿。此外，如果中國在科技領域的相對弱勢持續存在，其財力和軍力也會下降，或者至少停滯不前，無法進一步發展。而民主國家更擅長發展科技以及利用科技建立經濟和軍事力量，因此國力可以蒸蒸日上。

第 4 章

風暴雲集，戰火將至

戰爭（無論冷戰還是熱戰）不會輕易爆發。正如第一場冷戰實際上在 1917 年開始，但直到 1945 年才全面爆發，冷戰 2.0 的早期跡象早在俄羅斯 2014 年併吞克里米亞及中國在南海的侵略行動之前就已出現。普丁在 2000 年當選總統後不久就開始走向專制。1989 年，當北京強硬派領導人推翻改革派意見，命令軍隊鎮壓天安門廣場上的學生抗議時，中國的專制本質已經顯露。敏銳的觀察者可以看出，國際冷戰行為往往伴隨著內部專制的跡象。

2012 年，習近平進一步確認了中國與民主國家的決裂，他宣稱中國無意實行民主制度，並讚頌由光榮的中國共產黨領導的一黨制。習近平還實施了世界上最嚴厲的公民監控與壓迫科技，並把這種科技出口到 60 個國家。他投入巨額資金在歷史上最大規模的軍事擴張計畫上，而中國的醫療體系卻長期資金不足。他還對好幾個民主國家進行經濟脅迫。智慧財產權盜竊是第一次冷戰期間重要的戰略手段，而今中國和俄羅斯又再次盛行起來。2014 年，俄羅斯併吞克里米亞，並派遣非正規部隊進入烏克蘭頓巴斯地區；中國則動用武裝艦艇，試圖奪取南海 90% 的主權，對民主國家的抗議置若罔聞。冷戰 2.0 已然開始。

現代中國特色的專制政權

1989 年是第一場冷戰和最終冷戰 2.0 之間的關鍵轉折點。1985 年，戈巴契夫成為蘇聯共產黨的最高領導人，成為實際上的專制領袖。他的執政風格與前任大相逕庭，主要是因為他推行了兩項重要改革。

首先，戈巴契夫的「**開放政策**」（*glasnost*）開放了政治自由，包括言論自由和集會自由，並在 1989 年舉行了首次相對公平與自由的選舉，產生了蘇聯第一個民選立法議會，杜馬（Duma）。其次，戈巴契夫推動了「**重建政策**」（*perestroika*），開始重構經濟，雖然並非完全私有化，但開始減少政府自上而下的控制，不再完全由政府決定經濟產出與價格。

到了 1989 年，受這些改革影響，東方集團國家，尤其是波蘭，催生了基層民主運動，開始籌畫自己的多黨選舉，這在蘇聯帝國統治下，已經被禁止了 40 年。

當時的中國也吹起了改革之風。到了 1989 年，隨著鄧小平逐步開放中國經濟，中國版的「重建政策」已經實行了 10 年。然而，中國並沒有類似「開放政策」的官方政策。儘管如此，一些學生領袖，甚至一些中共高層，開始公開討論政治改革的必要性。1989 年春天，約 8,000 名學生聚集在北京天安門廣場，和平呼籲政治自由。這在中國是前所未有的發展。許多學生指出蘇聯和東歐的政治自由化趨勢，要求在中國享有同樣的權利。全世界都在等待鄧小平的回應。

1989 年 6 月 3 日，鄧小平的回應毫不含糊且強硬。他命令軍隊坦克和裝甲運兵車進入天安門廣場清場，大規模暴力鎮壓。[1] 保守估計顯示，至少有 800 名抗議者死亡，10,000 人受傷。鄧小平對人民動武，明確表達了他對戈巴契夫改革的看法：經濟改革（perestroika）可以接受，政治自由（glasnost）絕不容許。即使是市場自由化，在中國也還是由中共自上而下指導。中共全面掌控民間企業的發展方向，確保企業家始終遵循中共定義的「正確路線」。

天安門事件後，大多數民主國家仍沒有放棄希望，相信只要讓中國更深入融入全球貿易體系，其政治稜角就會磨平，終有一天會迎向政治自由化，就像民主國家一樣。民主國家秉持這種信念，於 2001 年允許中國加入世界貿易組織，儘管中國有很多做法不符合會員資格，例如其國內經濟有許多領域仍不開放外資進入。民主國家中為中國辯護的人認為，對中國伸出橄欖枝，最終會促使中國改變政治和經濟的做法，民主國家也能因此獲得豐厚的報酬。他們主張，「經濟整合將帶來和平」，這個理論長期以來受到民主國家主要政治思想家的推崇。更為務實精明的商界人士則認為，無論中國的公民權利狀況如何，只要能和中國做生意就能帶來數十億美元的商機。

在中國剛加入世界貿易組織的那十年裡，北京確實冒出了一些解凍的「綠芽」。對政權的適度批評逐漸被允許，惡名昭彰的書報媒體審查制度有所鬆動，中國的人權運動者甚至看到了一些小進展。然而，這種「輕度開放」在 2012 年習近平成為中國最高領導人後戛然而止。習近平終止了政治鬆綁，並變得更加專制。例如：他破壞了國家主席的任期限制，並在實質上鞏固了自己做為「終身領袖」的地位。

鄧小平厭惡毛澤東的極端政策，像是文化大革命。他要確保未來國家領導人再也不能像毛澤東那樣擁有至高的權力，所以他為中共最高領導人設立了兩項權力制衡措施。首先，他把政治局常委會改成對最高領導人具有實質影響力的重要決策機構。政治局由最高領導人和其他六名成員組成，其中一人是負責領導政府官僚的國務院總理，成為制衡中共總書記的重要力量。總理通常負責管理經濟日常事務，如果中共領導人提出對經濟有害的建議，總理可以及時制止。雖然這不是美國式的立法和行政分權，但在專制體制中也具有重要意義。

鄧小平的第二項改革也是透過政治局實施，他設下最高領導人的「任期限制」，每屆任期 5 年，連任不得超過兩屆。在第二個 5 年任期開始時，最高領導人需從政治局成員中選定接班人，以便 5 年後交接。這樣，最高領導人可在執政 10 年後交棒，由接班人接任。5 年後，第二任最高領導人的繼任者就會確定，這樣在第二任領導人的 10 年任期屆滿時，第三任可以接棒，依此類推。這套任期制度在江澤民（實際執政 13 年）和胡錦濤（執政 10 年）的任期內有效運行。鄧小平非常聰明，設計了這樣一套和平權力交接機制，因為他深知，如果缺乏穩定的繼任機制，整個體制將出現嚴重的弱點。外界原本預期，胡錦濤的繼任者習近平會繼續遵循這套制度。

沒想到，習近平破壞了任期限制制度。習近平於 2012 年 11 月上任，5 年後，他在第十九次中共全國代表大會上向全國公布新任政治局成員時，並未指定接班人。這讓許多人感到震驚，但他已經成功鞏固了對中共的掌控，使他能夠做出這個大膽舉動而不受阻礙。因此，2022 年 10 月，在二十大上，習近平毫無意外地延續了他的任期，並且再次拒絕指定接班人，這意味著他可能會延續個人領導至少到第四個任期（2027 至 2032 年）。此外，習近平在 2022 年 10 月公布的新一屆政治局成員中，包含六名新人，他們唯一的共同特點是都曾在基層職位上擔任過習近平的下屬，並且對習忠心耿耿。事實上，習近平實現了鄧小平當年極力想避免的情況。這位現任中國最高領導人，像毛澤東一樣，已經將自己穩固地安置在終身專制領袖的寶座上，被阿諛奉承的政治局成員圍繞。

關於習近平將帶領中國走向何方，從中共在 2013 年發布的文件可看出，在習近平的領導下，中國的意識型態將如下所列：

- 西方憲政民主的權力分立、多黨政治制度和司法獨立，只是「資產階級」的觀念，在中國沒有立足之地。治理中國需要的是「具有中國特色的社會主義」，而這要由中國共產黨來詮釋。

- 中國應避免西方價值觀，如人權和個人自由，中國要採取的是由中共詮釋與實踐的社會主義價值觀。
- 中國要避免「公民社會」的觀念，中國共產黨才是公民活動的唯一平台。
- 中國要避免經濟自由化，國家（由中共管理）應該凌駕於私部門之上。
- 中國沒有獨立媒體的立足之地，這會導致「意識型態滲透」中國。相反地，所有媒體和出版物，包括網際網路，都應該由中國共產黨管理。[2]

習近平取得了新權力，又深信這種以中共為中心的意識型態，從 2012 年開始實施了一系列鞏固專制、控制社會的計畫。他設計、開發並部署了世界上最全面的數位和生物監控系統。[3] 這套系統在新疆省不斷改良，現在已經堪稱完美，人行道上每隔一段距離就設置人臉辨識攝影機（以及其他設備），定期拍攝所有行人的影像；社區檢查站會採集所有居民的 DNA 樣本；規模龐大的超級電腦中心隨時監聽所有電話通訊；數位監控系統會產出「重點關注名單」，只要上榜就會經常在街上被警察攔查盤問。這套系統的另一個版本還涉及了「社會信用評分」機制，中國各地的一般公民都有基本分數，如果監控系統記錄到他們有違反社會規範的行為（例如在街道上吐痰），就會扣分，但如果他們做了好事（例如幫助老年人過馬路），也會獲得加分。如果分數低於標準，就會被當地政府約談，進行訓誡。

這套監控系統還有另一種變化，可以用在校園裡。教室內安裝的攝影機會隨時追蹤學生的臉部，檢查他們有沒有專心上課，還是在放空。特別是公民課，如「習近平思想」這類最高領袖的永恆教誨，監控特別嚴格。如果系統發現某個學生在校園環境中參與度不足，或者對中共的宣傳不夠認真聆聽，那麼該學生通常會被當面約談，通常家長也需要陪同。歐威爾（George Orwell）恐怕在九泉之下也不得安寧。

上述這些社會控制系統，早已被預見。歐威爾在其經典著作《1984》中就描繪了這樣一個反烏托邦世界。他的靈感來自蘇聯，但要實現他的預言，則要借助不承認個人基本人權的中國專制政治體系所運用的現代數位和生物科技。「壓迫技術堆疊」運用了人工智慧、高效能半導體晶片、雲端運算、超級電腦、電信通訊、網路平台、人造衛星、生物科技，以及即將到來的量子電腦等科技。專制政府將這些科技結合，打造一個巨大的全景監獄，這是冷戰 2.0 爭議的核心驅動因素之一，不過民主國家也必須警惕自己的政府和民間企業被利益蒙蔽，偏離正道，走向類似的世界。[4]

中國另一個壓迫計畫涉及習近平政府對資訊領域的完全控制。北京建立了「中國防火牆」（Great Firewall，俗稱「防火長城」），藉此阻擋來自民主國家的各種社群媒體和相關服務。例如：中國一般民眾無法使用 Google 和 Facebook，他們的智慧型手機或個人電腦無法突破習近平政府在中國建立的科技防火牆。這是專制國家與民主國家之間最早發生的「科技脫鉤」，值得注意的是，這是由北京的專制領袖首先推行的。本書確實探討了民主國家推動科技脫鉤的一些計畫，但要清晰看待冷戰 2.0，認知到中國也在實行科技脫鉤。根本區別在於，民主國家實施科技脫鉤政策是為了保護其民主並促進中國公民的自由，而中國這麼做則是為了進一步限制其公民的個人自由。此外，這種數位壓迫科技的範圍不僅限於中國，中國的科技公司已經將這種數位壓迫系統的變體賣給全球 60 個專制國家。這是國際科技脫鉤裂痕的另一條軸線。需要澄清的是，民主國家也使用監控科技，但程度遠不及中國，最重要的是，民主國家在尊重和促進人權的規則下進行監控——當然，這些規則也還需要不斷完善，而在規則被違反時，執法過程也有改進的空間。

中國還投入大量資源來審查國內的資訊。據估計，中國政府雇用了大約 10 萬名網路審查員。[5] 這麼多人專門負責檢查電子郵件、簡訊、部落格文章和其他各類內容，就只是為了檢查內容是否涉及政治，或以任何方式批評最高領導人及其他數百個審查範圍內的敏感話題。同時，包山包海的言論審查做法也被編進了 AI 應用的規則中。當你在中國的 AI 搜尋引擎上查詢有關政治的問題，搜尋引擎不會回答——只會顯示空白螢幕。這種政治限制讓中國比民主國家更難開發 AI，儘管美國的 AI 程式也會過濾掉某些問題（例如「如何使用簡單的零件製造炸彈？」），但遠遠沒有中國那麼多。

習近平政權為了鞏固專制政治，還用了很多方法讓中國科技企業和企業家的生存變得更加艱難。中國最成功的科技企業家馬雲在 2020 年 10 月的會議上批評中國的金融監管沒有跟上中國金融科技的發展趨勢。幾天後，馬雲消失了，兩年內都沒有蹤影，據報導，他在日本「教書」一段時間，直到 2023 年春天才再次現身中國。在這段時間內，許多其他科技公司被中共告知要遏制某些行為，並遵守「共同富裕」和其他中共政策。習近平發出明確的訊息：在中國，任何公司、產業團體或其他實體組織都不能，也不應該挑戰中共的至高權威或習近平個人的領導地位。此外，習近平重申，每家公司都要設立中共的黨支部，而黨支部要和執行長與其他管理高層平起平坐，管理團隊的重大決策必須經過黨支部審查。這是為了確保公民社會裡沒有任何組織能夠自主行動；在中國，一切合法性都來自中共。這就是具有中國特色的現代專制政治。

有鑑於中國壓迫自己的公民，民主國家這 40 年來一直試圖利用經貿關係影響北京，期待中國政治體系自由化，讓公民擁有更多的自由。經過 40 年的努力，結果很清楚，透過經濟整合來實現政治目標的策略已經失敗。商業往來並未造就政治共識。此外，更諷刺的是，今天中國反而利用與許多民主國家之間的密切經濟整合關係，獲得了明顯的優勢。以下是中國對民主國家進行經濟脅迫的一些案例：

- **澳洲**：坎培拉政府建議調查 COVID-19 疫情在武漢的起源。中國報復，禁止從澳洲進口 14 種商品，包括牛肉、葡萄酒和大麥，但不包括鐵礦石，因為中國依賴澳洲的鐵礦石。
- **立陶宛**：由於這個波羅的海小國與台灣建立外交關係，中國禁止從立陶宛進口商品。
- **日本**：因為有邊界和島嶼領土爭端，中國停止出口稀土礦物到日本。

- **挪威**：由於中國人權鬥士獲頒諾貝爾和平獎，中國限制挪威鮭魚進口。
- **南韓**：由於南韓向美國採購飛彈防禦系統，中國媒體呼籲抵制南韓商品。
- **加拿大**：渥太華政府依照法律程序執行了美國政府的引渡請求；中國為了報復，竟在光天化日之下，從上海街頭綁架了兩名加拿大人，並扣押超過 500 天。中國還「遺失」了加拿大油菜籽進口相關的檢驗結果，並禁止進口該商品長達 36 個月。
- **美國／ NBA**：由於一名 NBA 球員發布推文支持香港的自由抗議，中國停止贊助 NBA 比賽，也禁止賽事直播。
- **台灣**：中國多次禁止從台灣進口水果和海鮮，包括 2022 年 8 月時任美國眾議院議長裴洛西（Nancy Pelosi）訪台後的貿易制裁。

再次強調，當一些評論家敦促民主國家不要採取與中國脫鉤的行動時，請牢記這些案例 —— 率先脫鉤的是中國，而不是受影響的民主國家。在冷戰 2.0 中，經常出現「五十步笑百步」的現象。

現代俄羅斯特色的專制政權

天安門事件發生 6 個月後，俄羅斯舉行了首次國會選舉，這場選舉被認為相對公平與自由。隔年，即 1990 年，俄羅斯人透過投票選出了葉爾欽為新總統。開放政策看起來頗有成效，民主終於降臨俄羅斯。不過，專制的禿鷹在同一時期開始盤旋。隨著東方集團脫離蘇聯，以及蘇聯本身的瓦解（包括烏克蘭在內的 15 個自治共和國終於真正實現了自治），一些心懷不滿的前共產黨員在 1991 年取得 KGB 高層領導（國家安全警察機構負責人）的協助，發動了政變。值得肯定的是，葉爾欽立場堅定，策畫政變的人很快就投降並被捕。不過，這個擁有世界上最大陸地面積和最多核武的國家很快就產生了一種對民主不安的集體心理。

加上俄羅斯的經濟一落千丈，讓民眾對民主更加不滿。從專制國家的計畫經濟轉向自由市場的開放經濟，實在太過艱難。即使葉爾欽竭盡全力，速度還是不夠快。1990 年代末，終於完成轉型時，卻發現大約 80 位所謂的寡頭政客以超低價收購了俄羅斯最大的工業公司股份及資產。簡單來說，1990 年代的俄羅斯民主時期，給大多數俄羅斯人留下了非常糟糕的印象。民主再也無法恢復。

1999 年，葉爾欽因健康因素決定退出政壇，但他也沒有好好解釋為什麼推薦普丁繼任。最合理的推論是，普丁當時是聯邦安全局（FSB，即國家安全警察機構）局長，是個「穩妥的人選」，可以確保國家穩定運作，而且不太可能追究葉爾欽在克里姆林宮執政期間犯下的過錯。無論如何，在相對自由且公正的選舉中（雖然國家電視台明顯偏袒普丁），普丁在 2000 年 3 月 26 日當選為俄羅斯總統。他的得票率為 53%，排名第二和第三的候選人分別獲得了 29% 和 5% 的選票。

普丁當選總統後，立即將專制統治帶回俄羅斯。俄羅斯獨立電視台（NTV）有個政治評論節目《木偶》（*Puppets*），在競選期間諷刺了普丁。這種尖酸的諷刺類似於美國的《週六夜現場》（*Saturday Night Live*）或台灣的《全民大悶鍋》。英國的《模仿秀》（*Spitting Image*）使用木偶來諷刺政治人物、皇室成員和影視明星，就是俄羅斯《木偶》的靈感來源。在成熟的民主國家，政治人物知道政治嘲諷是難免的，有些政治人物甚至會上節目，做為嘉賓出現在《週六夜現場》。這都是穩定、理性的民主社會中，公民與民意代表之間對話的一種方式。

普丁被俄羅斯節目《木偶》諷刺後，反應截然不同，這也不祥地預告了他對民主的態度。就在選舉結束的兩天後，普丁指派聯邦安全局（他當選總統前就是聯邦安全局局長）去突襲俄羅斯獨立電視台的辦公室，並以涉嫌某些不法行為為由，沒收了俄羅斯獨立電視台的電腦，做為證據帶走。過了幾週，俄羅斯獨立電視台的老闆古辛斯基（Vladimir Gusinsky）被安上無中生有的刑事罪名。最後，古辛斯基被迫離開俄羅斯，至今仍流亡海外。這事件昭告了俄羅斯專制統治的回歸。1985 年至 1999 年間的民主實驗，隨著戈巴契夫和葉爾欽的離開而結束。普丁在民主制度裡的任期只持續了 48 小時。

在 2004 年的選舉中，普丁的專制戰術開始取得巨大成效，尤其是他完全控制了國家電視台，那是俄羅斯大多數人獲取新聞的主要途徑。在那次選舉中，普丁獲得了 72% 的選票，而他最接近的競爭對手僅獲得了 14% 的選票。公允地說，普丁有其精明之處，他在 2000 年上任後的幾年內就將養老金提高了 30%。儘管他和他的寡頭政客同夥大肆掠奪俄羅斯的財富，但他願意拿出巨額財富的一小部分和平民分享。反正做為終身專制領袖，他知道自己任期很長，不必立刻把每一分盧布都收進口袋裡；將貪汙行為分散在多年內進行，這樣他任內的財務表現會比較好。英國金融家布勞德（William Browder）長期投資俄羅斯，批評普丁不遺餘力，據他估計，普丁在 2017 年的淨資產達到 2,000 億美元，[6] 這金額很驚人，畢竟總統的官方年薪僅有 13 萬美元。在 2024 年（虛假的）總統「選舉」中，他的個人財務申報顯示其存款僅有 54.4 萬美元。

普丁在 2008 年精心策畫了典型的專制權謀。任期限制法讓他不能連續三次競選總統，所以他欽點麥維德夫（Dmitry Medvedev）參選總統。麥維德夫得票率高達 71%（同樣歸功於國家電視台極度不平衡的媒體報導），當選後立即任命普丁為總理。觀察習近平與普丁如何輕而易舉地突破各自國家的任期限制規範與規則，既令人驚嘆又令人沮喪——民主制度的支持者應引以為鑑！2012 年，普丁再次參選總統，並獲得了 63% 的選票。監督這場選舉的獨立團體歐洲安全與合作組織（OSCE），發現選舉中沒有真正的競爭，普丁打一開始就勝券在握（這包括官媒始終不公平的報導，以及選舉日的重大投票舞弊行為）。

普丁在 2018 年大選中，得票率有 78%（普丁將任期從 4 年延長至 6 年，這是他推動專制化的又一舉措）。普丁的頭號政敵納瓦爾尼（Alexei Navalny）被禁止參選，國家杜馬裡可以直接提名候選人而無需收集連署的幾個政黨也選擇不提名，並宣布支持普丁。歐盟認為此次選舉充滿舞弊行為，並有紀錄顯示數百萬張非法選票，其中部分甚至透過監視器拍攝到舞弊過程。

一些為普丁辯護的民主國家人士聲稱，普丁治下的俄羅斯選舉也是民主的一種變體，他們稱這是「主權民主」（sovereign democracy）、「可控民主」（managed democracy），甚至有一位美國評論員稱之為「不自由民主」（illiberal democracy）。這些混合術語毫無意義且相當危險，因為在冷戰 2.0 中，論述很重要。民主不能被套上這些形容詞。從角度來說，一個國家要麼是民主國家，要麼不是，而普丁治理的俄羅斯顯然不是民主國家。普丁的所作所為摧毀了俄羅斯境內任何有意義的政治權力中心，讓自己成為唯一的權力核心。他完全掌控局面，並圍繞自身建立個人崇拜。[7] 他愈來愈崇拜史達林，這位 20 世紀最血腥的三大專制領袖之一。如果你需要為普丁在俄羅斯扭曲民主的行為貼上標籤，可以稱之為「專制資本主義」，但它絕對不應該被稱為任何形式的民主。

除了蔑視自由、公正且可信的選舉，克里姆林宮的專制執行者還監督開發精密的電腦化人類監控與追蹤系統，這與北京的做法頗為相似。而且，與中國類似的是，普丁也將這類「壓迫系統」出口至國外，售予其他渴望專制統治的國家。[8] 普丁也蔑視人權和新聞自由。普丁在俄羅斯境內完全逍遙法外，最具代表性的事件是 2006 年記者波利特科夫斯卡婭（Anna Politkovskaya）光天化日在自家公寓大樓的大廳遭到槍殺；她在《新報》（*Novaya Gazeta*）的其他四名同事也被殺害。幾年後，曾任葉爾欽時代副總理的涅姆佐夫（Boris Nemtsov）也因調查普丁政權的貪腐行為而遭暗殺。普丁還鼓勵國家杜馬（半民選議會組織）實施反 LGBT 立法。普丁經常逮捕並使用神經毒劑毒害反對派，其中包括反對派政治家納瓦爾尼，他在 2022 年 4 月被下毒，當時 41 歲，是三個孩子的父親。他在德國接受治療，回到俄羅斯後，從機場直接被送到監獄，關押在一間狹小的牢房裡，因虛構的罪名被判處 30 年徒刑。然而，他的刑期被縮短，並且被送往北極的一個特殊流放地，最終於 2024 年 2 月離奇死亡。儘管官方未明確說明他的死因，但幾乎可以確定，普丁是為了避免納瓦爾尼在 2024 年 3 月的虛假選舉中成為反對勢力而謀殺了他。

入侵烏克蘭後，普丁通過了更多法律，將俄羅斯推向黑暗、極權的專制政權。在俄羅斯，若說他在烏克蘭發動的全面戰爭是一場「戰爭」，這言論會犯法，因為根據法律，那只是「特別軍事行動」（歐威爾恐怕已經在墳墓裡打滾了）。數百人因反對這場戰爭而被監禁，甚至只是在餐廳裡向家人表達反對意見也會被捕。長期批評普丁政權的國會議員卡拉姆扎（Vladimir Kara-Murza）因公開反對烏克蘭戰爭而被判處 25 年徒刑；然而，他於 2024 年 8 月在美國、德國及其他幾個國家與俄羅斯進行的囚犯交換中獲釋，因為普丁迫切希望從德國監獄中換回臭名昭著的俄羅斯 FSB 特工兼殺手克拉西科夫（Vadim Krasikov）。（專制領袖總是照顧自己的支持者！）

普丁有個慣用策略，就是將反對者貼上「外國代理人」的標籤。被貼上這個標籤的俄羅斯公民不得不流亡到俄羅斯境外尋求新生活，反倒坐實了普丁的指控——這也是典型的專制手段。自由之家（Freedom House）的評比滿分是 100 分，俄羅斯在 2017 年的得分是 20 分，這並不令人意外；到了 2024 年，這個分數已經降到可憐的 13 分。與俄羅斯一起墊底的國家還有尼加拉瓜（16 分）、委內瑞拉（15 分）、古巴（12 分）和伊朗（11 分）。這表示俄羅斯在普丁治理下，已經和集權的程度差不多了。大家可以透過比較，看看 2024 年其他國家的分數：芬蘭 100 分，紐西蘭和瑞典為 99 分，挪威 98 分，加拿大、丹麥和愛爾蘭為 97 分，比利時、日本、葡萄牙和瑞士為 96 分，台灣 94 分，英國 91 分——上述都是民主國家。

隨著普丁變得愈來愈專制，他開始重建舊蘇聯帝國。英法等國在二戰後失去了帝國，在世界上找到了其他角色（英國成為美國的次要夥伴，法國和德國共同推動統一的歐洲）。相較之下，俄羅斯從未接受 1989 年柏林圍牆倒塌、兩德統一，以及兩年後蘇聯解體的現實。出於一種專制（且非常危險）的懷舊情結，普丁想要重建俄羅斯帝國；2022 年 2 月，俄羅斯全面入侵烏克蘭後，當俄羅斯外長拉夫羅夫（Sergei Lavrov）被問及是誰建議普丁攻擊這個斯拉夫鄰國時（因為拉夫羅夫事前對此毫不知情），他的回答是：伊凡雷帝、彼得大帝和凱薩琳大帝（這些都是俄羅斯歷史上的專制統治者）。

為達目的，普丁強硬地破壞了以規則為基礎的國際秩序，甚至違反《聯合國憲章》所規定的最重要的原則：任何國家不得侵犯他國的領土主權。而普丁侵入一個國家之後，讓軍隊造成平民百姓的痛苦，犯下一連串戰爭罪行，甚至包括泯滅人性的嚴重罪行。他在烏克蘭進行種族清洗，包括種族滅絕。俄羅斯在 1999 年入侵車臣，普丁當時指揮他的優勢軍力鏟平首都格羅茲尼；這座城市經歷俄軍殘酷轟炸後幾乎全毀，甚至普丁自己都在視察時不禁哽咽。俄羅斯在 2008 年以類似的方式入侵喬治亞。後來，俄羅斯軍隊在利比亞和敘利亞發動大規模軍事行動，幫助大馬士革的血腥專制領袖阿薩德（Bashar al-Assad）維持政權。（據估計，阿薩德殺害了 50 萬本國公民。）普丁治理的俄羅斯雖然擁有廣闊的領土，但只有 1.47 億人口，經濟規模和南韓差不多。然而在軍事行動上，俄羅斯經常發揮遠遠超過自身實力的影響力，因為，坦白說，普丁相當熱衷於開戰，他根本不在乎這些軍事行動造成多少平民傷亡。在他瘋狂的烏克蘭戰爭中，俄羅斯士兵的死傷人數截至 2024 年 7 月估計已達 25 萬至 45 萬。而根據專制領袖冷酷無情的傳統，普丁也絲毫不關心這場戰爭讓數十萬俄羅斯公民失去生命或遭受不必要的傷害。

俄羅斯在 2014 年入侵且併吞了克里米亞（之前是烏

克蘭的一部分），並派遣「半官方」俄羅斯軍事人員進入烏克蘭東部的兩個省份（頓巴斯），煽動頓巴斯從烏克蘭分裂出來。當時，烏克蘭並不是北約成員國，所以北約並未採取軍事行動協助烏克蘭對抗俄羅斯軍隊。然而，北約國家在 2014 年至 2022 年間派遣了教官到烏克蘭，幫助烏克蘭提升自身的能力以抵禦俄羅斯侵略者。自 2014 年起，許多北約國家還向烏克蘭提供了武器和彈藥，這些供應安排至今仍在繼續。8 年後，俄羅斯發動了對烏克蘭的全面入侵。冷戰 2.0 的開端就是 2014 年俄羅斯併吞克里米亞。這也是俄羅斯民主的催命符。俄羅斯只能在民主與帝國之間選擇，無法兩者兼得，尤其是普丁透過全面入侵烏克蘭來追求帝國夢的此刻。只要普丁還在克里姆林宮掌權，俄羅斯就不可能擁有民主。

竊取智慧財產和網路攻擊

第 2 章討論了俄羅斯如何從美國竊取大量智慧財產，最初是為了製造蘇聯的原子彈。後來繼續竊取其他武器系統的智慧財產，隨後擴展到民用科技領域，如大型商用飛機、噴射引擎和電腦軟體（大量的電腦軟體）。以英國尼恩噴射引擎為例，俄羅斯人只被允許用在商業客機上，但他們很快地就把引擎裝在軍用戰機上，在韓戰期間為美國、英國及其他盟軍帶來很大的困難。中國專制領袖也學會了這種壞習慣。中國從日本川崎重工取得高鐵技術授權，卻違反協議將這些技術應用於製造並出口列車。此外，中國竊取的產品與技術範圍還包括電腦軟體及音樂、影視等文化產品。民主國家的企業家很頭痛，因為要進入中國市場，外國企業必須以非常優惠的條件將技術授權給中國合作夥伴。不管有沒有這些技術授權協議的掩護，中國企業從民主國家竊取技術資產的問題愈來愈嚴重了。

因為和中國人做生意有很多難處，民主國家的商業人士和他們的政治盟友在 1990 年代向中國招手，提供龐大的誘因——只要中國能減少最惡劣的商業行為，像是竊取智慧財產，便可獲准加入世界貿易組織（WTO）。然而，中國加入 WTO 不出 10 年，就看得出來中國顯然不打算要求其企業停止從民主國家竊取智慧財產。產品設計、電腦軟體、文化產品如音樂和電影，都被中國「盜版」了（就是俗稱的「剽竊」），完全沒有財務補償。中國運用了許多在全球市場上提升競爭力的技術，但其實那些技術都源自民主國家的大學或企業科技實驗室。這個問題從未消失，至今依然存在。而且，當全球企業都使用網際網路之後，中國與俄羅斯的駭客（在中俄政府的默許、鼓勵和庇護下）更成為透過網路從民主國家竊取智慧財產的專家。

商業網路在 21 世紀迅速發展，中國和俄羅斯的駭客行動就從竊取智慧財產擴展到其他多種惡意行為，成為民主國家與專制國家關係中的主要衝突點。「冷戰」的基本前提是，兩股主要對立的勢力之間不能有直接的動態軍事衝突。若開始投擲炸彈、發射飛彈、建築物和其他實體資產在真實世界裡開始爆炸、有人員傷亡，冷戰即轉為熱戰。不過，在當前的數位時代裡，有些行動雖不完全是熱戰，但也不算冷戰，可稱為「準戰爭」（near war）或「混合」行動，全球電腦和網際網路普及之後，中國人和俄羅斯人學得很快，馬上成為這方面的專家。

特別是在網際網路發展成全球無所不在的電子通訊方式之後，中國和俄羅斯開始利用網路「駭入」民主國家的網站。起初，這類行為只是令人討厭的騷擾，但很快就變得更具危險性，因為這些由中國與俄羅斯政府資助並雇用的駭客變得更專精、更大膽，能更順利地駭入民主國家的政府、企業、大學和其他機構的電腦系統。有時駭客的目標是竊取金錢、商業機密或個人資料，但隨著時間進展，他們的技巧已經可以直接造成破壞了。

想想惡名昭彰的駭客團體「黑暗面」（DarkSide）在 2021 年發動的勒索軟體攻擊事件，這起網路攻擊是針對美國最大的燃油運輸系統「殖民管道」（Colonial

Pipeline），這間公司擁有全美最長的油管，從德州到紐約共 5,500 英里，批發供應 12,000 家以上的加油站。「黑暗面」以俄羅斯為基地，其運作獲得俄羅斯政府的允許，只要攻擊目標不在俄羅斯境內。「黑暗面」的駭客在 2021 年 5 月 7 日成功入侵「殖民管道」的電腦系統，在系統中植入惡意程式。「殖民管道」被迫關閉電腦六天，導致所有業務突然停擺，造成數百家加油站供應短缺，影響到無法開車上班或使用替代交通工具的消費者，油價在受影響的地區飆升。「殖民管道」付了 440 萬美元的贖金才讓這件事告一段落（美國聯邦調查局追回了其中 230 萬美元）。[9]

另一種駭客行為是俄羅斯與中國干涉民主國家的選舉和相關過程。例如：2019 年《關於調查俄羅斯干預 2016 年總統選舉的報告》（*Report on the Investigation into Russian Interference in the 2016 Presidential Election*，或稱「穆勒報告」）便詳細描述了瓦格納首領普里格津（Yevgeny Prigozhin）所支持的俄羅斯組織「網路研究局」（Internet Research Agency, IRA）如何在 2016 年「大規模、系統性」地干預美國總統大選。[10] 普里格津當時和俄羅斯總統普丁的關係密切，他曾因傷害罪服刑 9 年，後來成為「普丁御廚」，隨後又成為瓦格納集團首領。瓦格納集團是一支雇傭軍，在烏克蘭和許多其他國家（尤其是全球南方國家）為俄羅斯政府打仗。直到 2023 年 6 月，普里格津發動一場針對莫斯科的叛亂，但兩個月後，他乘坐的私人飛機「神祕」爆炸，導致他與機上其他九人全部喪生。普丁聲稱是機上有人攜帶的手榴彈引發爆炸，但這一說法並不具說服力。事實上，想要除掉專制領袖而未成功的下場就是被其殘酷報復。順帶一提，普里格津的遇害方式也顯得不必要地波及無辜，顯示出專制領袖偏好以戲劇性的公開處決方式震懾他人，這正是他們想要達到的恐嚇效果。根據《穆勒報告》，普里格津培養的 IRA 駭客和網路水軍，從 2014 年就開始透過社群媒體發揮影響力，他們的 Facebook 和 Instagram 帳號可以觸及約 1.26 億美國人，網軍的 3,800 個 Twitter 帳號合計可觸及約 140 萬美國人，其中部分 Twitter 帳號擁有數萬名追蹤者，連美國政客都曾經轉發 IRA 的推文。

俄羅斯 IRA 的社群媒體運動就是要影響美國的社群媒體用戶，在 Twitter 和 Facebook 上破壞美國的政治與社會和諧，強化對立。[11] 例如：普里格津的 IRA 會建立美國當地的社群媒體帳號，冒充「黑人的命也是命」抗議者、茶黨活動人士或反移民團體，發表具爭議性的言論，製造政治對立和社會衝突。他們還尖銳地批評希拉蕊（Hillary Clinton），目標是影響 2016 年總統大選的結果。（普丁擔心希拉蕊當選，因為她曾表示要對普丁和俄羅斯的各種惡劣行為採取更強硬的立場，而共和黨候選人川普則相對溫和。）

除了由俄羅斯「網路水軍」（由俄羅斯政府雇傭和支付薪水的專業網軍，為了金錢利益在網路上發表煽動言論帶風向）操作的社群媒體干預活動，俄羅斯軍隊總參謀部的主要情報局（GRU）還駭入美國民主黨全國委員會的電腦，竊取了數十萬份文件，並公開其中一部分，目的是要破壞希拉蕊的競選活動。雖然這些行為在美國都是刑事犯罪，但要逮捕俄羅斯的罪犯很困難。莫斯科干預 2016 年 11 月的美國選舉，因此美國政府在該年 12 月制裁俄羅斯。不過，這只是亡羊補牢，對於操控社群媒體和駭客攻擊電腦所造成的損害來說，為時過晚。

近期，來自俄羅斯、中國、伊朗和北韓（即「專制國家網絡」）的電腦駭客精於滲透民主國家的電腦系統，並運用勒索軟體進行攻擊。這類惡意程式碼會癱瘓受害組織的電腦系統，直到受害者支付巨額贖金給攻擊者。對於專制國家網絡成員國的駭客而言，這已成為一個規模巨大的犯罪產業，尤其當攻擊目標是醫院、銀行、發電站或其他關鍵基礎設施時，對民主國家更具威脅性。至今，民主國家對這類攻擊的回應尚未展現足夠的強硬態度；這種情況亟需改變。隨著民主國家的軍事體系逐步建立專門的「網路司令部」（cyber commands），目的是對此類行為以牙還牙，直接針對藏匿這些網路犯罪份子的國家政府及相關實體採取反擊行動。

專制政權想要的世界秩序

中國和俄羅斯成天在抱怨，他們既不喜歡「基於規則的國際秩序」，也不願意接受。這不讓人意外，因為專制領袖在國內都不重視「法治」了，自然對國際間的規則也缺乏耐心。這就引發了一個很重要的問題：如果全球事務不依循「基於規則的國際秩序」，那該依據什麼？

中國面對南海爭端的態度就已經充分回答了這個問題。南海是一大片位於中國沿海的水域，但也同時鄰接台灣、菲律賓、馬來西亞、印尼和越南等國的沿海地區。（例如：菲律賓稱其沿海的南海部分為「西菲律賓海」。）在國際關係中，政府官員的立場往往取決於其所屬國家的利益。南海是一片很重要的水域，每年約有 4 兆美元的國際貿易依賴穿越南海的船運。中國是全世界最大的石油進口國，80% 的石油都要靠經由南海的油輪來運送。此外，南海各區域的海床上和海床下都可能有大量的化石燃料和礦產。

南海沿岸的國家之間對於如何劃定領海邊界（即各國

12 浬的領海邊界及 200 浬的專屬經濟區），一直存在重大爭端。這些國家會起衝突是因為，中國以外的其他南海周邊國家都希望按照《聯合國海洋法公約》（UNCLOS）來主張領海邊界與相關權利，而中國則希望其他國家接受其所謂的「九段線」邊界。九段線把南海的 90% 都劃進中國的領海範圍內（附圖可看到劃有紅色九段線的爭議邊界地圖）。

中國為了強調自己的立場，特別是在國際事務中往往採取「現實占有，九勝一敗」法則（possession is nine-tenths of the law），從 2014 年左右開始在南海的幾個島嶼礁石上建設碼頭和永久性建築。美濟礁就是其中一個小點，中國建造了一個足以容納軍用飛機跑道和飛彈防禦武器的人工島。實際上，中國就是在改變「地面事實」（或更準確來說，是在海上創造地面事實），才能盡量在南海將領海主張極大化（順帶一提，中國在陸地上也採取類似行動，在與印度、尼泊爾和不丹有爭議的邊境地區建造村莊）。[12] 同樣地，中國還提供在南海作業的中國漁民步槍和其他輕武器，命令他們騷擾在當地作業的其他國家漁民，但中國明明在這些海域並沒有國際公認的領海權利。

國際社會多數成員早已拒絕了中國的九段線，尤其是南海周邊國家。九段線這個主張被視為過度擴張了中國的管轄權，南海周邊國家認為必須採取行動抵制中國。中國在南海的擴張主張，對菲律賓造成最多損失，而菲律賓為了對抗中國的立場，在 2013 年於荷蘭海牙的常設仲裁法院向中國提起法律訴訟。菲律賓得到了其他幾個國家的支持，這些國家也都向法院提交支持菲律賓的文件。2016 年 7 月 12 日，法院發布了長達 479 頁的判決。[13] 雖然法院沒有直接劃定具體的海上邊界，但裁定應以《聯合國海洋法公約》（UNCLOS）原則來確定各國的權利，中國的九段線超出 UNCLOS 規則所允許的劃界範圍，屬於非法。簡言之，法院裁定中國無權隨意劃定邊界，而必須遵循國際法規則。（順帶一提，中國在 1980 年代曾參與協商並同意《聯合國海洋法公約》。）國際社會中遵守法治（此處指國際法）的人，一致同意法院的裁決，即中國的九段線對基於規則的國際秩序構成嚴重挑戰。

中國立即譴責法院的裁決，甚至沒有應邀出席聽證會。本質上，中國的九段線主張和藐視國際法的行為，顯示出北京對「基於規則的國際秩序」的蔑視。習近平決定，中國在南海的領土主權和海洋權益，不會受法院裁決的法律規則所限制。實際上，北京已經明確表態：如果國際法律體系阻礙中國達成目標，中國將堅決反對這個由世界其他國家用來管理國際關係的規範體系。

這個案例完美而清晰地反映出中國所希望的國際事務新概念——聯合國等機構制定的規則不再適用於中國（或

俄羅斯或其他大國）。這是冷戰 2.0 爭端的核心。只要中國（以及同樣相信「以力服人」而欺凌烏克蘭的俄羅斯）繼續在國際舞台上肆無忌憚地行動，冷戰 2.0 的對抗將持續，民主國家必須不斷努力阻止專制國家的危險行徑。

更直白地說，中國已經向全世界表態，它相信「強權就是真理」的地緣政治模式，較小的國家必須對中國讓步，因為中國面積更大、人口更多、國力更強大。九段線就是個很完美的例子，可以看出中國處理國際事務的態度。中國是南海沿岸最大的國家，因此較小的國家理應接受中國的九段線主張。21 世紀全球外交中竟有如此驚人的做法；實際上，中國的立場是根本不需要外交談判，因為在它看來，無論大國說什麼，都是對的。較小的國家只能忍耐，並接受現狀。

這種狀況在歷史上出現過很多次，在二戰結束前，「強權就是真理」一直是國際關係的主流。古希臘歷史學家修昔底德（Thucydides）在 2,500 年前為現代歷史寫作奠下基礎（他率先提出歷史學家不僅要描述事實，還需理解和解釋歷史事件主角的動機），而他描述過古希臘的一個場景：雅典人要懲罰墨伽拉，因為這個城邦觸犯了雅典的權威。雅典軍隊洗劫了墨伽拉，殺死所有男人，並將婦女和兒童擄為奴隸。修昔底德詳細描述了雅典人的殘酷行為和大規模的殺戮，並寫下了名言：「強者為所欲為，弱者逆來順受。」（The strong do what they can and the weak suffer what they must.）[14] 這句話敏銳地描述了專制心態，儘管當時的雅典被視為是一個民主國家。

修昔底德提出了冷戰 2.0 所面臨的核心挑戰：大型專制國家既然拒絕遵守基於規則的國際秩序，民主國家應如何應對？部分答案已經隱含在修昔底德的文字中，就在他寫下那句名言之前，他引述了雅典人的話，承認強者凌駕於弱者之上的觀念不適用於實力相當的國家。相反地，實力相當的國家經常會基於「法律正義」來和平解決問題，而非單純依靠軍事力量。這一見解應成為當今民主國家的核心原則。面對中俄專制政權的最佳方式，是民主國家應團結起來，以集體聯盟的形式對抗專制勢力。

這正是目前菲律賓所採取的策略。菲律賓加強了與日本的國家安全合作關係，但更重要的是與美國的合作，因為兩國之間簽訂了《共同防禦條約》。該條約規定，若菲律賓遭到攻擊，美國必須協防（反之亦然）。這對馬尼拉而言，是一個重要的保障，尤其它正在積極反制中國在南海的領土擴張行動。同時，越南也在加強與美國的關係，河內政府則在有爭議的島嶼上建設軍事設施（通常距離中國建設的島嶼不遠），同樣是在對中國的領土擴張政策進行反擊。

總之，南海已成為冷戰 2.0 最危險的戰線之一，因為中國在南海進行非法、單方面且極其危險的擴張行動，只需一點火花便可能引發一場大規模熱戰。在第 11 章中，我們將繼續探討當前冷戰的引爆點（包括俄羅斯的烏克蘭戰爭和中國與台灣的衝突），但在接下來的六章中，我們將首先分析冷戰 2.0 的技術基礎。

第 5 章

爭奪人工智慧霸權

人工智慧（AI）是一種已經被全球企業、政府和軍隊廣泛應用的軟體科技，在未來 10 年內有望成為人類有史以來最重要、最有價值且最具危險性的科技。人工智慧會深刻影響冷戰 2.0，也會受到冷戰 2.0 的影響。對於這場冷戰，目前最令人擔憂的顧慮和一些改變世界的希望都與人工智慧這相對新穎的科技息息相關。各國政府都對人工智慧設限，但民主國家和專制國家的限制方式大相逕庭，這將成為冷戰 2.0 的一條關鍵斷層線。

人工智慧是一種「加速器科技」，不僅自身快速進步，還能加速其他科技創新。接下來三章討論的其他主要科技，包括半導體晶片、量子運算和生物科技，也都是加速器科技，每一種科技（特別是人工智慧）都會在經濟和國家安全結構中引發強大的競爭取代。無論是專制國家或民主國家，哪一個陣營最能掌握這些加速器科技的附加價值，就能在冷戰 2.0 中勝出。

人工智慧

人工智慧將成為冷戰 2.0 中所有參與者的核心科技，甚至可能是 21 世紀的核心科技。人工智慧是一種加速器科技，會持續影響各種創新。例如：在生物科技領域，人工智慧把人類想都想不到的分子組合在一起，大幅加速新藥研發。（有趣的是，人工智慧提出的某些化合物，科學家尚未確實理解它們為何有效，但它們確實能發揮效果。）[1]

電腦已經對社會各方面造成了巨大的影響，而人工智慧會把這種影響指數級放大。在推動冷戰 2.0 的高科技競賽中，人工智慧絕對是值得關注的焦點。因此，專制國家和民主國家的政府，都必須學會保障人工智慧資產的製成和部署，並且必然會嘗試監管和控制 —— 可能也會在某些情況下阻止 —— 人工智慧資產從一個冷戰 2.0 陣營流到另一個陣營。

這時我們該想想人工智慧在創新歷史中的定位。數萬年來，人類製作的工具都只是用來加強自身的肌肉力量。例如：以石片刮下動物皮毛上的脂肪比徒手有效。工業革命的創新帶來最重大的進步就是發明和改良了自動機器，這些機器的效能比手動工具高出數百倍。汽車和卡車的行駛速度比人腿快得多，甚至比馬還快。然而，這些工業時代的科技都不是為了延伸人力，更不是為了替代人類的感官（尤其是視覺和聽覺）或人腦衍生的認知能力。

二戰時期發明了電腦之後，一切都變了。認真算起來，第一台電腦 IBM ENIAC 是美國在二戰期間發明的，為了製造第一顆原子彈，需要龐大的數學運算。英國在圖靈（Alan Turing）的領導下，同樣在戰爭期間發明了一種電腦，幫助英國破譯納粹密碼。這兩台電腦都在二戰中發揮了重要作用，幫助盟軍贏得勝利。人工智慧將對冷戰 2.0 產生同樣的影響。

從 1940 年代開始，直到大約 30 年前（第一批人工智慧系統出現），電腦一直在幫助人類進行計算。確實，這些電腦迅速超越了人類的加減乘除能力，因為電腦執行四則運算和其他數學功能的速度，比人類快了數百萬倍。在某種程度上，電腦並沒有比人類聰明（儘管它們看起來像是如此），它們只是以驚人的速度執行非常基本的過程。

接下來，大約 40 年前，在多倫多出現了重大突破。多倫多大學的教授辛頓（Geoffrey Hinton）和研究生發表了一篇重要論文，說明如何教電腦「進行深度學習」。[2] 基本上，人工智慧軟體利用複雜的數學方法就可以透過「機器學習」來消化大量數據，並從中學習某些知識：像是認識「貓」的外型；或是將英文單詞、句子和段落翻譯成法語；也能在週四晚上判斷餐廳裡有沒有足夠的蔬菜可以應付週末湧入的顧客，還是應該在週五早上採購更多食材。

從 1990 年代開始，部分裝有人工智慧軟體且接受大量資料訓練的電腦，開始在執行過去只有人類能夠勝任的認知功能方面有出色的表現。這些人工智慧電腦開始在西洋棋和圍棋（Go）等策略遊戲中擊敗人類。然後，真正驚人的事情發生了。第二代棋類 AI 不需要透過記憶數千場大師對局來「學習」；相反地，這類 AI 只需要學會遊戲規則，就能夠擊敗非常優秀的人類棋手。這種人工智慧開始展現出「**通用**人工智慧」（Artificial General Intelligence, AGI）的特徵，而通用人工智慧的能力比傳統的「標準」人工智慧高出好幾個量級。根據過去幾年人工智慧領域的發展，已經有很多認真嚴肅的專家預測，可商用或軍用的通用人工智慧將在 2030 年前後出現。不管大家對人工智慧懷抱期待或憂慮，這些情緒都會因為通用人工智慧的出現而顯著放大。簡單來說，AI 和 AGI 對冷戰 2.0 的結局會有深遠的影響，甚至是**決定性**的影響。

其他形式的民用人工智慧開始從實驗室湧出，它們悄悄在最先進的社會裡融入許多重要的工作流程中。在銀行業，民用人工智慧建立了信用卡詐騙偵測系統，可以根據持卡人最近的消費紀錄來判斷信用卡是不是被盜用。在醫療產業，人工智慧系統能幫助人類病理學家從 X 光片判斷腫瘤是良性還是惡性。蘋果把人工智慧驅動的語音助理 Siri 放入智慧型手機，亞馬遜則把類似的功能放入 Alexa 智慧喇叭。人工智慧的時代就此來臨。

最近期的發展是，許多新的 AI 應用程式已經進入市場，迅速引起全球電腦使用者的關注。OpenAI 釋出許多版本的聊天機器人（例如 ChatGPT），他們能根據使用者的需求，針對任何主題生成一定篇幅的文章（要寫多短或多長都看使用者喜好）。同一家公司的 DALL-E 則讓使用者可以透過語音輸入的方式要求 AI 製作出特定圖像（「請畫出一隻熊，正在吃沾滿蜂蜜的法國吐司」），AI 生成的圖片一下子就畫好了。最新的 AI 應用程式不但功能強大，而且進步得很快。ChatGPT 3.5 在 LSAT 測驗（美國法學院入學測驗）中衡量法律相關的綜合學科能力時，成績在 100 名考生中只贏過 10 人；然而僅僅 6 個月後推出的 ChatGPT 4，在相同測驗中可以在 100 名考生中贏過 90 人，表現令人驚嘆。這種進步可謂是「競爭取代」的極致。人工智慧的黃金時代正在來臨，而這正巧與冷戰 2.0 的爆發同時發生。

具有中國特色的人工智慧

最近這幾年，中國在人工智慧領域迅速崛起的話題一直備受關注。尤其是曾在微軟和 Google 任職的創投家李開復回到中國後，開始投資許多人工智慧新創公司。後來他還寫了一本書，闡述為何中國將在人工智慧競賽中超越美國。[3] 他的論點是：由於中國擁有更多的網路使用者，且對第三方數據的使用限制較少，中國的研究人員和人工智慧公司能夠取得比美國更多的數據。看起來，中國終於有了一項能夠超越美國的科技。

不過李開復的分析忽略了一點：前沿 AI 的發展，其實需要三個元素——數據（至少目前不可少），同樣重要的還有演算法和世界一流的運算能力。強大的運算能力需要大量最先進、AI 驅動的半導體晶片，這類晶片主要來自輝達等公司（詳見下一章），而中國愈來愈無法取得這些晶片（因為它們只在民主國家製造）。至於演算法，美國在大型語言模型和相關電腦科學領域絕對居於領導地位。在數據方面，民主國家的研究人員正透過合成數據來克服數據限制，最終可以創造出領先的通用人工智慧，可能就不再需要大量數據。基本上，李開復關於中國在人工智慧領域優勢的許多看法，與後來的發展有些出入。

李開復的書中也缺少關於人工智慧科技在中國主要應用的討論，尤其是做為監控系統的核心組成，用來監視、甚至可以說是壓迫廣大民眾。例如：臉部辨識做為人工智慧核心技術，結合生物辨識系統，在中國用來持續追蹤數百萬公民的位置和行動。類似的系統還用於打造中國的「社會信用」制度，監控每個人在公開場所的行為，再比對政府設定的標準，如果行為被認定違反社會規範，將面臨相應的後果。在學校裡，人工智慧科技則用來監控學生在部分課堂中的表現，評估他們有沒有專注於課程內容，例如「習近平思想」講座。如果系統判定學生走神了，那麼這位學生通常會面臨嚴肅的談話，家長也會被約談。而這些只是人工智慧監控科技在中國的初期應用。

儘管人工智慧監控系統在中國迅速普及，但如今看來，李開復的預言似乎並未實現，中國的人工智慧科技尚未領先。反倒是 2023 年 3 月 ChatGPT 4 的發布，顯示出美國在人工智慧領域遙遙領先於中國和其他國家。中國人深刻認識到落後的態勢，ChatGPT 4 推出幾週後，百度（中國版的 Google）公開展示了「文心一言」（Ernie Bot），以此做為對 ChatGPT 4 的回應。雖然這場發表會並不像某些報導所說的那麼糟糕，但這確實不是李開復所期望的重大突破或戰術上的勝利。[4] 首先，百度的執行長李彥宏沒有選擇現場試用直播，說明會上各種功能展示和操作請求都是預錄影片，顯示出百度對自己產品的信心不足。

「文心一言」和其他中國 AI 應用程式最根本問題在於：因為中國的審查制度，使用者無法查詢某些內容。例如：使用者無法詢問 1989 年天安門廣場事件中，北京政府鎮壓數百名抗議者的行為。實際上，中國的聊天機器人禁止提到所有具有政治危害性或敏感性的內容。未來對言論的規範會愈來愈嚴格，中國的人工智慧開發者將面臨愈來愈大的挑戰。更何況，使用者永遠無法得知究竟哪些內容被審查制度屏蔽了。

百度推出 ChatGPT 競品後的市場反應，令人聯想到 2022 年中，中國科學院計算技術研究所發布大型語言模型 AI 時的情況；基本上，中國市場的反應非常冷淡，至今也沒有第三方採用該技術並整合進自己的系統。美國在人工智慧競賽中的領先地位在 2023 年再次得到印證，當時李開復承認備受矚目的 AI 新創公司「零一萬物」（01.AI）並未自行開發大型語言模型，而是以美國公司 Meta 的開源 LLM 為基礎。根據開源軟體規則，李開復和 01.AI 確實可以這麼做，但這也凸顯出中國在人工智慧領域對美國技術的依賴程度。此外，當通用人工智慧創新階段的歷史關鍵時刻來臨，中國對民主國家的依賴可能會更加嚴重。

軍用人工智慧

如果有人以為軍方不會迅速採納這麼強大的科技，並應用於軍事領域，那就太天真了。人工智慧本質上是一種軍民兩用科技，第 1 章強調了軍民兩用發明通常在民用和軍用領域都表現出色。事實上，人工智慧已經牢牢嵌入了戰場上軍事成功所需的各種操作中。武裝部隊使用人工智慧的情境包括：

情報、監視與偵察（軍方簡稱情監偵，ISR）：電腦視覺是人工智慧的重要分支。當電腦具有 AI ISR 能力，在比對大量照片、影片和其他影像並識別各種目標（如特定人物、武器系統、建築物、高價值目標等）時，能力遠勝於人類。同樣地，ISR 系統可以即時掃描數百萬條文字、語音、電子郵件及其他通訊內容，從中提取關鍵資訊，讓指揮官了解敵方戰略。這些工作並非人類無法完成，而是人類無法在緊迫的時間內迅速處理如此龐大的資訊量，AI 則能夠輕鬆應對。

武器系統：人工智慧正被整合到許多武器系統中，包括海上與空中的無人機和搭配噴射戰鬥機的先進「無人機僚機」。後者的概念是，戰鬥機裡有真人飛行員，但旁邊會有好幾架大型的高性能無人機，可以執行過於危險而不適合由真人飛行員駕駛戰機完成的任務。這種模式充分說明了人工智慧的應用有一種潛力強大的模式：人工智慧並非取代人類，而是與人類協同作業。另一個例子是海軍使用人工智慧過濾聲納系統中的雜訊；這種技術不會取代真人聲納操作員，而是大幅強化他們的能力。然而，在某些情境中，由於戰場環境的緊迫性與即時應變需求，人工智慧將逐漸被切換成「完全自主」模式。

作戰系統：戰場上非常繁忙，有時甚至混亂，可能同時包含地面步兵、空軍資產和近岸海軍艦艇，需要追蹤 200 至 300 個離散數據項目。最終目標是追蹤每位士兵，將關鍵數據項目增加到 2,000 至 3,000 個。在戰鬥激烈、時間緊迫的情況下，指揮官將難以處理來自部署在戰場或監測戰場的數千個感測器所傳遞的大量資訊。此時人工智慧系統變得至關重要，因為它能收集所有數據，處理並組織成可管理的資訊流，呈現給指揮官，以便做出即時決策。然而，人工智慧系統將在愈來愈多的情境下自行做出決策，例如收集和處理數據，並向士兵和小隊指揮官下達命令。忙碌且時間有限的指揮官根本無法在有限的時間內完成這些任務。

防空／導彈防禦系統：本書一開卷就詳細描述過中國對台灣的假想攻擊，敵方可能已經發射了數百枚巡弋飛彈、高超音速飛彈和彈道飛彈，同時部屬了數百架無人機（有些是集群編隊）。同樣地，無論是在 C4 指揮中心、飛機上或海軍艦艇內，無論是一名指揮官或一組軍官團隊，都無法有效應對如此大量且密集的資訊。裝備了人工智慧控制系統的防空反導系統，例如美國的「神盾」（適用於海軍艦艇）或「愛國者」（適用於地面作戰），可以偵測來襲的攻擊，追蹤其軌跡，判定其攻擊目標及抵達時間，並為指揮官提供行動選項，或在時間緊迫的情況下，自主啟動反制措施，包括發射攔截導彈。人工智慧在軍事領域最經典的應用方式就是這種面對綜合威脅的即時防空能力。

網路安全：實體攻擊的前奏可能是大規模的駭客攻擊和惡意軟體攻擊，目標包括民主國家的重點銀行、電力和政府基礎設施，總計約有 1,500 個關鍵地點將成為攻擊目標。在導入人工智慧科技之前，如此大範圍的網路攻擊會使這些機構的個別資訊部門不堪重負。有了人工智慧驅動的網路防禦系統，可以迅速識別特定網路武器的性質，並在最短時間內部署相應的防禦軟體程式碼。同樣地，真人在這個過程中所扮演的角色也大幅縮減，主要任務是監督人工智慧的運作，確保其有效履行職責。

訓練／模擬：尤其前面提到的三種類型，過去通常被稱為「實彈演習」，在演習中訓練軍事人員以及相關的文職團隊成員，一直都很困難。然而，現代軍事訓練的關鍵在於利用配備人工智慧系統的電腦來模擬這些攻擊場景，以便訓練人員如何監督操作人工智慧系統，在遭受攻擊時進行應對。人工智慧訓練系統還將應用於其他軍事領域，包括作戰運作和彈藥功能的學習。實際上，以實彈訓練士兵的成本太高。因此，戰場上一個關鍵的間接因素將是某一方的人工智慧訓練模擬系統相較於對手的同類系統表現如何。

兵棋推演：為了讓武裝部隊能為未來可能面臨的情況做好準備，戰略乃至戰術選項的推演已經行之有年。然而，現在透過人工智慧協助設置推演參數和分析選項分析，可以進行更有意義的模擬，並從演習中學習到更寶貴的經驗。此外，這些由人工智慧驅動的兵棋推演系統將在戰鬥中實時運行，隨時更新來自戰場的新數據，操作人員將從中獲得即時建議，以便調整作戰計畫和交戰規則。可以說，這將在現實世界中形成一個「人工智慧數位分身」，使指揮官有另一個決策參考來源，以制定戰略並執行戰術行動。

後勤：無論戰爭科技如何先進，最終還是需要在適當的時間將適當的軍事資源送到全球戰區或戰場上的正確位置。對一場大規模武裝衝突來說，這是一項艱巨的任務。人工智慧後勤系統可以即時追蹤彈藥消耗情況，例如：當一發砲彈被發射時，數千英里外自動組裝一發新砲彈並準備運送到戰場。同樣地，許多軍用人工智慧系統都是從商業應用中轉化而來，例如大型零售連鎖企業所使用的庫存管理功能（當顧客從某家商店購買一件襯衫時，工廠會安排第二天補貨到同一家店，等等）。此外，在戰鬥進行數天後，人工智慧系統能夠預測未來的彈藥消耗率，以便提前訂購新的補給品，確保前線永遠不會發生短缺。

維護：美國空軍使用了 C3.ai 開發的人工智慧軟體，來預測飛機或關鍵零件何時需要維護。這看似不重要，但烏克蘭戰爭提供了一個重要教訓 —— 民主國家提供給烏克蘭的裝備中約有 20% 實際上不適合投入戰鬥。（俄羅斯軍隊的裝備則因腐敗導致缺乏維護，維護資金往往被貪汙的軍官侵占。）民主國家的軍隊沒有系統性腐敗的問題，但要適當維護裝備還是很不容易，而這正是人工智慧能夠協助的任務。

烏克蘭戰爭教會了我們一些關於人工智慧在軍事環境中應用的經驗。[5] 因為有人工智慧科技 —— 無論是用於偵察無人機，還是情監偵衛星、指管通資戰機——士兵（更不用說指揮所或補給站）在戰場上幾乎無法隱藏。此外，像海馬斯高機動性多管火箭系統這樣的人工智慧精準導引武器，搭配各種人工智慧連接的雷達和其他感測器，就更容易發現目標，也更容易摧毀指揮所、補給站。因此，砲彈等軍備必須分散部署，砲兵部隊則必須保持機動性。雖然目前烏克蘭戰場上還是有大規模砲擊（尤其是俄軍），但由於不夠精準，未來對傳統砲擊的依賴度會逐漸下降。事實上，中國正在測試由人工智慧控制的砲兵系統，以確保「物超所值」（無論從字面還是戰略層面而言）。[6]

值得注意的是，砲兵在烏克蘭戰爭的早期階段其實很重要，只是很少人知道這件事；除了上文提到的標槍飛彈和其他反坦克武器，兩個烏克蘭砲兵連隊在戰爭剛爆發的那幾週內成功阻止了俄羅斯向基輔推進的縱隊。然而，從中長期來看，每天發射數千枚砲彈，這種做法實在很不切實際（烏克蘭軍隊也發現了這一點），基礎工業產能的限制將讓軍隊加速採用智慧砲兵系統，也可以避免無辜平民被傳統砲彈誤傷。確實，這個問題很值得探討：有朝一日，如果軍隊已經有智慧砲彈可用，但因為智慧砲彈的成本較高，所以選擇發射傳統非智慧砲彈，這會不會被視為戰爭罪？

民用人工智慧

人工智慧的突破多來自於大學，這些大學擁有出色的科學、科技、工程、數學（STEM）專家，他們專精於與人工智慧相關的各個領域，包括心理學、電腦科學、數學、語言學和認知科學。關鍵是，這些創新概念隨後由大大小小的科技公司付諸實現。一些人工智慧系統隨後被大型國防產業吸收（這些國防科技商業組織內有數千名軟體工程師從事研發工作），並複製系統進行軍事用途。要能打造出最先進的人工智慧功能和性能來驅動武器系統，從而威懾或擊敗敵方勢力，需要整個科技社群的共同努力。因此，為理解專制國家與民主國家軍隊在人工智慧領域的相對實力，我們應檢視各種民用人工智慧指標，具體如下所示。

世界領先的人工智慧開發團隊，應該隸屬於大型雲端運算公司，或與這些公司緊密合作，這樣比較合理，因為雲端公司擁有訓練大規模語言和圖像模型所需的海量數據集與龐大計算能力。阿里巴巴是中國的亞馬遜，但目前正應中國共產黨及政府要求，拆分為六個集團。阿里巴巴的「雲智慧集團」（Cloud Intelligence Group）將繼續推展人工智慧的相關工作，但同樣地，中共對中國大型科技公司的打壓，並未對阿里巴巴的發展帶來好處。以下提到的幾家「橫向發展型」大公司，企業總部均位於美國和中國，而一些「縱向發展型」人工智慧專家企業則專注於特定領域，如能源或健康，主要位於加拿大和英國等其他民主國家。此外，美國在人工智慧領域的私募資金投入也遠遠超過其他國家。

表 5-1　「橫向發展型」人工智慧企業

美國	銷售額（美元）	市值（美元）
Google	3,070 億	1.9 兆
Microsoft	2,270 億	3.09 兆
Meta	1,340 億	1.3 兆
AWS	900 億	1.8 兆
IBM	610 億	1,770 億
Oracle	510 億	3,780 億
Salesforce	350 億	2,540 億
中國	**銷售額**	**市值**
阿里巴巴	1,300 億	1,970 億
騰訊	850 億	4,440 億
百度	190 億	300 億

表 5-2　「縱向發展型」人工智慧企業的市占率 [7]

美國	40%
英國	7%
印度	6%
中國	5%
加拿大	4%
其他	主要為民主國家

5-3　還在早期發展階段的人工智慧公司

截至 2022 年年底，
各國還在早期發展階段的人工智慧企業募資表現 [8]

美國	880 億美元
中國	420 億美元
英國	89 億美元
以色列	43 億美元
加拿大	38 億美元
日本	29 億美元
德國	23 億美元
法國	21 億美元
新加坡	15 億美元
印度	12 億美元

2023 年，美國與中國在民間人工智慧企業的投資額差距急劇擴大：美國達到 672 億美元，中國僅 77 億美元，其他民主國家則為 177 億美元。以百分比計算，2023 年美國在人工智慧民間投資的增幅相較 2022 年提高了 22.1%，而中國與歐盟則分別下降了 44.2% 和 14.1%。不出所料，2023 年領先的人工智慧模型數量也主要來自美國：美國 61 個，歐盟 21 個，中國 15 個。[9]

在評估民主國家與中國的人工智慧競賽時，中國在某些垂直產業（如與視覺相關的人工智慧）表現出色，這可以從海康威視的實例中看出，這主要歸因於中國當局廣泛使用監控技術。然而，在其他領域，如生成式 AI、影片生成和無人駕駛計程車（robotaxis）等，中國明顯落後於民主國家（尤其是美國）。鑑於人工智慧，以及即將到來的通用人工智慧，在所有科技相關的領域中扮演著核心角色，中國在人工智慧領域的劣勢將對自己在冷戰 2.0 中的地位產生負面影響。

值得一提的是，除了中國，俄羅斯及其他專制國家幾乎沒有任何值得關注的人工智慧公司。有一家公司 Yandex 曾展現出早期的潛力，但在 2024 年，Yandex 創始人沃羅茲（Arkady Volozh）進行了業務重組，成立了一家名為 Nebius Group 的新公司，用來承接 Yandex 在俄羅斯境外的資產。沃羅茲目前居住在俄羅斯境外，並曾公開譴責普丁發動烏克蘭戰爭。Nebius 聘用了許多在 2022 年 2 月俄羅斯全面入侵烏克蘭後選擇離開俄羅斯的科技工作者。沃羅茲表示，他期待在荷蘭建立一家具有競爭力的人工智慧企業。這是冷戰 2.0 期間科技脫鉤的又一例證。

創新世代的素質

關於民主國家與專制國家在人工智慧、半導體晶片和量子運算領域的競爭現狀，有個指標很值得參考，那就是全球在電腦科學與資訊系統領域排名前一百的頂尖大學。[10]

表 5-4　大學：電腦科學與資訊系統

民主國家	前 20 名	21-50 名	50 名以後
美國	9	10	7
英國	4	1	4
新加坡	2	0	0
瑞士	2	0	0
加拿大	1	4	0
法國	0	2	2
南韓	0	1	1

民主國家	前 20 名	21-50 名	50 名以後
澳洲	0	2	5
德國	0	1	3
荷蘭	0	2	1
義大利	0	1	3
比利時	0	0	1
日本	0	1	1
瑞典	0	0	1
紐西蘭	0	0	1
芬蘭	0	0	1
西班牙	0	0	1
台灣	0	0	1
澳洲	0	0	1
墨西哥	0	0	1
專制國家	**前 20 名**	**21-50 名**	**50 名以後**
中國	2	5	6
沙烏地阿拉伯	0	0	1
俄羅斯	0	0	2
不結盟國家	**前 20 名**	**21-50 名**	**50 名以後**
印度	0	0	6
巴西	0	0	1
馬來西亞	0	0	1

這些大學排名很重要，主要有兩個原因。首先，大學教授通常要進行研究並撰寫論文，這些論文往往能引領整個技術領域朝著特定方向發展——他們是開拓者。例如：在語音辨識相關的人工智慧領域，或許最具開創性的論文是 2012 年多倫多大學的辛頓（Geoffrey Hinton）所發表的。[11] 這篇論文發表後，以神經網絡為基礎的人工智慧子領域迅速崛起，如今已成為人工智慧最重要的方法論。

其次，大學成就了許多科技公司。大多數大學設有孵化器辦公室，幫助 STEM 領域的學生創立自己的事業。同時，值得注意的是，沒有完成正式學位課程的學生，也可以跟畢業生一樣具有創業精神。很多成功的科技業創業家都沒有完成學業：蓋茲（微軟共同創辦人）、祖克柏（Facebook 創辦人）、布林和佩吉（Google/Alphabet 共同創辦人）。

軍用人工智慧量能

要將人工智慧整合到現代武器系統中，大型軍事國防科技企業組織的角色很吃重。所謂大型軍事國防工業企業是指美國五大國防工業企業：洛克希德馬汀、雷神科技（RTX，前身為雷神公司）、波音（Boeing）、諾斯洛普格魯曼和通用動力（General Dynamics）。這五大企業之所以在國防工業位居核心，有兩個主要原因。首先，程式不會一次就完工，撰寫人工智慧軟體程式沒辦法一勞永逸，程式需要持續維護和升級，而這一繁重的工作需要具備專業軟體能力的工程人才來完成。其次，大型國防工業企業方可整合第三方小型承包商的軟體到特定武器系統中。例如：洛克希德馬汀與輝達合作開發數位戰鬥管理系統。在這合作關係中，輝達提供圖形處理和人工智慧科技的深厚科技專長，而洛克希德馬汀則提供寶貴的經驗，知道所有的協議和介面要如何運作才能讓新系統接上各種感應器（如飛機、雷達、衛星、海軍艦艇、地面單位等）和其他數據開發系統，所有設備都必須無縫整合為一套高性能的系統；大型國防科技企業還將與其他類型的中小型公司合作，包括 Palantir、Shield AI、Skydio、Anduril 和 Kratos。

因此，不意外，洛克希德馬汀的勞動力共 11.5 萬名員工，其中有 6 萬名是工程師和科學家，而這其中約有 1.2 萬名是軟體工程師和數據科學家，許多人專精於人工智慧科技。雷神科技更加側重軟體工程，擁有 19.5 萬名員工，其中約有 6 萬名是工程師，而這些工程師中有 75% 是軟體工程師，也就是約 4.5 萬名軟體專家，其中也包含大量的人工智慧專家。以下是美國四大國防工業企業最近的徵才資訊，突顯了人工智慧相關技能的需求有多強烈。

洛克希德馬汀：截至 2023 年 6 月在美國有 220 個與軟體相關的職缺；同時在 LinkedIn 徵求人工智慧與機器學習首席科學家，特別強調「應用於自主運作與戰場管理的神經符號推理」專案。洛克希德馬汀還在招募人工智慧、機器學習軟體工程師，參與三叉戟 II D5 潛射彈道導彈的開發，以及感應器融合、人工智慧演算法設計與系統整合專案；加入洛克希德馬汀太空部門的認知與先進戰略解決方案（CASS）團隊；從事電腦視覺的人工智慧、機器學習科技；發展無人機系統產品線中的人工智慧；開發世界上首批量子電腦；進入感應器和頻譜戰團隊合作的機器輔助視覺專案；以及在大規模雷達產品中應用人工智慧、機器學習科技。

雷神科技：正在招募員工開發人工智慧驅動的智慧系統；將機器學習應用於最佳化問題；推動在柯林斯航太公司（Collins Aerospace）應用人工智慧；將人工智慧整合至柯林斯航太的技術堆疊（technology stack）中。

諾斯洛普格魯曼：招募人工智慧工程經理，加入諾斯洛普格魯曼任務系統的人工智慧與分析部門，利用訊號處理和先進數據分析來探測大量感應器數據，並運用人工智慧和機器學習科技來解析複雜現象。該部門還從事雷達數據與訊號處理工作，開發新型雷達功能的演算法。

波音：招募軟體經理，領導團隊在航空、太空、衛星和自主系統中運用人工智慧與機器學習，包括先進訓練和模擬、自主技術、網路安全、光電／紅外線感應、顛覆性計算等；波音情報與分析部門則需招募數據科學家，測試分析非結構化數據的新型機器學習方法；同時也在招募人工智慧、機器學習軟體工程師，參與下一代人工智慧驅動的自主飛機開發工作。

人工智慧的局限

經過證實，人工智慧系統可以在軍用和民用領域發揮強大的能力，也引發各方要求對人工智慧設下限制。針對軍用人工智慧系統，許多評論者主張要對「殺手無人機」

設置限制。[12]「殺手無人機」擁有臉部辨識人工智慧，可以透過程式設定去追蹤敵方特定人物後暗殺或處決。無人機鎖定目標後，就會發射武器將其擊殺，全程都不需要軍事單位的進一步人為干預。同樣地，有些評論提議更廣泛地禁止所有自主致命武器；這類武器與殺手無人機一樣，僅根據人工智慧系統偵測到的目標自動發射彈藥，不需要人為介入最終決策。

對於這些建議，有兩個重要觀點需要強調。首先，民主國家不應單方面實施這類限制；也就是說，在專制國家未對人工智慧武器系統實施類似限制的情況下，單方面限制不是一個好主意。任何武器系統都一樣，無論是傳統、數位、核武或其他武器，單方面裁軍都可能帶來風險。而在雙方同意相互約束時，還應該設立非常嚴格的合規機制、檢查制度和中立監督系統，以確保協議的遵守和執行。其次，在對純粹防禦性人工智慧系統施加限制時，必須格外謹慎。無論是否配備人工智慧，防禦性武器系統通常有助於維護和平，而攻擊性系統在維護和平的角色上更容易引發爭議。因此，民主國家在決定對完全防禦性人工智慧武器系統（如愛國者和神盾防空系統）施加限制時，應該非常嚴謹且慎重考慮。

在民用領域，近年來也出現了許多呼籲對人工智慧系統設限的倡議。新加坡在 2019 年率先推出了《人工智慧治理框架》(Model for AI Governance Framework)。2022 年，美國國會有三名議員提出了《演算法責任法案》(Algorithmic Accountability Act)。其他民主國家也在考慮類似的法律框架，例如加拿大的 C-27 法案(Bill C-27，數位憲章執行法草案)。歐盟的進展最快，已在 2024 年 8 月通過針對特定高風險人工智慧功能的監管法案，預計於 2026 年 8 月正式生效。

若要限制人工智慧，有兩大考量：首先，限制的前提是不妨礙研發。如果民主國家採取這條路線，監管工作應集中在人工智慧產品的商業通路上，而非研發過程。第二，理想情況下，這些國內限制應與專制國家達成的共識一致，從而在雙方市場中銷售這些人工智慧系統時形成公平競爭的環境；但即使專制國家同意通過與民主國家類似的法律，關鍵問題仍然是：在一個缺乏法治體系、缺少獨立法官等制度的專制國家，這些法律如何執行？這可能導致的結論是，對於民用人工智慧系統的限制，最可能的替代方案可能就是禁止專制國家設計、開發和製造的人工智慧系統進入民主國家市場。這將與科技脫鉤的大趨勢保持一致。美國與中國從 2024 年 5 月開始討論人工智慧的風險，當時雙方談判代表在日內瓦會面。儘管美中對話是否會取得任何成果尚待觀察，但可能性不高，因為中國在對話中的主要目標是要求美國取消針對人工智慧相關半導體的嚴格制裁（詳情將在下一章討論）。

2023 年 3 月，1,000 名來自民主國家的科技研究人員和企業家簽署了一封公開信（由「未來生活研究所」起草），[13] 呼籲對類似 ChatGPT 的人工智慧系統的所有開發工作暫停 6 個月，因為他們擔心這類人工智慧系統存在需要在進一步開發之前先加以評估和解決的風險。坦白說，如上所述，這樣暫停開發並非明智之舉。從冷戰 2.0 的角度來看，專制國家顯然不會停止他們對人工智慧系統的研發。此外，認為所有人工智慧研究人員都會自願放棄他們的工作和薪水 6 個月，去海灘度假半年，會不會太不切實際？

「未來生活研究所」呼籲暫停發展人工智慧，但這顯然不是明智的做法。事實上，這封公開信的簽署者中最具知名度的馬斯克，似乎也還是繼續在推動人工智慧的研發。[14] 更合理的做法應該是由相關民主國家的立法機構，讓適合的科學與科技小組委員會舉行聽證會，來討論人工智慧，尤其是人工智慧所帶來的風險。不過，即使如此，對於人工智慧的管制仍應謹慎進行，因為目前還沒有足夠的證據能證實人工智慧將造成危害，需要採取強硬的立法手段來避免。或許未來某天會有這樣的需要，但那天尚未到來。在這段期間內，為了確保民主國家能在冷戰 2.0 中勝過專制國家，不應單方面停止人工智慧研究，讓自己陷於劣勢。

2023 年 5 月，OpenAI（開發 ChatGPT 的公司）的執行長奧特曼（Sam Altman）在美國國會作證時表示，他支持監管人工智慧。不過，當一個行業領袖呼籲對自己所在的行業進行監管時，應保持謹慎態度。過度的政府監管可能很快成為新進者進入市場的障礙，尤其是對於規模較小或剛起步的公司。像 OpenAI 這樣的公司，因為有微軟的合作，幾乎能夠承受任何來自國會的監管壓力。然而，這類監管可能會扼殺下一個擁有革命性想法、科技或商業模式的人工智慧新創公司。更糟的是，這類監管可能迫使這些新創公司的創辦人遷往其他國家，特別是專制國家，這些國家可能會提供大量資金來吸引他們。每當針對某個特定行業提出監管措施時，都應該問自己：這項措施能不能公平地保護公眾利益，還是會因為打擊市場的競爭取代過程而最終失去市場功能？如果結果是後者，那麼這項監管就過於沉重，必須重新設計或至少大幅縮減。在「冷戰 2.0」的全球競爭環境中，民主國家不能在軟體開發市場中削弱競爭取代，因為這是民主陣營成功的關鍵。

還有一項人工智慧軟體潛在限制也值得稍微提及。2022 年 10 月，拜登政府開始嚴厲管制，美製高性能半導體晶片或使用美國設備製造出來的半導體晶片不得外銷到中國；這些管制措施在一年後，即 2023 年 10 月進一步收緊，以堵住某些業者為規避制裁意圖而設計的創新漏洞。華府也在考慮以類似的方式限制人工智慧科技出口到中國，並禁止美國個人、公司、銀行和各類型的投資基金投資於中國的人工智慧公司和研究機構。由於人工智慧可軍民兩用，白宮在判斷限制範圍時，面臨了一些挑戰。

顯然，這類限制不可能套用到所有人工智慧，因為那會涵蓋數千種不同類型的人工智慧和機器學習軟體，且未來幾年可能會有更多類似的程式投入市場裡。有一種預測認為，在未來 10 到 15 年內，幾乎所有軟體都會嵌入某種程度的人工智慧。因此，僅僅將受限制的類別定義為「人工智慧和機器學習」過於寬泛。另一種方法是著重於人工智慧的能力，僅限制非常強大的技術版本出口至中國（以及俄羅斯、伊朗和北韓）。再者，也可以通過功能來定義被禁止的軟體類型，可能包括設計用於軍事環境的任何人工智慧，或提供給軍事部門使用的人工智慧，或出口商最初將人工智慧軟體交付給民用機構，但在特定情況下，出口商知道或應該知道客戶會把人工智慧軟體轉交給中國的軍事部門。坦白說，這樣的系統所附帶的不確定性，可能會導致很少有企業願意冒險將美國的人工智慧軟體出口到中國，無論用於任何目的。這將在實質上促成民主國家與專制國家在人工智慧軟體領域的科技脫鉤。

第 6 章

爭奪半導體晶片霸權

2022 年的兩個事件深刻地改變了冷戰 2.0 的進程。一是俄羅斯全面入侵烏克蘭。二是美國對中國實施高效能半導體晶片的貿易禁令。大多數人都能打從心底理解烏克蘭這場熱戰的嚴重性，不過冷戰中不讓中國拿到半導體晶片也不讓中國取得能製造出半導體晶片的設備，這禁令和熱戰一樣嚴重，只是深層意義比較隱晦。半導體是現代經濟和軍事的命脈，沒有半導體，電子產品就無法發揮功能；

沒有高效能半導體，就沒有智慧手機，也沒有導彈等精準導引武器。沒想到，2022 年最重要的兩起地緣政治事件竟緊密相關、休戚與共。

不但如此。沒有高效能半導體，就沒辦法開發和部署先進人工智慧。沒有先進的半導體，就沒有先進的人工智慧，更別說通用人工智慧了。這為專制國家帶來了巨大的戰略風險。半導體禁運使民主國家在數位領域中掐住了中國的咽喉。冷戰 2.0 剛剛走過 10 年，就已經來到了一個轉折點。2024 年 1 月，台灣舉行了一場關鍵的選舉。這場政治角逐的結果由民進黨賴清德當選總統，這將迫使中國在其數位半導體赤字觸底之前對台灣採取行動。或者（雖然可能性較小），中國可能選擇像日本一樣，成為另一個理解「基於規則的國際秩序」的利益的亞洲大國。這類協議可能包括中國說服俄羅斯撤出烏克蘭與克里米亞，同時，中國放棄對台灣的主權主張，而做為交換，美國將解除對中國的半導體禁運。不論中國選擇哪條路，半導體（以及製造半導體的設備）都將在冷戰 2.0 的這場核心劇目中發揮關鍵作用。

半導體晶片革命

過去 20 年來，半導體產業的成長反映出半導體在現代社會中的重要性。從 2000 年到 2022 年，全球半導體的年銷售額從 1,390 億美元增加到 5,730 億美元，成長率達到 313%（相當於過去 20 年的年均成長率約 13%），而每年出貨的半導體數量也成長了 290%。[1] 這主要是因為需要半導體的新設備愈來愈普及。例如：40 年前的汽車仍主要是機械構造，但如今 20% 的半導體最終都用在了汽車上。一輛傳統燃油車平均包含約 3,500 顆半導體，電動車則約有 5,000 顆，至於自動駕駛電動車更是高達 7,500 顆。全球領先的半導體製造商台積電盡量將所有工廠都設在台灣，但目前正在海外建立新工廠，包括在德國設廠，專門為汽車市場生產半導體。綜合所有產品市場來看，2023 年全球生產了約 1 兆顆半導體。

我們在上一章將人工智慧視為一種「加速器科技」。半導體也是加速器，因為半導體能引發其他領域的創新浪潮。如果沒有高效能半導體，高能物理研究不可能達到今天的水準。同樣地，開發新藥、生物資訊學、個人化醫療、核武器開發或大範圍氣象預測等尖端領域的發展，也都依賴高階半導體。此外，電腦以各種形式和尺寸滲透到社會的每一個角落，觸發了人類各種活動中的大量創新並提升效率，這些成就都歸功於半導體。雖然每顆半導體都很小，但半導體產業卻是個極為龐大的產業。

要知道半導體在冷戰 2.0 中如何影響地緣政治，就至少需要大致理解半導體的製造過程。同時，回顧半導體的發展歷史也很有幫助。電腦以電信號和電荷的形式儲存數據和軟體。1940 年 IBM 的 ENIAC 電腦（世界上第一台「真正的」電腦）有數百個陰極射線管（真空管）。每個真空管都控制電荷的流動，電腦的中央處理器（CPU）利用這些電荷進行快速計算。早期電腦會使用真空管，是因為這些技術已經廣泛應用於收音機和電視，因此當時已充分掌握了真空管的物理特性和工程原理，成本也相對合理。

然而，1950 年代製造電腦的每個人都知道真空管本質上受到了局限。這其實和目前電池科技的困境十分相似。要從化石燃料轉向可再生能源，鋰離子電池在這等重大能源轉型過程中發揮了作用，但科學家和政策制定者也明白，現有的電池技術不足以實現淨零排放的目標。世界仍需要電池技術的重大突破；實際上，能源儲存產業還在等待這一行的「半導體」被發明出來。

電腦領域的重大突破源於貝爾實驗室（Bell Labs），這是美國一家電信設備製造商的私人研究部門。當時，該實驗室的兩位工程師提出了一個創新的概念，在矽基板上蝕刻銅線圖案，以形成微型電路。這兩位美國發明家將這個裝置稱為「半導體」，因為銅和矽的組合作用允許部分電信號通過，同時阻隔其他信號。隨後的改進產生了更穩定的半導體技術，能夠容納數百個微型電路（最終達到數億個，甚至如今的數十億個）。

當一個電路開啟時，記錄為數字 1；關閉時，記錄為 0。也就是說，電腦只能用 1 和 0 的語言進行交流，而我們的數學語言包含 10 個符號：0、1、2、3、4、5、6、7、8、9。利用這 10 個符號，任何長度的數字都能夠表示出來。那麼，半導體如何只用兩個符號 —— 即 0 和 1 —— 同樣有效地工作（甚至更好）呢？部分答案在於速度，驚人的、令人難以置信的速度。

60 年前的首批半導體速度並不算快，實際上沒有比真空管快多少，但體積卻要小得多。漸漸地，因為有了半導體，電腦變得愈來愈快。1940 年代的 ENIAC 電腦占據了一個中型房間，每秒可以執行約 5,000 次加法運算。到了 2008 年，第一代 iPhone 每秒可以執行約 2 億次加法運算。而今天的 iPhone 表現更是遠勝於此。蘋果 iPhone 13 Pro 系列包含單顆晶片，內含以下幾個部分：兩個效能核心、四個節能核心、一個 5 核心圖形處理器，還有一個 16 核心神經網路引擎，每秒可執行 16 兆次運算 —— 這樣驚人的處理能力全部整合在一部智慧型手機內！只要提到半導體，「**小巧**」是關鍵。

半導體一直以來都很小巧，但最神奇的地方是：每隔幾年，半導體就愈來愈小。令人驚嘆的是，隨著每一代的微型化，都能在單顆半導體上擠入更多的電晶體，半導體的性能也變得更強大。美國領先的半導體製造商英特爾（Intel）的共同創辦人摩爾（Gordon Moore）在 1965 年甚至預測：由於電晶體尺寸不斷縮小，每 2 年左右，半導體的運算能力就會翻倍。這一現象被稱為「摩爾定律」。如果這還不夠驚人，相較於半導體愈來愈強的運算能力，其成本卻在大幅下降。如果汽車在過去 70 年內也經歷了相同的性價比變化，那麼現在的燃油車每加侖汽油就能行駛數百萬甚至數十億英里。

人類大腦其實很難理解半導體內部結構到底變得多麼微小。例如：半導體的性能等級通常是以「奈米製程」來衡量。與特定半導體相關的奈米數字愈低，表示該半導體的性能愈強大，因為該半導體能夠在矽晶片的微小表面上擠入數十億個電晶體。7 奈米半導體（使用 7 奈米製程製造）每平方毫米可以容納 9,500 萬到 1.15 億顆電晶體，5 奈米半導體則可以在相同的空間內擠下 1.25 億到 3 億顆電晶體。因此，現今的 3 奈米半導體相比 5 奈米半導體，運算性能提升大約 60%。

在某種程度上，5 奈米和 48 奈米之間的差別對一般人來說似乎只是學術上的概念。肉眼根本無法辨識這些微小的測量值，人的大腦也無法理解這樣的尺寸。然而，半導體設計師和製造商擁有讓這些微小差異變得意義重大的能力，因此在半導體世界中，這些差異至關重要。更重要的是，48 奈米半導體和 5 奈米半導體（以及 5 奈米和 3 奈米之間）的差異在處理特定軟體和數據時非常明顯。鑑於上一章對關鍵人工智慧的討論，值得注意的是，運行在 48 奈米半導體上的人工智慧，在訓練大型數據集方面，表現遠遠不及 5 奈米半導體，尤其是與影像相關的數據。簡而言之，今天想要做尖端人工智慧的公司，需要 5 奈米半導體，而在未來幾年內，這些公司就會需要 3 奈米半導體，依此類推。在討論美國對中國實施某些高效能半導體的制裁時，這一現實對人工智慧產業內的企業所產生的影響，將變得更加明顯。

半導體有多種分類，其中兩大類是處理器半導體和記憶體半導體。顧名思義，處理器半導體負責大部分電腦的運算工作，內含半導體的邏輯演算法，實際執行半導體的核心運算功能。這類半導體通常被稱為中央處理器（CPU），而用於人工智慧訓練大型數據集的半導體，特別是擅長處理影像和影片的，則被稱為**圖形**處理器（GPU）。執行人工智慧功能的電腦還會包含一個與 CPU 和 GPU 不同的神經處理單元（NPU）。這些處理器或邏輯半導體的性能同樣以奈米製程來衡量，如前所述，3 奈米半導體就比 5 奈米半導體更強大。

記憶體半導體專門負責儲存數據，衡量性能的方式與處理器半導體不同，因為記憶體半導體主要是在相同大小的晶片空間內擴展儲存容量，這透過堆疊多層結構來實現。如今，性能最佳的記憶體半導體達到了 128 層，但有些半導體製造商正在研究開發 176 層的記憶體半導體，預計在未來幾年內推出，將顯著提升性能。人工智慧需要專屬的記憶體半導體，稱為高頻寬記憶體（HBM），這個領域的兩大領先企業都來自韓國，分別為 SK 海力士（SK Hynix）和三星。

製造半導體晶片

製造半導體是一個複雜、費時且成本高昂的過程，絕非怯懦或資金不足者所能承擔。首先，半導體的設計必須畫出「藍圖」，決定如何在一片極小的矽晶圓上排列數百萬個微小電路。這只能透過非常複雜且昂貴的半導體設計軟體來完成，全球只有少數幾家公司能提供這類電子設計自動化（EDA）軟體。此外，有些公司還擁有設計「模板」。如果將這些模板做為新半導體設計的基礎，可以大幅加速設計過程。英國公司安謀（ARM）擁有智慧型手機處理器半導體的領先模板，而英特爾則擁有適合用於 x86 架構伺服器的領先模板。

半導體設計完成後，設計圖會被送到半導體製造廠，或稱「晶圓廠」。晶圓廠會將設計圖蝕刻到矽晶圓上，形成微小電路。晶圓蝕刻機是世界上最複雜的設備之一。晶圓廠的操作員並不製造這些機器，但他們知道如何在光線、溫度及其他條件精細校準的條件下操作這些機器，確保製程品質。操作晶圓廠內的各種複雜設備，並且成功量產世界一流的半導體，是非常困難的任務，尤其當半導體必須具備盈利能力時。即使是主要的半導體製造商，有時也可能在蝕刻過程中出錯，導致最終產品性能不佳。[2] 當半導體無法正常運作，問題就會發生。2023 年，俄羅斯的月球登陸器「月球 25 號」（Luna-25）墜毀，據說就是因為俄羅斯無法生產高效能半導體，才導致任務失敗。

過去，只有像英特爾這樣的大型製造商會設計半導體，而且他們大多是設計通用半導體，客戶的用途也很相近。這樣的時代早已過去。如今，英特爾仍然設計半導體，但也出現了另外兩類半導體設計公司。

一類是專門負責設計半導體的公司，設計完成後，由其他製造商生產，這類設計公司將設計好的半導體廣泛銷售給其他企業。在處理器半導體設計領域，超微半導體和輝達就是全球領先的公司。

另一類是科技公司，專為自家使用設計半導體。例如蘋果就是一個很好的例子。蘋果對自己要用的半導體有非常具體的要求，特別是用於智慧型手機，因此蘋果選擇自行設計專屬的半導體，再委託其他公司專門為其生產。亞馬遜也開始設計自己的半導體。

這些半導體設計公司，如超微半導體、輝達、蘋果或亞馬遜，皆使用來自三大電子設計自動化供應商之一的軟體：新思科技（Synopsys）、益華科技（Cadence）或西門子 EDA（前身為 Mentor）。

像輝達或蘋果這類半導體設計公司，本身並不擁有實際製造半導體晶片的工廠。因此，在這個製造階段，設計公司會委託晶圓代工廠，如台積電，由台積電根據設計公司的嚴格要求在晶圓廠生產半導體。晶圓廠需要進行約 1,000 道製程步驟，才能讓矽晶圓準備好進行蝕刻。這些製程可能需要使用約 50 種高度專業的設備，這些設備稱為半導體製造設備（SME）。

在晶圓廠的半導體製造過程中，針對最先進的製程節點（如 5 奈米和 3 奈米），晶圓廠會將使用電子設計自動化軟體生成的「藍圖」設計，載入一台巨大的機器中。這台機器是全球最強大半導體製造過程的核心，由荷蘭的艾司摩爾（ASML）製造，體積相當於一輛大卡車。這台機器可以「讀取」藍圖中的半導體設計，然後使用極微小的光束將設計蝕刻在矽晶圓上。聽起來很簡單，但這個單一製程可能是人類已知最複雜的工業活動。舉例來說，艾司摩爾機器上包含一個德國製的雷射系統，該系統會以雷射光擊中錫，把錫變成微小的液滴，再發動雷射光將錫滴蒸發，然後蒸發的錫滴會沉積在矽晶圓上，形成光蝕刻所需的基板。然而，這一雙重擊發過程每秒會進行 5 萬次，令人驚嘆。全世界只有艾司摩爾的這台機器能夠使用極紫外光微影技術（Extreme Ultraviolet Lithography, EUVL），製造出 7 奈米、5 奈米和 3 奈米製程的半導體。

荷蘭艾司摩爾的科學家和工程師，及來自歐洲、美國、台灣、日本和南韓的眾多工程師與客戶，歷經 20 年的努力，最終成功研製出極紫外光微影設備。這過程中，他們不僅要攻克相關的基礎科學問題，還要解決極為挑剔的工程挑戰。[3] 由於極紫外光微影技術的創新過程比預期長了 13 年，艾司摩爾需要大量依賴光學供應商——德國的蔡司（Zeiss），以及三大主要客戶：台灣的台積電、南韓的三星和美國的英特爾。這三家公司後來還成了艾司摩爾的股東。最終，這種國際合作的成果豐碩。早期版本的極紫外光微影設備售價為 1 億美元，而最新版本經過更多先進科技創新後，售價高達 4 億美元。

當艾司摩爾機器在半導體上蝕刻出數十億個電路所需

的圖樣後，會經過一系列化學過程，將適量的半導體材料沉積在正確的位置。隨後，需要將每個單獨的半導體從晶圓上切割出來，接著進行清理、測試，並進行銷售。（如果是像超微或輝達這類公司，會將半導體晶片出售；但如果是蘋果，則會保留所有從工廠產出的專屬訂製半導體，用於自家產品，如 iPhone。）如前所述，製造半導體是一個非常複雜的過程。

半導體生產供應鏈不僅極為複雜，還高度國際化。我們以美國半導體供應商安森美的工廠為例，考量生產一款相對簡單的車用半導體，需要多少步驟和國際足跡。基本材料來自 16 個國家，包括捷克、挪威、瑞士等小國，以及像法國這樣的大國。工廠使用的機械設備則來自義大利、日本和德國；此外，還有南韓一家重要的晶圓代工廠（這家工廠使用的機器來自日本、荷蘭和美國）。生產的最後一步，安森美在美國工廠生產的半導體會送往馬來西亞和越南進行「封裝」和測試。這整個過程需時 6 個月，最終生產出一個用於電動車動力系統的碳化矽半導體。[4] 這個簡單的例子說明了如果美國試圖在國內重建整個半導體供應鏈，將會耗費數萬億美元，並可能需要政府提供約 1 兆美元的補貼；所有這些支出將大幅提高半導體價格（大約提高 50% 到 75%），但這僅限於美國，與其他民主國家的競爭對手相比，會對美國工業造成巨大的衝擊。這就是為何沒有任何一個民主國家，包括美國，會考慮以「自食其力」的策略來全面掌控半導體的生產。這對國家安全有著深遠的影響，也解釋了為什麼國際聯盟體系（包括北約和美國在太平洋的盟友）對美國的國家利益至關重要。

全球半導體晶片產業

半導體市場和供應鏈相當複雜，且高度全球化。一顆半導體晶片可能在美國設計，使用美國的電子設計自動化軟體，同時運用來自英國安謀的矽智財（IP），然後在台灣的台積電工廠生產，但最後在中國的工廠進行封裝和後續加工。在整個過程中，供應鏈會涉及多個專業領域。南韓的三星專門生產各類電腦中的記憶體半導體，用於儲存與各種運算程序相關的數據。在美國，英特爾曾是全球龍頭，長期主導市場，主要生產個人電腦的處理器晶片。

目前，英特爾仍然是美國最大的半導體製造商，但美國也有其他重要的業者，例如美光（Micron），該公司主要生產記憶體晶片。此外，美國還有許多其他半導體設計公司。大多數美國的半導體設計公司都委託英特爾或美光所擁有和經營的晶圓廠來生產晶片。然而，最先進的高效能半導體則必須交由台積電在台灣的晶圓廠生產（不過，很快也會在美國的台積電工廠生產），因為世界上最先進的晶圓廠都位於這座小島，距離敵意十足的中國只有 160 公里，而且最大的客戶還是美軍，這樣的情勢會存在什麼問題呢？

在中國，中芯國際（SMIC）的晶圓廠能夠生產 25 奈米至 14 奈米的晶片。此外，還有幾家較小的公司能夠製造性能較低的 48 奈米至 25 奈米晶片。長江存儲（YMTC）則生產記憶體半導體，包括 128 層性能的記憶體半導體。然而，這些晶圓廠大多使用荷蘭艾司摩爾的極紫外光微影設備，或是使用日本尼康（Nikon）和佳能（Canon）性能較低的蝕刻機。簡而言之，中國在半導體供應鏈上無法自給自足。2022 年，中國進口了約 4,000 億美元的半導體，其中許多來自台灣的晶圓廠。而中國的晶圓廠所生產的性能較低的半導體，幾乎完全依賴來自日本、美國和荷蘭的半導體製造設備。據估計，中國企業生產的半導體製造設備在中國晶圓廠中所占的比例不到 10%。

對於半導體製造設備供應商及其他半導體供應鏈生態系統的領導者來說，併購市場很重要。近期重要的併購案包括超微半導體收購賽靈思（Xilinx），以及英特爾收購高塔半導體（Tower Semiconductor）。然而，輝達收購安謀的計畫在 2022 年初被監管機構否決。除此之外，在民主國家的買家和賣家間，大多數交易仍然得以進行。另一方面，中國公司收購民主國家企業的難度將愈來愈大，就如同 2015 年美國政府阻止清華紫光收購美光科技、2016 年德國政府阻止福建宏芯收購半導體製造設備公司愛思強（Aixtron）、2022 年英國政府阻止中國公司收購紐波特晶圓廠（Newport Wafer Fab）一樣。這些民主國家監管機構的拒絕，進一步證明了冷戰 2.0 中科技領域的脫鉤，這一議題在第 14 章中有更詳細的討論。

以下列出全球半導體產業的主要參與者，說明他們在產業垂直供應鏈中的活躍領域、銷售額和市值，同時也標注了各國在特定半導體產業領域的市場占有率。請注意，在這份清單裡，台灣隸屬於民主國家的陣營。

表 6-1　全球四大電子設計自動化（EDA）軟體公司

民主國家		
美國，全球市占率 70%	**營收**	**市值**
新思科技	59 億美元	810 億美元
益華科技	40 億美元	740 億美元
Mentor （現為西門子 EDA，德國）	31 億美元 （西門子 840 億美元）	1,380 億美元 （西門子）
專制國家		
中國，全球市占率 10%	**營收**	**市值**
北京華大九天科技股份有限公司	1.39 億美元	56 億美元

表 6-2　全球十大矽智財供應商（設計 IP）

民主國家		
美國，全球市占率 28.3%	**營收**	**市值**
新思科技	59.9 億美元	840 億美元
益華科技	40.8 億美元	770 億美元
Ceva	1 億美元	5.2 億美元
Rambus	4.6 億美元	47 億美元
英國，全球市占率 46.5%	**營收**	**市值**
安謀	29 億美元	1,310 億美元
Alphawave	3.21 億美元	13.8 億美元
台灣，全球市占率 1.6%	**營收**	**市值**
力旺電子	9.8 億美元	59.9 億美元
專制國家		
中國，全球市占率 2%	**營收**	**市值**
芯原微電子（VeriSilicon）（獲得來自英特爾和三星的部分投資支持）	3.2 億美元	6.28 億美元

表 6-3　半導體晶片設計

民主國家		
美國，全球市占率 64%	**營收**	**市值**
輝達	600 億美元	3.6 兆美元
超微半導體	227 億美元	2,270 億美元
高通	363 億美元	1,860 億美元

蘋果（自用半導體）	（總計）3,850 億美元	3.3 兆美元
亞馬遜（自用半導體）	（總計）5,740 億美元	1.8 兆美元
微軟（自用半導體，尤其是 AI）	（總計）2,270 億美元	3.09 兆美元
Meta（自用半導體，尤其是 AI）	（總計）1,340 億美元	13 億美元
Google（自用半導體）	（總計）3,070 億美元	1.9 兆美元
IBM（自用與研發半導體）	（總計）618 億美元	1,770 億美元
博通	390 億美元	7,710 億美元
台灣，全球市占率 18%	**營收**	**市值**
聯發科	139 億美元	580 億美元
瑞昱半導體	30 億美元	84 億美元
專制國家		
中國，全球市占率 15%	**營收**	**市值**
海思半導體（華為旗下）	不公開	不公開
紫光展銳（清華紫光旗下）	不公開	不公開

表 6-4　矽晶圓

民主國家		
日本	**營收**	**市值**
信越化學工業	174 億美元	832 億美元
勝高（SUMCO）	31 億美元	40 億美元
南韓	**營收**	**市值**
SK Siltron css（屬南韓大型財閥 SK 集團）	996 億美元	50 億美元

台灣	營收	市值
環球晶圓	22 億美元	71.9 億美元
專制國家		
中國	營收	市值
華虹半導體	23 億美元	43 億美元

表 6-5　半導體製造設備

民主國家		
美國	**營收**	**市值**
應用材料公司（占沉積和摻雜設備市場的 90%）	265 億美元	1,660 億美元
科磊公司（KLA）	96 億美元	1,100 億美元
泛林研究（Lam Research，蝕刻機）	188 億美元	1,100 億美元
日本	**營收**	**市值**
東京威力科創（占光刻膠市場的 90%）	130 億美元	900 億美元
佳能	294 億美元	300 億美元
尼康	44.9 億美元	36 億美元
荷蘭	**營收**	**市值**
艾司摩爾（占極紫外光微影設備市場 100%，適用於 7 奈米以下半導體）	300 億美元	3,650 億美元

專制國家		
中國（滿足國內需求的 8%，全球供應量的 2%）	**營收**	**市值**
上海微電子裝備公司（僅限於 90 奈米製程）	不公開	不公開

表 6-6　半導體晶片製造（晶圓廠營運商）

民主國家		
美國	**營收**	**市值**
英特爾	542 億美元	850 億美元
美光	162 億美元	1,113 億美元
類比設備公司	115 億美元	1,110 億美元
微芯科技	85 億美元	436 億美元
安森美	82 億美元	325 億美元
格羅方德半導體	73 億美元	240 億美元
台灣	**營收**	**市值**
台積電	693 億美元	9,760 億美元
聯華電子	71 億美元	218 億美元
南韓	**營收**	**市值**
三星	656 億美元（整體收入為 1,960 億美元）	3,770 億美元
SK 海力士	228 億美元	940 億美元
荷蘭	**營收**	**市值**
恩智浦半導體	136 億美元	645 億美元

表 6-7　半導體晶片製造商

專制國家		
中國	**營收**	**市值**
中芯國際	63 億美元	264 億美元
長江存儲（屬於清華紫光集團）	不公開	不公開
兆易創新	8.04 億美元	75 億美元

表 6-8　組裝、封裝與測試

台灣	**營收**	**市值**
日月光半導體	222 億美元	212 億美元
中國	**營收**	**市值**
長電科技集團	41 億美元	76 億美元
北方華創科技集團	30.8 億美元	233 億美元

半導體晶片制裁

2022 年 9 月，美國總統拜登的國家安全顧問蘇利文（Jake Sullivan）發表了一場關於半導體產業的重要演講，[5] 闡述美國計畫採取哪些措施來阻止中國軍方透過中國企業獲取最強大的半導體晶片。蘇利文指出，美國必須這樣做有兩個主要原因。首先，中國實行「軍民融合」政策，這意味著任何中國企業進口或開發的半導體晶片最終都會供應給解放軍。其次，中國已建立了一套全球無可比擬的公民監控與壓迫系統，剝奪中國普通公民的基本人權，而這套系統的科技基礎倚賴來自民主國家的技術與零件。因此，蘇利文表示，美國政府將採取措施，阻止高效能半導體晶片及製造設備流入中國。

中國長期以來一直要求台積電在中國建廠，經營製造 7 奈米至 5 奈米製程的半導體，但美國明確要求台積電及台灣政府不要這麼做。不僅如此，繼蘇利文的演講之後，拜登政府於 2022 年 10 月 7 日宣布，禁止美國企業向中國出售 14 奈米或更先進的半導體晶片（因此，目前 14 奈米至 3 奈米的晶片都無法銷售給中國）。這意味著像輝達、超微和英特爾等公司，都不能把最先進的晶片賣到中國，或賣給任何可能轉賣給中國企業的機構組織。

有些半導體晶片已經被管制了好一段時間。早在 2018 年，川普政府就禁止將美國製造的半導體晶片賣給中國特定企業，尤其是替中國軍方製造設備的企業，或是製造設備供中國監控公民、新疆維吾爾少數民族的企業。其中一個受到制裁的企業是華為，這家中國的電信設備巨頭曾是全球領先的網路設備供應商，2017 年的全球銷售額達到

925 億美元。美國禁令生效後，華為被迫取消價值數十億美元的設備訂單，因為這些設備都使用了美國製造的半導體晶片。結果，華為的銷售額在 2018 年和 2019 年下降了 25%。儘管華為設法找到部分被禁運的美國半導體的替代品，但並非所有零件都有替代選擇。

拜登政府於 2022 年 10 月宣布的禁運措施，不僅禁止出售高階的半導體晶片，還禁止出售製造這些晶片的設備。許多美國公司因此失去了中國的大筆生意，並在禁運宣布後的 6 個月內損失了數億美元的收入。從上方的全球產業表格就可以看得出來，美國境外還有許多重要的半導體製造設備供應商。因此，一個關鍵的問題是，日本和荷蘭是否會加入這項禁運措施，停止向中國出售這些設備。儘管跟中國做生意的利潤很高，但目前的答案是肯定的。而中國對於高階半導體製造基礎遭受嚴重打擊，感到十分不滿。中國很可能可以繼續生產 45 奈米及更舊製程的半導體，但在更高階的製程領域，未來數年（或甚至更長時間）可能會面臨艱難的挑戰。如果中國無法購買艾司摩爾的極紫外光微影設備，可能需要花上至少 20 年的時間來開發替代品。

美國及其他民主國家對中國和俄羅斯實施的半導體及製造設備禁運，將帶來深遠影響。不僅中國和俄羅斯在未來 15 至 20 年內無法從民主國家獲得高階半導體晶片，而且這項禁運還將抑制中國和俄羅斯的人工智慧產業發展，因為領先的人工智慧計畫愈來愈依賴極其強大的電腦運行。如果這些電腦沒有專用的人工智慧晶片（如 AMD V100 或 Nvidia A100），中國就無法如期實現目標，在 2026 年成為人工智慧世界領導者。事實上，在中國嘗試開發自家的替代性半導體製造設備取得進展之前，民主國家可能有大約 10 年的緩衝時間。要發展出能替代艾司摩爾的極紫外光微影設備，可能需要雙倍的時間。

剛開始的那幾個月，中國沒有對拜登政府的禁運及美國公司採取報復行動，但在 2023 年 6 月，北京以產品安全問題為由，宣布禁止國有電信公司使用美國美光科技生產的半導體晶片。一般認為這是中國在報復美國 2022 年 10 月的禁運令。中國可能會採取進一步的報復行動。同時，中國可能會加快步伐，推動建立比現有科技更高階的本土供應鏈。如果中國失敗了，就會在人工智慧開發以及生產軍事相關的人工智慧產品和其他需要最先進半導體晶片的武器或工業產品方面，嚴重落後。鑑於人工智慧對中國（以及美國和全球其他國家）的重要性，如果中國被剝奪高階運算能力，尤其是在人工智慧領域，將對中國構成極為嚴峻的挑戰。

中國正面對長期科技短缺的挑戰，若拜登政府進一步對中國實施科技相關的管制，無疑是雪上加霜。由於高效能半導體晶片出口管制取得了一定成效，華府正在討論其他措施，如：限制美國投資中國人工智慧、量子電腦和生物科技公司；禁止向中國出口任何用於人工智慧應用的半導體晶片；以及禁止中國的人工智慧企業透過美國供應商的雲端服務獲取運算能力。

北京可能會對這些新措施（甚至對現有的措施）進行報復，例如限制向美國出口一些目前幾乎被中國壟斷的關鍵礦物，如鏑（dysprosium）和鋱（terbium）。對習近平來說，問題在於：他是否願意與美國發動一場全面的貿易戰？這場貿易戰最早由川普政府開始，當時美國對中國企業實施了半導體銷售限制，最終雙方未分勝負。如今，習近平能否同樣應對自如，特別是在拜登政府對中國在烏克蘭戰爭中協助俄羅斯感到極度不滿的情況下？當歐洲停止購買俄羅斯的石油和天然氣，並對俄羅斯無端侵略烏克蘭實施制裁後，中國挺身而出，開始購買俄羅斯的能源。此外，自俄羅斯開戰以來，中國對俄羅斯的出口成長了約 34%——這個數字尤其讓白宮感到憤怒，因為其中還包含中國向俄羅斯出售偵察無人機。

拜登總統也擔心中國可能會入侵台灣。如果這種情況發生，台積電最先進的半導體晶圓廠肯定會受到軍事衝突的嚴重影響，甚至可能部分或全部被摧毀。如果戰爭切斷了對美國的高階半導體供應，這對民主國家的經濟將是一場災難。正因如此，拜登政府正在推動兩項與半導體產業政策相關的重要舉措。

半導體晶片產業政策

2022 年，美國總統提出了《晶片法案》（CHIPS Act），並獲得美國國會批准。這項法案提供約 520 億美元的補貼和稅收減免給在美國建廠並生產最先進半導體晶片的國內外半導體製造商（如台積電）。英特爾和美光（都是美國公司）、台積電（來自台灣），以及其他幾家半導體企業（如來自韓國的三星），都把握了美國政府的這項計畫，紛紛宣布要在未來幾年內到美國興建晶圓廠。特別是台積電，除了公共補貼，還投資了數百億美元，在美國興建三座半導體晶圓廠。

同樣地（雖然規模較小），東京也在利用公共資金吸引一些高階半導體製造業進駐日本，其中包括台積電，還有一個由 IBM 領導的專案「Rapidus」，與大約十幾家日本知名企業合作，生產 2 奈米製程的半導體。歐洲也展開類似的做法，例如台積電在蓋德國廠，專門為汽車產業生產半導體。此外，南韓也正在投資約 70 億美元，協助當地的龍頭企業三星和 SK 海力士在高頻寬記憶體（HBM）

領域保持領先地位，而高頻寬記憶體是人工智慧（AI）和通用人工智慧（AGI）工具箱中不可或缺的組成部分。

儘管民主國家為了降低過度依賴台灣高階半導體的風險，正在積極採取行動，但台灣在半導體製造業的領導地位短期內仍難以被取代。雖然台積電將在美國的工廠生產 5 奈米甚至 3 奈米的半導體，但在台灣，台積電正全力研發 2 奈米和 1.5 奈米的半導體。同樣，三星也將自己最先進的科技保留在南韓。此外，台積電耗資巨額打造的全新研發中心和 7,000 名工程師都位於台灣。如果這還不夠具說服力，請考慮以下事實：世界領先的人工智慧公司 OpenAI 執行長奧特曼（Sam Altman）個性果敢無畏，正計畫為人工智慧和通用人工智慧研發新一代的半導體晶片。奧特曼的計畫藍圖包括建設龐大的數據中心和可持續發電的電廠，以運行數百萬顆新型人工智慧專用半導體晶片，而這些晶片的核心製造商將是台積電。整體計畫的成本可能高達 7 兆美元。

這麼多關於半導體晶片的活動在民主國家百花齊放，每個人的眼睛都在盯著中國的反應，特別想知道中國能不能建立一個不再依賴民主國家設備的自主半導體生產供應鏈。截至目前，中國的表現並不亮眼。早在 2014 年，北京政府就專門針對提升半導體製造能力，成立了投資基金，名為「中國集成電路產業投資基金」，更通俗的名稱是「大基金一期」。這個基金募不到 220 億美元。運作方式是由北京的官僚機構選定資金受援企業，然後接受資金挹注的企業再找中國地方政府洽談稅收優惠或其他由地方政府提供的配套資金，做為到當地設廠的交換條件。只有當雙方政府達成協議後，中國公司才會邀請其他來自民間部門的投資者參與這一新計畫。

用這種方式推動產業政策會有兩個重大問題。首先，由政府主導的投資計畫是由政府官員來決定哪些中國企業能夠獲得資金。毫不意外，官員們選擇了穩妥的方案，將大部分資金投給了像中芯國際和長江存儲科技有限公司這些已有規模的企業，讓他們繼續擴大原本的業務。這些公司利用大基金一期的資金來擴建晶圓廠的產能（中芯國際專注於處理器半導體，而長江存儲則專注於記憶體半導體），但這並非中國所急需的半導體產業政策成果。2014年，中國半導體供應鏈中最為急缺的環節是能夠製造世界一流半導體蝕刻或光刻設備的中國企業，而這在大基金一期的首輪投資中幾乎被忽略。簡而言之，中國急需一個「中國製造」的艾司摩爾，但負責大基金一期的官員去沒有培育這類企業，主要原因在於他們根本不知道該如何著手進行這樣艱巨的任務。中國還需要一家世界級的電子設計自動化（EDA）企業，為半導體開發者提供設計頂級半導體所需的工具。然而，大基金一期同樣忽視了這一市場領域。

第二個問題和第一個有關，那就是民間投資者的意見不足，無法有效決定大基金一期的資金應該投資於哪些企業。第二章討論了俄羅斯在第一場冷戰期間實行中央計畫、自上而下的產業戰略，結果失敗了，特別是在電腦產業和生物科技領域，這種計畫嚴重阻礙了俄羅斯科技部門的發展。中國在推動半導體製造設備產業發展時，重蹈了類似的覆轍，錯失了在中國建立半導體製造設備產業的良機。

這樣的結果——尤其是美國現在限制高階半導體晶片及製造設備的流通——對中國的半導體領域（以及人工智慧軟體的設計、開發和部署）來說是非常嚴重的災難，多年來，大基金一期不願資助中國 EDA 軟體供應商的發展，如今中國在 EDA 軟體領域的落後，成為國內半導體供應鏈中的一個非常嚴重的漏洞。[6] 而且，考慮到中國要克服這一巨大挑戰，製造出可行的 EDA 工具更是艱難重重。中國 EDA 領域的領軍企業「華大九天」，銷售額與美國 EDA 巨頭相比微不足道。華大九天在中國以外幾乎沒有銷售收入，甚至在中國市場的占有率也不到 10%。該公司約有 150 名研發人員。而美國全球市場領導者益華電腦（或稱楷登電子）的 EDA 研發團隊則擁有約 5,000 名工程師。同時，新思科技（Synopsys）通過積極的人才收購計畫來補充科技能力，在過去三十多年裡，該公司收購了八十多家公司。[7] 在 EDA 軟體領域，中國並沒有一個企業能夠替代美國市場領導者，連車尾燈都無法遙望。

中國的慘況還不只如此。北京當局在 2019 年意識到大基金一期並未成功在蝕刻機領域鍛鍊出能與艾司摩爾（甚至日本的佳能或尼康）競爭的實力。因此，在 2019 年，北京為該基金注入了額外的 290 億美元，啟動了「大基金二期」。然而，迄今為止，大基金二期在關鍵領域仍未顯示出太多前景，因為該基金的治理結構與大基金一期基本相同。在 2022 年 10 月美國宣布新的半導體晶片制裁計畫後的幾個月裡，中國政府開始評估大基金一期和二期的投資是否幫助建立了中國本土的半導體製造設備行業。當北京的官僚們得出結論，認為大基金一期和二期幾乎無助於培育能夠替代來自民主國家的高階設備的科技時，他們並未宣布大基金一期和二期失敗，也未嘗試新的做法，而是做了兩件事。首先，在 2022 年 8 月，他們將大基金一期的失敗歸咎於其三位領導人以及中國半導體行業的一位科技企業家，這位企業家曾經領導中國半導體行業的中堅力量——清華紫光集團。這四人因貪腐被捕並遭到拘留。[8]

北京採取的第二個行動是再次嘗試針對半導體設備領域設立另一個投資基金。2024 年 5 月，北京宣布第三次嘗試，推出「大基金三期」，這次投入了 475 億美元。任命一位有經驗的半導體業界人士來領導這個新基金，這確實有所幫助，但核心問題仍然存在。最新的大基金三期由中國的銀行主導，而這些銀行最終都是國有的。此外，一個新的中共機構——中央科技委員會，負責整個項目的監督。簡言之，大基金三期仍然有過多的政府干預，而缺乏足夠的民間企業專業知識。關鍵問題在於，像專制國家這樣自上而下的政治管理模式下的科技創業投資，根本行不通。例如：自 2006 年以來，中國大量資金注入了上海微電子設備，這是中國在半導體光刻領域最接近艾司摩爾的公司，但該公司直到 2024 年 1 月才「宣布」自家設備能生產 28 奈米的半導體（而艾司摩爾的設備已經能生產 3 奈米的半導體）。在專制國家，這種「宣布」往往與實際情況相去甚遠。尚不清楚上海微電子設備的光刻機能否在生產環境中真正製造 28 奈米的半導體。中國在學習這個簡單的教訓之前，還會浪費多少億美元的公共投資，這將是個值得關注的問題。

我們應該注意，中國在複雜科技項目投資策略和資金運作模式上的失敗並不僅限於半導體領域。中國同樣無法設計、開發和製造商用飛機的噴射引擎。2023 年 5 月，中國高調宣布要和波音和空中巴士競爭的商用飛機專案終於取得成果，新型窄體短程噴射引擎客機 C919 成功首飛。

不過，對中國來說壞消息是，這架飛機的發動機是由美法合資公司提供的。此外，飛機的航空電子設備（即實際操作飛機和控制多項功能的複雜軟體）也同樣來自民主國家。再一次，中國的科技創新顯示出與民主國家的差距。如果中國入侵台灣，並引發民主國家實施全面制裁，那 C919 根本無法升空。

關於半導體產業策略的最後一點是時機問題。荷蘭艾司摩爾公司花了大約 20 年才破解極紫外光微影技術的關鍵。即使假設中國只需要 10 年，因為他們擁有一些艾司摩爾的機器可以進行逆向工程，當中國完成這一過程並在中芯國際開始生產 5 奈米或 3 奈米的半導體時，艾司摩爾已經會進入下一代蝕刻機科技，並且製造 1 奈米或更先進的半導體。因此，中國相較於民主國家的劣勢將不會因此減輕。這也是為什麼中國正投入大量精力在量子運算領域，我們接下來將探討這一點。

半導體與地緣政治

上述種種因素，包括美國對中國的半導體及半導體製造設備禁運、進一步的美國科技禁運，以及中國在製造尖端科技的弱勢，這一切是否可能促成美中之間的重大協議？若有可能，那麼協議的內容可能會是：中國說服俄羅斯撤出烏克蘭和克里米亞；中國允許台灣完全合法地獨立；中國同意成為國際社會的正常成員，遵守基於規則的國際秩序——也就是說，中國放棄對南海的極限主張，並同意遵守《聯合國海洋法公約》，還同意參與核武器限制條約。做為回報，美國解除對中國的所有科技禁運。這樣的重大協議是否會成為川普總統任期的里程碑？

美國與中國就半導體問題達成如此重大協議的可能性相當低，特別是在習近平還繼續領導北京政府的情況下。因此，對全球半導體市場的清晰分析得出五個結論，這些結論應該成為民主國家在未來至少 20 年內推動地緣政治戰略的核心：

> 第一：支撐尖端人工智慧（很快還有通用人工智慧）的高階半導體是目前全球最重要的製造產品。人工智慧（以及通用人工智慧）是 21 世紀的標誌性創新。不管是設計和生產高階半導體或是製造半導體的機械和設備，民主國家都必須保持領先地位，這樣才能在民用和軍用的人工智慧與通用人工智慧領先專制國家。

第二：近來讓台積電等企業在美國建立更多高階半導體生產能力，這些做法對美國及其他民主國家會有幫助，但遠遠無法使美國在半導體生產領域實現自給自足。即使目前規畫的新產能都投入運作，美國最多也只能生產全球約 20% 的高階半導體；但到那時，最先進的下一代半導體仍然會在台灣生產。

第三：問題不僅僅在於半導體的生產能力；更重要的是，整個半導體供應鏈（包括在晶圓廠中製造半導體所需的關鍵機器）極為全球化，且涉及數十家位於美國以外的公司。美國在未來 20 年內根本無法在國內重建整個供應鏈。

第四：對民主國家來說，幸好半導體產業的全球供應鏈幾乎全部位於民主國家，包括歐洲、日本和韓國。這表示，在冷戰 2.0 的背景下，除了一些關鍵礦物，沒有太多東西來自專制國家的原料，需要美國及其他民主國家去大規模複製（要獲得關鍵礦物比重建複雜的科技產品製造流程容易多了）。

第五：然而，這也意味著，從地緣政治角度來看，為了維護和促進每個民主國家的國家利益，美國領導下的民主國家必須共同合作，確保民主國家的安全，防止民主國家客戶的高階半導體生產或供應鏈中斷。這表示北約很重要，並且還需要確保台灣、日本、韓國、澳洲、新西蘭和菲律賓的集體安全，最好是在現有北約架構下進行擴展，或者至少如本書所呼籲，在太平洋地區建立一個類似北約的太平洋聯盟條約組織（PATO）。如果無法有效實現這一點，將危及民主國家的經濟、軍事、文化發展與安全，不僅影響美國，還會波及全球其他地區。

第 7 章

爭奪量子運算霸權

現在的電腦雖然已經很強大了，但不出 5 到 10 年，就會被一種截然不同的新電腦取代，也就是運算能力高出數百萬倍的量子電腦。儘管量子電腦的發展仍處於初步階段，但其優勢已經展露無遺，尤其是在當代重大的運算挑戰中，例如模擬全球經濟與所有能源消耗活動以應對氣候變遷，或是模擬烏克蘭戰場全貌以協助澤倫斯基的軍隊對抗俄羅斯，都能看出量子電腦的表現將超越「傳統」電腦，甚至優於今天的超級電腦。

量子電腦對中國還有另一股強大的吸引力——量子電腦不需要依賴半導體晶片，所以中國如果礙於美國的晶片與設備禁運而得持續面臨高效能半導體短缺的困境，那麼中國受限的傳統電腦運算能力或許可以利用新興的量子電腦來補足。這可能會成為冷戰 2.0 中最引人注目的支線之一。

量子運算的優勢

超級電腦是目前全球最快的傳統電腦，但這個冠軍地位在特定的應用場景和用途上遇到了挑戰者，對手是設計方式完全不同的量子電腦。讓我說清楚：量子電腦不會取代現有的所有電腦，而是在部分運算領域中輔助現在的電腦。要了解量子電腦，我們首先需要認識傳統的超級電腦。超級電腦能以非常快的速度進行運算，是因為內部由數千個中央處理器（也就是電腦的核心邏輯處理器）串聯而成，就像串一條空前巨大的珍珠項鍊。透過非常複雜的管理和網路軟體來協調這些不同的核心共同運作，整台超級電腦可以執行單一電腦無法處理的高強度計算任務。

舉個傳統超級電腦系統的典型例子，歐洲核子研究組織（CERN）所建立的全球網絡，連接了 170 台功能強大的電腦。CERN 擁有世界上最大的高能物理粒子加速器，這台加速器可以讓原子在一條長達 20 公里的地下磁軌上加速，讓粒子達到人類能實現的極限速度，然後在特製的空間裡讓這些原子相互碰撞。接著，成千上萬的感應器會追蹤這些碰撞後釋放出的數百萬個微小粒子。CERN 就是在這裡發現了新的粒子，叫做希格斯玻色子（Higgs boson）。這些實驗產生的大量數據會被分割並傳送給全球 170 個合作夥伴所組成的網絡，每台電腦都負責處理一部分運算。這 170 台電腦共同運作，實際上就像一台巨無霸超級電腦。由於粒子在 CERN 設施內每秒碰撞約 10 億次，產生約 1 PB（1,024 TB）的碰撞數據，即使 CERN 擁有這麼多台電腦組成的強大網絡，處理這些數據仍然充滿挑戰，需要慢慢從集體運算中解析出結果。

另外一個例子是位於中國新疆，受到嚴密戒備的曙光超級電腦。新疆是中國西部的一個省份，居住著約 1,200 萬維吾爾族人，他們是信仰伊斯蘭教的少數民族，說突厥語族語言。中國政府在新疆建立了一套針對維吾爾族的監控系統，包括在主要街道上每隔 10 公尺設置一台人臉辨識攝影機。曙光超級電腦同時處理 1,000 個來自這些攝影機的影音畫面，並整合來自不同地方的大量數據，比如來自數千個 Wi-Fi 熱點的通話數據、手機訊息、即時通話、電子商務交易和人臉辨識追蹤結果。所有這些數據會被整合到每一位維吾爾族人的個人檔案中，包括他們的宗教虔誠度、擁有幾部手機（擁有一部手機被視為正常，但如果沒有手機或有兩部手機，可能會被視為某種反政府傾向），以及是否有家人住在中國境外。這套精密的監控與數據分析系統，核心目標是預測和防止異常或反政府行為，就是在中國政府認定的犯罪行為發生之前即加以制止。這套監控與壓迫系統，是冷戰 2.0 中最令人不安的現實之一。

CERN 和曙光使用的傳統超級電腦，已經是世界上最強大的電腦了，即使如此，仍無法完全應對它們所被賦予的複雜計算需求。即使當前的電腦配備了高效能的半導體晶片，還是無法提供足夠的運算能力與速度來有效處理這兩項任務（指 CERN 的高能物理數據分析和曙光的大規模監控），以及許多類似的挑戰。比如更精確的天氣預測，因為氣候預測系統有太多變因要考慮。面對這麼龐大的運算挑戰，目前唯一務實可行的解決方法就是使用一種比較新的數據處理方式，即量子運算。這項科技現在還處於初期發展階段，但已展現出潛力，能夠承擔這類極度複雜的計算任務。

量子電腦比傳統電腦快非常多，甚至可能快上 2 億倍！這是因為傳統電腦使用位元做為基本運算單位，而量子電腦使用的是量子位元。位元是指一個原子粒子，在任何時間點上要麼帶有電荷（1），要麼不帶電荷（0）。但量子位元可以同時是 1 和 0 ！你可以把位元想像成一枚硬幣，當它落在桌面或地面時，只能是正面或反面，而量子位元就像是旋轉中的硬幣，正反兩面同時顯現。這種現象在物理學裡被稱為「疊加」。還有一個重要的差異：位元是分開、獨立的，量子位元則既獨立又緊密結合在一起，這就是物理學家所說的「糾纏」。這些概念聽起來很複雜，連資深的物理學家有時候也很難完全理解量子的特性。最重要的是，量子物理與傳統物理非常不同，這也是為什麼量子電腦的計算速度比傳統電腦快得（非常）多。

量子電腦到底有多快呢？ 2019 年，Google 宣布他們的「梧桐樹」（Sycamore）量子電腦只用了 200 秒就完成了一項運算任務，而這項任務如果讓傳統電腦來做，則需要花上 1 萬年的時間。到了 2021 年，中國的頂尖量子物理學家潘建偉使用「祖冲之 2.1」量子電腦（擁有 56 個量子位元），報告說他能在 1.5 小時內完成一項非常複雜的計算，而傳統電腦則需要花費 8 年才能完成。此外，除了速度，量子電腦在某些應用中，能做到傳統電腦無法完成的運算，或者能更精確地解決問題。[1]

對中國來說，量子電腦還有一個非常重要的好處：有些計畫中的量子硬體不需要使用傳統的半導體晶片，這與前一章討論的科技不同。未來幾年甚至幾十年內，傳統半導體晶片的使用，因為民主國家對中國和其他專制國家的禁運，會為中國帶來戰略和戰術上的挑戰。不過，量子電腦為中國領導人提供了一個很重要的可能解決方案。從中長期來看，如果中國能利用量子電腦，達到與 7 奈米、5 奈米或甚至 3 奈米的半導體相同（甚至更好）的效能（當然，這需要滿足一個重要條件，就是量子運算功能必須像現代電腦一樣，能穩定、有效地提供給使用者），那麼半導體的禁運對中國的影響就可能大幅減少。如果量子電腦在一些應用領域取代現有的半導體，成為「前輩」，那麼這將會成為計算科技和冷戰 2.0 的一個重大突破。[2]

然而，現在做出任何預測都還為時過早，因為目前仍有多種潛在的量子架構在彼此競爭，以期成為新的量子標準。IBM 和 Google 正在走「超導體」路線，而霍尼韋爾（Honeywell）和 IonQ 則在研究「離子阱」（Ion trap）科技。還有一些供應商，如 PsiQuantum，正在嘗試以光子技術打造平台，這樣可能與傳統的半導體晶片技術和光纖兼容，這也是英特爾對該路線感興趣的原因之一。還有一些企業（如英國的 Quantum Motion）正努力在矽類型的半導體晶片上進行量子效應，目的是讓量子運算與傳統運算能更相容。

事實上，這種多樣化的科學與技術創新，完美詮釋了「競爭取代」的極端情況。的確，這種競爭和潛在的替代正在兩個層面上展開。首先，值得關注的是，量子電腦會不會取代或輔助傳統電腦，以及影響範圍將達到什麼程度。而一旦這種取代的現象出現了，我們也想知道究竟是哪一種量子電腦科技會在這場競賽中勝出。

從提出量子電腦解決方案的角度來看，美國有很多公司參與其中，採取多樣化的技術方法，而中國主要押寶在一位關鍵科學家潘建偉身上，中國政府給了他很多資金來研究光子學這條技術路線。這再一次顯示出民主國家和專制國家在新科技資助模式上的巨大差異。中國這種由上而下的國家主導方式，至今還沒有在半導體製造設備上取得理想成果。未來中國能不能透過支持這位明星科學家和單一路線，在量子電腦這個新產業中取得成功，將會是一件值得關注的事。

軍用和民用的量子運算案例

量子電腦的運算能力很強，使得許多傳統超級電腦的軍用和民用使用者都在認真關注這項新科技的前景。以下是一些目前正在討論中的量子運算應用案例：[3]

- **研發藥物**。結合量子電腦與人工智慧，只需要幾天的時間（而不是幾年。），就能找到組合新藥的分子，大幅加速新藥的發現。

- **模擬新材料**。正如模擬新分子能幫助藥物開發，量子電腦還能模擬化合物、金屬和其他材料，推動各種科學領域的進步。透過使用量子運算模擬軟體，可加速研發結果投入市場的時間，並帶動其他機械產品升級，如太陽能板、電池等。化合物的量子結構特別適合量子運算模擬。[4]
- **優化路線**。埃克森美孚石油公司（ExxonMobil）擁有數百艘油輪，運送石油和天然氣至數百個港口和客戶，目前的排程軟體無法即時考慮數千個額外變數，如天氣變化和全球各地的政治風險。埃克森美孚正在與 IBM 合作，透過量子電腦改善模型並提高實際結果。[5]
- **預測氣象**。使用量子運算技術進行更精確的天氣預報，可結合數百個即時變數，不僅能優化路線（請參閱上一點），還能為一般大眾和特定群體（如農民、森林消防員、戶外休閒場所）提供更準確的天氣預測。
- **偵測信用卡詐欺案**。目前已有軟體可以做到這一點，例如透過追蹤信用卡的異常消費模式來偵測是否被盜刷。但這些軟體經常產生誤報，因為它們無法考量足夠的變數，例如持卡人正在旅行中。（這也是為什麼許多信用卡在持卡人到外地時會被拒刷，而這偏偏是他們最需要信用卡的時候！）以量子運算為基礎的信用卡詐欺偵測系統將能處理數百個額外變數，並根據每位持卡人的特定行為模式進行分析，從而大幅減少誤報。

- **反洗錢監控軟體**。如同信用卡詐欺偵測，現有的反洗錢軟體只能追蹤有限的因素，雖然有用，但並非最佳。基於量子運算的反洗錢系統則能處理更多變數，大幅提升效果。[6]
- **優化股市交易策略**。就像優化路線一樣，如果能在當今專有的金融交易模型中加入數百個額外變數，這些模型將能更好地預測風險並避免風險發生，或許就能降低金融市場的波動性，或者反過來，可能會使市場波動性更大，因為許多基於量子運算的交易系統會根據不同的交易公司進行客製化，導致不同的交易員在實施獨特的交易策略和戰術時，可能會引發更劇烈的市場波動。無論如何，基於量子運算的系統將能處理數百個額外變數與資料集，為經紀人和其他金融從業者提供更強大的股票交易模型。

- **管理信用風險**。目前用於此重要功能的軟體只能考慮相對較少的數據點，無論是申請抵押貸款的個人，或需要大量信貸額度的大公司，決策依據通常相對有限。然而，基於數百個數據點（而非僅僅數十個）的信用風險評估模型，將能提供更強大且更公平的信用審核系統。特別是那些由人工智慧軟體驅動的系統，能夠在不需要人為介入的情況下，自動進行大量的授信決定。
- **個人化醫療**。醫學的終極目標是能夠為每個病人量身訂製藥物和治療方案，而不是將病人套用在標準化的診斷和治療模式中。然而，當前電腦能夠處理的數據資源有限，使得這一目標難以實現。如果能使用由量子運算驅動的臨床醫療輔助系統，基於數百個變數和因素，並利結合病人自身的詳細數據，當病人坐在醫生辦公室的當下，系統會提供即時處理，這將是醫學上的一個極大的突破——甚至可說是革命性的進展。
- **醫療設備**。目前的核磁共振成像（MRI）技術已經在用量子原理生成清晰的高解析度影像，可掃描腦部和其他器官。隨著最新的量子科技突破，影像品質將呈現指數級提升，這將為臨床診斷和醫學研究提供極大的幫助，並使 MRI 成為更加先進和精確的醫療工具。

- **後量子密碼學**。美國國家標準暨技術研究院（NIST）已經選定了一套加密標準，NIST 認為即使是量子電腦也無法破解這些標準。如果軍事機構和未來的民間組織想在量子運算時代中免於駭客攻擊，就必須轉而使用這些具備新防護演算法的軟體和設備，來確保資訊安全。
- **量子機器學習**。第 5 章和第 6 章強調了人工智慧與高效能半導體之間的密切相互依存關係。因此，研究人員已經開始測試人工智慧機器學習模型和資料集是否能在量子電腦上運行，以及如何運行，這進展也是在意料之中。[7]

同時，軍方當然也對量子電腦非常感興趣。許多前文提到的民用應用案例在軍事領域也同樣重要。例如：軍方對天氣的變化非常敏感，[8] 如果有一套系統的準確率能從 80% 提升到 99%，那麼在戰場上會帶來極大的戰術優勢。不僅如此，還有一些專門為軍事用途設計的量子電腦應用案例，包括：

- **兵棋推演**。目前高層指揮部使用的電腦兵棋推演系統通常依賴數十個輸入變數來模擬戰爭情境。如果這些系統能夠納入數百個變數，並且能夠即時更新，那麼它們在模擬虛擬戰爭場景時，將更能與實際戰場同步運行，提供實時的戰術分析和預測，那麼這套系統的作用將大得多。
- **武器測試**。目前新型核武器是透過電腦模擬進行測試的，但量子電腦可以大幅增加輸入和輸出變數，使模擬結果更加準確。
- **飛彈防禦**。美國的愛國者飛彈防禦系統、以色列的鐵穹（地基飛彈防禦）及神盾系統（海基飛彈防禦）表現相當優異，能夠以大約 85% 至 95% 的成功率攔截並摧毀敵方飛彈和無人機。但任何低於 100% 的成功率都是不可接受的。量子電腦有望將反飛彈防禦系統的成功率提高至 100%。
- **慣性導航系統**。量子感測設備可以讓車輛或船隻在不依賴外部服務（如 GPS）的情況下獲取地理位置。這對潛艦導航來說極為寶貴，但如果 GPS 在戰鬥中被破壞，這種科技對於水面艦艇或其他任何需要精準定位的人員也將極其有用。

- **戰場管理**。量子運算將大幅提升戰場管理及指揮、控制、通訊和計算系統在衝突地區的運作效能。系統能夠處理大量的輸入資料，並以更快的速度進行分析，從而提升決策的精準度與反應速度。基於量子運算的戰場管理系統將遠遠超越僅由傳統電腦驅動的數位系統，帶來顯著的戰略優勢。
- **軍方後勤**。烏克蘭戰爭給世界帶來的另一個啟示是，後勤補給的重要性無法忽視。坦克、海軍艦艇和戰鬥機需要大量的燃料、備件和維修，才能有效運作。同時，將過多的物資儲存在靠近戰區的地方非常危險，因為這些地點往往成為敵方火力和無人機的主要攻擊目標。理想的解決方案是極高效率的即時供應系統，而量子排程系統和量子預測算法優於傳統軟體，更適合執行這項重要任務——美國空軍採用的量子研究科學解決方案就是一個很好的例子。[9]
- **駭不了的通訊**。中國加速發展量子通訊計畫的主要推動力之一，是 2013 年史諾登（Edward

Snowden）揭露美國經常竊聽中國政府的敏感通訊。[10] 幾年後，中國開始使用「墨子號」量子通訊衛星，據稱這種通訊衛星無法被駭客攻破。估計再過幾年，民主國家的信號監控組織可能無法再監聽透過「墨子號」或類似系統傳送的中國通訊，因為這些通訊使用了量子加密技術。對於民主國家的情報機構來說，這將是一個真正的挑戰。

每種電腦系統，不論是傳統電腦還是量子電腦，都有其限制。量子電腦也有幾個明顯的缺點。量子位元（qubit）非常脆弱，容易被外界影響而失去穩定性，這樣一來，量子電腦的運算速度和準確性就會大大下降。為了克服這個弱點，目前的超導量子電腦設計中，發生量子疊加和糾纏的量子位元室，必須保持在極低溫狀態，通常低至 20 毫開爾文（millikelvin），約攝氏 -273.13 度。因此，我們在短期內不會看到個人用的量子運算智慧型手機或電腦。

取而代之的是，所有量子運算服務可能會透過「雲端運算」模式來提供。像是 AWS、Google、IBM、微軟和甲骨文這些大型電腦公司，將營運量子電腦，讓使用者透過網路來使用量子運算，或是使用更安全的專屬網路來連接。軍隊可能會擁有自己的量子電腦，放在自己的資料中心，或在大型商業電腦服務供應商的託管資料中心執行專屬的量子運算，但只有軍方才能存取這些量子電腦的運算能力，這叫做「私有雲」。在這種託管雲端模式下，資料中心的運營商還會整合人工智慧的應用，提供完整的解決方案。這項服務的成本會很高昂，但它們的運算能力也會非常強大。誰能率先建立最有效的量子雲端營運模式，並確保服務穩定、可用性高，誰就能在冷戰 2.0 中擁有顯著的優勢。

量子與加密通訊

量子電腦在加密通訊上的應用讓很多人擔心。現在，我們為了保護電腦和網路的安全和隱私，最常用的方法就是加密。雖然加密的產品和服務很多，但基本運作原理都差不多。需要保護的文件會透過數學演算法來加密，而這些演算法通常使用非常大的質數來運算。加密後的文件，只有使用一個特定的「私鑰」才能解開，而這個「私鑰」必須和之前用來加密的「公鑰」對應。因為質數很大，即使是世界上最強大的超級電腦，也需要數百萬年才能破解這些密碼。

但是，隨著量子電腦的出現，情況變了。量子電腦的運算速度非常快，可以在幾個小時內完成傳統電腦需要花費數年才能做完的事情。這樣強大的運算能力對企業的技術長（CTO）來說很有吸引力，但從加密系統的安全性角度來看，也帶來了很大的威脅。這意味著，一旦量子電腦的運算能力夠強大，現在的加密技術可能很快就會被破解，除非我們能在那之前發明出新的反制措施來保護加密資訊。

資訊科技產業過去也曾多次面臨「世界末日」的預言衝擊。1990 年代中後期，有人發現電腦和大部分軟體無法處理 2000 年（新千禧年）的日期變更，這些程式只能運行到 1999 年，一旦進入 2000 年，系統就會出錯，這就是所謂的「千禧蟲危機」（Y2K scare）。如今，量子電腦對加密技術的威脅，讓人聯想到當年的千禧蟲危機，但實際上問題要嚴重得多。解決千禧蟲危機相對簡單，只需要修改軟體，或最壞的情況下，購買新版軟體就能解決問題，因為新版軟體已經能處理 2000 年及以後的日期了（而且很多公司本來就計畫升級軟體）。

然而，量子電腦對加密技術的威脅更嚴重。Y2K（千禧蟲危機）和「Y2Q」（量子電腦對加密的挑戰）之間有一個很大的區別。當年大家知道 Y2K 問題什麼時候會發生，有具體的解決期限（有具體期限迫使人們採取行動，對於解決技術問題一直都很有用）。但 Y2Q 並沒有確切的時間，這個危機可能會悄悄降臨，在一些專制國家、恐怖份子或犯罪組織釋放基於量子運算的「經典電腦加密殺手程式」時，危機瞬間爆發。理論上，市場上應該會出現新的安全解決方案來應對這個問題（最好能盡快出現，因為時間至關重要）。NIST 已經在 2024 年 8 月發表了最新的後量子加密標準，這應該能加速安全科技的發展。NIST 表示，這些新標準可以抵擋量子電腦的攻擊。

即使有初步的解決方案來減少加密危機的風險，但這些解決方案能維持多久呢？隨著量子電腦的進步，攻擊手段可能最終會超越防禦措施。目前駭客攻擊已經能在傳統電腦世界中造成很大的破壞。對駭客來說，他們只需要一次成功的攻擊，而防守方則需要每次都成功阻止攻擊。民主國家和專制國家的軍隊都在努力應對這項挑戰，既要保護自己的公司和組織，也要尋找方法破解對手的加密防禦機制。現在有一種以量子密鑰分發（QKD）為基礎的系統，已經在中國、日本、韓國和歐洲投入使用，但美國軍方至今還沒有採用，因為美國認為這項技術有一些缺點。

另一個值得一提的量子技術應用是「量子感測」。量子感測是利用次原子粒子的固有特性來測量物理位置或時間長度／時間的各個方面。我們現在使用的原子鐘就是一個例子，它可以精確地計時，因為它會測量特定原子在特定環境（比如特定溫度）下的振盪頻率。例如：銫原子的電子每秒振動 9,123,123,123 次，所以只要保持完美的條件，銫原子鐘就能永遠準確，而不會像依靠地球或月亮運行來計時那樣每隔幾千年就會產生一兩秒的誤差。

量子感測還可以用來探測地下物體，而不需要挖掘。類似的技術也可以用來「感測」無法看到的物體，比如當車輛行過山路彎道時，可以提前感應到對向來車。這些應用在民用與軍事領域都有很大潛力。不過，要讓這些量子感測設備真正進入商業市場，還需要幾年的時間，因為它們需要經過一些技術上的改進，比如製造出可以手持的量子設備。不過，科學家和技術專家已經在研究用於軍事的「定位、導航和定時」（PNT）系統。首批產品之一很可能就是潛艦的導航設備，可以讓潛艦不用浮出水面，也能精確定位；精確的水下位置追蹤器，將徹底改變潛艦的作業方式。

量子電腦產業

以下是一些正在開發量子電腦的公司，包括公開上市的公司和已經從外部籌集約 1 億美元資金的私人企業。這些公司很積極開發量子技術，表中也列出了最先進產品中的量子位元數量。需要注意的是，在此表之外還有更多公司也在研發以量子為基礎的產品和軟體，以及用來操作量子電腦的量子疊加軟體（包括新加坡的 Horizon Quantum Computing、中國的華翊博奧、美國的 Infleqtion、法國的 Pascal、美國的 Quantum Computing Inc.、英國的 Quantum Motion、美國的 QuEra、英國的 Riverlane 和中國的圖靈量子等，這些公司目前都還處於發展初期階段。

另外，有一些公司正在提供「通往量子未來的橋梁」，透過軟體促成量子類型的計算、模型和演算法。例如：以色列 Classiq Technologies 的產品運行於現有的輝達半導體上，或是 Quantum Research Services 為美國國防部（空軍）提供的量子軟體程式，這款程式讓軍用飛機的後勤管理效率提高了 28%，比之前使用的傳統軟體系統更加高效。

表 7-1 的數據還需要補充一些說明。首先，量子位元的數量只是一個用來衡量量子電腦運算能力的指標。其他重要的考量因素包括：量子電腦的容錯能力、量子位元能保持穩定的時間長短、裝置所產生的特定量子位元是否會產生大量「雜訊」或只產生少量干擾、設備的可擴展性（目前的一個趨勢是將多台量子電腦網絡畫，像傳統超級電腦是透過連接數百個處理器來建立）、設備的複雜性，以及整個設備有多複雜（或相對簡單）。另外，我們也要看這個設備是否已經在實際生活中解決問題，還是只是用來做科學實驗。

表 7-1　量子電腦公司

民主國家	資金來源	科技路徑	量子位元數
美國			
IBM-Q	公開	超導量子科技	433
Google	公開	超導量子科技	70
微軟	公開	拓撲量子科技	20
英特爾	公開	超導量子科技	49
AWS	公開	（透過 QuEra）	79
IonQ	公開	離子阱	32
Rigetti	公開	超導量子科技	79
PsiQuantum	6.65 億美元	光子科技	數量不定
Atom Computing	1.01 億美元	光子科技— 中性原子	1,180
Quantinuum	3.25 億美元	離子阱	32
其他民主國家			
D-Wave －加拿大	公開	量子退火	數量不定
Xanadu －加拿大	2.65 億美元	光子科技	216
Fujitsu/Riken －日本	公開	超導量子科技	64
Pascal －法國	1.39 億美元	中性原子	100
Atos/Bullsequana －法國	公開	量子模擬器	41
IQM －芬蘭	2.55 億美元	超導量子科技	54
Planqc －德國	0.32 億美元	中性原子	100
Diraq －澳洲	1.35 億美元	矽量子點科技	數量不定
專制國家			
中國			
九章 3.0（中國科學院）	政府資助	光子科技	76
祖沖之 2.1（中國科學院）	政府資助	超導量子科技	176
原初量子運算公司	1.48 億美元	超導量子科技	24

還有一個很重要的問題是，量子科技公司在中國和民主國家的資金來源不同。中國的公司大部分資金來自政府或政府控制的投資基金，而民主國家的公司則通常會獲得私人資本，比如創業投資和私募股權。例如：在美國，科技公司的私人投資比中國高出 1,350%。對公共資金和私人資金的區別非常重要。中國主要依靠政府資金來支持創新，但這種自上而下的模式，效果不太好。最近一個驚人的消息是，阿里巴巴和百度這兩大公司都停止了量子電腦的研發，並把實驗室轉移給中國的幾所大學。[11] 這個變化讓美國在量子電腦科技的商業化和應用上，對中國拉開了更大的領先距離。

相較之下，民主國家採用的模式，由具有豐富經驗的業界人士親自投入資金並進行投資決策，從而培養出頂尖企業。這種在半導體領域中（民主國家企業的優勢地位相當明顯）所看到的現象，正在量子電腦領域中重演。即使中國的大學實驗室中，某些與量子科技相關的科學研究顯示出巨大潛力，後續由中央和地方政府官員做出的資金決策，卻無法培養出成功的商業化和市場營運能力。例如：中國量子電腦領域的希望之星——本源量子科技（Origin Quantum Computing）的主要投資者就是一個公共基金（深圳創投），其他多個公共基金也是大股東。這種投資者結構往往導致公司表現不佳，削弱了現有和潛在的財富創造能力，同時也損害了該技術在軍事和國家安全領域的應用潛力。

反觀 IonQ 的投資者，包括 Google Ventures、全球最大的國防工業企業洛克希德馬汀（亦為私人公司）、現代汽車、起亞汽車，以及全球最大私募資產管理公司之一的富達（Fidelity）。這樣的投資者組合能夠更好地支持科技的發展和商業化。總的來說，中國創新系統中的這一缺陷——官僚機構影響過大——實際上給予了民主國家巨大的競爭優勢。如果民主國家能夠善加利用這一優勢，不被內部問題削弱，那麼最終將在冷戰 2.0 中獲勝的會是民主國家。

第 8 章

爭奪生物科技霸權

過去 30 年，自從人類基因組被破解以來，生物科技經歷了快速且多面向的創新。藥物研發和醫學已經開始發生巨大變化，因為生命科學家學會了如何像資訊科技業的工程師寫程式那樣，修改細胞的運作。開發 mRNA 疫苗，就是個極佳的例子。疫苗在一個連假期間內設計完成，並在幾個月後投入生產，以應對 COVID-19。以前開發疫苗動輒需要 10 年，現在進度大幅加快，從而挽救了上千萬人的生命。我們的世界正要跨過門檻，迎接更多生物科技的重大突破。

生物科技革命中還有一個更複雜的部分，那就是科學家即將能夠在人體外，利用所謂的人工子宮（EGM）孕育人類胚胎。對人口正在快速減少的專制國家來說，這項科技將極具吸引力；而在民主國家，女性可能也會想利用這項科技來避免懷孕和生產的辛苦。如果 EGM 技術與「設計嬰兒」的概念結合，就有可能加強人類的體能和智慧，比如更高的智商和身高。再加上人工智慧和可植入人體的半導體，這些生物科技可能會帶來許多新的生活體驗，讓人充滿想像。

然而，生物科技也有黑暗的一面。比如，軍事科學家可能會以更快、更便宜的方式來製造生物武器病毒。在許多方面，尤其是在軍事領域，生物科技已經開始逐步進入冷戰 2.0 的議題中。

生物科技的發展歷史

人類自古以來就一直在進行生物科技的創新。當美索不達米亞、埃及或印度河流域的牧民讓馬和驢交配生出騾子，他們其實是在把兩組不同的染色體結合在一起，創造出第三種生物。當然，當時的人還不知道這其中涉及的細胞生物學，幾千年來的農民也不理解，但他們很清楚自己想要什麼樣的「結果」，對自己的成功並不感到詫異。同樣地，歐洲或亞洲的農民把兩種植物進行雜交，可能是透過嫁接來進行，他們也知道自己這麼做的目的，並且能預測會得到什麼樣的植物或穀物。不過，就像馬、驢、騾子的飼養者一樣，這些農民並不了解植物細胞學或分子結構學的運作機制。實際上，技術的應用早在科學之前就已經存在了。

因此，中世紀的釀酒師知道必須添加酵母來讓啤酒發酵，但對於酵母中的細菌如何發揮作用，他們一無所知。甚至在古代的冶金技術中也能看到類似的現象。古希臘的鐵匠知道將銅與錫混合能製造出青銅，但他們還無法理解化學鍵如何把不同的金屬礦物融合成新的合金。不過，鐵匠知道青銅比純銅更堅固，適合用來製造戰鬥用的劍。

直到相對近期，冶金技術等領域的創新才有了對應的科學理論來加以解釋，生物學則更晚才達到這一點。對於化學來說，這個過程直到 19 世紀末才出現；而對於生物學，這樣的進展則是近 80 年才發生的事。生物學領域的巨大突破出現在 1953 年，當時華生（James Watson）和克里克（Francis Crick）發現了 DNA，也就是所有生命的基因密碼。接下來的重要里程碑是在 1999 年 12 月，科學家解碼了人類的基因組，這項工作共花了 13 年才完成。最後，CRISPR-Cas9 技術的發明完成了生物學加速發展的三部曲，這個發明讓科學家能夠直接剪接和編輯基因，主要應用於移除有缺陷的基因，幫助人們免受遺傳疾病帶來的痛苦。例如：患有鐮狀細胞貧血的人，可以透過移除 β-珠蛋白基因來減輕症狀，迅速緩解疼痛和疲勞。[1]

生物科技的產品和技術對全球農業影響深遠。在 1970 年代初到中期，有兩本書引起了人們對地球未來的廣泛恐懼：《成長的極限》（*Limits to Growth*）[2] 和《人口爆炸》（*Population Bomb*）[3]。這兩本書的核心觀點是，全球人口正在快速增加，但農業生產無法跟上這樣的成長速度，這將導致全球大規模糧食不足，無法滿足日益增加的人口。書中預言，最終結果將會是前所未見的大饑荒。這樣的預測讓全世界的人，不分貧富都感到深深的擔憂。

不過，最終還是生物科技拯救了地球上數十億的人口（全球人口從 1970 年的 36 億增加至今日的 82 億）。數百項生物科技與農業的創新發揮了作用，培育出了產量更高的作物。幸好有這場「綠色革命」，印度才不必經歷大規模饑荒。但是對平民百姓來說，這些生物科技的發展和趨勢並沒有大放光芒，電腦科學的發展更新奇、更引人注目，搶走了所有鋒頭。然而，正是生物科學應用於農業，才讓這個世界躲過了可怕的浩劫。

科學家在 1970 年代開始嘗試將特定基因物質植入其他有機物質中，特別是細菌，從而創造出新的生命體。其中一位研究者是查克拉巴蒂（Ananda M. Chakrabarty），他在印度完成生物科學博士學位後移居美國，並成功培育出一種能分解油汙的混合細菌。查克拉巴蒂於 1980 年為他的發明獲得專利。[4] 查克拉巴蒂和其他從事生物科技創新的科學家，將生物學及其巨大潛力，推向全球各國政府與公眾的意識中，包括民主國家。

在冷戰 2.0 中，雙方陣營都會利用生物科技來促進農業發展。在俄烏戰爭中，俄羅斯政府已經將糧食做為戰略資源，阻止烏克蘭的小麥和其他穀物出口，尤其是不讓烏克蘭出口到全球南方，這些地區在戰前是烏克蘭的主要農產品市場。隨著全球氣溫持續上升，嚴重乾旱的次數增加，科學家將不得不研發出能承受更高溫度和低水量需求的新作物品種。理想情況下，全球的農業科學家應該共同分享知識和科技、促進農業科學和開發新種子。然而，冷戰 2.0 伴隨的科技脫鉤將阻礙跨陣營的合作，導致全球許多地區的糧食安全問題加劇。此外，世界科學社群分裂為兩大陣營，這也將加速生物科技在武器及軍事工具開發中的應用，無論是在民主國家還是專制國家。

以人為中心的生物科技

前面提到的生物科技創新都與「外在世界」有關，比如動物或植物。然而，人類基因組被破解後，生物科技真正走進了人類自身。人們開始看到生物科技不僅對植物和動物產生影響，也影響著活生生的人類。早期的突破性應用是在骨科手術領域，磨損的膝蓋和髖關節開始被閃亮的金屬植入物取代。隨後，心臟外科醫生將豬心臟的瓣膜移植到病患的心臟中。起初，人們對跨物種移植感到有些擔憂，但這些恐懼很快就消失了，因為接受移植的病人開始過上健康、有意義的生活。沒有什麼比成功更能增強人們對生物科技的信心。當心臟移植病人在手術後不久就開始打高爾夫的照片被刊登出來後，相關的爭論也隨之平息了。

同樣地，今天關於 Neuralink 腦基植入裝置的道德爭議也比較平靜了，這是一種要植入大腦裡的介面設備，讓人可以直接透過腦部功能來和電腦溝通（適合因身體狀況而無法使用雙手的人）。除了 Neuralink，該領域其他公司也在研發類似設備，未來將能恢復失明者的視力，或者讓人們在從事其他認知活動的同時進行學習，從而提升人類的能力，讓人們更能夠與人工智慧競爭（或至少跟上人工智慧的發展）。然而，當體外受精（IVF）技術於 1980

年代出現時，關於生物科技的道德爭論就無法避免了。生物醫學研究人員找到了方法，將人類卵子放入培養皿中，加入精子，觀察兩者融合成胚胎，再植入母親子宮，讓無法自然受孕的夫婦也能擁有自己的孩子。體外受精讓關於生物科技的討論迅速變得激烈。隨之而來的是監管機構的介入，試圖為這個全新的生物科技領域建立規範，以確保醫生能獲得患者的信任，並向公眾證明他們並非在扮演上帝。今天，四十多年過去了，體外受精已被普遍視為「常規」醫療技術，在經濟發達的民主國家裡，大約 20% 的夫婦使用各種體外受精技術來受孕。然而，在美國部分地區，圍繞體外受精的政治文化戰爭仍然存在，所以這項技術在某些社群中仍會引發爭議。

現在，生物科學能幫助母親進行人工受孕，但受孕只是起點，在孕程的另一端，先進的醫療中心已經能夠讓早產嬰兒存活，有些嬰兒甚至在懷孕第 23 週時就出生了。[5]（正常懷孕週期通常約為 40 週。）幾年前，費城一家兒童醫院的研究團隊發明了一種子宮囊（uterine sac），讓羊的胚胎在離開母體後繼續存活，子宮囊可提供營養並排除廢物，像羊媽媽的胎盤和羊膜囊一樣。[6] 該實驗的主導醫生明確表示，這項技術並不是為了取代媽媽的子宮，而是一種輔助裝置，用來幫助非常早產的胎兒延長妊娠時間，讓胎兒真正出生前獲得更多的發育機會。[7]

儘管如此，這個裝置**可能**是未來人類「人工子宮」（ectogenesis machine, EGM）的原型。人工子宮可以與體外受精技術結合，再加上最近的一些突破，包括能重現整個女性生殖系統的裝置，[8] 還有一種不需要人類受精卵的情況下就能製造人類胚胎的技術，[9] 這些技術讓人類的受孕、懷孕和生產過程可以完全在女性體外進行。未來，人工子宮或許能夠讓人類胚胎在不依賴母體子宮的情況下成長發育。

誰會用到人工子宮？在冷戰 2.0 的脈絡下，最可能使用人工子宮的就是那些人口急劇下降且勢不可逆的專制國家，而該國政府與其廣大公民都不接受移民。目前符合這兩個標準的專制國家是俄羅斯和中國。這兩個國家的出生率近年來大幅下降，導致人口急劇減少，而這並不僅僅是因為 COVID-19 疫情。俄羅斯和中國（以及其他 38 個國家）人口減少的最大原因是出生率驟降，遠低於每位母親一生平均生育 2.1 個孩子的更替率。在 2022 年，俄羅斯的數字是 1.8，而中國更低，只有 1.2。俄羅斯的人口自 1993 年以來一直在減少，從當時的 1.48 億下降到 2022 年的 1.44 億。根據聯合國的預測，到 2100 年，俄羅斯的人口將減少到 1.12 億。中國的人口在 2022 年首次出現下降，這種趨勢一旦開始，隨著時間推移，可能會因大數法則而加速下降。上海科學院預測，中國目前的 14 億人口將在

2100 年降至 7.32 億。[10]

俄羅斯和中國的人口如預測驟減，對這些國家的專制領袖來說，無疑是無法接受的。雖然人口減少可能會帶來一些好處，比如減輕房市壓力，但也會導致經濟成長的動能下滑，進而可能引發大規模的社會動盪，進而對這兩個國家的政治體制生存構成嚴峻威脅。此外，適齡服役的年輕軍人將大幅減少，也會讓軍隊的規模縮小，進而使政府更難鎮壓國內動亂。至少有一位知名評論家指出，普丁會發動對烏克蘭的戰爭，一部分原因是他希望將烏克蘭的 3,800 萬人口納入俄羅斯這個人口萎縮的國家。[11]

俄羅斯和中國都曾經試圖透過實行各種社會政策來阻止出生率下降，包括鼓勵多生孩子並為母親生育和養育孩子提供各種獎勵。然而，這些措施效果不佳，無法扭轉局面。因此，普丁和習近平經常呼籲年輕女性「更加愛國」，留在家中生育孩子，同時照顧家庭中的老人（老齡人口的增加已成為俄羅斯和中國的嚴峻問題）。溫和激勵政策（carrots）或愛國主義號召無法奏效時，專制國家也會開始轉向更具強制性的手段（sticks），迫使公民改變行為。例如：在中國，1991 年一胎化政策最嚴厲的時期，進行了 600 萬例輸卵管結紮手術和 200 萬例輸精管結紮手術；然而到了 2020 年，這些數字分別下降到 19 萬例和 2,600 例。此外，中國的人工流產數量也從 1991 年的 1,400 萬例，下降到 2020 年的 900 萬例。近來，中國已不再公布這些手術的數據。在出生率持續下降、人口危機迫在眉睫的情況下，這兩個專制政權是否會轉向使用人工子宮技術來應對人口減少的挑戰，成為一個值得關注的問題。

人工子宮技術要融入俄羅斯或中國社會或許會相對容易。這兩個國家都有歷史悠久且完善的孤兒院體系，專門收容失去父母的嬰兒、幼童和小孩。這些體系可以擴展，以容納使用人工子宮誕生的大量兒童。如果到了 3 至 5 歲，仍然沒有足夠的寄養家庭願意收養這些孩子，國家還可以擴建學校，為這些孩子提供簡樸但功能齊全的寄宿學校。

這樣的人工子宮計畫必然會引發極大的爭議。正因如此，這類計畫會首先在專制國家實施，因為這些國家的公共輿論通常不像民主國家那樣具有影響力。上一次「為了國家利益」而推動育兒和養育計畫的是 1930 年代的納粹德國，[12] 雖然當時並沒有使用人工子宮，且規模相對較小。中國目前已有類似的做法，例如將年僅 5 歲的藏族兒童從家庭中帶走，送進寄宿學校，進行全面的「漢化」教育，讓他們逐漸遺忘自己的西藏文化（以及他們的藏族父母）。俄羅斯也有類似的行動，從占領的烏克蘭地區綁架兒童，將他們送到俄羅斯，並強迫這些孩子學習俄語和俄羅斯文化，試圖讓他們遺忘自己的烏克蘭根源。

一旦人工子宮技術得以完善發展並運作良好，不難想像某些民主國家的群體可能會認為這項技術是一種避免女性懷孕的有效途徑。例如：一些宗教團體如果覺得自身人口逐漸減少，可能會採用這樣的人工子宮計畫。或者，某些女性或夫妻希望擁有孩子，但因工作或其他責任（例如照顧年邁父母）無法承受懷孕 9 個月以及分娩的風險和疼痛，[13] 可能也會對這項科技感興趣。[14] 然而，人工子宮在民主國家的應用與專制國家的體系將有顯著區別，因為在民主國家，人工子宮不會被用來大規模生產無父母兒童來給國家撫養。

如果在人工子宮的基本功能之外，還能提供以下幾個附加選項，那麼民主國家對這項技術可能更感興趣。例如：限定的性別選擇，允許父母為第二個孩子選擇與第一個孩子不同的性別（這樣，想要兩個孩子的夫妻可以選擇一男一女，但不允許進行其他性別選擇）；基因篩檢避免醫療問題；以及有限度的基因增強，優化孩子的智力、同理心和情緒穩定性。目前在美國，能實現人類特徵增強（如智商和身高等）的技術已經開始在市場上出現。[15]

這些由生物工程帶來的做法一開始都會引發強烈的爭議，因此在民主國家中，如果要通過這種做法，可能需要長期且詳細的討論和辯論，討論過程要有公民社會和政府機構的參與，並且可能會經過重大法律挑戰，甚至上訴至最高法院。這與當年體外受精技術的討論過程類似，對於人工子宮，標準不可能降低。然而，在專制國家，這樣的辯論可能會受到限制，甚至完全不允許展開，而是由國家領導層自行做出決定。因此，人工子宮可能會成為民主國家與專制國家之間的另一條分界線，因為兩種技術會以不同的方式發展，更重要的是，關於人工子宮的法律、規範和倫理標準也會在冷戰 2.0 分裂的世界中出現顯著差異。

在冷戰 2.0 的背景下，專制國家與民主國家之間圍繞生物科技的另一條分界線是中國發展和部署的廣泛基因取樣與監控系統。第 4 章提到過去 20 年間中國政府實施的大規模數位監控與控制系統，這個系統最早在新疆省實施，用來壓迫維吾爾族群，隨後又以不同形式推廣到中國其他地區。然而，這套系統並不僅限於數位監控，還包括中國當局定期從公民身上採集 DNA 樣本，原因無他，只是為了建立一個龐大的生物資料庫。這個資料庫可用於各種監控與控制用途，特別是當它們與其他個人資料結合並經由人工智慧程式處理時，效果會更加強大。

在民主國家，警方也會使用 DNA 資料，但名義上這些資料僅限於執法活動，且必須在獨立司法機構的監督下進行。一般公民並不需要定期提供 DNA 樣本給政府進行追蹤。然而，民主國家中也發生過私人基因檢測服務供應商濫用顧客樣本的案例，但幸運的是，這些行為會受到相關法律的追究，這些法律是為了防止資料收集被不當使用而設立的。這一經驗告訴我們，在民主國家中，必須非常謹慎地管理這類服務，確保它們不會成為基因不當行為的推手。在冷戰 2.0 的背景下，民主國家必須時刻提醒自己，新生物科技擁有強大的力量，必須小心使用和管理，避免專制國家的做法滲透到民主國家中。

生物科技與軍事

當 COVID-19 病毒從中國迅速蔓延到全球各地，並對人類生命和經濟造成巨大危害後，生物武器帶來的威脅比以前更嚴重，陰影更加沉重地籠罩著世界。此外，在戰爭中使用人造生物劑並不是新現象。「軍民兩用」的概念在這裡再次非常適用。早在 1913 年，哈伯（Fritz Haber）發明了氮肥，這是 20 世紀的生物科技奇蹟之一。這種化肥對提高農作物產量做出了最大的貢獻，尤其是在發明後的 60 年間，直到 1960 年代基因改造種子和作物的出現。即使如此，氮肥至今仍是大規模農業生產的關鍵元素。不過，這位發明氮肥的哈伯，同時也是研發出氯氣做為可怕軍事武器的人之一。據估計，氯氣及其他有毒氣體在一戰中造成了 9.1 萬名士兵死亡。

由於一戰使用的毒氣（包括芥子氣和催淚瓦斯）造成了極大的傷害和破壞，紅十字國際委員會強烈呼籲各國政府禁止在戰爭中使用這些物質。紅十字會的努力取得了成果，1925 年，國際聯盟通過了《日內瓦公約》，正式禁止生化武器的生產、配送和使用。值得注意的是，該條約並沒有設立任何核查或執行機制，當時的提倡者希望違反條約的汙名就足以讓國家自我約束。整體來說，大多數國家確實遵守了這項條約，但也有例外。比如 2013 年敘利亞總統阿薩德（Assad）在古塔地區（Ghouta）對自己的人民投放了沙林毒氣，俄羅斯總統普丁也曾違反條約，派遣兩名俄羅斯 FSB 特工在英國南部的公園內使用被禁止的諾維喬克毒劑攻擊一位投誠英國的前特工。這起令人震驚的襲擊事件讓人想起冷戰 1.0 期間莫斯科對外國政府犯下的類似行徑。

這些違規行為讓人感到不安，專制國家可能會製造出非常危險的病毒，並用來攻擊敵人，特別是針對民主國家。根據民主國家應對 COVID-19 的經驗來看，他們針對此類攻擊的主動防禦能力通常很低。在 20 世紀的兩次世界大戰中，使用生化武器時會擔心風向改變，氣體可能會吹回來，傷害自己的人。但現在，如果一個國家釋放的是一種高度傳染又致命的病毒，只要製造出解毒疫苗，給自己的軍隊和人民使用，就不怕反擊。這是民主國家在冷戰 2.0 中必須認真對待的威脅，尤其是當人工智慧能在數小時內發明成千上萬種可能致命的分子時，這種威脅成為一大隱憂。

除了生物武器的應用，生物科技還在軍事領域的多種應用場景中發揮作用，包括以下幾個方面：

- **認知增強**：提供各種藥物補充劑給士兵，幫助他們在戰場上保持清醒和警覺，特別是在非常艱難的環境下，這些藥物比戰鬥人員過去幾十年所使用的傳統興奮劑更加有效。
- **體能增強**：安全的生物醫學治療可以增強肌肉力量，提升特定戰鬥人員的作戰能力。
- **醫療與手術治療**：為受傷的士兵提供各種新療法和手術技術，例如應用幹細胞治療，可以讓傷口癒合速度提升數倍，或者將皮膚細胞重新編程為肌肉細胞，增強士兵的體力。
- **生物感測器**：在大片區域部署生物感測器，偵測敵方使用的化學或生物戰劑，並結合人工智慧，讓軍隊能更快地採取防禦、保護和其他應對措施。
- **生物燃料**：例如正在測試用於美國地獄火飛彈

的生物燃料，這類燃料比傳統的化石燃料推進劑具有更多優勢。

- **供應鏈韌性**：利用生物科技取代特定進口物資，例如用於軍用車輛輪胎的橡膠，這樣在冷戰 2.0 的敵對行動中，能減少來自高風險地區的供應中斷或短缺的風險。

民主國家非常重視生物科技在軍事上的戰略與戰術價值，這點可以從近期北約[16]和美國政府[17]對生物科技的聲明和行動中看出來。

COVID-19 疫苗與冷戰 2.0

在 2020 年到 2021 年的 COVID-19 大流行期間，民主國家的生物科技公司反應迅速，至少有 8 家公司成功開發出有效的疫苗。這其中顯示出強烈的競爭取代現象。其中 2 家公司使用了嶄新的 mRNA 技術開發疫苗，這些疫苗成為民主國家首選，特別是因為另一款由阿斯特捷利康公司（AstraZeneca，台灣稱為 AZ）與牛津大學合作開發的疫苗，雖然有效，卻被發現有略高的心臟併發症風險。然而，AZ 公開且及時分享了藥物試驗數據，這仍然增加了人們對該疫苗的信心。在疫苗研發初期，所有疫苗製造商都得到了政府的財政支持，但這些政府並沒有「指定勝者」，而是讓市場中的競爭機制自由發揮，讓最有效的疫苗自然勝出。

相較之下，俄羅斯在疫苗競爭過程中採取的方式截然不同。俄羅斯匆忙推出衛星五號（Sputnik V）疫苗，目的是讓克里姆林宮能夠用來進行全球疫苗外交。然而，疫苗製造商卻無法向聯合國的世界衛生組織（WHO）提供獲得批准所需的完整試驗數據。由於缺乏 WHO 的認可，許多原本可能會採購俄羅斯疫苗的國家最終選擇了其他供應商。此外，俄羅斯的疫苗接種率非常低，僅約 20%，遠不足以實現全國範圍內的「群體免疫」。因此，COVID-19 對俄羅斯人民及其經濟的影響，遠遠超過預期，如果俄羅斯接受來自美國和歐洲的 mRNA 疫苗，本來可以大幅減輕影響。這對俄羅斯的疫苗外交來說是一大挫敗（但考慮到疫情是在冷戰 2.0 期間爆發，這一結果並不令人意外）。再加上俄羅斯全面入侵烏克蘭，使得民主國家對任何俄羅斯醫療產品的採用變得更加困難。

同時，中國政府誤導 WHO 和中國人民，聲稱自己的疫苗有效。如果確實接種三劑，是會有效果的，但事實上，50% 的人（包括在中國）只接種了兩劑，大大降低了疫苗的效力。由於無法使用更有效的疫苗來應對疫情，北京政府在 2022 年大部分時間內都在實施嚴格的「清零政策」。其中，上海（中國的商業中心，擁有 2,500 萬人口）的大規模封城長達兩個月，沒有任何例外。這最終引發了嚴重的街頭抗議，迫使政府突然轉變政策，完全停止封鎖措施。然而，政策一轉彎，隨即導致中國的 COVID-19 感染病例急劇增加，但北京政府開始發布虛假的疫情數據（如住院和死亡人數），因為政府擔心如果真相曝光，將會顏面盡失，甚至面臨更嚴重的後果。同樣地，與俄羅斯類似，冷戰 2.0 的局勢也讓中國無法從民主國家購得更優質的 mRNA 疫苗。俄羅斯、中國和民主國家在疫苗歷史上的差異，或許也預示著冷戰 2.0 的最終結局——在更廣泛的科技脫鉤下，兩個陣營之間的整體生活水準差距將持續數十年。

民主國家在為下一場疫情做準備時，還有許多需要改進的地方——而下一場疫情遲早會來。不過，即使存在缺陷，民主國家在應對 COVID-19 疫情時，表現仍優於兩大專制國家。這是冷戰 2.0 中的重要一幕，但雙方在全球健康舞台上的較量還未結束。

全球生物科技產業

有許多指標可以用來衡量專制國家和民主國家在生物科技領域的相對地位。以下圖表顯示了具備生命科學與醫學專業的各大學排名，以及生物科技上市公司按市值（即公司所有發行股票的總價值）計算的規模。此外，值得注意的是，儘管中國的醫學研究中心（即進行尖端研究的主要醫療中心）並未納入與民主國家的同類機構進行排名比較，但從每年約有 50 萬富有中國人到民主國家的醫療中心接受重大醫療手術這一事實中，可以得出一些結論。[18]

具備生命科學與醫學領域實力的大學非常重要，因為這些學校是生物科技創新領域的起點，還培養了未來的研究人員，這些研究人員會創辦生物科技公司或進入大型製藥公司工作。以下是全球在生命科學和醫學領域表現最優秀的前 100 所大學排名。[19]

表 8-1　大學：生命科學與醫學

	前 20 名	21-50 名	51-100 名
民主國家			
美國	11	8	12
英國	5	3	7

澳洲	2	2	4
加拿大	1	3	2
瑞典	1	0	3
德國	0	2	1
荷蘭	0	3	4
比利時	0	7	1
法國	0	1	2
日本	0	1	1
南韓	0	1	1
丹麥	0	1	0
新加坡	0	1	1
瑞士	0	1	3
芬蘭	0	0	1
義大利	0	0	1
紐西蘭	0	0	2
挪威	0	0	1
西班牙	0	1	0
台灣	0	0	1
專制國家			
中國	0	1	2
俄羅斯	0	0	0
不結盟國家			
巴西	0	0	1

表 8-2　公開上市的生技公司（市值超過 100 億美元，按市值排名）[20]

民主國家	
美國	
禮來公司（Eli Lilly）	8,300 億美元
嬌生（Johnson & Johnson）	3,840 億美元
艾伯維（AbbVie）	3,470 億美元
默克（Merck）	2,900 億美元
安進（Amgen）	1,760 億美元
輝瑞（Pfizer）	1,630 億美元
雷傑納榮製藥（Regeneron Pharmaceuticals）	1,310 億美元
福泰製藥（Vertex Pharmaceuticals）	1,250 億美元
必治妥施貴寶（Bristol Myers Squibb）	1,000 億美元
吉利德科學（Gilead Sciences）	920 億美元
碩騰（Zoetis）	830 億美元
CVS	730 億美元
莫德納（Moderna）	340 億美元
百健（Biogen）	300 億美元
因美納（Illumina）	210 億美元
歐洲	
諾和諾德（Novo Nordisk）一丹麥	6,030 億美元
羅氏（Roche）一瑞士	3,070 億美元
阿斯特捷利康（AstraZeneca）一英國	2,620 億美元
諾華（Novartis）一瑞士	2,340 億美元
賽諾菲（Sanofi）一法國	1,360 億美元

葛蘭素史克（GlaxoSmithKline）—英國	840 億美元
默克（Merck KGaA）—德國	810 億美元
龍沙（Lonza）—瑞士	460 億美元
拜耳（Bayer）—德國	310 億美元
生物新科技（BioNTech）—德國	210 億美元
日本	
中外製藥	760 億美元
武田藥品工業	460 億美元
其他民主國家	
CSL —澳洲	1,000 億美元
專制國家	
中國	
江蘇恆瑞醫藥	370 億美元
無錫藥明康德	150 億美元
百濟神州	210 億美元

俄羅斯沒有任何一家公司名列在全球前 50 名的製藥公司中，而中國明顯與民主國家處於不同層級。中國在前 50 名中只有 4 家公司，而且市值相對較小。如果按銷售額排名，則有 2 家中國公司進入前 50 名，分別是中國醫藥集團和藥明康德。

值得特別提及的是華大基因（BGI Group，前身為北京基因組研究所）。這家公司成立於 1999 年，專注於人類基因組定序，每年銷售額約為 2.5 億美元，目前還銷售一系列基因定序機器。華大基因是低成本基因定序的先驅，提供約 100 美元的基因定序服務。2020 年和 2023 年，美國政府將華大基因列入制裁名單，理由是該公司向中國政府提供涉及新疆維吾爾族公民的基因定序服務，幫助中國當局進行監控和壓迫。

華大基因的競爭對手是美國公司因美納（Illumina），該公司市值達 210 億美元，每年銷售額達 45 億美元。因美納提供完整的人類基因定序服務，費用約為 200 美元。華大基因和因美納之間曾因基因定序機器進行過專利訴訟。2022 年 5 月，德拉瓦州法院裁定因美納故意侵犯了華大基因旗下公司 Complete Genomics 的兩項專利，並裁定賠償金為 3.34 億美元。

第 9 章
其他重要的科技

冷戰 2.0 期間的創新主要會由人工智慧、半導體、量子運算和生物科技等四大加速器科技來推動，但其他科技和產業的輔助角色也很重要，其中有些科技甚至可能帶來顛覆性的創新。例如：如果核融合最終能奏效，將徹底改變全球能源市場，並使今天依賴化石燃料出口的國家面臨巨大的財富流失。整體看起來，設計、開發和應用這些科技的企業創造了民主國家和專制國家大部分的財富，進而產生經濟盈餘，可以用來支付一個國家的軍事費用。除了大規模核反應爐和高階噴射引擎，所有這些科技在民主國家的相對開放市場中，都可能面臨顯著的競爭取代。此外，這些科技幾乎都具有「軍民兩用」的特性，這一點值得注意。

造船業就是一個很好的例子；建造國家商船隊的造船廠通常也同時生產該國的海軍艦艇。本章討論的各個產業強調了一個重要觀點：雖然我們很容易認為所有的財富和創新都已數位化，但工業能力依然至關重要。這一點在汽車產業及商用飛機（特別是噴射引擎）的先進製造業中同樣適用。最終，實體和虛擬科技以及創新能力必須在民主國家無縫結合，才能產生有效的經濟和軍事實力，這也是民主國家在冷戰 2.0 中希望取得勝利的關鍵。

雲端運算

雲端運算已經發展了大約 20 年，但其實在 1980 年代末，就已經有類似的概念，以「外包」或「服務中心」模式存在，提供運算資源模型。如今，大量的運算能力（愈來愈常被稱為「算力」）來自雲端服務供應商。2022 年，美國軍方與亞馬遜網路服務公司（AWS）、微軟、Google

和甲骨文建立了大規模的雲端運算合作關係，這是一個重大的發展。此外，雲端運算公司在人工智慧的供應鏈中扮演著非常重要的角色，因為他們擁有訓練人工智慧程式所需的關鍵資料集，並且在開發人工智慧軟體方面投入了數十億美元。一些公司也正在開發高效能、專為人工智慧設計的半導體，這並不奇怪，因為他們的數據中心運行著大量的伺服器（例如 AWS 擁有約 130 萬台伺服器）。所以，當我們看到這些公司出現在第 5 章末尾的人工智慧排行榜上，並不意外。

以下是全球主要的雲端運算供應商，以及他們的年收入和市場占有率：

表 9-1　雲端運算供應商

民主國家	雲端收入	市場占有率
AWS	740 億美元	34%
微軟雲	930 億美元	22%
Google	230 億美元	9%
甲骨文	110 億美元	2%
勤達睿（IBM）	180 億美元	2%
專制國家	**雲端收入**	**市場占有率**
中國		
阿里雲	12 億美元	6 %
騰訊雲	4 億美元	2 %

科技脫鉤是冷戰 2.0 的目標和結果，阿里雲和騰訊雲的數據中心大部分都設在中國，在民主國家只有少數據點。相對而言，Google 雲端平台（Google Cloud）在中國沒有設置數據中心，但在台灣設有一座。兩大市場領導者 AWS 和微軟則分別在中國擁有少數數據中心（AWS 有兩座，微軟有五座），但在台灣沒有。實際上，美國和中國的雲端運算服務市場已經呈現出較明顯的分裂。如果美國政府規定美國擁有的雲端服務供應商必須停止向中國客戶提供人工智慧服務，那麼這些規定對於這兩大龍頭來說，應該不會有太大的執行難度。事實上，微軟在 2024 年初已宣布正在縮減中國研發中心的員工，並將相關業務轉移到馬來西亞。

值得注意的是，所有頂尖的雲端運算公司都是美國公司。這是一個重要的事實，並且對冷戰 2.0 的發展產生直接影響。儘管過去私人企業也曾經在地緣政治事務中扮演重要角色，但美國科技公司在冷戰 2.0 中的影響力可說是前所未見。有兩個例子可以說明這一點。首先，在俄烏戰爭中，美國公司星鏈（Starlink）透過小型地面終端設備和 6,000 顆低地軌道衛星系統，讓烏克蘭武裝部隊和政府能持續連結網際網路。其次，在中東地區，微軟幫助美國國務院阻止中國擴大影響力，動搖人工智慧生態系統，微軟投資 15 億美元給阿聯酋領先的人工智慧服務公司 G42，取代了原本的中國投資者。

軟體

對人類使用者來說，能執行功能的軟體很重要，就像驅動電腦的半導體一樣。沒有軟體，電腦和半導體就像靜止的船錨，必須靠軟體讓設備「活躍」起來。人工智慧也是一種軟體。軟體有很多種類，但大致可以分成兩大類：橫向應用軟體和縱向應用軟體。橫向應用軟體可以執行較為通用的功能，適合各種類型的使用者。例如：文書處理軟體就是橫向應用軟體，因為不同公司、組織甚至個人都會使用它。相較之下，專門設計給高爾夫球場經理使用的軟體則是縱向應用軟體，因為它只針對高爾夫球場設計，無法用來處理其他類型的業務，例如企業的財務帳目。雖然人工智慧屬於橫向應用軟體，它同時也是一種「加速器」，因為人工智慧元素最終一定會融入幾乎所有的軟體，不論是橫向應用軟體還是縱向應用軟體。

當我們在冷戰 2.0 的背景下考量不同社會的優勢和劣勢時，軟體也是個重要的指標，可以反映出這個社會在程式設計方面有多熟練。換句話說：有多少比例的人口具備編寫軟體程式的能力？在現代社會中，人們應該具有較強的讀寫能力：他們可以閱讀、理解，並使用至少一種當地語言進行書寫。理想情況下，如果他們的母語不是英語，還應該具備一些基本的英語能力，因為英語是國際商業、科學和科技的通用語言。同樣地，人們也需要有相當的數學能力——能理解基本的商業、科學和科技知識，雖然現代高階計算機可以在一定程度上掩蓋數學能力的不足（這在許多初級工作中可能不會顯現出來，但管理階層可能就不一樣了）。此外，現代社會的學生還需要學習兩種「語言」：一是編寫軟體程式的「程式設計語言」，另一是閱讀財務報表的「商業語言」。因此，一個擁有大量軟體程式工程師的國家，無論在經濟還是軍事方面，都比缺乏這項技能的國家更具優勢。民主國家和專制國家在軟體程式設計能力上的對比，將會影響冷戰 2.0 的發展走向。

以下是全球市值最高的 25 家軟體公司（以股市估值計算）。在分析冷戰 2.0 時，有一點值得注意：除非有特別注明，這些公司的總部都位於美國。

表 9-2　上市軟體公司

公司名稱	市值
蘋果	3.3 兆美元
微軟	3.09 兆美元
Alphabet (Google)	1.9 兆美元
甲骨文	3,780 億美元
Adobe	2,480 億美元
SAP －德國	2,530 億美元
Intuit	1,860 億美元
IBM	1,770 億美元
ServiceNow	1,710 億美元
施耐德電氣－法國	1,400 億美元
Palo Alto Networks	1,200 億美元
ADP	1,070 億美元
Shopify －加拿大	950 億美元
新思科技	810 億美元
益華電腦	740 億美元
Palantir	720 億美元
Constellation Software －加拿大	650 億美元
Crowdstrike	640 億美元
Workday －愛爾蘭	610 億美元
Fortinet	570 億美元
Autodesk	540 億美元
The Trade Desk	500 億美元
達梭系統－法國	490 億美元
Snowflake	440 億美元

這份 25 家頂尖軟體公司排行榜讓人很難忽視美國的主導地位。事實上，在全球前 100 家公開上市的軟體公司中，美國企業占了 74 家，俄羅斯和中國的企業則完全缺席。其餘公司都來自民主國家，具體分布為：美國 74 家，加拿大和以色列各 5 家，澳洲 3 家，法國 2 家，德國、紐西蘭、荷蘭、西班牙和盧森堡各 1 家。考量到這樣的產業格局，前 79 家公司幾乎都來自北美，或許也解釋了為何頂尖的人工智慧公司（人工智慧是一種軟體）也大多集中在北美。

軟體服務

軟體服務供應商是資訊科技顧問公司，專門協助其他公司執行大型科技專案。這些專案範圍很廣，可能包括根據前述公司提供的基礎軟體進行客製化，或是為尚無基礎軟體產品的功能撰寫全新軟體。除了 IBM，這些公司都相對年輕，隨著電腦革命的發展而崛起。下表顯示了這些公司的最新年度銷售額和市值。除非特別注明，歸類於「民主國家」的公司皆為美國企業。

表 9-3　軟體服務、顧問公司

民主國家	銷售額	市值
埃森哲	640 億美元	2,050 億美元
IBM	610 億美元	1,770 億美元
Deloitte	640 億美元	未公開
DXC	140 億美元	35 億美元
源訊（法國）	120 億美元	$1 億美元
凱捷（法國）	250 億美元	340 億美元
CGI（加拿大）	100 億美元	240 億美元
專制國家		
中國有許多小型的電腦服務顧問公司，但他們的規模和科技水平都無法與表中列出的其他公司相比。表中所列的一些軟體服務提供商也為中國的客戶提供服務。		
不結盟國家		
塔塔顧問服務（印度）	290 億美元	1,950 億美元
印福思（印度）	180 億美元	920 億美元
高知特（印度）	190 億美元	370 億美元
威普羅（印度）	110 億美元	320 億美元

網路平台

網路平台指的是那些透過網際網路為消費者提供多樣化電子服務的公司，包括傳遞訊息、各類應用程式、影片、文字、瀏覽器搜尋等服務。當我們檢視下方列出的公司與極高的市值時，請大家記得：這些公司在 1990 年代商業網際網路普及之前並不存在，且他們最初都是小型新創企業。1994 年，亞馬遜主要由貝佐斯（Jeff Bezos）、他的妻子麥肯錫（MacKenzie）和幾名員工負責包裝商品，處理首批網路訂單。如今，亞馬遜是一家出色的科技公司，利用網際網路銷售商品。而他的雲端運算部門 AWS 則是最賺錢的部門，並在表 9-1 的排行榜上擁有顯著的領導地位。

在冷戰 2.0 的背景下，網路平台市場已經因為民主國家和專制國家之間的科技脫鉤而進一步分裂，這是一個非常有趣的現象。專制國家經常封鎖其公民對許多在民主國家中日益突出的網路平台的訪問權限。美國和中國唯一共同使用的大型社群媒體平台是抖音（TikTok），但美國政府在 2024 年 4 月通過一項法案，禁止抖音在美國營運，除非這項服務被轉讓給不受中國利益控制的實體。

以下列出民主國家和專制國家的主要網路平台企業與市值（未上市企業則顯示融資金額）：

表 9-4　網際網路平台企業

服務	民主國家	專制國家
電商	亞馬遜　3.3 兆美元	阿里巴巴　1,920 億美元
搜尋	Google　1.9 兆美元	百度　300 億美元
訊息	WhatsApp（Meta / Facebook）	微信（騰訊）
社群	Meta　1.3 兆美元	騰訊　4,350 億美元
影音（長）	YouTube（Google）	優酷（阿里巴巴）
影音（短）	抖音（字節跳動）	抖音（字節跳動）
共乘	Uber　1,540 億美元	滴滴打車　180 億美元
住宿	Airbnb　740 億美元	途家［私募 7,550 億美元］
旅遊	Expedia　170 億美元	途家［私募逾 10 億美元］
旅館	Booking.com　1,230 億美元	好巧［私募 260 億美元］
支付	PayPal　730 億美元	支付寶（阿里巴巴）

值得注意的是，在民主國家列出的公司中，除了來自荷蘭的 Booking.com，其他所有公司都位於美國。

電信科技

電信科技對於現代生活的正常運作至關重要。無論出於什麼目的，人們總喜歡透過電話交流，隨著寬頻網路和行動網路的發展，大家愈來愈能夠以低成本進行遠距離通話。電信網路也是當今最重要的通訊媒介——網際網路——的骨幹。提供網路設備給電信業者的供應商，如中國的華為、瑞典的愛立信、芬蘭的諾基亞，以及美國的思科，都成為了科技產業的重要參與者。在這四家全球市值和營收很可觀的供應商當中，中國公司華為的崛起更是引人注目。

電話系統在 1960 年代之前都是機械裝置。中央電話交換機是由鋼鐵和線路交織而成的龐大結構，把兩條線路接在一起來完成電路，即可通話。這是機械工程的傑作。然而，在短短 10 年間，這些機械技術全面數位化，變成由軟體控制且依賴半導體運作的系統。如今，內含精密軟體的半導體已成為電信網路設計與運作的核心，電信網路也是自網際網路出現以來，推動全球數位通訊革命的重要基礎。過去 5 年，華為在冷戰 2.0 中代表中國所扮演的角色，正是這一轉變的最佳證明。

華為向中國電信這樣的行動通訊服務公司提供了中國境內大部分網路主幹設備，中國電信是全球最大的電信運營商，擁有約 3.9 億使用者。華為在中國以外的銷售也在持續成長。在許多國家，華為提供「一站式技術轉移解決方案」（turnkey solutions），從基礎的網路設備，到先進的監控與控制系統，這些技術可用來密切監視和追蹤人民的活動，特別受到專制政權的青睞。此外，華為還為中國軍方提供關鍵的電信設備，確保解放軍在後勤與作戰環境中的通訊連結。

由於華為涉及中國境內及海外的平民監控壓迫與軍事活動，美國政府從 2019 年開始禁止華為出售產品和服務給美國的電信運營商。澳洲和紐西蘭早在 2018 年便採取了類似的措施，隨後，「五眼聯盟」其他國家也跟進美國的做法（英國在 2020 年、加拿大在 2022 年），此外，日本和台灣也加入了這一行列。這些國家除了擔憂華為向解放軍銷售設備並協助數位監控壓迫人民，還擔心華為無法保證系統中流通的訊息不會被分享給中國政府。根據民主國家的電信法，電信公司不得攔截、研究或以任何方式窺探網路中流通訊息的內容，除非執法部門根據獨立法官批准的搜查令要求這樣做。而在專制國家，包括中國，這些法治保障並不存在。因此，民主國家合理擔憂，做為電信設備的供應商，華為可能會從網路中攔截訊息，並將這些高度機密和商業敏感的數據分享給中國政府及其機構。進一步加劇這些憂慮的原因在於，華為並非一家公開上市公司，未上市的情況下，公眾無法像對待上市公司那樣，每四個月就能查看詳細的財務、商業和其他資訊。

美國政府不只是禁止美國電信運營商使用華為的設備。川普政府於 2019 年對華為實施了禁運，禁止美國供應商向華為出售半導體和其他零組件。隨後在 2020 年，擴大禁運範圍，涵蓋所有使用美國原產設備或軟體製造的商品，包括半導體，皆不得出售給華為。這有效地切斷了華為獲取關鍵半導體和其他相關設備的管道，導致華為銷售額大幅下滑。華為在 2019 年的銷售額為 1,290 億美元，但因美國的貿易限制，這一數字在 2022 年降至 930 億美元。這一制裁政策的成功使得美國政府進一步擴大了制裁範圍，將同樣的措施擴大至其他中國商業實體，包括另一家中國電信設備領導企業——中興（ZTE）。這場針對華為和中興的半導體制裁實驗，最終促使拜登政府在 2022 年秋季實施了更廣泛的半導體及相關設備的制裁政策。

以下是全球領先的電信設備公司（按年度銷售額和市值排名）：

表 9-5(A)　電信科技供應商

民主國家	銷售額	市值
思科－美國	570 億美元	2,020 億美元
諾基亞－芬蘭	240 億美元	220 億美元
愛立信－瑞典	250 億美元	230 億美元
專制國家	**銷售額**	**市值**
華為－中國	930 億美元	未公開
中興－中國	170 億美元	160 億美元

以下則是全球主要的智慧型手機供應商，並附上其「母國」與相應的市場占有率：

表 9-5(B)　全球智慧手機銷售額—— 2022 年第 4 季

企業－國籍	市場占有率
蘋果－美國	23%
三星－南韓	19%
小米－中國	11%
Oppo －中國	10%
Vivo －中國	8%
其他	29%

表 9-5(C)　美國全球智慧手機銷售額—— 2022 年第 4 季

企業－國籍	市場占有率
蘋果－美國	57%
三星－南韓	20%
聯想－中國	6%
Google －美國	6%
中國雄獅－中國	2%
其他	9%

表 9-5(D)　中國智慧手機銷售額—— 2022 年第 4 季

企業－國籍	市場占有率
蘋果－美國	22%
Oppo －中國	16%
Vivo －中國	18%
榮耀－中國	15%
小米－中國	12%
其他	16%

值得注意的是，根據表 9-5(c) 和 9-5(d) 的數據，除了蘋果 iPhone 在中國高階智慧型手機市場中仍保持強勁，美國與中國市場之間幾乎已經完全科技脫鉤了。

太空與衛星科技

自 1950 年代末和 1960 年代初冷戰 1.0 高峰時期，俄羅斯和美國首次啟動太空計畫以來，太空與衛星科技的重要性和影響力日益增加。從軍事角度來看，地球的高層大氣和外太空被視為終極的「制高點」，因此對軍方將領及其戰略規畫團隊中具有特殊意義。據估計，目前在這片太空中運行的衛星已超過 7,800 顆，並且還有數千顆衛星正在計畫部署中。隨著半導體革命帶動電子和其他零件的小型化，衛星的體積大幅縮小，數量也以指數成長。此外，過去 10 年來的另一大進展是火箭發射系統的設計已被徹底改造，變得更小、更便宜，而且有些甚至可以重複使用。這導致將衛星送入地球軌道的成本大幅下降——從每公斤 65,000 美元降至 1,500 美元，未來可能還會進一步降低至每公斤 150 美元，甚至根據發射載具的重複使用情況，最終可能降至每公斤 15 美元。目前這個領域的領導者是 SpaceX，該公司是由馬斯克所創立，透過競爭性替代，徹底改變了發射產業的格局。

在衛星方面，將小型衛星送入低地球軌道的成本大幅降低，為科技創新開啟了真正的浪潮，尤其是在新的感知科技以及將這些新服務引入民用和軍用市場的商業模式上。以下僅列出衛星和發射載具（「火箭」）的製造商，不包括其他各類衛星系統的營運商。馬斯克再次打破了過去的禁忌和經濟模式，透過他的星鏈業務，目前已經有大約 6,000 顆小型衛星在軌運行，並計畫將這個數字擴展到 10 倍。此外，還有其他公司也正在為民用、政府／情報機構和軍事市場帶來全新的創新科技和商業模式，其中包括卡柏拉太空公司（Capella）。卡柏拉太空公司使用一種新穎的合成孔徑無線電波／雷達感測科技，因此可以在夜晚或多雲天氣下拍攝影像，而不僅限於晴天，卡柏拉太空公司還會利用新穎的人工智慧系統對物體和趨勢進行即時分析。

在許多方面，民主國家在商業太空活動中的高度活躍，與中國政府主導、缺乏市場活力的自上而下模式形成了鮮明對比。中國在這個快速成長的市場中僅有的少數幾家新創公司，大都是由兩大國有航太承包商——中國航天科工集團（CASIC）和中國航天科技集團（CASC）——分拆而來。這些分拆出來的公司通常有國家控制的投資者，以密切監控科技發展。例如：中國商業火箭發射領域的領導企業「星際榮耀」的主要投資者之一就是完全由中國政府擁有的「上海浦東科技投資有限公司」。此外，星際榮耀使用的火箭也是改良自中國軍用導彈，來自中國航天科工集團和中國航天科技集團。不過，不能輕視中國在未來太空活動中的潛力，特別是 2024 年 6 月，中國成功將無人登月器降落在月球背面，並收集了月壤樣本，隨後返回艙順利返回地球。由於俄羅斯曾在一年前執行類似任務，但登月器最終墜毀而失敗，使得中國這次的成功更顯突出。

在衛星方面，中國政府並未依賴私人企業開發類似星鏈的競爭對手，而是另行成立了一家國有公司——中國衛星網絡有限公司（CSCN），以推動低軌道衛星星座系統。然而，儘管中國衛星網絡有限公司與兩家國有巨頭中國電子科技集團（CETC）和中國電子（CEC）合作，兩年間進展甚微。為此，北京中央政府派出反腐調查人員進駐中國衛星網絡有限公司辦公室，調查是否存在違規行為，這也是北京政府在政府主導的科技創新系統失敗時常見的反應。整體來說，無論是在發射載具還是衛星領域，中國的專制領導層都不允許競爭取代機制發揮作用，這也壓抑了科技創新。

下方列出了發射載具和衛星領域的主要廠商，上市公司會列出市值，未上市公司則列出目前募資金額。

表 9-6　太空發射與衛星企業

民主國家	市值或募資金額
太空探索科技公司－美國	98 億美元
星鏈－美國	0.41 億美元
火箭實驗室－美國上市公司	33 億美元
藍色起源－美國	1.67 億美元
洛克希德馬汀－美國上市公司	1,320 億美元
波音－美國上市公司	1,060 億美元
亞馬遜－美國上市公司	1.8 兆美元
維亞衛星公司－美國上市公司	22 億美元
行星實驗室－美國上市公司	7.8 億美元
彈射航空航天公司－美國	1.18 億美元

約克太空系統公司－美國	0.09 億美元
黑天－美國上市公司	1.7 億美元
鉱星－美國上市公司	37 億美元
全球星－美國上市公司	24 億美元
Axiom Space －美國	4.32 億美元
Orbex －美國	1.09 億美元
Omnispace—美國	1.4 億美元
諾斯洛普格魯曼－美國上市公司	730 億美元
卡柏拉太空公司－美國	2.39 億美元
相對論－美國	13 億美元
回聲星－美國上市公司	48 億美元
Pixxel －美國	0.69 億美元
Maxar ／ SSL －加拿大、美國	40 億美元
開普勒公司－加拿大	1.77 億美元
國際通訊衛星公司	0.54 億美元
阿里安航天－法國、歐盟	1.11 億美元
歐洲通訊衛星／ OneWeb －法國、英國上市公司	23 億美元
空中巴士－歐盟上市公司	1,210 億美元
塔雷斯／萊昂納多－法國、義大利上市公司	140 億美元
Ovzon －瑞典	0.65 億美元
維珍銀河、軌道－英國上市公司	180 億美元
Astroscale －日本	3.38 億美元
三菱重工業－日本上市公司	$420 億美元

專制國家	市值或募資金額
中國	
星際榮耀	2.76 億美元
星河動力	1.93 億美元
快舟	5.14 億美元
零壹空間	1.16 億美元
深藍航天	0.27 億美元
凌空天行	0.6 億美元

值得注意的是，俄羅斯企業並未出現在上列名單中。這反映出，即使是在「大科學」太空任務方面，俄羅斯的活躍程度也明顯下滑。自 1990 年代開始，俄羅斯與美國聯手建造並運營國際太空站（ISS）。然而，隨著俄羅斯入侵烏克蘭後，似乎進行了預防性行動，俄羅斯航太（Roscosmos）在 2022 年 6 月表示，將於 2024 年後退出國際太空站。國際太空站源自 1985 年蘇聯領導人戈巴契夫與美國總統雷根之間的會談，當時美俄關係開始緩和，戈巴契夫推動了「改革」與「開放」的政策。如今，冷戰 2.0 逐漸升溫，俄羅斯宣布將退出國際太空站，並似乎決定自行建造自己的太空站。中國也表態將建立自己的太空站（中國從未被美國邀請參加國際太空站）。看來，在冷戰 2.0 的背景下，太空領域將不會看到大國之間的合作

（即使是俄羅斯與中國之間也不例外）。事實上，俄烏戰爭爆發數個月後，俄羅斯航太的負責人還曾提醒美國，俄羅斯是第一個成功將探測器降落於金星的國家，因此金星屬於俄羅斯。即使這樣的言論帶有玩笑意味，但也顯示出太空探索所需的國際合作並沒有樂觀的前景，但想要外太空上維持和平，三大航太強國以及其他致力於探索行星的國家，必須進行必要的合作。

核能產業

核能產業就是典型的「軍民兩用」科技產業，但這產業有些矛盾的特性，一方面可以帶來巨大好處，例如核能發電不會產生溫室氣體；但另一方面，如果發生重大事故，發生爐心熔毀並釋放出大量放射性物質到大氣中，便會對人類和其他生命帶來極大的危險。操作核電廠，包括配備小型核動力引擎的潛艦，需要高度的科學和科技專業，而這種專業人才目前供應短缺。澳、英、美三方安全夥伴（AUKUS）的「核動力潛艦協議」認為培養澳洲核子科學工程師就是成功的關鍵。

核能產品和科技中充滿了半導體和軟體的應用。無論是製造核電廠還是核動力潛艦（無論是否攜帶核武器）的精密零件，所需的設備都由微電路嚴密控制。所謂的「先進製造科技」其實就是「由大量電腦控制的生產方式」，而核工業的供應鏈極度依賴精密工程和先進製造科技。至於核電廠本身，過去是土木和機械工程師的專業領域，當然這些學科至今仍然至關重要。不過，現在核電廠的控制系統——可以說是它的「大腦和神經系統」——都由軟體和半導體科技所主導。雖然核物理學依然是從原子中提取能量的基礎，但確保這個過程安全可行的各種程序，都是由運行軟體和半導體的微電子設備來監控和管理的。

從冷戰 2.0 的角度看，民主國家要面對俄羅斯國家原子能公司（Rosatom）的挑戰，這是俄羅斯的國有企業，受俄羅斯政府控制。根據公司章程，普丁甚至可以直接下達指示。俄羅斯國家原子能公司的國際業務規模龐大，包括設計、建造和運營核電廠，並為客戶提供燃料供應和維修服務。這家公司在國際市場上非常活躍，目前正在 11 個國家建造核電廠，[1] 並在全球擁有大規模的鈾濃縮業務，用於供應核反應爐的燃料。目前，美國核電廠使用的燃料中約有 40% 來自俄羅斯國家原子能公司，這家公司也是歐洲第三大核燃料供應商。自從俄羅斯入侵烏克蘭以來，民主國家開始思考要如何擺脫對俄羅斯石油和天然氣的依賴；但對於如何在核能產品和服務供應鏈上減少對俄羅斯國家原子能公司的依賴，卻還不夠重視。冷戰 2.0 下的民主國家應優先考慮切斷與俄羅斯在核科技和供應上的連繫。

烏克蘭的核能系統特別脆弱，因為國內有 15 座核反應爐採用了俄羅斯的設計和科技，這是蘇聯時期遺留下來的影響。然而，自從俄羅斯在 2014 年吞併克里米亞後，烏克蘭開始將其核燃料來源轉換為美國公司西屋電氣（由加拿大公司擁有）。隨著俄羅斯於 2022 年 2 月全面入侵烏克蘭，不少民主國家（包括捷克、斯洛伐克和保加利亞）也開始朝這個方向發展，只是還有很多進步空間。民主國家應攜手合作，為核燃料供應制定大規模承諾，確保新的核燃料供應商可以取代俄羅斯國家原子能公司目前提供的產品和服務。歐盟在 2023 年 3 月實施了類似的策略，以 10 億歐元的融資資金購買了大量彈藥，會員國在實際接收彈藥時再支付費用。如果採取共同行動，加拿大、法國、荷蘭和美國等擁有核能的民主國家擁有足夠的產能，可以完全取俄羅斯國家原子能公司在核燃料供應鏈中的角色，但需要集體合作，以更具成本效益和效率的方式實現這一目標。歷史上的重大合作項目也造就了目前的局面，例如 1990 年代的「兆噸換兆瓦」（Megatons to Megawatts）計畫，蘇聯解體後核彈頭除役，而美國同意購買俄羅斯軍用核彈頭的核燃料。然而，面對當前的新需求，民主國家需要在俄烏戰爭的背景下，開始新的科技脫鉤，以減少對俄羅斯等專制國家的依賴，並確保能源安全。

在北約內部，匈牙利和保加利亞分別有 37% 和 43% 的電力來自俄羅斯國家原子能公司建造的核電廠，這兩個國家的風險尤其大。土耳其近來在北約體系內不夠合作，和俄羅斯國家原子能公司簽了一份巨額合約，不但讓這家公司負責設計、興建和經營大型核能設施，而且在長達數十年的合約期間，核能發電設施都由俄羅斯國家原子能公司持有。這引起各國憂慮，因為俄羅斯政府可能利用這些國家對俄羅斯國家原子能公司的依賴來施加影響力，更何況這家公司還是由克里姆林宮擁有並掌控。俄羅斯過去曾利用能源出口來推動其地緣政治議程，例如在某些情況下切斷對烏克蘭的天然氣供應，或對德國宣稱北溪 1 號管道有維護問題。核電商業合作中的深厚關係，也可能帶來破壞、施壓、貪汙和間諜活動的機會，甚至僅僅是強硬的外交手段。在聯合國大會中，約有一半未投票譴責俄羅斯入侵烏克蘭的國家，與俄羅斯國家原子能公司有重大核電合作。芬蘭在這方面做出明智決定，在俄羅斯入侵烏克蘭後不久，便取消了與俄羅斯國家原子能公司的核電廠計畫。波蘭和烏克蘭也選擇西屋電氣建造新的核反應爐。這三項舉措都是新冷戰 2.0 框架下推動科技脫鉤的良好範例。

不過，俄羅斯的國際核能外交有時適得其反，會產生負面後果。2010 年代中期，普丁曾試圖迫使南非與俄羅斯建立長期商業合作關係，由俄羅斯為南非建造 8 座核反應爐，總預算（包括所有維護和燃料服務）估計為 760 億美元。這項採購並未經過南非通常的招標程序，當交易細節曝光後，南非社會一片譁然。南非的司法體系介入，最終裁定此交易無效。南非總統祖馬（Jacob Zuma）和古普塔家族（the Gupta clan）遭到嚴厲譴責，普丁也因未能協助南非遵循此類交易的標準程序，在非洲的形象大受影響。最終，南非的民主制度（包括其對制衡的堅持）挽救了局面。以下列出全球主要的核能產業要角，標注「國籍」，並附上該國營運中的大型核反應爐數量（這能大致反映這些產業要角的專業水準）：

表 9-7　傳統大型核（分裂）反應爐供應

民主國家	反應爐數量
美國（西屋－所有權屬假拿大；奇異日立）	93
法國（法馬通）	56
南韓（奇異日立；韓國原子能研究所）	25
加拿大（AtkinsRéalis）	19
日本（奇異日立）和德國（奇異日立／俄羅斯國家原子能公司）	反應爐除役中

專制國家	反應爐數量
俄羅斯（俄羅斯國家原子能公司）（不計入國外反應爐）	37
中國（中國核工業集團公司和中國廣核集團）	54
不結盟國家	**反應爐數量**
印度（Bhaba）（俄羅斯國家原子能公司正在興建 6 座反應爐）	23

在核能領域出現了一個有趣的發展，即許多新進企業正在推廣小型核反應爐科技，這些小型反應爐每年發電量可達 300GW，傳統大型核能系統的發電量則介於 1,000 至 3,000GW 之間。現在還很難判斷這些新進者是否會對傳統公司或科技構成競爭替代的挑戰。以下是一些規模較大的新進企業及資本額：

表 9-8　小型核（分裂）反應爐供應商

民主國家	資金
泰拉能源－美國	0.83 億美元
紐斯凱爾動力－美國	4.69 億美元
BWX －美國	6.5 億美元（上市公司）
Moltex －英國／加拿大	0.5 億美元

此外，還有一些傳統供應商在為「小型」反應爐市場打造解決方案：

民主國家	資金
西屋（eVinci）－美國	無資料
奇異／日立－美國／日本	無資料
勞斯萊斯小型模組化反應爐－英國	無資料
專制國家	**資金**
中國核工業集團有限公司－中國	無資料

這些小型新進企業在緊湊型核反應爐領域的表現，與大型公司所提供的小型反應爐方案之間的競爭，值得觀察。當這些靈活的新創公司挑戰業界老牌企業的既有思維時，競爭取代機制是否會發揮作用，讓新進者成功突圍，值得期待。

核融合科技

核融合科技能滿足全球能源需求的巨大潛力，所以受到全球多家企業和政府的重視，而且相較之下，核融合對環境的負面影響較少。融合是透過壓縮原子，使其融合並釋放出巨大能量。這個過程是驅動太陽能量的機制，也是氫彈運作的原理。（而「一般」的原子彈和民用核電廠是以核分裂的過程來產生能量，不是核融合。）目前，核融合的研究計畫主要有兩條路徑。首先，有一群國家正參與建造國際熱核融合實驗反應爐（ITER）。一旦建成，將成為一個大型的托卡馬克（Tokamak）反應爐，用於進行融合實驗。參與國家包括歐盟、美國、俄羅斯、中國、印度、日本和南韓。這項計畫的總成本估計約為 600 億美元，大部分資金來自各國的實物捐助，例如反應爐的不同組件。反應爐目前正在法國南部建造。

ITER 計畫採用了非常大膽的建造科技，如果沒有現代電腦的幫助（比如由軟體和半導體支持的設計、採購與施工管理技術），根本無法完成。每個參與的國家主要不是提供金錢，而是製造這個大型托卡馬克反應爐的特定組件。因此，其設計階段首先會使用「數位孿生」技術，在電腦中做出每個零件的模型（甚至包含小螺絲），形成一份完整的電子藍圖。各國根據這份藍圖，精確製造並預先組裝這些巨大的組件（由高效能的半導體機器來完成這些工作）。組件會被運到法國的建造現場卡達拉舍（Cadarache），由來自多國的工程團隊進行最後的品質管控，並監督組裝過程。這是人類史上最大規模的科學實驗，如果沒有高效能半導體支援的軟體持續運作，根本無法完成。ITER 反應爐完工並開始運行後，還要借助量子電腦的支持來進行更深入的研究。

在冷戰 2.0 的背景下，自 2022 年 2 月俄羅斯入侵烏克蘭以來，民主國家內部曾討論是否將俄羅斯逐出 ITER 聯盟，但這在現實層面上卻辦不到，因為俄羅斯已經完成了許多主要組件的製造，並且仍在生產其他組件。如果這些組件無法到位，其他參與國也難以填補這些空缺。值得注意的是，如果 ITER 實驗成功，歐盟已表示將以另一個僅限歐盟成員的研究聯盟來繼續推動核融合研究，這樣可以排除非歐盟成員的參與資格。其他國際研究聯盟的處理方式也很相似，例如歐洲核子研究組織（CERN），這個位於日內瓦的國際物理研究聯盟，在 2022 年 3 月宣布，與俄羅斯的研究合作協議將於 2024 年底到期，並且不會續約，這也再次顯示了冷戰 2.0 帶來的科技脫鉤趨勢。

許多私人企業正在推動核融合研究的第二條發展路線，他們在興建小型示範核融合反應爐，這是核融合發電商業化的最後一哩路，一旦試驗成功，就能將核融合電廠商業化，供應給各自國家的電網。目前全球約有 40 家公司正在開發核融合技術，其中 7 家公司募得的資金都超過 1 億美元，因此被視為產業要角（表 9-9 列出了各公司所在國與募資金額）。[2] 這些私人企業的資金主要來自矽谷的創投公司和個人創投者，他們讓這種尖端計畫具備了美國早期高科技公司的管理模式和經營理念。[3]

表 9-9　核融合公司

民主國家	資金
Commonwealth Fusion Systems －美國	20 億美元
TAE Technologies －美國	10 億美元
Helion Energy －美國	5.77 億美元
General Fusion －加拿大	3 億美元
Tokamak －英國	2.5 億美元
Zap Energy －美國	2 億美元
First Light Fusion －英國	1 億美元
專制國家	**資金**
ENN Fusion Technology －中國	2 億美元

從上表可以清楚地看出，有 7 家公司來自民主國家，僅有 1 家來自專制國家。這正是民主國家在科技創新方面成功的「祕密武器」。民主國家投入更多的資金，進行更多的嘗試，因此有更高的機會產生科學和工程上的突破，這也促使民主國家出現更高的競爭取代率和更優越的經濟成長，進而創造出更多的財富盈餘，可以分配給各種社會目標，包括國家安全。正如之前提到的，這是民主國家在冷戰 2.0 中將勝過專制國家的主要原因之一。此外，在中

國和俄羅斯，傳統核分裂產業的既得利益根深柢固，這將阻礙核融合科技公司發展，因為核分裂領域的主要企業都是國營單位，而當前的政治領導層在這些公司中有著深厚的利益關係。

汽車產業

無論從銷售額、員工數量，還是龐大的供應鏈來看，汽車製造業儼然是全球最大的高科技產業。自 1880 年代汽車發明以來，直到 2010 年代左右，汽車和卡車還一直是純機械裝置。如今，每輛車大約包含 3,000 顆半導體，而且這個數字正在迅速增加（標準電動車約有 5,000 顆半導體，而具備先進自動駕駛功能的電動車則有約 7,500 顆）。從冷戰 2.0 的角度來看，雖然民用汽車製造商在承平時期不生產軍用車輛，但在二戰中，底特律的大型汽車工廠最終扭轉了戰局，這些汽車工廠被轉為生產坦克、卡車、吉普車、船隻和飛機的工廠，為盟軍提供了強大的支持。

下表列出全球頂尖車廠的年銷售額：

表 9-10　全球大型車廠的年銷售額

公司	年銷售額
民主國家	
福斯汽車－德國	3,490 億美元
豐田－日本	3,070 億美元
Stellantis －美國／義大利（克萊斯勒、飛雅特）	1,210 億美元
賓士－德國	1,660 億美元
福特－美國	1,760 億美元
BMW －德國	1,680 億美元
本田－日本	1,360 億美元
通用汽車－美國	1,710 億美元
現代－南韓	1,230 億美元
特斯拉－美國	960 億美元
日產－日本	860 億美元
起亞－南韓	750 億美元
雷諾－法國	570 億美元
鈴木－日本	350 億美元
專制國家	
中國	
上汽－中國	1,040 億美元
比亞迪	840 億美元
北汽－中國	270 億美元
吉利－中國（擁有 Volvo）	210 億美元
廣汽－中國	180 億美元

理想汽車	170 億美元
東風－中國	130 億美元
一汽－中國	90 億美元
蔚來	80 億美元
小鵬	60 億美元

冷戰 2.0 的脫鉤對全球汽車產業影響重大。中國的汽車製造廠正生產大量車輛，尤其是電動車，就是為了將中國市場無法消化的車輛出口至外國市場，尤其是北美和歐洲。然而，華府、布魯塞爾和渥太華的政府已明確表態，不會允許中國主導電動車的工業基礎，並且大幅提高中國電動車的進口關稅，以限制其進入本國市場。實際上，民主國家正在實施科技脫鉤，部分原因是為了保護本地的電動車生產工廠，另一個原因是他們不希望中國車廠獲得民主國家的車主數據，因為中國企業會將敏感數據分享給北京政府，構成嚴重風險（簡單來說，對抖音提供社群媒體數據的擔憂，同樣適用於電動車，因為電動車會生成大量關於駕駛行為、地理位置和其他與車輛使用相關的數據，並回傳給汽車製造商）。

造船業

乍看之下，造船業可能不算是高科技或戰略性產業，但事實上，現代造船廠的運作、精密製造、機器人科技的應用，以及龐大的供應鏈，還有現今貨船上的高科技設備（更不用說軍艦上的武器系統），都絕對符合高科技產業的標準。此外，全球航運業的重要性不容忽視。儘管當今數位高科技在全球占據了重要地位，但實體貨物仍然極為重要，例如自然資源、農產品、食品，以及沃爾瑪和宜家銷售的所有商品。而國際間貿易的這類貨物中，有 70% 是靠船運（只有易腐壞的貨物大都透過航空運輸）。因此，從冷戰 2.0 的角度來看，了解全球主要造船商是誰、他們的技術水準如何，以及他們的船廠位於哪些國家，都至關重要。

以下是主要造船廠的列表，按國家分組並附上各國在全球造船市場的占有率：

表 9-11　造船廠

民主國家
日本：29%
住友重工業
今治造船
三菱重工業

韓國：17%	
	現代重工業
	K 造船
	三星重工業
	大宇造船
其他：3%	
	達門造船廠－荷蘭
	芬坎蒂尼造船集團－義大利
	亨廷頓英格爾斯－美國
專制國家：46%	
	中國船舶工業集團

基本上，世界上大型商船和大部分軍艦都建於亞洲的三個國家裡，分別是兩個民主國家（日本和韓國）及一個專制國家（中國）。例如：韓國建造了全球 90% 的液化天然氣運輸船。當俄羅斯開始入侵烏克蘭時，這些船就變得極為重要，因為歐洲需要擺脫對俄羅斯天然氣的依賴，而新型液化天然氣運輸船則主要將美國的天然氣運往歐洲。雖然台積電和英特爾在美國的新工廠可以複製以台灣為中心的高階半導體生產，但要重建龐大的造船能力，包括建造大型乾船塢和高度專業化的供應鏈，將會困難得多。這也是為何在冷戰 2.0 的背景下，民主國家有必要在東亞建立一個類似於「太平洋聯盟條約組織」（PATO）的集體安全組織。

商用飛機

商用飛機是現在最複雜的機械之一。就像本章提到的其他產業一樣，飛機原本也是純機械裝置。然而，隨著科技的進步，高科技幾乎滲透到飛機從起飛到降落的每個過程中。每架大型商用飛機和各種軍機中，都包含了數百萬行電腦程式碼，儲存在半導體上並加以運作。數位化程度愈來愈高，軟體程式碼的品質變得很重要；波音公司就因為 737 MAX 的軟體設計問題而損失了數十億美元，且由於飛機的電腦化飛行系統故障，導致兩起墜機事故，造成 346 人死亡。波音還學到，精密工程和先進製造在飛機建造過程中也是關鍵的一環，因為 787 夢幻客機的一些結構／接合問題導致該公司最近再次面臨困境，數百架飛機無法準時交貨。

在冷戰 2.0 的背景下，全球民用航空產業幾乎是由民主國家的兩強壟斷。美國的波音公司在二戰後的幾十年裡差點壟斷了這個行業。歐盟在 1970 年決心發展本土的航空業代表，於是英國、法國、德國和西班牙的企業攜手合作，建立了空中巴士公司（Airbus），目前每年飛機銷售量超過波音公司。毫不意外的是，中國對於長期從波音和空中巴士購買大量飛機感到不滿，於是將國內多家企業合併成中國商飛公司（COMAC），努力進軍市場，推出短程中型機型和長途雙走道機型。同時，2023 年 4 月，法國總統馬克宏在北京與中國領導人習近平討論俄烏戰爭的和平進程時，也順道簽署了一項重要合約，使中國在製造和組裝空中巴士飛機的關鍵零件方面獲得更多空間，以供應給中國的航空公司。

從冷戰 2.0 的視角來看，大型飛機絕對是典型的軍民兩用設備。波音、空中巴士和中國商飛生產軍用飛機並不令人意外。以下列出這些公司在軍用與商用領域的銷售數據及市值情況：

表 9-12　飛機製造商

民主國家	銷售額	市值
波音－美國	770 億美元	1,040 億美元
洛克希德馬汀－美國	670 億美元	1,310 億美元
空中巴士－歐洲	710 億美元	1,210 億美元
諾斯洛普格魯曼－美國	390 億美元	730 億美元
李奧納多－義大利	160 億美元	140 億美元
德事隆－美國	130 億美元	160 億美元
三菱－日本	320 億美元	430 億美元
達梭－法國	53 億美元	160 億美元
龐巴迪－加拿大	80 億美元	63 億美元
韓國航空宇宙產業－韓國	29 億美元	20 億美元

專制國家	銷售額	市值
中國商用飛機有限責任公司－中國	[國家機密]	國有
中國航空工業集團公司－中國	200 億美元	國有
統一航空公司－俄羅斯	72 億美元	210 億美元
不結盟國家	**銷售額**	**市值**
印度斯坦航空公司－印度	33 億美元	154 億美元
巴西航空工業公司－巴西	45 億美元	27 億美元

一架現代噴射飛機大約需要十幾個主要系統，而沒辦法全部都在一家製造廠內生產完成。例如：當中國商飛幾年前推出 C919 單走道商用客機時，北京說這是中國的一大突破，終於擁有一架「中國製」的飛機可以取代數十年來採購的波音和空中巴士。然而，從冷戰 2.0 的角度來看，儘管 C919 的最終組裝確實是在中國完成的，但其中許多關鍵子系統——如液壓系統、起落架、航空電子系統、飛行控制系統，以及最重要的引擎——都來自民主國家的公司。這點引發了關於潛在制裁的討論：如果中國攻擊台灣，試圖將其納入中國版圖，民主國家可能會實施制裁。若這樣的制裁生效，C919 的生產線將無法繼續運轉，而中國航空公司現有的 C919 飛機也將因缺乏零件和軟體升級而被迫停飛。21 世紀的核心問題之一在於，這種經濟考量是否足以影響習近平的決策，還是地緣政治會在中國最高領導人的眼中超越經濟利益。

噴射引擎

噴射引擎對於商用客機和軍用飛機至關重要，但妙的是，噴射引擎不是由飛機製造商來製造，而是一個獨立的產業，因為各種設計、開發和製造極其複雜且昂貴。與飛機製造商一樣，市場的領導者都來自民主國家，但俄羅斯和中國正努力迎頭趕上。然而，從冷戰 2.0 的角度來看，專制國家在這個領域存在著顯著的劣勢。俄羅斯原本計畫在與中國合作製造的新型遠程商用飛機 CR929 上使用民主國家（如奇異和勞斯萊斯）的引擎，但隨著 2022 年因俄羅斯入侵烏克蘭而實施的制裁，這一計畫受挫。專制國家現在不得不自行開發全新引擎，且不使用任何來自民主國家的零件。這將是一項艱巨的挑戰——雖然可能不如開發 14 奈米以下的半導體困難，但也相當接近。詳細情況請見第 10 章，其中討論了 CR929 專案最終失敗的原因：俄羅斯不願與中國分享噴射引擎技術，擔心會被中國「合作夥伴」竊取，以規避支付俄製零組件的專利費用，過去已發生過多起中國技術逆向工程案例。

中國要製造高階噴射機引擎，遇到的挑戰和高效能半導體製造很接近。要生產飛機所需的精密零件，必須依賴最先進的機床，而中國目前尚無能力自行製造這些極為先進的機床，只能從民主國家進口，主要供應商在德國、日本、義大利和韓國。這種情況和中國在自製 5 奈米與 3 奈米半導體上的難題如出一轍——由於缺乏荷蘭生產的光刻機，中國無法製造最先進的半導體（更關鍵的是，正如第 6 章所述，中國也沒有能力自行生產製造這些高端設備所需的技術）。隨著冷戰 2.0 在未來幾年逐步展開，中國會很難克服這些技術缺陷。

以下是飛機引擎製造商的最新銷售額與市值數據：

表 9-13　噴射引擎製造商

民主國家	銷售額	市值
通用電氣－美國	600 億美元	1,830 億美元
普惠－美國（雷神公司）	680 億美元	1,570 億美元
賽峰集團－法國（與通用電氣的 CFM 合資公司）	250 億美元	910 億美元
勞斯萊斯－英國	210 億美元	540 億美元
專制國家	**銷售額**	**市值**
聯合飛機公司－俄羅斯	52 億美元	110 億美元
中國航空發動機公司	無資料	無資料

中國在大力投資研發能夠驅動商用飛機的國產噴射引擎（如 CJ-1000A 和 CJ2000 引擎），並努力改良空軍戰鬥機使用的噴射引擎（如 WS-15 和 WS-20 型號）。然而，高性能噴射引擎的創新和設計極其困難，不僅需要掌握推

進工程，還涉及鈦金屬和數十種其他合金的冶金學等多種專業領域。在過去的 20 年間，俄羅斯已向中國提供了約 4,000 部用於軍機（飛機和直升機）的噴射引擎。從冷戰 2.0 的角度來看，中國可能還需要 10 至 15 年才能建立足夠的國產民用和軍用噴射引擎製造能力，擺脫對俄羅斯的依賴。與此同時，民主國家對俄羅斯的制裁使俄製引擎的供應持續存在不確定性。在可預見的未來，噴射引擎將成為中國解放軍空軍迅速擴張的一大弱點。

中國在追求世界級噴射引擎的發展過程中，不僅忽視了競爭取代的原則，甚至明顯與之對立。他們將所有精力集中在一家企業——中國航空發動機集團，用來製造民用噴射引擎（CJ 系列）；而另一家——瀋陽航空發動機研究所（中航工業的子公司），則專注於生產軍用噴射引擎（WS 系列）。事實上，這兩家公司之間沒有競爭，而缺乏競爭就無法促成競爭取代。相比之下，民主國家中有四個具競爭力的引擎製造商，並且在商用飛機市場上允許客戶選擇不同的引擎選項，這樣可以保持引擎製造商的創新壓力。值得注意的是，1999 年中航工業的引擎業務曾經拆分成兩家獨立公司，但在 2008 年又重新合併——顯然競爭的壓力讓企業難以適應；但若目標是製造出尖端噴射引擎，這樣的決策其實很糟糕。

機器人

機器人科技是本章最後強調的民用工業領域，因為製造前述大多數精密產品／商品都需要大量的精密工程和先進製造，而這通常會透過高科技工業機器人來實現。事實上，工業機器人（不同於此處不討論的「社交」或「配送」機器人）已成為現代許多製造業的核心，應用範圍涵蓋汽車、醫療設備、消費電子設備、食品加工廠，以及物流倉庫等——目前全球各地工廠中約安裝了 350 萬台工業機器人。而當然，不用多說，這些機器人的核心在於內部的軟體和控制物理零件與主要功能的半導體設備，並且愈來愈多機器人軟體採用了人工智慧科技。

以下是全球頂尖的 12 家工業機器人公司，表 9-14 列出了出貨量、年度銷售額和市值：

表 9-14　工業機器人公司

民主國家	銷售額	市值	出貨量
發那科－日本	57 億美元	270 億美元	75 萬台
ABB －瑞典／瑞士	320 億美元	1,020 億美元	50 萬台
安川電機－日本	40 億美元	80 億美元	50 萬台
愛普生－日本	13 億美元	50 億美元（精工）	15 萬台

川崎重工－日本	12 億美元	350 億美元	21 萬台
電裝株式會社－日本	500 億美元	450 億美元	12 萬台
三菱電機－日本	360 億美元	300 億美元	7 萬台
優傲機器人－丹麥／美國	3 億美元	160 億美元（泰瑞達）	5 萬台
歐姆龍－日本	63 億美元	120 億美元	2 萬台
專制國家	**銷售額**	**市值**	**出貨量**
新松機器人－中國	5 億美元	31 億美元	不公開
庫卡－德國／中國	39 億美元	不公開（美的 610 億美元）	10 萬台
深圳英威騰	42 億美元	155 億美元	不公開
埃斯頓自動化	6.5 億美元	15 億美元	不公開
上海步科	1.32 億美元	6.07 億美元	不公開

中國擁有全球最多的工業機器人裝機量（約 27 萬台），這符合「世界工廠」的地位。後面六個國家的數量分別為：日本 4.7 萬台、美國 3.5 萬台、南韓 3.1 萬台、德國 2.3 萬台、義大利 1.4 萬台，和台灣 9,600 台。然而，儘管中國政府給予大量支持，本土的工業機器人製造商仍面臨困難。他們通常透過價格競爭（約比日、德供應商便宜 30%）來吸引市場，但大多數中國工廠經理似乎都認同「一分錢一分貨」這句老話。不過，中共正在努力擴大市場份額，工業和信息化部與其他 14 個中央部門為中國

的機器人產業制定了一個 5 年計畫。此外，中國確實有一些有趣的小型企業，像是 Dobot 和 Mech-Mind，擁有創新的技術，但主要集中在非工業領域。然而，所有中國製造商在很大程度上仍依賴由民主國家製造的關鍵零件。因此，從冷戰 2.0 的角度來看，若民主國家因中國入侵台灣而實施全面貿易禁運，可以有效癱瘓中國的工業機器人產業。

國防工業企業

國防工業企業顯然也必須在「其他重要科技」的討論中占有一席之地，因為任何有關國防軍事實力的分析都不能忽視這些承包商的角色。在許多方面，國防產業結合了先前提到的所有要素，以具有成本效益的方式生產最先進的武器系統——這並非易事。這些「原始設備製造商」的產品可以分為以下幾類：彈藥（彈頭、炸彈的爆炸部分等）；運送彈藥到達目標的載具（飛機、坦克、船艦，以及從飛機、坦克和船艦上發射的飛彈）；指揮、管制、通信系統（有時再加上「**電腦**」，合稱 C4）；以及情報、監視和偵察（ISR）系統，負責收集 C4 所需的資料。

這些軍火商也日益成為重要的「系統整合商」，他們將由小型企業生產的個別組件（通常甚至是科技領域的新創公司）進行整合，確保這些零件經過適當調整以符合整體武器系統的要求，並且與其他相關系統和組件完美對接。他們還負責確保整體系統的持續維護和支持。

軍事國防是一個非常龐大的產業，並且由於冷戰 2.0 的影響，在過去幾年中持續擴大。2023 年，各國的國防支出達到了 2.44 兆美元。相比之下，2001 年和 2010 年的國防支出分別為 1.1 兆美元和 1.7 兆美元。實際上，由於俄羅斯的普丁和中國的習近平這兩位專制領袖的行動，民主國家在 2023 年多花了約 7,000 億美元於國防上。以下列出全球前 15 大國防企業，每家銷售額超過 100 億美元，依銷售額排名，其後為 2013 年其他 70 家企業按國家匯總的數據。[4]

表 9-15　國防工業企業

公司	年銷售額
洛克希德馬汀－美國	603.4 億美元
RTX（雷神）－美國	418.5 億美元
波音－美國	334.2 億美元
諾斯洛普格魯曼－美國	298.8 億美元
通用動力－美國	263.9 億美元
貝宜系統－英國	260.2 億美元

中國兵器工業集團－中國	215.7 億美元
中國航空工業集團－中國	201.1 億美元
中國航天科技集團－中國	191 億美元
中國電子科技集團－中國	149.9 億美元
中國航天科工集團－中國	145.2 億美元
李奧納多－義大利	138.7 億美元
L3 哈里斯科技－美國	133.6 億美元
中國船舶集團－中國	111.3 億美元
空中巴士－法國	108.5 億美元
前 15 名總銷售額	
民主國家	2941.6 億美元
專制國家	1014.2 億美元
接下來的 15 名：	
6 家在美國，總銷售額：	381.8 億美元
4 家在法國，總銷售額：	258.2 億美元
英國、歐盟、以色列各 1 家，總銷售額：	146.8 億美元
俄羅斯和中國各 1 家，總銷售額：	103.6 億美元
接下來的 70 名（湊成前 100 名）位於：	
美國	28
英國	6
德國	4
日本	4
南韓	4
土耳其、以色列	各 2

瑞典、加拿大、澳洲、波蘭、西班牙、挪威、義大利、法國、新加坡、台灣、歐盟、烏克蘭	各 1（共 12）
俄羅斯	5
中國	1
印度（不結盟國家）	2

籌資方式

籌資方式對科技創新至關重要——無論是人工智慧、半導體、量子運算、生物科技，還是本章中提到的其他領域的新產品，都需要充足的資金支持才能得以開發。資金可以來自公共資源，但坦白說，如果政府資金占比過高，那麼這些資金的公共監管者不可避免地會減緩、妥協甚至直接破壞創新，即使官僚本意再好，也無濟於事。本書的一個核心觀點是，在專制政權下，創新往往會被專制者或追隨者的重手所抑制，甚至完全扼殺；但坦白說，即使在民主國家，政府的公務員，即使出於良好的意圖，也不應該嘗試在科技子市場中挑選贏家。他們既沒有專業知識，也沒有足夠的動機去專業地完成這項任務。因此，私募資金的數量和隨之而來的附加價值——比如經驗豐富的創投者曾自己建立、營運和發展科技公司的經驗，能夠為新創企業或早期創業者提供資金之外的附加價值——對於科技創新生態系統的成功至關重要。沒有「聰明的資金」，就沒有突破——就是這麼簡單。

下方列出了過去 5 年中，全球十大創業投資資金接收國的投資規模統計數據。創業投資對於早期科技公司至關重要。在融資光譜的另一端是上市公司的股票交易所；下表展示了約 20 個國家股票交易所的相對規模（這些數據包括所有公司，而不僅僅是那些專注於科技行業的公司）。在這兩種情況下，美國在為新創企業和成熟企業提供融資方面的主導地位顯而易見。然而，這些數據也顯示出其他主要民主國家的重要總體貢獻；在過去兩年中，五個主要民主國家（不包含美國）的創業投資總額已超過了中國的創業投資。表 9-17 所列的公開股票交易所規模也顯示了同樣的結果；撇開美國不談，其他民主國家的股票交易所規模，整體而言仍是中國的 2 倍以上。聯盟確實重要，尤其是在冷戰 2.0 的背景下。

表 9-16　創業投資金額
（單位皆為美元）

民主國家	2019	2020	2021	2022	2023
美國	1,560 億	1,750 億	3,640 億	2,450 億	1,500 億
英國	180 億	170 億	410 億	310 億	210 億
法國	60 億	60 億	140 億	160 億	90 億
南韓	50 億	50 億	160 億	150 億	60 億
德國	90 億	70 億	210 億	120 億	80 億
加拿大	70 億	60 億	160 億	110 億	70 億
以色列	40 億	50 億	110 億	80 億	60 億
民主國家總計	**2,050 億**	**2,210 億**	**4,830 億**	**3,380 億**	**2,070 億**
專制國家	**2019**	**2020**	**2021**	**2022**	**2023**
中國	650 億	610 億	840 億	610 億	480 億
不結盟國家	**2019**	**2020**	**2021**	**2022**	**2023**
印度	170 億	150 億	430 億	250 億	110 億
新加坡	50 億	40 億	80 億	80 億	60 億

在資本市場光譜的另一端，以下是總市值超過 1 兆美元的國家的股票交易所規模（根據世界銀行 2024 年的統計數據計算）：

表 9-17　各國的股市規模

民主國家	**總市值**	**占 GDP 的百分比**	**公司數量**
美國	54 兆	194	4,642
日本	6.2 兆	146	3,865
英國	2.5 兆	100	1,646
加拿大	3.2 兆	160	3,534
法國	3.9 兆	85	457
德國	2.1 兆	60	429
台灣	2 兆	267	1,627
南韓	1.8 兆	133	2,446
澳洲	1.7 兆	129	1,976
荷蘭	1.7 兆	132	103
瑞士	1.6 兆	267	236
西班牙	1.3 兆	82	1,472
瑞典	1 兆	162	832
民主國家總計	83 兆		23,265
專制國家	**總市值**	**占 GDP 的比例**	**公司數量**
中國	10 兆	65	5,346
沙烏地阿拉伯	2.8 兆	347	269
伊朗	1.7 兆	390	546
俄羅斯	0.5 兆	46	195
不結盟國家	**總市值**	**占 GDP 的比例**	**公司數量**
香港	4.1 兆	1,262	2,414
印度	5.2 兆	140	5,433
南非	1.2 兆	348	237

第 10 章

其他強大的資產

到目前為止，本書的核心就是在比較冷戰 2.0 中兩大陣營的科技與創新。我們現在來進行綜合分析，評估民主國家與專制國家之間的各種優勢，將能協助我們找出應對策略，讓民主國家的科技脫鉤更順利，也能因應專制國家的其他行動。經過這樣的審視，我們會發現有一個民主國家——美國，在民主陣營中扮演著特殊的角色。不僅是因為美國的經濟與軍事實力強大，也因為美國堅持民主核心價值。簡而言之，美國是不可或缺的民主國家。

即使美國如此強大，其力量與其他民主國家的力量，都可以透過聯盟而大幅提升。這是意料中的事，因為聯盟對民主國家的重要性遠遠超過專制國家。當然，一個在國內無法妥協、無法達成共識的專制領袖（他們只對下屬發號施令），在國際舞台上也很難與其他國家領袖合作。要說明盟友的力量，只需分析像北約（已有 75 年歷史）和最近成立的澳英美三方安全夥伴（AUKUS）等組織即可。分析後的結論會很有說服力：民主國家結成的高品質聯盟（如北約和澳英美三方安全夥伴）能讓力量倍增，儘管兩個組織的核心支柱都是美國。

科技與其他重要資產——綜合評分表

為了理解冷戰 2.0 中的地緣政治，我們必須從整體宏觀層面，評估民主國家、專制國家及不結盟國家的整體科技與創新實力。根據第 5 章至第 8 章中提到的加速器科技，以及第 9 章中提到的其他重要科技，我們整理出表 10-1 的綜合評估，將不同科技和與創新相關的資產加權計分，整合為單一且可管理的「科技－綜合評分」架構。

表 10-1　科技——綜合評分表

科技綜合評分	美國	其他民主國家	中國	俄羅斯	不結盟國家	民主國家總計	專制國家總計
人工智慧（6x）	36	12	12	0	0	48	12
半導體晶片（6x）	18	30	12	0	0	48	12
量子運算 g（6x）	30	6	10	0	0	36	10
生物科技（6x）	24	18	12	6	0	42	18
大學（6x）	36	18	10	0	5	54	10
小計	**144**	**84**	**56**	**6**	**5**	**228**	**62**
國防工業（3x）	18	3	6	3	0	21	9
核能（3x）	6	6	9	9	0	12	18
太空與衛星科技（3x）	15	6	6	3	3	21	9
雲端運算（3x）	12	3	9	3	3	15	12
噴射引擎（3x）	15	9	3	3	0	24	6
融資環境（3x）	15	6	6	3	3	21	9
小計	**81**	**33**	**39**	**24**	**9**	**114**	**63**
核融合能力（1x）	8	1	1	0	0	9	1
電信（1x）	3	3	4	4	0	6	8
網路平台（1x）	6	0	4	0	0	6	4
軟體（1x）	7	2	1	0	0	9	1
資訊科技服務（1x）	5	2	2	0	1	7	2
汽車工業（1x）	3	5	3	0	0	8	3
造船業（1x）	1	5	4	0	0	6	4
商用飛機（1x）	4	4	1	0	1	8	1
機器人（1x）	2	7	1	0	0	9	1
小計	**39**	**29**	**21**	**4.0**	**2**	**68**	**25**
總計	**264**	**146**	**116**	**34**	**16**	**410**	**150**

這些數據涵蓋第 5 章到第 9 章所提到的各種科技與工業發展，再根據重要性加權計算。加速器科技及大學排名的權重是下一類重要科技的 6 倍，而這些重要科技的權重又是最後一組科技的 3 倍。然後，透過進一步的專業判斷，為每項目分配最終數值，再乘以相應的權重，得出綜合分數。這雖然不是精密的火箭科學，但某些讀者可能會對各項目的權重分配提出異議。儘管某些數據被調整過，整體結論仍然很值得參考：美國的科技與創新實力就遠遠超過中國。若合併計算美國與其他主要民主國家的實力，相對於中國和俄羅斯的優勢更是顯著（例如：民主國家總體的科技與創新實力是中國與俄羅斯的 2 倍以上，410 比 150）。有些較次要的結論也值得注意，例如：不結盟國家甚至俄羅斯的科技與創新資產非常有限。

在可預見的未來，民主國家將繼續是全球科技與創新的重心。中國雖然也會有一些重要的發現，但數量與品質都追不上民主國家的大學、企業及研究機構。如果未來 20 年內會有高效的核融合能源或可行的高能光束武器，以及針對癌症、失智症和糖尿病的治療突破，這些改變遊戲規則的創新將更可能來自民主國家，而非專制國家。此外，民主國家目前相對於專制國家的領先優勢，短期內也不會消失。總結來說：民主國家將成為全球科技進步的主要引擎。民主國家透過開放的經濟體系，利用競爭取代來提高生產力，因而能從這些創新中獲益更多。此外，要將這些顛覆性科技轉化為軍事力量工具，民主國家也較具優勢，特別是美國和其他一些民主國家，願意投入足夠的國民財富，研製當今最先進的武器系統。這項結論以及表 10-1 的數據清楚表明，在冷戰 2.0 時期，民主國家需要合理的戰略，和中國科技脫鉤。

美國民主的重要角色

在討論民主國家之間的聯盟之前，必須先承認，雖然我們一般以「民主國家」的集合名義來討論民主制度的優勢與劣勢，但若不先分析美國在民主國家陣營中的核心地位，就無法真正理解整體情勢。如前述表 10-1 所示，美國在民主國家的科技與創新發展中扮演著中樞且領導的角色。美國的「祕密武器」來自世界一流的大學體系。卓越的高等教育機構吸引了全球最聰明的人才，無論是來自國內（美國擁有 3.3 億人口，已是全球標準中的大國）還是來自國際。特別是在冷戰 2.0 的競爭中，美國不需要像全球人口最稠密的兩個國家（中國和印度）一樣擁有 14 億人口，因為美國每年吸引了約 20 萬名非美籍的大學 STEM 本科生來到美國大學深造，並進一步攻讀研究生學位。而大多數這些優秀人才最終會留在美國，成為美國公民。

美國在創新與科技發展中的另一個祕密武器，是民間投資的主導地位，特別是由深諳科學與工程領域的專業人士主導創業投資與私募股權投資。這些投資者多數都有經營新創公司的經驗，因此對於科技與商業模式的判斷極為精準。相比之下，中國科技發展模式中最大的缺點，是政府對早期和中期科技公司的資金提供占比過高。公共官僚機構，尤其是在專制政治體制下運作的官員，難以為整個領域（如人工智慧、高效能半導體、量子電腦和生物科技）做出充分且專業的資本配置決策。即使他們具備這樣的能力，也不敢放任競爭取代機制運行，因為地方政府已經在舊科技上投資了數十億美元，正焦急地等待回報，這時若讓新科技去淘汰掉他們投資的上一代科技，無疑會衝擊現有投資者。在美國，政府與機構雖然也會為科技公司提供一定的財務支持，但這些資金通常只是用於**擴大**私人投資決策的效應，而不會用來主導核心決策，左右某項科技創新或商業模式的方向。例如：哪些創新項目值得優先發展，發展的速度該如何掌控，以及應該投入多少資金等，這些關鍵決策主要仍由市場決定，而非由政府官僚主導。

美國的創新資金模式與專制國家的模式不同，這個差異在冷戰 1.0 的最後 30 年裡特別明顯，尤其是在電腦領域。蘇聯的科技發展模式最終在 1970 年代末至 1980 年代初徹底崩潰，導致整個政權隨後不久也瓦解。毛澤東去世後，中國則在最高領導人鄧小平的帶領下，對專制經濟模式的一些缺陷進行了補救。儘管這些改革在帶來了相對低技術含量的經濟解放，且在宏觀層面上產生了驚人的影響（使數億中國人脫離貧困），但中國的創新與科技發展投資營運模式仍然過於依賴政府導向，過於自上而下，並且過於依賴科學家和科技企業家討好專制領袖及其擁護者，包括中國共產黨內的地方「太子黨」，這些人至今仍在分配各種科技公司補貼方面扮演重要角色，卻通常從未經營過一家高科技企業。中國「大基金一期」未能有效資助並培育能夠製造高階半導體製造設備的國內企業，成為這一模式失敗的最終典範，尤其是在面臨民主國家的此類機器禁運時更顯得尤為重要，但這僅是諸多失敗案例中的一例。

美國憑著創新的財務與發展策略，創造了世界上最強的經濟體。國家財力的領先地位，讓美國得以扮演另一個重要的地緣政治角色——資助、維持並在國際上部署一支科技導向的龐大軍隊。美國的國防預算遠遠超過世界上其他國家，這反過來又為全球五大國防工業公司提供了龐大的業務支持，這五家公司都屬於私人企業。相比之下，中國最大的五家國防工業企業均為國有企業，而俄羅斯的軍火商規模則更小。正因如此，數十個國家在軍事領域的科技與創新方面都仰賴美國的領導。這一趨勢是冷戰 2.0 中的一個重要元素，並且將進一步加速，因為俄羅斯在烏克蘭戰場上顯露出無能，包括普丁原本聲稱高超音速導彈「舉世無敵」，結果在 2023 年被美國的「愛國者」防空系統例行性攔截。（據傳，部分導彈的設計者因此被指控叛國並遭逮捕，因為在專制國家中，每一次挫敗都需要找到代罪羔羊。）

自二戰結束後，美國不僅在科技與軍事領域中遙遙領先，政治人物與意見領袖也展現出全球視野。美國的外交官與駐外軍隊長期以來一直是對抗全球專制政權的主力，這在冷戰時期尤為顯著。當前俄烏戰爭中，俄羅斯做為全球第二強大的專制國家，試圖摧毀一個規模較小的民主國家——烏克蘭。在俄羅斯於 2022 年 2 月全面入侵後，如果沒有美國領導北約盟友供應武器並提供財政支持，烏克蘭可能早已失去獨立，而美援占了外援的絕大部分。沒有美國，就不會有今日的獨立烏克蘭。類似情況也發生在太平洋地區。台灣長期受到中國這個全球首要的專制國家威脅，若非美國支持，台灣早已被這龐大的鄰國吞併。整體來說，若少了美國承擔領導角色，冷戰 2.0 就難以平穩落幕。事實上，若美國不積極參與歐洲和亞洲事務，冷戰 2.0 的結局將完全不同，甚至可能為這兩地區的民主國家帶來極為黯淡的未來。

除了烏克蘭與台灣，大家可能也沒想到，美國還穩定了許多其他地區的民主國家。在北美地區，雖然身為加拿大人讓我很不願意承認這點，但不得不說，加拿大自由黨政府似乎已經不認真看待國防了，可能是因為他們認為無論加拿大國防預算有多低（目前遠低於北約規定的占 GDP2% 的最低標準），美國都會保護加拿大免受俄羅斯與中國威脅。在中東，以色列的生存至少部分依賴於美國的支持；是的，自 2023 年 10 月 7 日以來，以色列是獨自和哈瑪斯（Hamas）交戰，但美國絕對有在背後提供支援，無論是為以色列提供軍火，還是在葉門直接和激進團體「青年運動」（Houthis）的導彈交火（以免他們封鎖蘇伊士運河的航運），或是敦促以色列在加薩地區行動時更在乎巴勒斯坦平民的安全。即使是長期以來被視為不結盟國家領導者的印度，如今也樂於與美國建立更緊密的安全合作關係，包括透過（澳洲、印度、日本與美國組成的）「四方安全對話」（Quad），以應對印度與中國之間日益緊張的關係（不過印美之間的友誼仍有局限，詳見下文）。

在亞洲，日本、南韓、菲律賓和澳洲都請求美國協助支援防禦，因應中國的擴張行為。菲律這 25 年來的歷史充分說明了美國在協助區域盟友維護主權方面的關鍵角色。1999 年，菲律賓參議院投票決定不再續簽美國大型海軍基地（蘇比克灣）和空軍基地（克拉克）的租約，美軍因此撤出菲律賓。不久後，中國趁虛而入，開始在南海展開強勢外交，像是在明顯屬於菲律賓海域的區域填海造島。近年來，杜特蒂（Rodrigo Duterte）政府執政期間與中國關係密切，許多中國企業開始投資菲律賓的呂宋島——中國要是攻擊台灣，這裡的戰略意義最強。如今，現任菲律賓政府對中國日益成長的影響感到憂心，重新與美國建立合作關係，並允許美軍在菲律賓的非永久性地點儲存軍火，特別是在呂宋島的卡加延省（Cagayan）。然而，破壞已經造成了，要在靠近菲律賓本島領土的南海範圍裡把中國趕出去，恐怕已十分困難。現實是，目前全球任何民主國家若無美國堅定在側，那麼面對中國或俄羅斯的軍事或準軍事對抗時，幾乎無法與之抗衡。

美國在世界舞台上的角色不限於全球安全，美國的角色既重要又多元。沒有美國的科技、外交與資金，全球氣候變遷問題就無法解決。沒有美國的疫苗技術與藥品供應鏈，國際社會無法為應對下一場全球大流行病做好準備。沒有美國的衛星與海軍艦隊，公海的管理制度（無論是應對過度捕撈還是不負責任的深海採礦）難以實現。需要美國的地方還包括解決全球飢餓與貧困、國際恐怖主義及跨國犯罪等挑戰。當然，其他民主國家（尤其是歐盟會員國）以及某些專制國家（如中國）也必須參與其中，但只有一個國家——這個世界上最重要的民主國家——對於這些解決方案的成功不可或缺，那就是美國。

正因為冷戰 2.0 要靠美國在全球扮演民主領袖的核心角色，其國內專制主義和孤立主義傾向的興起才會如此令人憂心。這個威脅無法輕描淡寫，風險極其巨大。在 2024 年 11 月川普勝選後，有些華府的共和黨人主張撤回對烏克蘭的支持。此舉可能助長普丁的氣焰，導致北約內部信心危機，並在首爾、東京和坎培拉的外交部門引發震盪。如果美國政府中有相當比例的人持續展現強烈的孤立主義傾向，波蘭總統、台灣總統，以及日本和澳洲的首相，可能會立即與英國和法國展開討論，加速獲取核武器的進程。

在一個理想的世界裡，美國或許可以選擇孤立主義。然而，在這個充滿缺陷的現實世界中，專制政權不斷擴張其帝國與壓迫的實體與數位領域，美國的孤立主義絕不應成為一個選項。1920 年代初，美國見到第一次世界大戰的慘烈後果，選擇退回西半球，拒絕加入國際聯盟，試圖避免再次捲入「舊世界」的衝突。然而，美國的退出幾乎注定了隨後更加血腥的第二次世界大戰。值得慶幸的是，二戰結束後，美國選擇協助建立了一個以規則為基礎的國際秩序。這一秩序（加上核武器威懾的作用）帶來了大國之間持久的和平。如果共和黨試圖再次採用 1920 年代的地緣政治孤立策略，尤其是在冷戰 2.0 正如火如荼的情況下，絕對是徹底的愚行。這樣的政策不僅會危及美國的全球地位，也將使整個民主陣營面臨空前的挑戰。

然而，美國新任總統川普在 2024 年的競選活動中，曾暗示他將推行一些孤立主義傾向的政策。希望這僅僅是競選時的誇大言辭，而回到白宮後，他能重新考量政策目標，更接近二戰以來歷任總統的路線。如果川普做出這個選擇，確保美國持續參與全球各地區事務，這不是全球慈善活動，而是在堅定地追求美國的核心國家利益。若烏克蘭或台灣這樣的國家從民主轉向專制，讓俄羅斯與中國在冷戰 2.0 中增加盟友，對美國在內的所有民主國家來說，這個世界會變得更危險。烏克蘭的重要自然資源與台灣的高科技資產將無法按正常貿易條件提供給美國（及其他民主國家）；這些寶貴的地緣政治資產反而會落入冷酷的專制者手中。不久之後，這兩個國家中以惡意行動為主的駭客將透過嚴酷的數位攻擊威脅民主國家；而在未來不可避免的熱戰中，烏克蘭和台灣的青年男女將站在專制政權一方為威權而戰，而非為民主國家而奮鬥。這 6,200 萬人將投入對抗民主國家的陣營，而非遏制專制勢力。總之，包括美國在內的所有民主國家都得確保烏克蘭與台灣留在民主陣營，成為共同抵禦專制的力量，這對國家安全有深遠且直接的利益。

聯盟的重要性

不論是現在的冷戰 2.0 還是過去的冷戰 1.0，這些局勢往往被簡化為美國這個民主陣營的領袖與專制國家的對抗——冷戰 1.0 時是蘇聯，現在是中國。這種看法有一定的真實性和參考價值，但忽略了一個關鍵因素，特別是對民主國家而言，那就是盟友的重要作用。接下來的分析列出了各陣營的資產結構，不僅包括主要民主國家和專制國家的組成，還深入探討了雙方的主要盟友。這些盟友在不同的指標上展現了各自的實力，例如：總人口[1]、經濟規模[2]、現役軍人數量[3]，以及是否實行義務兵役制度。其他項目還包括這些國家是否為北約成員、有沒有和美國簽署其他軍事聯盟協定、是不是歐盟或經濟合作暨發展組織（OECD）的成員國。

表 10-2　主要民主國家

國家	人口（億）	經濟（兆）	現役軍人（萬）	軍事預算（億）	義務役	北約／聯盟	歐盟	經合組織
美國	3.4	27	140	8,000	無	是	不是	是
日本	1.23	4.2	24.7	540	無	是	不是	是
德國	0.83	4.4	18.3	560	無	是	是	是

英國	0.67	3.3	15.3	680	無	是	不是	是
法國	0.64	3.0	20.3	560	無	是	是	是
義大利	0.58	2.2	16.1	320	無	是	是	是
加拿大	0.4	2.1	6.6	260	無	是	不是	是
南韓	0.51	1.7	55.5	500	有	是	不是	是
澳洲	0.26	1.7	6	310	無	是	不是	是
墨西哥	1.29	1.7	21.6	86	有	不是	不是	是
西班牙	0.47	1.5	12.2	190	無	是	是	是
荷蘭	0.17	1.1	3.4	130	無	是	是	是
土耳其	0.85	1.1	35.5	150	有	是	不是	是
瑞士	0.09	0.8	2	57	有	是	是	是
台灣	0.24	0.7	16.9	130	有	是	不是	是
波蘭	0.41	0.8	11.4	130	無	是	是	是
瑞典	0.1	0.6	2	57	有	是	是	是
比利時	0.11	0.6	0.6	63	無	是	是	是
愛爾蘭	0.05	0.5	0.85	12	無	不是	是	是
以色列	0.09	0.5	17	240	有	不是	不是	是
丹麥	0.06	0.4	1.5	53	有	是	是	是
新加坡	0.06	0.4	5.1	110	有	不是	不是	是
挪威	0.054	0.4	2.5	82	有	是	是	是
菲律賓	1.16	0.4	14.5	40	無	是	不是	不是
智利	0.19	0.3	6.8	62	無	不是	不是	是
芬蘭	0.055	0.3	1.9	59	有	是	是	是
羅馬尼亞	0.19	0.3	7.1	55	無	是	是	不是

捷克	0.1	0.3	2.6	39	無	是	是	是
葡萄牙	0.1	0.28	2.7	49	無	是	是	是
紐西蘭	0.05	0.25	0.97	33	無	是	不是	是
希臘	0.1	0.23	14.3	80	有	是	是	是
烏克蘭	0.36	0.17	19.6	59	有	不是	不是	不是
匈牙利	0.1	0.2	3.4	27	有	是	是	是
斯洛伐克	0.054	0.11	0.8	19	無	是	是	是
保加利亞	0.068	0.08	3.7	12	無	是	是	不是
立陶宛	0.027	0.06	2.3	12	有	是	是	是
斯洛維尼亞	0.021	0.06	0.7	7	無	是	是	是
拉脫維亞	0.018	0.04	0.87	8	無	是	是	是
愛沙尼亞	0.013	0.037	0.72	7	有	是	是	是

軍事統計數據需要補充說明。「現役軍人」一欄並未包含準軍事組織，而對某些國家，特別是專制國家而言，準軍事力量可能具有舉足輕重的影響。例如：俄羅斯極度依賴瓦格納集團（Wagner Group），這個組織在俄烏戰爭爆發前就已擁有約 5 萬名成員，並在戰爭初期的 24 個月內發揮了極大的作用。此外，某些國家的「預備役人數」同樣十分重要，特別是實行義務兵役制度的國家。在這些國家，多數 19 至 30 歲的男性必須服役 1 至 3 年，因此，他們在需要時可以成為相當有戰鬥力的後備力量。顯然，美國在上述各項指標中都是規模最大的國家——不論是總

人口、經濟規模，還是軍事規模。然而，儘管美國這個國家的經濟規模高達 27 兆美元，但其餘民主國家合計的經濟總量約為 36 兆美元。荷蘭人口僅 1,700 萬，但擁有全球唯一能製造最先進半導體蝕刻機的公司艾司摩爾；再看台灣，雖然人口僅 2,400 萬，卻掌握了全球 90% 的高效能半導體製造廠，而這些工廠使用的就是艾司摩爾的機器。

小國同樣能以獨特的方式做出貢獻。例如：愛沙尼亞雖然規模不大，但當地的兒童資訊教育最成功，能對抗專制國家（特別是俄羅斯）散布的假消息和宣傳。儘管愛沙尼亞的總人口僅有 130 萬，甚至少於赫爾辛基或聖地牙哥的人口，但愛沙尼亞的教育體系可以提供很多值得全球其他民主國家參考學習的寶貴經驗。只不過，問題在於如何建立有效的途徑，讓愛沙尼亞能分享這些知識與經驗。因此，最關鍵的問題是：如何確保民主國家真正能攜手合作，擴大集體實力，使得「1+1=3」。換句話說，如何讓民主國家的整體力量大於各國力量的總和。這一點，我們將在回顧專制國家的陣營之後再進一步探討。

一級專制國家

以下列出兩個「主要專制國家」與他們最親密的夥

伴。這些國家的相關資料包括有沒有實行義務兵役制度、是不是集體安全條約組織（CSTO）的成員（該組織是北約的鬆散仿製品），或是有沒有加入由中國主導的上海合作組織（SCO）。

表 10-3　一級專制國家

國家	人口（萬）	經濟規模（兆）	現役軍人（萬）	軍事預算（億）	義務役	CSTO	上海合作組織
中國	14 億	18	203.5	2,930	有	不是	是
俄羅斯	1.44 億	2	90	650	有	是	是
伊朗	8,900	0.4	61	240	有	不是	是
北韓	2,500	0.16	120	40	有	不是	不是
白俄羅斯	950	0.07	4.8	7.6	有	是	是
哈薩克	1,900	0.2	3.9	16	有	是	是
塔吉克	1,000	0.07	0.9	0.81	有	是	是
吉爾吉斯	700	0.09	1	1.24	有	是	是
烏茲別克	3,500	0.09	4.8	14	有	不是	是
土庫曼	650	0.06	3.6	0.2	有	不是	不是

顯然，中國與俄羅斯是冷戰 2.0 中的主要專制國家。實際上，他們是彼此唯一的重要盟友，但雙方的關係仍未達到簽署互防條約的程度。儘管如此，俄羅斯於 2022 年入侵烏克蘭而受到民主國家的嚴厲制裁，中國成為了俄羅

斯的重要貿易夥伴。2023 年，中國從俄羅斯購入的石油量增加了 19%（1.07 億公噸，約每日 214 萬桶），超過了同期從沙烏地阿拉伯進口的石油量（8,600 萬公噸）。然而，戰爭持續至今，似乎中國並未向俄羅斯提供重大的武器系統或大批彈藥。中國提供給俄羅斯的是各種產品與零組件，讓俄羅斯能順利製造武器，並運用於烏克蘭戰場。同時，北韓則毫無顧忌地向俄羅斯提供武器與彈藥。據報導，截至 2024 年底，北韓已向俄羅斯提供約 900 萬發 155 毫米砲彈。伊朗則向俄羅斯提供了數千架無人機和彈道飛彈。最令人震驚的是，2024 年 11 月，北韓派遣了約 1 萬名士兵前往俄羅斯，參與對烏克蘭的戰鬥。讓這場將近三年前發動的戰爭局勢升高，相當危險。

至於上述提到的中亞國家，雖然其中兩國是 CSTO 成員，但由於俄羅斯在烏克蘭戰爭中的表現不佳，所有的中亞國家都試圖與俄羅斯保持距離。同時，中國則努力擴大自己對中亞國家的影響力。習主席於 2022 年 9 月在烏茲別克舉辦上海合作組織峰會，即為例證。此舉顯示出莫斯科與北京的關係很不穩固，因為這些地區過去一直被視為俄羅斯的專屬勢力範圍，而現在中國正積極與中亞地區建立更緊密的關係。

二級專制國家

除了中國與俄羅斯這兩大主要專制國家，還有一些規模較小的專制國家。這些國家雖未透過互防條約與兩大國正式結盟，但經常採取一致行動。不過，這些國家與中俄之間的關係更偏向交易，而非長期的盟友關係。

表 10-4　二級專制國家

國家	人口 （萬）	經濟規模 （兆）	現役軍人 （萬）	軍事預算 （億）
古巴	1,100	0.01	5	5
委內瑞拉	2,800	0.04	12.3	7.45
敘利亞	2,300	0.02	16.9	25
阿爾及利亞	4,500	0.18	13.9	92

不結盟民主國家

除了上面列出的民主國家，還有一些擁有龐大人口與軍事力量的民主國家，不過這些國家並沒有與美國或北約簽署互防協議。然而，如果局勢惡化，出現民主國家與專制國家之間的重大對抗，尤其是涉及自身領土或深層國家利益的情況，這些國家很可能會站在民主國家的陣營，儘管他們也有可能選擇保持中立。

表 10-5　不結盟民主國家

國家	人口（億）	經濟規模（兆）	現役軍人（萬）	軍事預算（億）
印度	14	3.5	140	796
巴西	2.16	2.1	36.6	190
印尼	2.77	1.3	39.5	82
奈及利亞	2.22	0.3	14.3	44
南非	0.6	0.3	7.4	32
哥倫比亞	0.51	0.3	36	105

印度在冷戰 2.0 中的處境相當特殊。一方面，印度與中國的關係十分緊張，兩國在喀什米爾地區有邊界爭議。就在 2021 年，雙方的邊防士兵發生了衝突，雖然沒有造成傷亡，但加劇了彼此的敵意。然而，另一方面，印度在軍事上嚴重依賴俄羅斯的武器，而俄羅斯現在是中國最重要的戰略夥伴。不過，俄製武器在烏克蘭戰場上的表現令印度和許多國家感到失望，因此印度正加快腳步向民主國家購買武器。此外，印度還是「四方安全對話」（Quad）的成員之一，與澳洲、美國和日本共同討論如何制衡中國在印太地區的擴張行為。

印度對民主陣營的另一大貢獻是在科學、科技、工程、數學領域提供了大量的優秀人才，這對科技創新至關重要。假設任何一個國家中約有 2% 人口的智商超過 98% 的平均人口，那麼中國的 14 億人口中，非常聰明的人才約有約 3,000 萬名，這些人最適合接受大學 STEM 教育。按照同樣的比例，美國此類人才約 700 萬名，而歐洲大約有 1,000 萬名。合計下來，民主國家在這方面的人才，數量約為中國的一半。然而，印度也擁有 14 億人口，因此同樣有約 3,000 萬名極具天賦的人才。此外，印度每年約有 77.5 萬名學生出國留學，主要集中在 STEM 領域。當中有許多人——在某些國家甚至是**大多數**——最終會留在當地，並成為該國公民。在雙邊陣營競爭科技人才時，印度在 STEM 領域的人才輸出，有效地幫助民主國家彌補了人力資源競爭中巨大的缺口。

不結盟專制國家

最後一類值得關注的國家是那些並未完全受中國或俄羅斯領導的專制國家。從這個角度來看，他們屬於「不結盟」陣營。然而，這些國家的專制傾向使他們更傾向於與主要專制國家建立關係。儘管如此，這些國家有時也可能被說服，與民主國家採取一致行動。歸根結底，這是一個錯綜複雜的世界，這些國家特別傾向於根據具體情況、以交易為導向來處理與其他國家的關係。以下是這些國家的人口及經濟規模：

表 10-6　不結盟專制國家

國家	人口（億）	經濟規模（兆）
埃及	1.12	0.4
沙烏地阿拉伯	0.36	1
越南	0.98	0.43
馬來西亞	0.36	0.39
阿爾及利亞	0.45	0.23
孟加拉	1.72	0.43
巴基斯坦	2.39	0.34
衣索比亞	1.26	0.16
伊拉克	0.5	0.25
秘魯	0.33	0.26
安哥拉	0.36	0.08
摩洛哥	0.37	0.14
肯亞	0.55	0.11

核子武器

另一個值得關注的指標是擁有核武器（主要包括原子

彈和氫彈）的國家，以及具備製造這些武器和透過轟炸機或潛艦進行投放的能力的國家。以下是相關國家的列表：

表 10-7　核彈數量

民主國家	核彈數量
美國	5,044
英國	225
法國	290
以色列	90
專制國家	**核彈數量**
中國	500
俄羅斯	5,580
北韓	50
不結盟國家	**核彈數量**
印度	172
巴基斯坦	170

雖然核武器在冷戰 1.0 中舉足輕重，但在冷戰 2.0 中，核武的作用可能沒那麼大。顯然，核武器的主要功能是阻止對核武大國的核攻擊或大規模常規軍事攻擊，特別是嚇阻其他擁有核武器的國家。在實際效果上，「相互保證毀滅」的理論仍然存在並發揮作用，這在一定程度上維持了世界的和平。自 1945 年核武器首次出現在國際舞台以來，

核武大國之間就未曾發生過直接的戰爭。從俄烏戰爭可以看出來，國家領導人對在戰場上使用所謂的戰術核武器的態度很謹慎。

然而，這種考量可能會因一些情況而改變，例如中國持續擴大核武力量規模、北韓更加積極地推進核導彈計畫，以及伊朗最終實現製造原子彈的目標。在這些情況下，民主國家可能不得不增加核彈的數量。然而，在理想的情境下，俄羅斯、中國和美國可以就核武器達成一項全面的軍備控制協議，確立對三國核武力量的適當限制，從而降低核軍備競賽的風險。

高品質的聯盟最重要

統計數據只能解釋這麼多。畢竟，僅從表面數據來看，大多數軍事分析人士都認為俄羅斯會在幾天內輕鬆擊敗烏克蘭。然而，現實卻不然。大家可以想想以下這兩種截然不同的聯盟類型。

美國與英國自一戰以來就是緊密的盟友，兩國同為北約成員，不僅共同參與各種軍事演習，也經常與其他盟友協同作戰。此外，兩國還在「五眼聯盟」框架下深入共享軍事情報及其他情報。「五眼聯盟」的其他三個成員國是加拿大、澳洲和紐西蘭。美國與澳洲簽署了盟約，規定如果澳洲受到外國勢力攻擊，美國將出面保衛澳洲。

2021 年，美國、英國和澳洲宣布成立「澳英美三方安全夥伴」，目的是加強亞太地區的民主防禦能力，核心是發展與協調部署核動力（但非核武裝）潛艦。2023 年 3 月，「澳英美三方安全夥伴」公布了更多計畫細節。根據這項計畫，澳洲將在未來 30 年內投入約 2,000 億美元，首先協助英國建造基於美國核動力科技的新型潛艦，隨後澳洲將開始自行建造潛艦。與此同時，美國將租借部分核動力潛艦給澳洲，而這種安排在歷史上極為罕見。

「澳英美三方安全夥伴」讓這三國可以分享最深層的軍事科技和核科技，三國的國防工業將如同一個集團般協同合作，在科技、商業和系統建構之間將形成緊密的連繫。此外，三國還同意在人工智慧、量子運算和高超音速導彈領域展開深度合作。史上第一次，英國與澳洲將獲得美國核科技支持，以及相關的水下通訊、聲納和無人水下載具科技。同時，美國將部署 8 艘最先進的核動力潛艦，實際強化亞太地區民主國家的威懾力量。這些潛艦將由美國、英國和澳洲的軍方共同操作，甚至會在同一艘潛艦上執行任務。從本質上說，這等於是把三國的海軍結合為一，形成一支聯合海軍力量。

「澳英美三方安全夥伴」的合作過程中不免還是會遇

到困難。這三個國家的民選政府會定期更迭，新任總統和總理將如何看待並推動這項計畫？如果亞太地區發生事件時，澳英美對於是否部署潛艦，或是否應該朝第三方目標發射導彈或魚雷，存在意見分歧，這將成為一個特別棘手的問題。答案或許已經嵌入緊密合作的計畫中了：澳英美三國必須解決彼此的分歧，因為他們別無選擇。若不是因為冷戰 2.0，專制國家對民主國家造成生存威脅，尤其是中國在東太平洋擴張，澳英美還未必能緊密合作。是共同的危機感促使三國在關鍵時刻團結一致。

「澳英美三方安全夥伴」以核動力潛艦為核心，而俄羅斯與中國的合作則是從共同打造最先進的商用客機展開。這兩種聯盟的焦點和動機截然不同，卻都體現了各自的戰略優勢。在 1945 年至 1970 年間，美國的波音公司幾乎壟斷了商用飛機設計與製造市場，包括客機和貨機。1970 年，幾個歐洲國家（最初為法國和德國，隨後西班牙和英國也加入）組成了一個財團，要在歐洲打造出波音的競爭對手。最終，空中巴士（Airbus）誕生，並取得了巨大成功（儘管這四個國家提供了大量財務支持）。在這一合作中，英國的勞斯萊斯為空中巴士飛機製造最重要的引擎，德國公司生產機翼，而所有零件在法國土魯斯組裝完成。如今，全球商用飛機製造業形成了雙頭壟斷市場（2023 年，波音出貨量為 528 架飛機，空中巴士的出貨量則為 735 架飛機）。

在波音和空中巴士拒絕與中國建立合資關係後，俄羅斯與中國於 2016 年組成集團，計畫打造 CR929 寬體客機，與波音和空中巴士競爭。兩國政府不願持續採購外國飛機，並認為發展民用航空業務可為各自的軍用飛機製造商帶來巨大益處。借鑑空中巴士聯盟的模式，俄羅斯的聯合航空製造公司（United Aircraft Corporation）負責提供引擎，中國的中國商用飛機公司（COMAC）負責製造機身，所有零件在中國組裝。[4] CR929 客機（「C」代表中國，「R」代表俄羅斯）從未起飛過，因為俄中聯盟甚至無法就科技共享的協議達成共識。主要障礙之一在於，俄羅斯始終不願讓中國全面接觸 CR929 計畫中引擎相關的技術；另一方面，中國也對於讓俄羅斯進入龐大的寬體客機市場感到憂慮。從根本上說，這項合作缺乏必要程度的信任，而這個計畫僅涉及兩個合作夥伴。這一失敗案例也為俄羅斯與中國在 2022 年俄羅斯入侵烏克蘭前宣布的「無上限友誼」蒙上陰影。與「澳英美三方安全夥伴」形成了鮮明的對比，差異極為顯著。

當前，俄羅斯與中國的不信任感也很強烈。以蘇聯解體為例，中亞地區的國家（如哈薩克和塔吉克）擺脫了莫斯科的控制，但普丁現在希望這些國家能重新與俄羅斯建立緊密的關係。可是中國卻積極拉攏這五個中亞國家，透過「一帶一路」進行大量投資。總之，俄中關係十分複雜，並經常涉及零和競爭。此外，雖然在民主國家對俄羅斯實施制裁後，中國從俄羅斯進口了更多石油，但購買量遠未達到俄羅斯的期望。同樣地，在 2023 年 3 月於莫斯科舉行的習普會上，習近平沒有同意興建第二條連接俄中兩國的天然氣管道。從根本上看，習近平不希望中國在能源供應上過度依賴俄羅斯。[5]

最重要的是，中國無法向俄羅斯提供最先進的半導體晶片，而這正是俄羅斯要建造最先進武器系統最迫切需要的，無奈中國自身也因半導體而受到制裁。此外，由於戰爭相關制裁導致的供應短缺，俄羅斯不再尊重貿易夥伴的智慧財產權，包括中國在內，這讓中國感到非常不滿，也因此選擇不向俄羅斯出口某些技術。最後，中國決定不向俄羅斯提供武器，因為這將導致美國對中國實施次級制裁。根據次級制裁規定，任何向俄羅斯輸送軍火的國家都將被禁止從美國企業購買商品。北韓與伊朗不擔心，因為他們已經受到美國的全面制裁，但中國極力避免陷入這種貿易限制的制裁體系中。總之，所謂的俄中「無上限友誼」其實有著諸多限制。此外，俄羅斯在國際社會中缺乏夥伴來提供戰爭前民主國家所供應的物資。盟友的作用非常重要，而俄羅斯的盟友卻寥寥無幾。

第 11 章

冷戰 2.0 的引爆點

在回顧冷戰 1.0 的歷史，以及冷戰 2.0 的主要參與者及主要盟友所擁有的經濟和軍事力量後，接下來需要探討的是，當前冷戰的動態將在哪些地區展開。換句話說，民主國家和專制國家精心累積的經濟與軍事資源要用在哪裡？以下討論必須從烏克蘭開始。2022 年 2 月，俄羅斯對烏克蘭發動了毫無理由且不正當的侵略，這一事件證明了（如果還需要證明的話）世界確實正處於冷戰 2.0 的進程之中。

第二個焦點是台灣。如果冷戰 2.0 在台灣周邊全面升級為熱戰，這將成為 21 世紀的主要——甚至是最重要的——地緣政治事件，影響力將超越當前的俄烏戰爭。與烏克蘭不同，這場戰爭可能會引發美國（甚至其他民主國家）直接派遣軍隊參戰，而不僅僅是提供武器。烏克蘭與台灣是兩個重要且複雜的戰略議題，構成了本章討論的核心內容。然而，本書也不容忽略民主國家、專制國家與「全球南方」的關係。全球南方曾是冷戰 1.0 中熱戰與冷戰的重要舞台，而在冷戰 2.0 中，這裡必然將再次成為關鍵的地緣政治舞台，只是將圍繞著科技與創新展開一套全新的動態與驅動力量。

烏克蘭的熱戰

2022 年 2 月 24 日，俄羅斯對烏克蘭發動全面軍事入侵。俄羅斯軍隊從烏克蘭的北部、東北部、東部、東南部和南部多點越過俄烏邊境發起攻擊。其中，北方攻勢是從白俄羅斯境內展開的，因為烏克蘭首都基輔距離白俄羅斯邊境僅 150 公里。俄羅斯此戰的目標是攻占並瓦解烏克蘭政府，將烏克蘭領土與人口納入俄羅斯版圖，實質上是將烏克蘭從地圖上抹去，終結這個獨立國家的存在。2022 年的全面入侵其實是延續了俄羅斯 2014 年的小規模入侵。莫斯科在 2014 年做了兩件事：(1) 派遣非正規部隊與俄軍雇傭兵進入烏克蘭的頓巴斯地區，煽動頓巴斯加入俄羅斯；(2) 以武力非法吞併克里米亞半島。克里米亞半島面積約 2.7 萬平方公里，相當於美國麻薩諸塞州的大小。

1954 年（冷戰 1.0 期間），莫斯科的最高蘇維埃政府將克里米亞州從俄羅斯蘇維埃共和國移交給烏克蘭蘇維埃共和國。當時這決定對莫斯科而言很合理，因為克里米亞半島需要與毗鄰的烏克蘭本土（由烏克蘭蘇維埃共和國管轄）建立更緊密的連繫，以便於灌溉和交通連接等目的。1991 年，蘇聯解體時，烏克蘭的每個州（包括克里米亞及頓巴斯地區的兩個州——盧甘斯克和頓內次克）都舉行了公投。各州多數投票者都支持烏克蘭及自己所在的州脫離蘇聯和俄羅斯，加入獨立的烏克蘭。1994 年，烏克蘭、俄羅斯、美國和英國簽署了《布達佩斯備忘錄》，烏克蘭同意將境內的核武器交予俄羅斯，以換取俄羅斯承認並尊重烏克蘭 1991 年的邊界。

2014 年，俄羅斯總統普丁對烏克蘭發動熱戰時，違反了《布達佩斯備忘錄》（和《聯合國憲章》）明定的義務，不僅對烏克蘭展開了新的熱戰，也對多個民主國家發動了冷戰，包括美國、英國和北約的其他成員國。然而，這並非只是延續第一場冷戰，因為今天的局勢與 1945 年至 1989 年間大不相同。最顯著的差異是，現在的專制國家領導者已不再是俄羅斯，而是中國。

這就是為什麼普丁會在俄羅斯入侵烏克蘭的 2 週前，飛往北京與習近平討論入侵並吞併烏克蘭的計畫。習近平會支持普丁出兵，主要有兩個原因。首先，普丁與習近平預期（事後證明是錯誤的）西方各國對這次入侵的反應會很混亂，他們認為歐美之間會為了如何應對而意見不一。其次，普丁與習近平也相信歐洲內部將會出現巨大的分裂，例如：以波蘭為首的前東歐集團國家會希望盡可能支援烏克蘭，而當時高度依賴俄羅斯天然氣供應的德國，則可能因擔心激怒俄羅斯而不願支持烏克蘭。整體而言，習近平與普丁認為，入侵烏克蘭將削弱西方，而這對他們雙方而言是一個重要目標。

習近平支持普丁的第二個原因是，他也面臨類似於自己的「烏克蘭」問題，即中國聲稱要將台灣「統一」。習近平認為，普丁迅速攻占並吞併整個烏克蘭，將在軍事和外交上為中國接管台灣樹立一個良好的先例。在這些考量的驅使下，2022 年 2 月 4 日，距離俄羅斯全面入侵烏克蘭僅 2 週，習近平與普丁在北京並肩發表了一份令人瞠目結舌的聯合聲明。這份長達 5,364 字的聲明由兩國共同簽署，承諾在多個領域合作，包括聯合軍事演習。聲明的最後宣告：「兩國友好沒有止境。」

習近平與普丁在北京簽署這份文件，證實在冷戰 2.0 中，中國是主導的專制國家，俄羅斯則淪為次要夥伴。這與第一場冷戰的局勢完全相反。1950 年，在北韓專制領袖金日成入侵南韓之前，以及中國專制領袖毛澤東派遣 70 萬中國軍隊拯救金日成岌岌可危的局勢之前，兩人都要先獲得莫斯科專制領袖史達林的許可。反之，1956 年俄羅斯派遣坦克進入布達佩斯鎮壓匈牙利獨立運動，以及 1968 年派遣坦克進入捷克斯洛伐克鎮壓布拉格之春時，不曾徵求過中國的同意。如今，世界兩大專制國家——俄羅斯與中國——已經對調了角色位置。這個變化將深遠地影響冷戰 2.0 以及俄羅斯如何進行如烏克蘭戰爭這樣的熱戰。

不過，這兩場冷戰有一個共通點，那就是科技始終扮演著關鍵角色，對國家軍事與經濟實力的發展與運用至關重要。儘管烏克蘭戰爭何時結束仍是未知數，但我們已能得出一些結論，特別是尖端高科技武器對烏克蘭的重要性。因此，將當前的競爭稱為冷戰 2.0，確實十分貼切。在烏克蘭戰場上，新科技的應用體現於以下幾個方面。

在全面戰爭初期，數百輛俄羅斯裝甲車向烏克蘭首都基輔疾馳而來。這一幕讓人聯想到二戰期間，納粹專制領袖希特勒發動的閃電戰（*Blitzkrieg*）。當時，德軍高度機動化的坦克部隊突襲法國北部，在短短幾週內擊潰了龐大的法軍（以及規模不小的英國遠征軍），令民主國家大為震驚。2022 年 2 月，沒有任何西方軍事分析家或智庫看好烏克蘭政府的生存機會。美國甚至提議將烏克蘭總統澤倫斯基空運到某個民主國家流亡避難。然而，澤倫斯基據報以一句將載入史冊的戰爭宣言回應道：「戰場就在這裡，我需要彈藥，不是搭便車。」

在戰爭的最初幾天和幾週內，拯救烏克蘭的武器是高科技、便攜式且精準導引的反坦克導彈，主要包括美國的「刺針」（Stinger）和「標槍」（Javelin），以及英國的輕型肩射反戰車飛彈（NLAW）。在無比英勇的烏克蘭士兵操作下，這些飛彈射程可達約 2,500 公尺，並且由於內建的軟體輔助導引系統，能精準命中目標。相較之下，上一代的反坦克導彈並不具備智慧導引功能，必須在更近的距離內發射。新一代反坦克導彈利用電腦科技，士兵只需將飛彈大致朝目標方向發射，飛彈在發射後便會自動追蹤並命中坦克，極大提升了作戰效率與安全性。

以美國兩大國防工業廠商雷神科技（現為 RTX）和洛克希德馬汀聯合製造的標槍飛彈為例，由於過去數十年高效能半導體晶片推動的電腦微型化科技，整套裝置僅重 50 磅，可由單兵攜帶、操作。然而，這些飛彈並不便宜，每枚造價約為 8 萬美元。為了節省訓練成本，專為「標槍」設計的模擬訓練系統應運而生。這套模擬器使用高級軟體與電腦繪圖，生成真實地形影像，提供極具真實感的操作體驗。這種高科技訓練系統有效降低了成本，讓更多單位能投入實戰裝備，例如供應給烏克蘭軍隊。據估計，在戰爭的前三週，烏克蘭士兵利用這些飛彈摧毀了 550 輛俄羅斯坦克和裝甲運兵車，成功讓烏克蘭贏得基輔戰役。到 2022 年 3 月底，俄羅斯在烏克蘭北部的殘餘部隊已全面撤離戰場。這些相對低成本但威力強大的電腦輔助肩射武器，拯救了烏克蘭政府，沒有在戰爭中吞下敗仗和屈辱。在戰爭的第一階段，高科技武器發揮了決定性的作用。

第二種在戰爭中發揮關鍵作用的高科技武器是由洛克希德馬汀製造的「海馬斯高機動性多管火箭系統」。這是一種「火箭砲」系統，能朝地面目標發射大型的精準導引飛彈。整個系統的大小與一個中型貨櫃差不多，可以讓卡車牽引移動。這是一種「打了就跑」的武器：發射一枚或多枚火箭後，操作人員立即駕駛車輛撤離，以免敵軍偵測到位置並以飛彈反擊。海馬斯高機動性多管火箭系統與標槍飛彈的共同特點是內部裝載了大量的半導體晶片，所以具備精準導引能力，但射程遠超肩射式反坦克導彈。海馬斯高機動性多管火箭系統發射的飛彈射程可達 50 英里，能精準命中彈藥庫、敵軍指揮部或軍營等目標。2022 年 9 月至 10 月，烏克蘭軍隊發起成功的反攻，並收復俄軍在戰爭早期占領的約 30% 領土，包括地區首府哈爾科夫。在這場反攻行動中，海馬斯高機動性多管火箭系統有效削弱了俄軍在烏克蘭東部的防線。同樣地，沒有高科技精準彈藥，烏克蘭軍隊就無法贏得哈爾科夫戰役。

2022 年至 2023 年的秋冬期間，地面軍事行動減少，俄羅斯展開了一場大規模的導彈與無人機攻擊行動。俄羅斯的目標不僅是摧毀烏克蘭的電力等公共設施，還包括襲擊平民公寓及社區建築（如博物館），以打擊烏克蘭人民的士氣——儘管攻擊非軍事目標構成戰爭罪。為了防禦這些非法攻擊，烏克蘭部署了「愛國者」防空系統（即相控陣追蹤雷達攔截系統）。這套系統由雷神公司製造，部分先進飛彈由洛克希德馬汀提供。「愛國者」是一種極為複雜的多組件系統，標準配置的成本約為 11 億美元，其中系統本體約 4 億美元，初始攔截飛彈庫存約 7 億美元。系統中的雷達單元負責偵測與追蹤來襲威脅，而精密的電腦與複雜的軟體則負責提供攔截飛彈的目標指引。[1] 雖然價格昂貴，但物有所值，成功攔截率約達 95%。在烏克蘭，愛國者系統甚至成功擊落了俄羅斯的「匕首」高超音速導彈，而普丁此前曾聲稱該型導彈無法被防空系統攔截。[2] 此外，愛國者系統運用了大量人工智慧科技，尤其是在「自動模式」下運作時更為顯著。

烏克蘭戰爭中，還有許多高科技武器與設備同樣發揮了重要作用。烏克蘭軍隊高度依賴無人機進行偵察，特別是在協助傳統（非智慧型）火砲瞄準。像 155 毫米榴彈砲這樣的傳統火砲仍然在戰爭中發揮著重要作用，例如在基輔戰役中成功抵禦了俄軍的進攻。此外，一些無人機被改裝為能投放小型炸彈的武器，展現出烏克蘭士兵在戰場上針對性打造科技解決方案的卓越創新能力。俄羅斯黑海艦隊封鎖了烏克蘭主要港口奧德薩數月後，烏克蘭部署了極具效能的武裝海上攻擊無人機，成功突破封鎖，迫使俄軍艦艇撤回俄羅斯，讓烏克蘭得以繼續從奧德薩出口農產品。在戰爭之初，沒有任何軍事戰略家能預測到，小型且相對廉價的無人機能對一場大規模戰爭產生如此深遠的影響。烏克蘭在戰前擁有強大的民用資訊科技能力，這一優勢在戰爭期間發揮了重要作用。本書第 1 章曾探討軍事與經濟力量的來源，並強調在科技領域，民用與軍事的融合日益加深。烏克蘭在與俄羅斯的戰爭中使用無人機，正是這一趨勢的典型例證。

同時間，烏克蘭除了實體戰場上的軍事行動，還要面對規模龐大的資訊戰。這場資訊戰涵蓋範圍廣泛，從前線部隊使用的智慧型手機，到各種社群媒體平台（包括俄羅斯「軍事博主」活躍的 Telegram 頻道），再到世界各地（尤其是俄羅斯境內）家家戶戶的電視螢幕。普丁的專制宣傳機器投入了大量精力，透過電視、社群媒體，甚至是低科技含量的戶外廣告，向俄羅斯公眾灌輸各種不實資訊，替無恥的烏克蘭軍事行動找藉口。戰爭初期，普丁將全面入侵烏克蘭稱為「特別軍事行動」，以避免嚇壞俄羅斯的中產階級。對普丁而言，這一點很重要，因為做為專制統治者，他與俄羅斯公民之間的核心社會契約是，他保證提升民眾的生活水準，而做為交換，民眾不會關注普丁個人及政府、軍隊的腐敗問題，並默許他按照自己的意願掌控國內政治以及俄羅斯的外交與軍事政策。因此，即使與現實脫節，普丁也必須不斷為這場戰爭編造出一個正面的敘事，以維繫他的統治地位。

普丁用來傳播國內假消息的主要科技工具是電視，這種傳播資訊的管道可以追溯到第一場冷戰。對大約 80% 的俄羅斯人來說，尤其是老年人，電視依然是非常有效的媒介，他們主要透過晚間新聞了解時事，只不過這些新聞完全由克里姆林宮的宣傳部門精心策畫。事實上，每天下午 3 點左右，俄羅斯國營電視台《今日俄羅斯》（*Russia Today*）頻道及其他官媒的新聞編輯室都會接到來自克里姆林宮的指示，明確點出普丁希望晚間新聞播出哪些內容以及如何呈現。官媒會完全服從指令，包裝成新聞報導，並在幾小時後播出。這裡需要澄清一下，民主國家的政府也會資助公共媒體機構，例如英國的 BBC、加拿大的 CBC、美國的 NPR 及澳洲的 ABC。但在這些民主國家中，政府與媒體編輯部之間存在堅固的分界，政府無權干預或影響媒體記者及其他內容創作者的編輯決策，這樣才能讓媒體保持新聞報導的獨立性。

電視在專制國家中的作用不容低估。在俄羅斯，烏克蘭戰爭進行了將近 3 年後，約 80% 的民眾仍相信普丁正努力幫烏克蘭「去除納粹」。普丁還成功說服大多數俄羅斯人相信，是北約挑起了烏克蘭的戰爭。這樣的結果並不令人意外——當人們的唯一資訊來源是由克里姆林宮假消息部門精心編排的晚間新聞時，還能期待什麼呢？其他專制國家的情況與俄羅斯類似。例如在北韓，由於平壤專制政權不間斷的虛假宣傳，75 年後，大多數北韓人民仍然相信，當年是南韓先攻擊了北韓，而北韓只是在進行一場為期 3 年的自衛戰爭。（嚴格來說，這場戰爭至今仍未結束，因為南北韓之間從未簽署和平協議。）

普丁同樣善於利用數位平台進行宣傳。自網際網路革命開始以來，俄羅斯便投入資金並培養了大規模的「巨魔農場」（troll farms，即網軍工廠），專門向全球網際網路和社群媒體使用者傳播大量假消息。這些資訊針對不同的受眾群體，例如針對西方觀眾的資訊、針對「全球南方」國家的資訊、針對亞洲地區的訊息等等。以美國的《穆勒報告》為例，其中詳細描述了這些俄羅斯網軍工廠的運作方式，以及網軍在 2016 年美國總統選舉中達成的成果。因此，當普丁在 2014 年發動烏克蘭戰爭時，這些網軍工廠立即被用於傳播有關戰爭的假消息，而這種活動一直持續至今。透過這些資訊傳播的管道，普丁取得了一些顯著的成果。例如：民調顯示，在中國、印度和南非等國，多數民眾認為俄烏衝突是烏克蘭在北約的支持下挑起的。此外，普丁還成功散布了另一個謊言，即全球糧食價格上漲是因為烏克蘭任意抬價。事實上，糧食價格上漲的真正原因是俄羅斯入侵烏克蘭後，最初切斷了烏克蘭的糧食出口。俄羅斯海軍封鎖了烏克蘭位於黑海沿岸的糧食港口，導致供應緊縮。直到烏克蘭的小型海上無人機成功削弱了俄羅斯的海上威脅，才得以恢復部分運輸。

同時，新社群媒體、相關通訊科技與數據傳播手段的迷人之處在於，可以從零開始迅速發展並產生影響。以烏克蘭總統澤倫斯基為例，他並沒有現成的網軍工廠可以利用，但同樣積極發起了一場社群媒體上的大型資訊戰。事實上，考慮到烏克蘭高度依賴民主國家的軍援和財援，有人甚至認為這種依賴攸關生死，因此澤倫斯基必須與援助國的數千萬公民建立深厚的連繫，並維持他們的參與感。如此一來，這些國家的政治人物才能在民意調查中看到選民仍然支持烏克蘭。澤倫斯基在這方面的努力成效很不錯，但隨著戰爭超過 2 年，要讓民主國家的媒體和公民持續關注烏克蘭，也愈來愈難。尤其是在 2023 年 10 月 7 日哈瑪斯發動針對以色列的中東戰爭後，烏克蘭議題的版面就縮小了。最明顯的例子是，2023 年底至 2024 年初，美國國會將烏克蘭的武器援助方案往後延了 6 個月，對烏克蘭的戰場局勢造成了極大的損失。

儘管俄烏戰爭尚未結束，但經過數年的激烈交戰，烏克蘭所承受的巨大代價已經顯而易見。烏克蘭經濟遭受重創，約有 1,400 萬名難民（主要是婦女和兒童）逃離了戰爭最慘烈的地區，其中 600 萬人完全離開了烏克蘭。數以萬計的烏克蘭兒童被俄羅斯占領東部地區的軍隊綁架。數百所學校、醫院、博物館及其他烏克蘭文化場所，成為俄羅斯導彈的刻意攻擊目標。數千起戰爭罪行正在被記錄，包括俄軍占領的烏克蘭城鎮內對非戰鬥平民的無意義屠殺。俄羅斯侵略者正在烏克蘭人民身上刻下現代戰爭的可怕災難。在民主國家的軍事裝備、財政和人道援助的支持下，烏克蘭人得以英勇反擊俄軍，但付出的代價極為慘重——據估算，陣亡與受傷的烏克蘭士兵人數約在 13 萬左右。這場血腥災難的源頭，只為滿足一名俄羅斯專制領袖的野心。這正是冷戰 2.0 血腥且殘酷的現實。專制領袖往往只是因為民主國家的存在就感到威脅。普丁聲稱他攻擊烏克蘭是為了重建俄羅斯帝國，但他的真正目的是摧毀一個鄰近的斯拉夫民族的民主國家，因為這個國家的存在可能會激勵俄羅斯人民推翻專制領袖（普丁），並建立民主制度。簡而言之，普丁在烏克蘭發動的是一場關乎自身存亡的戰爭，藉此保住他在俄羅斯的專制貪腐政權。

因此，烏克蘭領導層團結一致，堅持只有在俄羅斯軍隊全部撤出烏克蘭，恢復 2014 年之前的邊界（即所謂的「1991 年烏克蘭」）後，才會談判和平協議。然而，一些有影響力的評論人士（包括美國前國務卿季辛吉）認為，烏克蘭應考慮放棄這些領土——這些領土包括俄羅斯在 2022 年入侵時額外占領的區域，共占 1991 年烏克蘭領土的 20% ——以換取關鍵民主國家提供的堅實安全保障，甚至可能是北約的成員資格。針對這樣的建議，有人提出了一個發人深省的觀點：任何民主國家的政治人物如果提出類似建議，都應先自願將國家 20% 的領土讓給鄰國，才有資格建議澤倫斯基總統讓烏克蘭做出這樣的犧牲。試問，會有人認為印度總理莫迪願意將印度 20% 的領土（甚至僅僅是克什米爾西北地區的 20%，或者更小範圍的拉達克地區）拱手讓給中國，以換取兩國持久的邊界和平協議嗎？如果這對印度是不合理的，那麼為什麼對烏克蘭就合理呢？

儘管俄烏戰爭尚未結束，但我們已經可以從中得出重要的啟示。數位科技和電腦科技，不僅應用於武器系統，還以多種方式廣泛參與這場衝突，並發揮了顯著作用。此外，由民主國家創新研發的武器系統，在功能與性能上明顯優於專制國家製造的武器。然而，僅僅設計出優越的武器還不夠，民主國家必須具備大規模生產這些武器的能力。烏克蘭戰爭深刻地暴露了民主國家在這方面的重大缺陷，這是一個嚴重的不足，必須以最快的速度加以解決。

從烏克蘭戰爭中還可以汲取其他非軍事層面的重要教訓。民主國家對俄羅斯實施的經濟制裁確實削弱了俄羅斯的戰爭能力，但仍需採取額外措施來使這些制裁更具威懾力。值得注意的是，儘管中國最高領導人曾宣稱中俄之間的友誼「沒有止境」，但在實際操作中，中國對俄羅斯的援助還是有限的。例如：中國並未向俄羅斯提供武器，這可能是因為擔心自身經濟遭到民主國家的全面制裁。另一方面，隨著俄羅斯將經濟轉向戰時模式，中國卻透過向俄羅斯出口數十億美元的高科技設備與零組件，實質上支撐了俄羅斯的經濟運行。這些從中國進口的產品（包括關鍵的半導體晶片）最終被用於俄羅斯製造的武器，並投入對烏克蘭的攻擊行動中。2024 年 7 月，在華府舉行的北約峰會上，中國因為對俄羅斯戰爭努力提供關鍵支持而受到嚴厲譴責。現在，主要的民主國家必須採取適當的經濟和外交行動，例如對中國實施次級制裁，以阻止中國繼續為俄羅斯的戰爭工業輸送燃料。這些經驗將對民主國家有所幫助，特別是在習近平考量如何以軍事手段將台灣納入中國版圖的計畫和時間表之際，這些教訓將具有深遠意義。

台灣即將爆發的戰爭

冷戰 2.0 的另一個重大焦點是台灣這座島嶼。中國做為全球陸地面積第二大的國家（933 萬平方公里），同時也是人口最多的兩個國家之一（和印度都是 14 億人），始終認為台灣是中國不可分割的一部分。然而，台灣的立場截然不同。台灣在全球國家面積排名中位列第 139 位，面積為 36,197 平方公里（略大於荷蘭），人口約 2,350 萬。台灣並不認為自己是中國的一部分，而絕大多數台灣公民也不希望成為中國的公民。

台灣，正式名稱為中華民國，有非常曲折的歷史。[3] 這座島嶼上最早的居民並非漢人，而是來自南太平洋群島的原住民。17 世紀，荷蘭人在此建立了殖民地，同時漢人移民也開始加速。隨後那個多事的世紀裡，滿洲勢力統一中國大陸並建立清朝，而明朝的支持者鄭成功（後來是其子鄭經）逃到了這座島嶼，將此做為避難所。（鄭氏父子無法接受滿洲人的許多社會習俗。）有趣的是，這座島嶼當時已被當作躲避大陸社會變動的庇護所——這是否讓人聯想到當代？ 200 年後，台灣進入清朝的控制範圍。然而，1885 年，清朝在慘烈的戰爭中敗給日本。從這裡就可以看出清廷對台灣不甚重視，清朝皇帝在和平條約中將台灣割讓給日本，不過島上的居民拒絕接受日本統治，並宣布獨立。隨後爆發為期 6 個月的抗日獨立戰爭，戰況相當慘烈，最終因日本擁有更強大的軍隊而以失敗告終。[4] 歷史不會完全重演，但往往有相似的韻律，日本最終鎮壓了島上的抵抗，並在接下來的 40 年間對台灣進行了統治與殖民。

今日的台灣是全球最受爭議的地區之一，這段歷史可追溯至 1949 年。那一年，毛澤東的共產黨部隊全面接管中國大陸後，蔣介石與國民黨的支持者約 200 萬人逃往台灣。蔣介石曾於 1928 年至 1949 年間以專制領袖的身分統治中國大陸，並在二戰末期驅逐日軍的戰鬥中扮演了重要角色。他在抗日戰爭中與由毛澤東領導的中國共產黨一同奮戰。然而，在國共內戰中敗給毛澤東後，蔣介石於 1949 年逃往台灣。他的計畫是利用這座島嶼重整旗鼓，並最終反攻共產黨，奪回北京的統治權。

蔣介石始終未能反攻大陸，但中國共產黨同樣無法成功奪下台灣。1949 年，解放軍派遣三個師登陸金門群島。金門是台灣的離島，但地理上非常接近中國大陸，距離大陸廈門的海岸僅約 10 公里（從金門可清晰看到廈門）。中共認為要進攻台灣本島前必須先奪下金門。不過，這次進攻被國民黨部隊成功擊退。1950 年，中共與解放軍成功發動兩棲攻擊，以約 10 萬兵力奪取了大型島嶼海南島。1954 年底，中共再次攻占台灣控制的漁山列島，並迫使台灣隨後放棄大陳群島。這些行動統稱為第一次台海危機。在這些事件之後，台灣的領土範圍縮減為台灣本島及幾個周邊離島，包括金門、澎湖與馬祖群島。

第一次台海危機是因為美國介入而落幕。美國派遣第七艦隊（包括一艘航空母艦）駐守台灣海峽，保護台灣安全，同時也確保國民黨不會進攻中國大陸。需要注意的是，1950 年至 1953 年間，南韓與美國軍隊（以及多個以聯合國名義參與的盟國）共同發動了一場血腥的戰爭，成功阻止北韓共產主義者奪取南韓。當時，北韓獲得了來自約 70 萬中國共產黨士兵的直接軍事支援。這支由美國主導的聯軍最終拯救了南韓，正如幾年後美國海軍成功保護了台灣一樣。值得一提的是，在這一系列衝突期間，美國從未承認中共政權做為中國的合法政府。

1955 年，台灣與美國簽署了共同防禦條約，美國承諾在台灣遭受中共攻擊時進行防衛。然而，條約的重要條款明確表示，美國的防禦義務不包括鄰近中國的小島，如金門和馬祖。此外，條約還規定，國民黨若要對中國大陸發動攻擊，必須事先獲得美國的同意。實際上，這項條約凍結了新的現狀，既保障了台灣免受中共的攻擊，又限制國民黨對中國大陸採取魯莽的行動。到了 1950 年代中期，艾森豪政府得出結論：國民黨無法對中國大陸發起任何有實質意義的反攻行動。

在第一次台海危機最激烈的時刻，美國國務卿曾公開宣布，美國正考慮對解放軍使用核武。然而，包括邱吉爾在內的北約盟國堅決反對這行動。這種核邊緣政策可能產生了一定影響，讓毛澤東決定緩和危機局勢，因為當時中國尚未擁有核武。此外，莫斯科不願承諾，若美國對中國使用核武，蘇聯將以核導彈進行報復，這一立場也對毛澤東的決策產生了重要影響。正是這一情勢，最終促使毛澤東下定決心研發自己的核子武器。1964 年，中國成功引爆了第一顆原子彈，3 年後又成功試爆第一顆氫彈。今天的情勢則有所反轉。南韓、日本、菲律賓和澳洲都在美國的「核武器保護傘」之下。如果美國某天撤回這一核武保障，很可能其中一個或多個國家會啟動自己的核武計畫。值得注意的是，當美國在 1970 年代終止與台灣的共同防禦條約時，台灣也曾推動自己的核武發展計畫，並進展到幾乎完成的階段，直到 1980 年代末在美國的施壓下被迫終止。歷史的「韻律」有時會以不同的方式回響，但核心節奏始終如一。

1958 年 8 月，中華人民解放軍與台灣軍隊之間再次爆發戰鬥，解放軍開始砲擊轟炸金門和馬祖，史稱第二次台海危機。雙方還發生了激烈的空戰。在空戰中，美國提供給台灣的 AIM-9「響尾蛇」空對空飛彈表現出壓倒性的科技優勢。這種新型飛彈使用紅外線熱追蹤技術，能精準鎖定目標，最終擊落了 31 架解放軍戰機，而台灣僅損失了 2 架戰機。這次衝突讓中國學到了一個重要的教訓：擁有現代化科技的小型空軍可以輕鬆擊敗裝備落後的龐大空軍。此外，美國陸軍向金門提供了 M115 型遠程榴彈砲，為台灣在砲戰中取得優勢。1958 年 10 月，解放軍單方面宣布停火，主要原因是砲彈庫存耗盡。然而，解放軍與台灣之間的轟炸並未完全停止，雙方一直到 1979 年仍定期交火，通常是「單打雙不打」，逢單日砲擊，雙日不砲擊。值得注意的是，1960 年 6 月，美國總統艾森豪訪問台灣期間，解放軍朝金門發射了超過 10 萬發砲彈，造成 13 人死亡、74 人受傷。艾森豪離開後，台灣方面也朝中國大陸發射了數千發砲彈回擊。

第三次台海危機發生在 1995 年 5 月，起因是美國發簽證給台灣總統候選人李登輝，允許他造訪紐約州北部的母校康奈爾大學。北京對此行為極為不滿，並在 1995 年夏天試射一系列導彈、舉辦海軍演習，還在台灣附近進行兩棲登陸演習。此後，在 1996 年 3 月台灣總統選舉前數日，北京試圖向台灣民眾表示，若選票投給李登輝，可能導致與中國關係惡化，甚至引發軍事衝突。解放軍再次在台灣周邊發射導彈，這次距離台灣的港口更近，足以干擾商業貨櫃航運。美國對此迅速做出反應，派遣兩個航母戰鬥群駛近台灣，其中一個更直接穿越台灣海峽，以顯示美國捍衛台灣的決心。這次海軍行動成為越戰以來美國在亞洲展現的最大軍事力量。諷刺的是，中國的導彈試射和軍事威脅適得其反。解放軍的恐嚇行為反而增加了李登輝的支持率，提升了約 5 個百分點，讓他順利當選，成為最佳助選員。這再次印證了專制政權常在試圖恐嚇民主國家時「搬石頭砸自己的腳」。此外，中國的軍力展示也進一步強化了美日軍事聯盟。日本逐漸意識到自身防禦能力與台灣的成功防禦密不可分。

然而，毛澤東於 1976 年去世後，情勢發生了顯著變化。1970 年代末至 1980 年代初，中國大陸逐漸走出外交孤立，開始尋求與世界各國建立外交關係和貿易往來。然而，中國向潛在的經濟夥伴提出了一項重要條件：任何希望與中國建立商業關係的國家必須承認「一中政策」，即承認中國大陸的共產黨政府為唯一的中國，並與台灣斷絕外交關係。美國與許多渴望和中國進行商業合作的國家一樣，於 1980 年終止了與台灣的共同防禦條約（該條約規定美國有義務保衛台灣）。取而代之的是通過了《台灣關係法》。根據《台灣關係法》，美國有權向台灣出售軍事裝備，但重要的是，該法案並未明確承諾美國會防衛台灣，也沒有排除防衛台灣的可能性。這種模糊性刻意保留了美國會不會直接介入台灣防務的關鍵問題，既不明言承諾，也不完全排除可能性，使美國的立場具有一定的戰略靈活性。

蔣介石政權於是專心推動台灣的經濟發展。1970 年代，台灣政府推行了十大建設。在蔣介石於 1975 年去世後，這些基礎建設計畫持續進行，同時也促使政治控制逐步放鬆，台灣開始緩慢邁向民主化。政府推行了現代化計畫，興建大學和新的產業園區，促進經濟進步。到 1980 年代，台灣已擁有繁榮的中產階級和中等收入經濟。在這個關鍵時期，時任行政院長孫運璿展現了非凡的眼光，成功說服當時在矽谷擔任通用儀器公司總裁的張忠謀來到台灣。張忠謀抵台後不久，創立了一家全新的半導體公司——台灣積體電路製造公司。總部設在新竹科學園區的台積電，起初規模不大，僅擁有一家工廠。

台積電在 1980 年代和 1990 年代的成長（隨後在台中、台南及高雄建立其他晶圓廠）反映了台灣的發展步調。台灣並非經濟合作暨發展組織（OECD）的正式成員（中國以「一中政策」阻止台灣加入），但台灣參與了 OECD 的 3 個委員會。此外，台灣僅與 12 個國家維持正式邦交，但在許多其他國家設有非正式的貿易辦事處。按人均所得排名，台灣為 33,907 美元，略低於日本（35,385 美元），稍高於南韓（33,393 美元）。1987 年 7 月，台灣正式解除戒嚴。更重要的是，1996 年舉行了首次總統直選，並於 2000 年 5 月實現了第一次政黨間的和平政權交接，當時前總統李登輝（國民黨）將政權移交給新當選總統陳水扁（民進黨）。自那次選舉以來，台灣已經又成功舉行了 6 次和平的總統選舉，並完成了 2 次政黨間的和平政權交接。如今，民主制度已在台灣深深扎根。

自毛澤東去世以來，中國並未採取軍事行動來徹底消滅台灣的存在，也未明確表示將台灣納入中國的具體時間表。然而，北京曾多次表示，如果台北宣布獨立，將採取軍事行動。很多行為都可能被北京視為傾向獨立，包括其他國家向台灣出售武器（儘管有趣的是，美國仍向台灣出售大量武器）或其他國家在台北設立大使館（貿易和文化交流辦事處則被視為可以接受的範疇）。關於「一中政策」的外交語言，也存在許多細微差別。北京宣稱大多數國家「反對」台灣的獨立主張，但許多國家實際上並未明確表示「反對」，而只是表態「不支持」。換言之，這些國家對台灣問題不持立場，前提是相關進程能以和平方式進行。此外，中國認為只要台灣舉辦任何有關獨立問題的公投，不論結果如何，都視為宣布獨立。再次強調，專制政權通常不相信以投票來決定任何重大議題。

過去數十年來，中國對台灣的整體策略建立在一個假設之上：最終台灣會出現一場大規模運動，要求重新融入中國，而中國可以等待這個和平的「結局」。與此同時，美國接受了台灣與中國之間的模糊妥協，即只要台灣不宣布獨立，中國便不會進攻台灣。因此，華府從未正式表態，若中國入侵台灣，美國是否會提供保護。這種模糊策略是為了讓台灣不會輕易宣布獨立。按照這種複雜邏輯推演，台灣若宣布獨立而引發中國入侵，則台灣始終無法完全確信美國會不會提供軍事支持。對台灣而言，這種模糊的安排也運作得相當順利，在不宣布獨立的前提下，基本上可以在國際舞台上按照自己的方式行事，現狀也使其在實質上維持自主運作。台灣現任總統賴清德明確不接受台灣是中國的一部分。此外，他認為台灣已經是「獨立」的，這在許多層面上確實符合台灣的現狀。

這種特殊且不同尋常的安排本來可以持續下去，但近年來卻因多種因素而面臨挑戰，可能無法繼續。首先，中國的「等待策略」（期待支持統一的政府最終在台北上台）顯然未見成效。過去 20 年來，台灣人支持與中國統一的比例穩步下降。根據 2022 年 6 月的一項重要追蹤調查，僅有 6.5% 的台灣人支持與中國統一，其中僅 1.3% 支持立即統一，5.2% 支持未來統一。[5] 這對北京來說無疑是壞消息，也導致習近平逐漸失去耐心。有報導稱，他已要求中國人民解放軍高層準備在 2027 年前以武力奪取台灣。做為回應，美國總統拜登曾在公開場合三次打破「戰略模糊」的慣例，明確表示如果中國攻打台灣，美國將保衛台灣。（然而，每次這種表態之後，白宮官員都試圖「澄清」，強調美國的官方政策仍然是不對台灣提供明確的軍事支持保證。）現任總統川普在 2024 年 11 月選舉前曾對保衛台灣的必要性表示懷疑，但同時，他對北京的態度一向冷淡。可以推測，一旦川普在總統任內了解到美國高度依賴台灣生產的半導體晶片，他也可能轉而向北京表態，表示將不惜一切代價阻止中國以武力奪取台灣。

鑑於習近平可能耐心有限，值得我們深入探討中國企圖接管台灣的各種情境如何影響科技。最直接的行動模式可能是一支大規模的中國海軍發動入侵，動用數百艘兩棲登陸艇，載運成千上萬的士兵登陸台灣——可以類比於 1944 年 6 月 6 日諾曼第登陸的 D 日行動。這樣的行動可能會以大規模的海上和空中轟炸揭開序幕，或者對台灣防禦工事發動密集的導彈襲擊，以「軟化島內防禦」，為中國軍隊的登陸創造條件。（此類導彈攻擊的情景已在本書〈緒論〉部分有所描述。）或者，有沒有可能由中國空軍幾乎全權負責第一波攻擊？其中可能包括數千架無人機，以爭奪制空權並削弱台灣的防禦力量？這種科技驅動的作戰手段，特別是無人機的大量部署，可能成為未來行動的重要組成部分。

在這些高強度的作戰情景下，台灣防空與導彈防禦系統的規模和效能很關鍵。無論是台灣單獨運用，還是與美國（或其他民主國家的潛在盟友）協同運作，人工智慧驅動的指揮與控制系統都會有決定性作用。台灣海峽寬約 160 公里，這代表著目前的巡弋飛彈（速度約每小時 800 公里）平均只需要約 12 分鐘便能越過海峽，擊中島上的目標。對台灣而言，導彈攔截區大約在距離西海岸 64 至 96 公里的海域上方，這表示台灣僅有約 6 分鐘時間來偵測中國東海岸發射的導彈；若中國讓艦艇或戰機更靠近台灣再發射導彈，偵測時間只有幾分鐘。在如此短暫的時間內，台灣必須迅速決定具體反制措施，並及時發射攔截導彈，以確保有足夠的時間在海上攔截來襲導彈。單憑人類智慧無法處理這樣高速且密集的感測器與目標資訊流，更無法在短時間內做出有效決策並迅速應對。這需要極高可靠性與卓越效能的人工智慧科技，以及大規模應用的尖端半導體科技，甚至可能依賴足夠成熟的量子運算科技。此外，當中國發射第二波、第三波，甚至更多波的導彈攻擊時，這一整套反應流程必須再次啟動並精準執行。這絕不是一項適合膽怯者或劣質武器的任務，而是對尖端科技與國防能力的極限挑戰。

中國另一種奪取台灣的戰略是漸進式運用軍事力量。中國可能會對台灣實施封鎖，利用海軍艦艇（包括潛艦）和軍機在台灣周圍建立禁區，禁止外國或台灣的船隻和貨運飛機進入這片空域或海域——類似柏林封鎖，但進行圍困的軍隊實力更強。由於台灣大多數的主要港口都面向西部，正對中國東海岸，解放軍可能僅需在沿岸部署導彈，攔截任何接近台灣港口幾公里範圍內的船隻，從而以導彈和無人機進行海上封鎖，而非依賴海軍艦艇。此外，中國還可能切斷連接台灣與外界的光纖電纜，甚至摧毀那些支援台灣及美國（以及盟軍）部隊的衛星。中國的目標是透過建立一個實體與數位的封鎖圈，逐步收緊對台灣的壓制，迫使台灣屈服。面對這種情況，台灣可能會在盟國的支援下採取行動，試圖突破封鎖，例如擊落封鎖區內的中國軍機，或擊沉、癱瘓相關的中國艦艇及岸上導彈發射裝置。這種情況的進展可能需要更長的時間，而這或許對台灣有利，因為這將給美國（以及其他潛在盟友，特別是日本和南韓）爭取更多時間來集結對台灣的軍事支援。

這兩種戰爭情境使台灣的政治與軍事領袖展開激烈辯論，討論何種現代武器最適合用於防衛這座島嶼。迄今為止，台灣的防務重點主要放在先進戰鬥機上，例如第四代的 F-16 和第五代的 F-35。然而，有一種頗具說服力的觀點認為，與其將國防預算全部投入這些造價高昂的尖端武器，不如購買更多所謂的「刺蝟武器」（hedgehog weapons）。這類武器在緊密防禦情境中表現非常堅韌，配合卓越的指揮與控制系統使用時更為有效。此外，這些武器應該融入最新的人工智慧軟體科技，不僅用於操作與優化武器性能，還可用於整體戰場管理。這種策略將使台灣在面對潛在威脅時更加靈活和高效。

台灣僵局引出了關於台積電的重要問題。台積電總部位於台灣，儘管這家公司在美國、中國和歐洲也建有多處工廠，大多數生產設施仍設在台灣島上。簡單來說，全球半導體市場不可缺少台積電。如果台灣遭遇入侵，而台積電在台灣的晶圓廠受到損害或破壞，將對民主國家的經濟造成毀滅性的打擊。更嚴重的是，在台灣海峽戰爭中，台積電在台灣雇用的 7 萬名頂尖科學家與科技人員中，若有數百人因戰鬥受傷甚至喪生，將對整個產業造成災難性影響。高階半導體市場可能會極度緊縮——回顧 2020 年至 2021 年全球經濟因半導體短缺而遭受的巨大衝擊，汽尤其是汽車產業受影響特別嚴重。若中國在衝突中損毀、甚至徹底摧毀台積電的晶圓廠或重要人力資源，不僅台積電，整個全球經濟都將陷入深重危機。屆時，一場科技寒冬將席捲全球經濟，2021 年至 2022 年的半導體短缺，相比之下顯得微不足道。這個顧慮或許會促使中國在對台行動中，採用純粹由人工智慧驅動的精準彈藥，包括 AI 輔助的高精度巡弋飛彈、砲彈和無人機，以減少直接傷害台灣基礎設施和科技人員。

上述關於台灣的討論中有多項寶貴的重點。從長遠來看，中國或民主國家在軍事中整合並運用人工智慧科技的能力，將在台灣周圍的軍事衝突中成為決定勝負的關鍵。

同時，為了避免此類熱戰爆發，在冷戰 2.0 期間，美國必須明確表態，若中國攻擊台灣，美國將參與防衛。這明確的立場，應有助於新任的川普總統了解美國多麼深層依賴台灣先進半導體晶片——僅靠台積電在亞利桑納州的新晶圓廠產能，無法滿足美國的需求。此外，若區域內其他主要民主國家，尤其是日本，甚至最終包括南韓、菲律賓和澳洲，也能承諾在中國攻擊台灣時提供協助，將大幅增強威懾力。主要歐洲強國如英國、德國與法國，至少應向北京明確表態，一旦中國對台灣採取行動，歐洲與中國的經濟關係將急劇惡化，甚至全面中斷。如果上述 9 個民主國家無法組建正式的全球「GATO」（類似北約的全球聯盟），或至少一個以亞洲為核心的「PATO」（類似太平洋聯盟），那麼這些最強大的民主國家應以更靈活的方式建立適合冷戰 2.0 的聯盟，並提醒中國——以及民主國家自己——在這場新冷戰中，「團結才是最大的力量。」

台灣和平收購方案

或許還有另一種方法可以應對中國對台灣構成的威脅。許多台灣人認為，高科技公司是抵禦中國入侵的一種「保護盾」，特別是台積電這顆「掌上明珠」及其 7 萬名員工。他們的推理是：「中國肯定不會選擇對台灣發動軍事攻擊，因為這樣會損害台積電的設施或傷害其員工。」然而，這種論點十分薄弱，畢竟中國的導彈、無人機和火砲可以透過人工智慧科技變得「精準」，只攻擊軍事目標。

事實上，反方論點似乎更具說服力：台積電的存在反而讓中國更有動機攻占台灣，因為：(1) 借助精準打擊（如導彈、無人機和智慧火砲），中國可以在附加傷害最小的情況下奪取台灣。(2) 一旦成功控制台灣，中國可以立即對民主國家實施高效能半導體出口禁運，或至少以此向民主國家索取巨額金錢來維持晶片供應。另一方面，正因台灣生產了全球 90% 的高效能半導體，這將使美國不惜一切代價阻止中國接管台灣，並為此進行激烈戰鬥。無論哪種情況，台積電晶圓廠的存在都使台灣問題的風險提升至極為危險的層次。

因此，若民主國家現在就集體提供庇護給數百萬台灣人，特別是高科技工作者及家眷，會發生什麼事呢？台積電及其他台灣公司整座晶圓廠的員工可以轉移到民主國家。這樣的行動並非毫無先例。香港在 1997 年回歸中國之前的 10 年間，大約有 100 萬名香港居民移居至加拿大、美國、澳洲和英國等國家。2020 年中國實施《國安法》後，又有約 20 萬名香港居民選擇離開。如果台灣的半導體晶圓廠成為中國發動武力奪取台灣的驅動因素，那麼可在戰爭爆發前，先行移走「島上明珠」，以剝奪中國的主要動機。建築物可以留下，但關鍵的人才和設備必須撤離。這樣的策略可以在不流血的情況下，極大降低中國發動軍事行動的誘因。

這種有責任的移民計畫在台灣歷史上其實已有先例。1895 年，清朝皇帝將台灣割讓給日本時，新上任的日本統治者給予台灣居民 2 年的期限，可以選擇出售土地並離開島嶼；未在期限內離開的居民則必須被日本殖民。如今，民主國家可以為台灣人民提供類似的選擇。這一計畫是要為台灣問題尋求一個和平解決方案，避免未來在中國的堅持下爆發一場極為血腥的戰爭。經濟移民計畫並不完美，但台海戰爭即使主要依賴人工智慧精準彈藥，仍可能造成大規模傷亡，相較之下，這個計畫仍是一個可行的替代方案。

經濟移民計畫的危險在於，這可能成為一種自我實現的預言。一旦中國得知台灣計畫遷離部分領先企業的關鍵核心，便可能會先發制人，對台灣發動攻擊以阻止這項計畫。然而，根據解放軍向習近平的報告，最快也要到 2027 年才能準備好對台灣發動成功的攻擊。因此，這項計畫能實踐的時機非常有限，實際上就在未來幾年內。時間至關重要。

關於解決台灣問題的民主與專制僵局，還有另一種方案，與上述移民選擇相關。這一情境可借鑑 1993 年捷克斯洛伐克和平分裂為捷克共和國和斯洛伐克的先例。當時，捷克斯洛伐克內部的兩個族群領導人並未訴諸全民公投，而是召開一系列祕密會議，討論並解決了各自在社會、政治與經濟問題上的分歧，最終達成協議，選擇分道揚鑣。結果，捷克斯洛伐克的人民某一天醒來，便發現自己所屬的國家已經變成了捷克共和國或斯洛伐克。

類似地，北京與台北的領導人可以在祕密會談後達成協議，宣布台灣將在協議簽署後第五年回歸中國。然而，為了顧及不願留在台灣的居民和企業，中國將承諾回購所有這些公民及企業的資產，包括房屋、土地、企業等。資產價格將依據宣布協議前一日的市場價格或協議宣布後一年內的市場價格（取較高者）來計算。這樣一來，台灣公民有一年的時間可以評估移居其他國家的機會，並決定要不要離開。

在宣布協議的第二年內，將確定最終資產回購價格，台灣公民需在該年年底前表明要留下或離開。若選擇離開，中國需在第二年年底前將資產回購款存入由中立國（如瑞士）管理的第三方信託帳戶。若中國未能按時完成付款，協議將作廢，中國需永久放棄對台灣的主權聲索，台灣將有權宣布獨立，並與美國簽署共同防禦條約，或加入當時可能已成立的「GATO」或「PATO」聯盟。若中國按時完成信託存款，台灣的主權將按原定計畫於協議簽署後第五年移交給中國。選擇離開的台灣公民可在交出資產後，從信託帳戶中獲取補償款。儘管這未必是台灣問題的完美解決方案，但在冷戰 2.0 的框架下，可以讓台灣避免一場極其血腥的戰爭。

可能用上核武的常規衝突

烏克蘭的實戰和台灣可能的衝突都構成極為敏感的挑戰，因為俄羅斯、中國和美國均擁有核武器。顯而易見的問題是：如何避免這些衝突升級到使用核武的地步。在烏克蘭戰爭中，拜登政府的做法是在戰爭初期明確向普丁傳遞信號，表明美軍及其他北約國家的士兵不會直接參與衝突。換句話說，儘管美國和北約將為烏克蘭提供武器、情報，以及其他軍事、財政和人道援助，但美國和北約的軍隊不會與俄羅斯軍隊交戰。這項禁令同樣適用於美國和北約的空軍，這表示不會在烏克蘭上空設立「禁飛區」。拜登的「明確訊號」在某些圈子裡受到了廣泛批評，他們最主要的質疑是：「為什麼我們要提前排除任何軍事選項？如果我們讓俄羅斯保持不確定感，這或許會抑制他們的行為。」

拜登的決策很正確。普丁與全世界都需要了解美國防衛烏克蘭的交戰規則。結果證實了，儘管普丁曾威脅要使用核武，但美國合理的立場讓俄羅斯的核武威脅顯得既不負責任又極度絕望。尤其是對中國而言，這種威脅更加不可信，因為做為中國的次要夥伴，普丁若想動用核武器，需取得中國首肯。（有趣的是，這種權力格局與 1960 年代截然相反，當時莫斯科掌握核武器使用的最終決策權，而中國則處於從屬地位。）實際上，拜登成功建構並推行了一個框架，使烏克蘭戰爭僅限於使用常規武器，從而消弭了烏克蘭與俄羅斯之間的差距——只有俄羅斯擁有核武器。

若冷戰 2.0 在台灣問題上升級為熱戰，美國（及盟友如日本、南韓、菲律賓，尤其是台灣）也需要與中國就核武問題達成類似的理解。鑑於美國可能直接參戰，要在台灣衝突中構建「僅限常規武器」的作戰模式，會比在烏克蘭更具挑戰，但並非不可能。華府可以提出一項協議，內容如下：只要對方遵守以下「規則」，中國與美國雙方均不得在衝突中使用或威脅使用核武器。各方軍隊不得以對方的民用設施為攻擊目標；若一方違反此規則，另一方可以對相關軍事設施進行反擊，但必須採取合理措施，盡量避免波及無辜，造成平民傷害和人員傷亡。此外，各方僅能使用精準導引武器進行攻擊，包括智慧火砲等精密武器，不得使用傳統的非導引炸彈。

提出這樣一套「交戰條件」會帶來一個風險，就是可能增加台海戰爭的爆發機率，因為美國已將核威懾排除在外。然而，這個風險非常小，因為美國為了台灣對中國使用核武器，可信度太低。因此，放棄這項幾乎毫無價值的核選項，換取更重要的威懾姿態，是值得的，也就是明確表態：「我們，美國，以及我們在太平洋地區的若干盟友，絕對會在中國攻擊台灣時直接進行軍事干預，但只要中國同意遵守我們提出的共同限制，雙方的戰爭將限於常規武器。」這種明確表態比目前美國對是否會在中國攻擊台灣時進行干預的「模糊政策」更具威懾力。目前的戰略模糊反而增加了中國入侵台灣的可能性，因為這讓中國認為，美國還是有可能選擇不介入台灣防衛。美國透過明確的核武政策向中國傳遞信號，清楚表明在冷戰 2.0 中，任何情況下美國都不會讓台灣的民主獨自對抗中國的專制。

最後，我們必須正視一個看起來很荒謬的現實：中美台三方可以為戰爭制定交戰規則，卻似乎無法繼續以談判的方式完全避免戰爭爆發。這的確顯得極為矛盾，甚至帶有諷刺意味。然而，冷戰 2.0 就是充滿了這類諷刺性的兩難困境。台灣之所以面臨戰爭風險，是因為民主國家提出的解決方案，例如「讓台灣人民舉行一次公平、自由且具有公信力的公投，決定是否要獨立或成為中國的一部分，並讓各方尊重公投結果」，對中國的專制領袖來說根本行不通。在中國共產黨看來，台灣應回歸中國是既定事實，根本不需要任何討論，更不用說讓公民來投票表決。因此，民主與專制在台灣問題上形成冷戰 2.0 僵局，很可能最終只能透過武力來解決。

爭奪全球南方的民心與經濟效益

俄羅斯在冷戰 1.0 時期積極參與全球南方（當時稱為第三世界）的發展援助，提供貸款讓這些國家建設發電用的水壩或修建道路、鐵路。同樣地，民主國家也向全球南方國家提供此類財務、工程和建設援助。雙方的期望是透過這種形式的援助，換取這些國家在聯合國的外交支持。此外，無論是民主陣營還是專制陣營，都希望透過提供援外活動，讓自身的礦業、農業、工程和建設企業在受援國的經濟活動中占據更有利的地位，從而進一步開拓經濟機會。

這種民主國家與專制國家之間的競爭在冷戰 2.0 期間仍在持續，只是有兩點明顯的差異。首先，中國能夠提供的援助遠遠超過俄羅斯在冷戰 1.0 時期的能力，因為中國的經濟規模是俄羅斯的 15 倍。此外，中國無論是過去還是現在，建造基礎設施的能力都遠優於俄羅斯。因此，在中國的「一帶一路」倡議下，北京向亞洲、中亞、非洲及中南美洲約 150 個國家和國際組織貸款超過 1 萬億美元，用於修建從鐵路到整座港口等大型基礎設施項目。然而，其中一些交易引發了巨大爭議，因為一旦借款國違約，中國可能會獲得相關基礎設施的優惠使用權。例如：當斯里蘭卡無法償還貸款時，中國以 99 年的租約取得了漢班托塔國際港的使用權。這就是「債務陷阱外交」的典型案例。但平心而論，民主國家對於類似項目的貸款條件有時也未必寬鬆。冷戰 2.0 期間的中國與冷戰 1.0 時期的俄羅斯最大的差異在於：中國向全球南方提供以科技為導向的交易，特別是通訊與監控系統的合作。這些系統的買家幾乎都是專制政權，他們非常樂於獲得先進的手段來追蹤和監控自己的公民，以及鎮壓任何可能威脅專制統治的民主或其他運動。對於任何專制統治者而言，首要目標始終是確保自己能無限期地掌權。因此，任何能幫助實現這一目標的電腦化系統都會大受歡迎。[6] 此外，這些監控系統所支援的人工智慧軟體，讓專制政權得以對公民實施一系列壓迫性措施。截至目前為止，中國已將此類系統出售給至少 60 個國家。[7]

採購中國提供的專制壓迫系統對買家而言還有另一項好處：中國不會過問買家的國內人權狀況或法治程度。事實上，買家能夠毫不在意隱私規範地安裝這類系統，本身就向中國說明了一切——該買家中國同樣漠視人權。如果要從民主國家購買類似的系統，則可能會面臨各種深入的審查，例如系統將如何使用、何時使用，並需要解釋相關的法律、治安及其他保障措施。此外，還可能出現某個好事的記者或非政府組織的活動人士蒐集資料，撰寫報導揭露買家如何濫用該系統來監控或騷擾公民，甚至進行更惡劣的行為。然而，選擇中國就沒有這些煩惱。全球南方的一些民主國家正是因為上述原因，不會選擇從中國購買此類科技，而是選擇從其他民主國家購買符合「民主標準」的系統，這些系統在設計和運作上嵌入了相應的控制與限制。但在中南美洲、中東、亞洲及非洲，仍有許多由強人統治的國家希望獲得這些基於人工智慧的科技系統，以便更有效地控制公民。

冷戰 2.0 期間，在全球南方出現了一種新的態勢——俄羅斯運動用了私人雇傭兵。俄羅斯的瓦格納集團在入侵烏克蘭的行動中發揮了重要作用。瓦格納是一家由普里格津（Yevgeny Prigozhin）擁有、經營的「私人軍事公司」。普里格津早年曾因持械搶劫在俄羅斯服刑 9 年，後來成為普丁的私人餐飲供應商，隨後說服普丁雇用他組建並經營一家私人保全公司。在烏克蘭戰爭中，普里格津因從俄羅斯監獄招募了約 5 萬名罪犯而臭名昭彰。他承諾這些囚犯，只要他們能在戰場上存活超過 6 個月，就可獲得赦免。除了瓦格納集團，普丁還在烏克蘭使用了另一家私人軍事公司，也就是由車臣傀儡總統卡德羅夫（Ramzan Kadyrov）經營的私人武裝部隊。

在烏克蘭戰爭爆發之前，瓦格納集團已經在敘利亞、利比亞以及非洲十多個國家活動。瓦格納集團對俄羅斯好處多多，因為普丁能夠否認自己知情，也就不必負對瓦格納集團的行動負責，更不需要將瓦格納的傷亡人數計入俄羅斯軍方的「官方損失」，同時讓俄羅斯的軍事活動更機密。然而，國際社會，尤其是瓦格納在全球南方的客戶，普遍明白普丁與普里格津在幕後密切協調，特別是瓦格納集團的雇傭兵（除了近期因烏克蘭戰爭而招募的監獄囚犯，幾乎全是 35 至 55 歲的俄羅斯退役軍人）。他們與俄軍共享基地，依靠俄軍提供運輸和醫療服務，甚至獲得俄軍頒發的軍事勛章。

瓦格納集團是普丁心中的民營軍事承包商模式典範，能為他增加選擇性、讓他在世界各地的行動更有效，至少在 2023 年 6 月普里格津與普丁的劇烈衝突，以及普里格津意外身亡（很可能由克里姆林宮策畫）之前是這樣。[8] 此外，瓦格納還滿足了普丁及許多寡頭支持者的貪腐，因為瓦格納占領或保護了礦場等設施後，經常拿礦產當作報酬孝敬他們，這就是現代版的私掠行為，並且利潤豐厚——

普丁與他的俄羅斯政府支持者自然能從中分得一杯羹。請注意，瓦格納集團與美國的安全顧問公司「黑水」（後改名 Academi）並不相同。黑水主要執行維安任務，例如保護美國駐伊拉克大使，而並未參與前線的軍事行動。

這兩個主要專制國家的行動正在影響全球南方的心思與態度，而全球南方共計有 63 億人生活在民主國家以外的地區。在這些國家裡，對中國和俄羅斯持正面看法的人口比例分別為 70% 和 66%。[9] 然而，在生活於民主國家的 12 億人口中，75% 對中國持負面看法，87% 對俄羅斯持負面看法。此外，在民主國家中，對俄羅斯持正面看法的比例已從 39% 驟降至 12%，可謂大幅滑落。即使是在歐盟內最親俄的國家匈牙利，對俄羅斯的支持率也從 45% 下降至 25%。顯然，在冷戰 2.0 期間，俄羅斯的假消息攻勢還是有些局限。

然而，在民主國家以外的地區，公眾輿論對俄羅斯的支持仍然相當穩固。例如：在南亞支持率仍達 75%，法語非洲為 68%，東南亞則為 62%。在這些國家以及其他許多地區，如果民主國家希望在冷戰 2.0 中的全球南方占據上風，就必須加強影響力。其中一個重要的途徑是透過可信的國際新聞與資訊供應商，提供對全球事件的持續報導。例如：BBC 世界新聞有針對非洲的專題節目《今日非洲》（*Africa Daily*），美國之音（Voice of America, VOA）則提供多種非洲當地語言的節目內容。此外，經濟合作與發展組織（OECD）中的主要民主國家還需要特別關注以下措施，特別是加強支持在全球南方那些面臨挑戰的民主國家：

- **經濟繁榮**必須是首要任務。如果一個掙扎中的民主國家裡，民眾收入停滯不前，甚至逐漸減少，那麼其他努力都無濟於事。大多數人對民主制度的表現感到不滿時，他們對俄羅斯和中國的態度往往會更為正面。對民主國家來說，挑戰非常明確——若不幫助民眾進入可持續的中產階級，他們就會失去抵抗力，逐漸傾向專制政權。
- **反腐敗行動**同樣至關重要。在新興民主國家中，腐敗極具破壞性，嚴重削弱民眾對法治其他方面的尊重。財務透明也非常重要。如果普通公民感覺經濟環境對自己不公，他們將逐漸對民主的願景失去信心。科技可以促進透明與公平，發揮強大的作用。例如：印度的電子支付系統有效保障政府的資金能直接支付目標群體，並避免了高昂（甚至任何）手續費。這是科技讓公民對民主更有信心的絕佳範例。[10]

- **可信的選舉**是有效民主與民主推廣的重要象徵。民眾需要看到選舉過程以公平、自由且值得信賴的方式進行。選舉管理機構必須獨立運作，並展現出專業能力，承辦值得信賴的選舉活動。人們靠選舉來判斷民主制度有沒有用、能不能建立有效的政府機構和立法執法程序。被操控的選舉會讓整個民主計畫都遭受質疑。另一方面，由專制領袖操控的選舉最終可能削弱統治者的威信，尤其在普遍選民發現領導人透過腐敗手段忽視民意之後。例如俄羅斯（2024 年 3 月）和委內瑞拉（2024 年 8 月）的最近選舉便是明顯案例，這些由專制政權操縱的選舉導致虛假結果，進一步顯露出專制的脆弱。
- **獨立法官**在強化法治至上的民主理念中十分關鍵，因為法治象徵著正義與全體公民的人權都能受到保障。如果人民，尤其是經歷國家機構濫權的受害者或倖存者，無法在公正無私的法官面前獲得公平審理，那麼民主建設的聲譽將迅速衰敗。
- **媒體自由**與個人言論自由同樣重要，甚至在某些方面比個人言論自由更重要，因為個人需要透過報紙、網路以及電視和廣播等媒體看到自己的觀點、希望和意見被反映出來。沒有獨立的媒體，人權與言論自由不僅無法展開，甚至難以生存。在這方面，記者的人身安全至關重要。民主國家內一些潛在的專制者（如毒梟）會恐嚇記者，甚至採取更極端的手段如傷害或謀殺，嚴重威脅新聞自由。這種惡劣行徑會嚴重阻礙思想自由流通，尤其是批評現任政府的聲音。

- **公民社會**必須在所有新興民主國家中得到強化。在國家審查的管道之外，愈多獨立的互動方式，民主發展的基礎就越穩固。職業工會格外重要，這是民主教育的獨立來源，能發揮關鍵作用。同樣，小型企業也至關重要，因為能幫助個人學習如何動員勞動力和其他資源，將技能結合起來推動經濟發展，但前提是遵守合理的環境保護和健康安全規範。
- **人人平等**的觀念必須深植於國家的教育、社會和政治實踐之中。性別平等是衡量民主整體狀況的重要指標。如果各級權力機構中缺乏女性擔任具實質影響力的職位，那麼這個國家的民主前景並不樂觀。同樣，族群、種族、宗教與性取向的多元性也是評估民主進展的另一項標準。簡言之，如果一個社會不能在權力結構中包容各種不同背景的人，那麼這個民主體制頂多只能步履蹣跚地往前進，最糟的情況則可能徹底失敗。

- **科技訓練**是建立完善民主體制的最後一塊拼圖。正如本書已經詳細探討的部分，當今世界正處於一場科技革命之中，每個國家、每家機構、每個人都需要擁有合適的科技工具與培訓，才能在這個新環境中立足，更別說有所成就了。公民需要學會如何保護自己免受網路犯罪的侵害。同時，如果本國政府的某些部門或國內的一些企業對公民實施科技限制，例如大規模監控或廣泛的審查，公民也需要了解如何對這些限制進行抵制，以確保民主能夠繼續正常運作。

專制國家會建立瓦格納集團這樣的雇傭軍隊來鞏固政權，民主國家的領導者也必須充分利用合作夥伴的力量來支持新興民主，這些合作夥伴包括慈善機構和非政府組織（NGOs）。例如：無國界醫生、比爾及梅琳達．蓋茲基金會、開放社會基金會、福特基金會、兒童投資基金會、洛克斐勒基金會、國際援助組織、樂施會、國際計畫組織、國際扶輪社、國際獅子會、國際共濟會以及自然保育協會等組織都能發揮重要作用。

此外，民主國家的企業也能有所貢獻，例如大型製藥公司的慈善部門，或者像星鏈為低收入社區提供網路通訊裝置。如果民主國家希望在冷戰 2.0 中與專制政權在全球南方有效競爭，就必須採取「全社會參與」的戰略來應對這一挑戰。

第 12 章
管理冷戰 2.0

本章討論了民主國家在冷戰 2.0 中應對挑戰時可以使用的工具，以及未來可能需要的新工具。我們會先從聯合國和民主國家的集體安全聯盟開始。聯合國已經成立了快 80 年，需要進行重大改革。如果不改革，可能會在處理地緣政治和安全問題時失去作用。另一方面，北大西洋公約組織（NATO）目前的表現令人欣慰，但如果在冷戰 2.0 中能夠以合理的方式擴展到全球，可能會變得更加出色。

接下來的分析將聚焦於制裁。制裁是一種有效的手段，但需要重新思考如何運用和執行。今天的世界比 30 年前更複雜，若要限制專制國家獲得某些科技，就必須設計創新的解決方法。此外，對於網路攻擊，也需要新的回應方式。例如：如果某些專制國家庇護駭客組織，可以考慮暫時切斷該國的網際網路，這樣才能引起他們的注意。最後，還有一些與人有關的挑戰。這些問題很重要，因為科技與創新的核心是人才。正如本書前面提到的，設計、開發與部署科技都需要依賴人力。但目前民主國家面臨一個殘酷的現實：在冷戰 2.0 中，中國比冷戰 1.0 時期的俄羅斯更具威脅性。

聯合國安全理事會的改革

2022 年 2 月 24 日，俄羅斯全面入侵鄰國烏克蘭，這明顯違反了《聯合國憲章》。隔天，聯合國安全理事會這個肩負維護世界和平重任的機構，便針對俄羅斯無端侵略烏克蘭的行為進行討論並表決譴責決議案，希望能終止俄羅斯對烏克蘭主權的軍事進犯。在安全理事會的 15 個會員國中，有 11 個國家投票支持該決議，3 個國家（中國、印度和阿拉伯聯合酋長國）投了棄權票，而俄羅斯則投下反對票。然而，由於俄羅斯和其他 4 個會員國擁有否決權，只要其中任何一國投下反對票，決議就無法通過。結果，俄羅斯的反對票直接否決了這項決議。安全理事會無能為力，讓烏克蘭很挫敗，從烏克蘭駐聯合國代表的發言就聽得出來。他對安理會主席表示：「你的話還不如紐約椒鹽捲餅上的洞來得有價值。」[1]

顯然，聯合國安全理事會需要進行改革。整個聯合國組織和安理會的主要目標是促進和平並避免戰爭爆發。為此，聯合國安理會擁有一些極為重要且有效的權力，可以對侵略其他國家的加害國採取具體行動。例如 1991 年，當時的伊拉克專制領袖海珊（Saddam Hussein）以武力入侵並占領了科威特。聯合國安理會隨即召開會議，一致認定這個侵略行為違反了《聯合國憲章》，並正式授權發動軍事行動，將海珊趕出科威特，最終成功實現了維和的目標。之所以能夠成功遏制非法的軍事行為，讓國際法的規則得以落實（並且背後有龐大的遠征軍撐腰），是因為沒有安理會成員動用否決權來阻擋議事。俄羅斯入侵烏克蘭時，聯合國安理會卻無能為力，因為始作俑者正是擁有否決權的安理會成員。

顯然，聯合國安理會最主要的制度設計缺陷在於 5 個常任理事國所持有的否決權。目前，中國、法國、俄羅斯、英國和美國均擁有否決權。在 1991 年伊拉克入侵科威特的事件中，這 5 個大國未動用否決權，使聯合國安理會得以妥善、高效率且有效地履行職責。（科威特迅速恢復完整主權，所有伊拉克軍隊不是被擊斃，就是被逐出科威特。）幸好，還有其他類似的成功案例。然而，俄羅斯已經動用否決權 129 次，美國 89 次，其餘 3 個常任理事國也多次行使否決權。實際上，每個擁有否決權的國家都會在符合自身利益時行使否決權。最嚴重的情況是，當其中一個常任理事國對其他國家發動攻擊時（例如俄羅斯入侵烏克蘭），持有否決權的侵略國便會利用否決權阻撓安理會的行動。這種結構性制度缺陷大幅削弱了安理會的效能。

這樣的情節我們在別的地方見過。聯合國安理會及其前身國際聯盟（League of Nations），是一戰後為防止再次爆發戰爭而設立的組織。（一戰原本被稱為「終結所有戰爭的戰爭」。）當時，國際聯盟內的 4 個國家擁有否決權，分別是法國、義大利、日本和英國，美國則因拒絕加入國際聯盟，所以沒有否決權。1931 年，日本帝國入侵中國、吞併滿洲省，國際聯盟的成員幾乎一致投票支持將日本逐出滿洲。在聯盟大會上的投票結果是 42 比 1，唯一的反對票來自日本，而日本握有否決權，國際聯盟因此無法對日本採取任何行動。最終，日本氣憤地退出了聯盟。幾年後，當專制領袖墨索里尼（Benito Mussolini）入侵衣索比亞時，聯盟的所有成員（除了義大利）再次投票要求阻止義大利並讓義軍撤離非洲。然而，義大利行使了否決權，並怒氣沖沖地退出了聯盟。我們可以看出一種模式。1939 年，當俄羅斯攻擊芬蘭時，國際聯盟將俄羅斯逐出組織。

總之，必須取消否決權，並重組聯合國安理會。目前，安理會共有 15 個會員國，其中 5 個是常任理事國（擁有否決權的核武大國），其餘 10 個理事國是由其他國家輪流擔任，任期為 2 年，但這 10 個理事國並沒有否決權。安理會的成員組成應重新設計如下：將理事國數量減為 13 個，全部為常任理事國。這些成員包括現有的 5 個常任理事國（中國、法國、俄羅斯、英國、美國），以及巴西、埃及、德國、印度、印尼、日本、奈及利亞和南非。此外，應取消否決權，確保沒有任何國家可以阻擋任何議案，尤其是與自身相關的議案。

安理會既有 13 個會員國，每項決議需獲得 7 票支持才能通過，實際上就是簡單多數決。在實務運作中，假設民主國家陣營和專制國家陣營各自統一立場，雙方都需要從不結盟國家中爭取額外的支持票數。換言之，巴西、印度、印尼、奈及利亞和南非將成為關鍵搖擺票。此外，安理會的投票流程還需增加一項非常重要的改革。安理會的投票應以「祕密投票」方式進行，最終的投票結果不對外公開，僅宣布該決議是否已獲得多數通過，或者因未達多數而未通過。如此一來，各安理會會員國都能按照自己的真實意願進行投票，不會受到其他國家的威脅或「賄賂」干擾。

這種祕密投票制度其實已有實際先例。民主國家中的大多數公民選舉都採祕密投票。此外，天主教會的樞機主教團在選舉新教宗時也採祕密投票。天主教會雖有許多值得批評之處，例如在 21 世紀即將過完四分之一的今天，女性仍然在教會中被視為次等公民，但在選舉世俗領袖時採用祕密投票，則顯示出深厚的智慧。倘若公開每位樞機主教投票支持的教宗候選人，只會在選舉結束後造成樞機主教團內部分裂，甚至使新教宗與未投票支持他的樞機主教之間產生隔閡。同樣的道理也適用於擴編後的安理會。在聯合國採用祕密投票，可促成更明智、更審慎的決策，而不再僅僅是「以力服人」的結果。

將北約拓展為「全球聯盟條約組織」

就算安理會可以按照上面的建議來改革，民主國家不能只依賴聯合國來保障集體安全。北約應擴展，接納全球所有符合資格的民主國家，不僅限於歐洲與北美，還包括南美與亞洲的重要民主國家。南韓與美國、日本及其他亞洲民主國家的合作關係已經進步了許多。日本首相岸田文雄在 2023 年的富士山安全對話中，也表達了強烈的民主立場。他指出：(1) 以國際法為基礎，自由、開放且基於規則的國際秩序正面臨嚴重危機，例如俄羅斯對烏克蘭的侵略、中東的哈瑪斯，以及中國在東海和南海公然挑戰國際秩序，加上威權論滲透進一些民主國家；(B) 做為全球最大的兩個民主國家，美國與日本必須證明民主是實現繁榮、穩定與安全的最佳模式。這位全球民主國家的中流砥柱言之有理！值得一提的是，日本除了與中國存在問題（中國聲稱擁有位於日本專屬經濟區內的一些島嶼），還與俄羅斯有爭端。在二戰結束前夕，俄羅斯占領了日本的四個小島，並且從未歸還。前首相安倍晉三曾與普丁會面多達 25 次，試圖解決這一爭端，但最終未能成功，且普丁的態度隨時間推移變得更加強硬。

北大西洋公約組織（NATO）應擴展成為「全球聯盟條約組織」（Global Alliance Treaty Organization, GATO）。GATO 將設立類似於北約的領導結構和祕書處，並結合經濟合作與發展組織（OECD）的某些元素。OECD 由致力於法治、人權與開放市場經濟的民主國家組成。[2] GATO 將設立嚴格的會員資格標準。在接納任何候選成員之前，GATO 將仔細審查該國的政治、法律及相關實踐，確保只有真正的民主國家能夠加入。此外，如果某個成員未能持續達到這些嚴格標準，GATO 大會可透過簡單多數決來終止會員資格。GATO 的會員資格將帶來特權，因此，每個成員必須持續符合嚴格的標準，包括舉行公平、自由且可信的選舉，保障所有公民的個人權利，並由獨立的法官維護法治。目前北約的部分成員可能並不符合加入 GATO 的資格標準。

此外，GATO 的每個會員國必須將至少 2% 的 GDP 用於國防支出。想加入的候選國家必須在加入 GATO 之前的 2 年內，實際達成這個目標。任何現有會員國，如果國防支出在某一年低於這一標準，大會可以透過簡單多數決開除。值得注意的是，GATO 祕書處將制定詳細的標準，來確定哪些支出可以算作滿足 2% 國防開支要求的合格項目（例如退伍軍人的養老金或延長健康福利將不被計入）。此外，GATO 還將規定各國國防支出中，用於新型合格武器系統的最低比例要求。GATO 將是一個以高效能為目標的國際組織，擁有嚴格的標準。這是必須的，因為它的使命是保護民主國家免受專制國家軍事威脅的侵害。毫不誇張地說，GATO 將成為全球最重要的國際機構，就像北約在成立 80 年來一直是全球最重要的國際機構一樣。

GATO 最核心的功能就是要集體防禦，和目前的北約一樣。如果有國家攻擊 GATO 的會員國，就會啟動類似於北約第五條相互承諾條款，所有 GATO 成員都必須根據自身規模提供部隊和資金，讓 GATO 祕書處和軍事指揮部調度，擊退非法侵略。假設澳洲、日本、紐西蘭、菲律賓和南韓加入 GATO，就可以在 GATO 的集體防禦機制下獲得對抗中國侵略的保護。如果北約的歐洲成員拒絕加入 GATO，那麼至少這五個亞洲國家、美國、加拿大（可能還包括智利、哥倫比亞和哥斯大黎加）應立即建立「太平洋聯盟條約組織」（Pacific Alliance Treaty Organization, PATO），這是一個由環太平洋地區的民主國家組成的集體防禦聯盟。與當前美國和這些國家之間的「輪輻模式」雙邊防禦條約不同，這種結構更為優越，因為即使美國因參議院或白宮的孤立主義情緒而放棄保護亞洲民主國家，這個聯盟仍能持續運作。美國、日本、南韓、菲律賓和澳洲已經為 PATO 的建立奠定了基礎，這表現在近年來它們的領導人舉行了多次小型峰會、雙邊和多邊會議。這些外交網絡正在顯現具體成效，軍隊的聯合演習頻率和強度也在逐步增加。

專制國家，可能也有些不結盟國家將針對 GATO 成員採取不同的行動，儘管不構成戰爭，卻需要 GATO 做出堅定的回應。或者，一個專制國家可能會攻擊全球某個非 GATO 成員的民主國家。GATO 要確保會員國互相支持，不會因為幫助專制國家「分化」彼此而影響大家的安全。

例如：2021 年，澳洲在 COVID-19 病毒出現後，建議由世界衛生組織在中國進行調查，以確定病毒的來源，才能採取措施防止未來繼續爆發疫情。中國對此建議表示不滿，隨即對澳洲的 13 種產品實施貿易禁令，其中包括小麥。

當中國對澳洲的小麥實施貿易禁令後，加拿大立即連繫中國，保證加拿大有足夠的小麥剩餘，可以填補中國從澳洲進口的缺口。這對於民主國家之間的外交合作而言，是一個黯淡的時刻。做為民主國家，以及澳洲在多項安全事務中的長期夥伴，加拿大不應該主動連繫中國，趁人之危做起小麥生意。事實上，如果中國主動連繫加拿大，要求購買更多小麥以取代不能買澳洲小麥後導致的糧產匱乏，加拿大應該要堅決回應「不可以」。在這種情況下，受到中國經濟脅迫的國家應立即通知 GATO。隨後，GATO 應迅速評估情勢，如果確定不是會員國自身行為引發這種脅迫，再通知所有會員國不得提供替代品。這樣就可以在貿易禁令實施之前，團結一致共同施壓，以威懾專制國家，讓他們不敢輕易施加這類經濟脅迫。

如果有一個不結盟國家（非 GATO 成員）選擇填補專制國家的需求，那該怎麼辦？這其實給了 GATO 一個機會，藉此在全球舞台上進一步鞏固民主國家的地位。GATO 可以估算這個不結盟國家向專制國家額外出口的產品價值，然後要求 GATO 會員國封鎖這個國家的進口商品，封鎖金額相當於這個國家要趁機補位賺入的金額。或者，GATO 可能禁止會員國出口高科技產品到這個國家，價值也相當於這個國家要趁機補位賺入的金額。這種規定的用意是要讓不結盟國家知道，取代民主國家被禁運產品的代價過於高昂，從而避免介入。透過這種方式，民主國家能更有力地在冷戰 2.0 的新局勢下回應專制國家的威脅。總體目標是，通過 GATO，民主國家能夠在新的冷戰 2.0 世界中，有效地對抗專制國家施加的威脅。民主國家必須始終記住這一點：團結的力量大於個體的力量，合則強。

假設中國不允許台灣加入 GATO 或 PATO（畢竟台灣目前甚至沒有與美國簽署共同防禦條約），那麼民主國家應該在台灣遭到中國攻擊時出手防衛。這不僅只是民主國家對另一個民主國家的慈善援助，協防台灣是每個民主國家的國家利益所在。在當前的冷戰 2.0 世界，民主國家保護其他民主國家的行動，就是一種零和邏輯。以台灣為例，首先，民主國家當然要確保全球最領先的晶片製造商（如台積電）繼續提供先進的半導體給民主國家。此外，民主國家也不希望這些寶貴的資產，以及那些以卓越專業知識營運晶圓廠的技術人才，落入專制陣營手中。如果這樣的情況發生，這些目前為民主國家服務的優勢將反過來成為對抗民主國家的工具。因此，民主國家必須團結一致，確保台灣屬於「民主陣營」，而絕不能讓台灣淪為「專制陣營」的資產。

加強制裁措施

當民主國家遭受專制國家的侵害（無論是透過軍事行動還是經濟脅迫），經濟制裁是民主國家可以採取的主要應對手段之一。在外交史上，制裁手段由來已久，但成效時好時壞。制裁是為了表達不滿，提供一種不涉及全面軍事報復的回應方式。同時提高行為不當者的代價，理想情況下能迫使這個國家停止或降低暴力或經濟侵害行為。即使制裁未必能完全改變侵略者的行為，仍可以有效地擾亂目標國家的運作。[3]

因此，當許多民主國家聯手對俄羅斯入侵烏克蘭實施經濟制裁時，並不令人意外。這次制裁的深度與廣度讓俄羅斯感到意外，甚至可能也超出民主國家自己的預期，尤其是相較於 2014 年俄羅斯併吞克里米亞後那次相對疲弱的制裁行動。制裁實施後，加拿大開創先例，通過一項法案，允許政府扣押位於加拿大的受制裁資產，並將由此獲得的資金轉交給烏克蘭的重建團體。其他民主國家似乎也有意仿效加拿大的做法。經過多次辯論與拖延，北約會員國終於在 2024 年達成協議，將俄羅斯在各國國內銀行凍結的資產利息（每年約 30 億美元）轉交烏克蘭使用，雖然僅限於利息部分，但這絕對是個不錯的起點，未來理想情況下應能擴展到本金金額（約 4,000 億美元）。可以推測，面對台灣問題，中國在評估自身選項時，也會考量民主國家針對俄羅斯全面入侵烏克蘭所採取的更廣泛制裁措施的意願。

儘管如此，針對俄羅斯的制裁還有很多可以改進的地方，甚至有一部分需要大幅改進。首先，在俄羅斯入侵烏克蘭兩年半後，仍有約 400 家總部位於民主國家的企業在俄羅斯開展業務，這種情況是無法接受的。這些企業必須被「道德勸說」退出俄羅斯市場，或者在衝突開始後的一年內，應通過民主國家的國內立法，強制這些企業出售俄羅斯的子公司或分支機構。民主國家不能允許與入侵其他民主國家的專制國家維持商業往來。

其次，民主國家制裁專制國家時，必須防堵貿易規避或繞道。例如：自 2022 年以來，有一項制裁是要阻止俄羅斯經濟獲得由民主國家製造的半導體。民主國家已經成功阻止了半導體直接出口至俄羅斯。然而，同年，亞美尼亞企業採購的半導體數量激增了 500%，令人「意外」的是，其中 97% 的半導體轉出口，而大部分最終流向了俄羅斯。民主國家必須對這種明顯的規避行為採取更強硬的措施，避免這些國家以繞道的方式抵消制裁的力量。簡言之，如果制裁值得執行，就該嚴格執行。民主國家的監管機構需要配備足夠的專業人員和科技支持，檢查此類異常情況，確保被制裁國無法通過「後門」進口被前門禁止的產品。在冷戰 2.0 中，隨著民主國家逐步提升集體經濟影響力，制裁手段愈來愈重要。因此，民主國家必須對制裁規避行為採取強硬措施，不管繞去哪裡，都應嚴厲打擊。

第三項建議的改善措施是針對俄羅斯政權相關人士施加個人制裁。這些受制裁的人當中有許多人是專制領袖的「幫凶」（enablers），其中不少人被稱為「寡頭」，他們與克里姆林宮的關係良好，藉此在俄羅斯獲取巨大利益。其實不少寡頭其實並不支持普丁，如果有安全的方式，他們可能會選擇與普丁切割。因此，民主國家應為這些人提供選擇的機會，特別是那些在俄羅斯境外擁有資產和業務的人。民主國家可以與這些寡頭達成協議，條件是解除對他們的制裁，前提是他們必須完成以下事項：第一，他們必須以書面形式譴責俄烏戰爭並譴責普丁本人，並將這些聲明公開發布在網際網路上可廣泛查閱的網站上。第二，他們必須離開俄羅斯，必要時申請難民身分，並永久居住在俄羅斯以外的地區。第三，他們必須將個人財富的至少一半捐給烏克蘭，用於資助戰後龐大的重建工作。

[4] 最後，因為普丁對「背叛者」有強烈的報復欲，這些寡頭可能需要參與類似證人保護計畫的安排，直到普丁不再掌權。2024 年的一個案例可以做為參考：Yandex 是俄羅斯的科技巨擘，而 Yandex 的共同創辦人沃羅茲（Arkady Volozh）在出售 Yandex 股份後創辦了另一家科技公司，公開譴責普丁在烏克蘭的戰爭，因此歐盟並未對他持續施以制裁。自 2014 年以來，沃羅茲一直居住在以色列。

如果一個專制國家像俄羅斯對烏克蘭那樣，對民主國家發動軍事入侵，那麼可以預期，民主國家將實施一整套全面的制裁，目的是將這個侵略國孤立成國際社會的「棄兒」，類似於過去幾十年的北韓。然而，近年來俄羅斯由於迫切需要對烏克蘭發動攻擊的砲彈，與北韓走得愈來愈近，甚至從北韓購買砲彈，這不僅違反了聯合國的制裁規定，也再次凸顯出聯合國安全理事會的失能。自 2022 年 2 月俄羅斯入侵烏克蘭以來，大約有 50 個國家對俄羅斯實施了制裁，導致俄羅斯許多關鍵產品供應短缺，尤其是高科技產品如半導體和商用飛機的零件備品。因此，值得探討的是，如果中國政府下令解放軍進攻台灣，針對中國的制裁體系將如何實施。首先，中國的經濟規模約為俄羅斯的 15 倍。更重要的是，幾乎世界上所有民主國家的經濟（以及每個具規模的不結盟國家）都在不同程度上高度依賴與中國的出口、進口及供應鏈。例如以下貿易數據對冷

戰 2.0 和可能的制裁情境非常具有參考價值：[5]

表 12-1　2023 年中國出口的前 15 大貿易夥伴
（即中國向這些國家／地區出口的總額）

1	美國	出口額： 5,020 億美元	占中國總出口額的 14.8%
2	香港	2,764 億美元	占中國總出口額的 8.2%（大部分出口產品為轉運至其他市場）
3	日本	1,576 億美元	4.7%
4	南韓	1,493 億美元	4.4%
5	越南	1,382 億美元	4.1%
6	印度	1,178 億美元	3.5%
7	俄羅斯	1,111 億美元	3.3%
8	德國	1,006 億美元	3.0%
9	荷蘭	1,003 億美元	3.0%（主要為歐盟市場而設）
10	馬來西亞	881 億美元	2.6%
11	墨西哥	815 億美元	2.4%
12	英國	782 億美元	2.3%
13	新加坡	776 億美元	2.3%
14	澳洲	740 億美元	2.2%
15	泰國	759 億美元	2.2%

表 12-2　2022 年中國最大的雙邊貿易順差國家：即這些國家從中國購買的產品遠多於賣給中國的產品

1	美國	貿易順差：4,038 億美元
2	香港	2,897 億美元
3	荷蘭	1,052 億美元
4	印度	1,010 億美元
5	墨西哥	601 億美元
6	英國	597 億美元
7	新加坡	472 億美元
8	菲律賓	416 億美元
9	波蘭	331 億美元

表 12-3　2022 年中國最大的雙邊貿易逆差國家：即這些國家賣給中國的產品遠多於從中國購買的產品

1	台灣	貿易逆差：1,565 億美元
2	澳洲	633 億美元
3	巴西	476 億美元
4	瑞士	422 億美元
5	沙烏地阿拉伯	401 億美元
6	俄羅斯	380 億美元
7	南韓	370 億美元
8	阿曼	320 億美元
9	伊拉克	254 億美元
10	智利	220 億美元

表 12-4　2021 年中國按產品分類的最大貿易逆差：即中國購買這些產品的金額遠高於出售的金額

1	積體電路／微型組件	貿易逆差：2,505 億美元	自 2014 年以來成長 59.3%
2	原油	2,285 億美元	0.3%
3	鐵礦石與精礦	1,699 億美元	81.9%
4	石油氣	597 億美元	114.9%
5	銅礦石與精礦	506 億美元	135.6%
6	大豆	482 億美元	20.4%
7	黃金（未加工）	408 億美元	無 2014 年的數據
8	用於生產半導體的機械設備	341 億美元	253.5%
9	精煉銅	295 億美元	24.9%
10	汽車	264 億美元	減少 52.2%

表 12-5　2021 年中國按產品分類的最大貿易順差：即中國出售這些產品的金額遠高於購買的金額

1	手機，包括智慧型手機	1,768 億美元	自 2014 年以來成長 16%
2	電腦	1,452 億美元	7.8%
3	燈具 / 照明設備／發光標誌	442 億美元	44.5%
4	模型／拼圖／其他玩具	411 億美元	198.3%
5	電視機／顯示器／投影機	354 億美元	19%
6	家具	336 億美元	22.5%
7	座椅	328 億美元	49.2%
8	塑膠製品	282 億美元	78.7%
9	電熱水器／吹風機	276 億美元	48.9%
10	電池儲能裝置	252 億美元	442.5%

從這些表格可以清楚地看出來，貿易關係可能是資產，也可能是負擔，甚至兩者兼具，這取決於情況的不同。令人驚訝的是，中國是 152 個國家的最大貿易夥伴（以上表格僅顯示了部分最重要的關係）。例如：表格中並未提及中國是德國的最大貿易夥伴，而德國的汽車製造商福斯汽車（Volkswagen）有 60% 的全球利潤來自中國的龐大業務。大眾汽車在中國擁有 40 家工廠，每年銷售 200 萬輛汽車。再以歐洲公司空中巴士為例，較小型的「區域商用客機」就是在中國組裝，因為近年來中國市場對這類飛機的需求超過其他任何市場，尤其是隨著中美貿易關係惡化（因此波音公司在中國的市場前景黯淡）。或許這也是為什麼法國總統馬克宏在 2023 年 4 月訪問中國三天，在會晤中國最高領導人習近平後，從北京返回途中，對記者表示，他認為歐洲不應跟隨美國捲入與中國因台灣問題而爆發的戰爭。

這些表格解釋了當前部分制裁措施的原因與背景。第 5 章曾提到美國針對半導體與生產設備的制裁，日本與荷蘭也同意遵守相關規定。上方的表 12-4 解答了一個關鍵問題：為什麼選擇半導體做為制裁對象？答案很簡單，因為「積體電路與微型組件」，就是半導體的主零件，是中國最短缺的產品類別。（另請注意表格中的第 8 項，生產半導體的設備。）其次是石油，但由於中國從沙烏地阿拉伯、伊拉克以及近年來的俄羅斯獲得穩定供應，石油並不適合做為主要的制裁目標，除非是限制中國的購買量。然而，排名其後的鐵礦石表明，中國對海外鐵礦石的需求極高，以維持鋼鐵工業的運作。因此，如果澳洲與加拿大能聯手，憑藉龐大的鐵礦石出口，或許能對中國施加一定的壓力。至於 2017 年川普總統在中美貿易戰中將大豆列入制裁名單，答案就在表 12-4 的第 6 列。中國需要大量大豆來飼養豬隻，畢竟中國有 60% 的肉類消費來自豬肉。

這一切引出了一個重要問題：如果中國入侵台灣，民主國家可能會實施何種制裁制度？如果美國參與台灣的防衛（拜登總統曾多次表示他會這麼做），那麼毫無疑問，美國將全面對中國貿易實施制裁。同時，許多民主國家盟友即便不提供軍隊或艦艇參與軍事行動，也可能會響應這些美國制裁，其中包括極為重要的日本、韓國、菲律賓、波蘭、英國和澳洲。僅這些國家就占了中國 2022 年出口的 28%（見上述表 12-2），這將在中國經濟中造成巨大裂口。如果整個歐盟加入制裁，中國經濟將遭受毀滅性打擊，進而引發中國境內大規模的失業，尤其是在工業城市中，可能導致廣泛的社會動盪。而這種情況無疑會觸發習近平最害怕的場景，即類似天安門事件的大規模街頭抗議，進一步威脅到中國共產黨政權的生存。

這與俄羅斯 2022 年入侵烏克蘭後的情況截然不同。

民主國家制裁俄羅斯時，普丁能夠依賴將大量商品出口轉向中國做為後盾（舉例來說，由於制裁導致俄羅斯國內汽車生產幾近崩潰，現今俄羅斯所有進口汽車需求都依賴中國）。到 2023 年，中國吸收了俄羅斯出口總量的 30%，同時俄羅斯進口總量的 40% 來自中國，這些數據清楚顯示了俄羅斯對中國的高度依賴。但習近平沒有這樣的安全網。對中國來說，世界上根本沒有其他市場能夠取代民主國家整體。此外，不僅是出口市場的損失會開始對中國造成影響。當空中巴士飛機的零件用盡時（假設法國參與制裁），以及來自台積電的半導體耗盡時，中國將真正開始感受到經濟壓力。而這種壓力是俄羅斯或任何不結盟國家都無法緩解的。從這一點來看，值得注意的是，台灣在表 12-3 排名首位，而澳洲緊隨其後。此外，表 12-5 中的第 1 項和第 2 項其實會誤導大家，因為這些高科技設備所需的數千個零件大多來自中國境外，而中國只是負責最終的組裝。因此，如果中國對台灣發動戰爭，隨之而來的大規模制裁將重創為中國帶來最大貿易順差的兩大出口領域。

這種制裁也會讓民主國家中的企業家恐懼害怕，因為這意味著全球範圍內的「互相經濟毀滅」。因此，許多民主國家的公司執行長正加速採取「中國加一」的供應鏈策略，也就是在中國的供應來源之外，另設第二個供應來源，甚至第三個。這也是為什麼蘋果公司的執行長庫克

（Tim Cook）已經將無線耳機 AirPods 的生產轉移至越南，並透過台灣總部的代工夥伴鴻海，開始將 iPhone、筆記型電腦及 iPad 的生產移至印度和越南。從宏觀層面來看，習近平在台灣問題上的「武力威脅」已經開始削弱中國的經濟。[6] 然而，與此同時，庫克在與印度總理會面前三週還曾親赴北京，試圖平息外界對經濟脫鉤的擔憂。他在北京的演講表示，中美過去 30 年的「共生關係」對雙方都有利。[7] 冷戰 2.0 將看到無數外交與經濟上的平衡操弄，這不僅僅是外交官的任務，還包括企業高階管理者的行動。不過，比起執行長們的言辭，企業實際採取的行動將更具意義。

在理性的世界裡，若僅由經濟動態驅動，表 12-1 至表 12-5 的相互依存關係，應足以讓中國與民主國家持續維持現狀——中國不入侵台灣，而台灣也不宣布獨立。換句話說，過去四十多年來模糊但和平的安排應能繼續下去。彼此確保的經濟毀滅風險，應該成為一種持久甚至無限期的威懾力量，讓雙方專注於創造財富與繁榮，而非捲入武裝衝突。此外，俄羅斯在烏克蘭的艱難經歷似乎進一步印證了中國應該避免觸碰台灣才明智。然而，儘管有這些理性的理由，中國針對台灣的「灰色地帶」戰術，即在台灣空域與海域附近的準戰爭行動，仍然持續進行，甚至在過去幾年有所升級。2022 年夏天，當美國眾議院議長裴洛西訪問台灣時，中國以火箭與飛機實施對台灣為期三天的實質封鎖，被視為兩岸關係中的軍事暴力新高點。然而，這種「灰色地帶」戰術在 2024 年 5 月台灣新任總統賴清德就職後又被中國更強烈的軍事演習所超越。簡言之，在中國政治中，經濟利益理應勝過國家統一的追求，但這絕非必然。若習近平決定將冷戰 2.0 中針對台灣的準戰爭升級為真正的熱戰，這也不會令人感到太過意外，畢竟在北京這個專制政權中，這樣的決策完全掌握在他手中。

專制國家受制裁後的移民問題

制裁通常針對的是商品與資訊的跨境流動，那麼想要從受制裁國家移居至民主國家的人又該如何處理呢？在 2022 年俄羅斯入侵烏克蘭幾個月後，約有 50 萬名俄羅斯的「創新人才群體」逃離了自己的祖國，前往其他國家。這些人包括記者、作家、媒體從業者、企業家，特別是高科技公司的員工。他們首選的目的地是民主國家，因為那裡可以帶來更多自由。此外，在戰爭開始約 7 個月後，俄羅斯徵召了數十萬名士兵參戰，隨即又掀起了另一波移民潮，這次以年輕男性為主。他們主要前往喬治亞、亞美尼亞和中亞國家；相比之下，這一群體中選擇移居民主國家的人相對較少，因為他們的工作並不依賴法治國家的價值體系。

民主國家是否應允許這些移民入境？一方面，人道主義的本能主張接納他們，因為他們在逃離殘酷的專制政權。為那些逃避暴政的人提供庇護，可以體現民主國家的自由價值觀。另一方面，反對者則認為，如果民主國家希望促使專制國家改變行為，那麼或許不應接納這些逃離專制社會的人。設想一下，如果俄羅斯有一半的創新人才群體（約 25 萬人）以及一半的逃避徵兵者（也是大約 25 萬人）留在國內，每週三天上街抗議普丁的戰爭，結果會如何？

事實上，俄羅斯國內，抗議發動烏克蘭戰爭的活動很無力。反戰示威活動相對較少，且參與者通常只有 10 至 30 人，規模非常小。這些抗議活動很容易被俄羅斯的國家安全部門和警察迅速鎮壓。相比之下，如果每週有 25 萬至 50 萬名抗議者持續上街表達不滿，普丁對戰爭的看法是否會因此改變？或許不會，尤其是參考 2019 年中國對香港民主抗議活動的系統性鎮壓。然而，如此規模的抗議無疑會讓專制領袖陷入深思，並顯著提高他們發動和執行不正當戰爭的代價。同時，也會讓他們在下次採取類似行動時三思而後行。即使是在中國，2022 年底因 COVID-19

疫情封控政策引發的大規模抗議最終也迫使北京徹底改變了防疫策略。民眾力量的影響不容忽視，而當民主國家允許自己成為專制國家的「回收場」，收容不受歡迎的異議人士和政權批評者，實際上是在削弱自己的利益。

這種情況在古巴曾經發生過。例如：1965 年的「卡馬里奧卡大逃亡」（Camarioca exodus）和 1980 年的「馬列爾事件」（Mariel Boatlift），專制的古巴政府允許數萬名古巴人前往美國並在當地定居。這些移民主要是經濟移民，但也包括一些政治犯和普通罪犯。因此，古巴長期執政的專制領袖卡斯楚（Fidel Castro）其實很高興能夠擺脫數千名反對自己的古巴公民。同樣地，當大量的創新人才因戰爭而離開俄羅斯時，普丁的反應也如出一轍：民主國家實際上是幫忙移除了普丁政權內部的一個弱點。對這位專制領袖來說，這樣的發展實在太有利了！

民主國家在面對專制政權時，應該在這類問題上採取更強硬的態度。烏克蘭政府的決定可當作靈感。俄羅斯入侵後，烏克蘭政府禁止 17 至 27 歲的烏克蘭男性離開國家。一般來說，跨境旅行的自由是民主國家公民的重要權利。然而，烏克蘭總統澤倫斯基暫停了這項權利，因為他需要所有適齡男性留下來加入烏克蘭軍隊。這項決定曾遭受批評，但這是一個正確的決定。如果一開始就允許這些人離開並逐漸演變成大規模外流，烏克蘭的生存可能就會岌岌可危。順帶一提，澤倫斯基對於民主國家允許俄羅斯人在普丁全面入侵後逃往民主國家，以及允許逃避徵兵者入境，表達了非常嚴厲的批評。

類似的考量同樣適用於在民主國家工作的俄羅斯運動員、藝人及其他高知名度人士（例如美國國家冰球聯盟中的 57 名俄羅斯球員，占總數的 5.4%）。民主國家對俄羅斯施加的制裁確實影響到了俄羅斯普通民眾，他們失去了原本從民主國家進口的某些商品和服務帶來的經濟及其他利益。但如果俄羅斯的名人仍能在民主國家正常謀生，彷彿他們的政府並未發動戰爭，這也很不公平。

因此，針對俄羅斯名人或其他因對民主國家發動戰爭而受制裁的專制國家知名人物，民主國家的政府可實施以下措施。當名人所在國因發動戰爭而被民主國家制裁時，如果這個名人希望繼續在民主國家工作，他們必須完成兩項要求，切斷自己與發動不義戰爭的專制政權的個人連繫。第一，名人必須發表明確、毫不含糊且廣泛公開的書面聲明（包括在個人網站上發布），表明他們反對專制政權發動的戰爭，並聲援戰爭的受害者。第二，名人必須與專制國家實際切割，且必須繼續居住在該國以外的地區。只有在滿足這兩個條件後，該名人才能在民主國家參加比賽、演出，或以任何其他方式獲取收入。

第三類來自專制國家的個人是大學學生，通常已完成

STEM 領域的學士學位，並希望在民主國家的大學攻讀研究生課程。例如：在 COVID-19 疫情爆發前，每年約有 30 萬名中國學生就讀於美國的大專院校。一般而言，對於來自未受戰爭相關制裁專制國家的優秀學生前往民主國家留學，不應加以限制。（如果母國受到制裁，則適用前述討論。）但需要對來自中國及其他專制國家的學生提出一些注意事項，特別是針對希望攻讀民主國家已實施制裁的相關科技領域的學生。

整體而言，民主國家不應阻止這些學生的流動。根據以往的情況，大約 60% 的學生會希望留在他們曾經就讀的國家。對於來自中國的學生，這個比例會稍微降低至 40%。此外，大多數選擇留下的學生會希望立即進入職場，因此，他們成為這些接納他們進行高等學位學習的國家的一項重要資源。事實上，擁有頂尖大學的民主國家（如美國、英國、加拿大和澳洲）之間，正在為吸引這些學生進入本國的研究生課程展開激烈競爭。

對於來自某些專制國家的學生，尤其是中國或其他因科技問題受到民主國家制裁的專制國家的學生，有一個令人擔憂的問題：他們可能從民主國家的學術科學家那裡獲取過多資訊。很多人擔心他們學成之後不留在民主國家，而回到母國；因為他們可能將在學習期間獲得的敏感資訊分享給母國的雇主或公共研究機構。然而，這種風險相對較低，特別是與那些選擇留在民主國家的學生所帶來的巨大價值相比。此外，針對那些可能返回母國的學生，所有教授應接受指導，在指導實驗室工作時，務必避免將任何機密或敏感研究資訊與來自專制國家的研究生分享，即便這些資訊只是用於學生完成學位需求的研究工作。總體而言，這些外國學生雖然風險略高，但相對仍可控，尤其是當考量到他們為民主國家帶來的長期利益時，這些風險顯得微不足道。

回應網路攻擊

過去幾十年來，專制國家透過網際網路發動了各種行動，對民主國家造成了相當大的損害。這些網路攻擊形式多樣，而民主國家對此的回應卻普遍顯得薄弱且不足。這樣的消極回應無疑讓專制國家及他們支持的行為者在發動網路攻擊時氣焰更甚；很明顯，在這類問題上，姑息政策從來無濟於事。然而，民主國家的回應不應是隨意或過度的。回應專制國家的網路攻擊時，民主國家不應因此放棄自身的民主原則。

俄羅斯和中國所從事的一些網路活動可歸類為數位化的遠端間諜行為。傳統的間諜活動，透過派遣人員滲透對手的政府或軍事機構以收集情報（例如拍攝機密照片），在和平時期向來被各國政府某種程度上默許，做為「外交」的一部分。同理，各國對透過電腦和網路進行的「合理範圍內」的類似活動，也可能採取容忍態度。甚至可以說，某些隱祕的情報蒐集活動，若能讓政府，尤其是軍事大國，更加了解對手的意圖，某種程度上有助於維持國際和平。（例如：讓一個軍事強國透過情報了解某個威脅實際上沒有想像中那麼嚴重，從而避免一場重大軍事行動。）諷刺的是，透過某些有限的間諜活動所獲得的真相，在某些情況下，特別是針對外界難以了解的專制國家，反而可能帶來積極影響。

另一方面，當間諜活動升級為全面滲透整個政府的電腦系統時，情況就完全不同了。例如 2020 年的 SolarWinds 攻擊事件中，一個俄羅斯網路間諜組織（APT29 或稱「舒適熊」，與俄羅斯國家安全警察有關）滲透了全球 1.8 萬個電腦系統。[8] 針對這種情況，民主國家需要採取強有力的反制措施。關鍵在於回應的「比例原則」。因此，針對專制國家發起的這類網路攻擊，民主國家——或視攻擊範圍而定，可能是北約（NATO），或者未來成立的全球聯盟條約組織（GATO）或太平洋聯盟條約組織（PATO）——應制定與原始網路攻擊規模相當的反制行動。以 SolarWinds 事件為例，合理的回應將是針對俄羅斯私營和公營部門的回擊，手段與美國遭受的攻擊性質相當。

同時，美國政府最高層——白宮與五角大廈——應傳達明確警告，表明這種大規模的網路攻擊「先發制人式打擊」是完全不可接受的，並且如果類似行為繼續，將會遭到不對等的反擊。這種反擊在某些情況下甚至可能包括實體攻擊，但在此之前仍有數個升級階段可供選擇。例如：科技上可以實現的手段之一是讓俄羅斯全境的網際網路短暫中斷 15 分鐘，同時發送明確訊息，表示如果俄羅斯繼續進行大規模、國家授權或組織的駭客攻擊，更長時間的中斷將接踵而至。當然，這樣的網路中斷措施應在美國的網路節點與基礎設施充分加強防護後實施，以確保俄羅斯進行報復性攻擊時幾乎無法得逞。

類似的考量也應適用於所謂的「數位宣傳」，這是專制國家常用的手段。政戰宣傳的做法由來已久，與間諜活動類似，民主國家也曾採用，例如 1950 年代的美國之音廣播服務（該機構至今仍然存在，但如今的運作方式已經數位化，除了廣播，也透過其他數位平台運行）。因此，俄羅斯和中國發起一定程度的國家宣傳是可以預期並容忍的，例如在民主國家企業經營的網路服務上，出現宣傳中國優勢的廣告。然而，不應被容忍的是由中國資本擁有或受中國政府控制的網路服務。因此，正如中國禁止 Google 和亞馬遜等服務在國內營運，美國政府在 2024 年通過法案，要求抖音必須從其中國控股母公司剝離出來，否則將被禁止進入美國市場，這決定很合理。

然而，當俄羅斯和中國的網路水軍如「網路研究局」（IRA）滲透到美國的 Facebook 聊天討論區，長達數週或數月後，開始發表挑撥離間甚至煽動暴力的言論，意圖製造分裂、不信任，最終引發社會衝突時，情況就完全不同了。尤其當此類行為或類似手段被用於民主國家的政治討論，特別是在選舉前夕，目的在於幫助某位可能更傾向某個專制政權的候選人當選時，更是越過了底線。這種行為已經構成對民主國家選舉的全面干涉，完全不可接受。針對這種情況，反應必須迅速而堅決，例如暫時中斷該專制國家的網路連接 30 分鐘，以傳達一個明確且無法忽視的警告訊息。

當專制政權直接透過自己人——例如俄羅斯軍事情報局（GRU）或聯邦安全局（FSB）的成員——或花錢雇用代理人，對民主國家發動駭客攻擊，情況便升級到最嚴重的層級。其中一種攻擊方式是利用所謂的「抹除程式」（wipers），惡意刪除企業或政府網站上的資料；另一種方式則是「勒索軟體」，它會鎖住電腦系統，直到受害者支付贖金才能解鎖。第 4 章詳細描述了一起典型的勒索軟體攻擊——「殖民管道」（Colonial Pipeline）事件，但每年在各民主國家發生的此類攻擊多達數百起，主要來自俄羅斯和中國，有時會導致長時間的系統停擺，或對醫院等關鍵機構造成嚴重干擾。在這一網路攻擊領域，受害的民主國家或聯盟必須展開嚴厲反擊。相應且對等的回應是立即對俄羅斯或中國進行反制性網路攻擊，造成程度相當的損害。然而，還應發出警告，表明若此類攻擊的頻率或規模達到無法容忍的程度，民主國家保留採取更強硬措施的權利，這些措施最終可能包括但不限於動用武力。例如：針對殖民管道駭客攻擊，美國若採取行動，關閉俄羅斯的一條輸油管道，且關閉時間與殖民管道受影響的時間相當，這才是對等的回應。

阻止中國出口製毒原料

第 3 章提到 19 世紀的「鴉片戰爭」，當時英國將種植在英屬印度的鴉片運往中國，用來換取中國獨有且大量的商品，如絲綢、茶葉和瓷器。然而，鴉片最終對中國人口造成了極大的傷害，約有 30% 人口成為鴉片癮君子。中國最高領導人習近平曾多次提及鴉片戰爭，視為中國歷史上的一段屈辱時期。

諷刺的是，今天的情勢已經逆轉。美國正面臨合成類鴉片藥物吩坦尼（fentanyl）遭非法使用的危機，每年約有 10 萬名美國人因過量服用非法類鴉片藥物而喪生。吩坦尼是一種合成藥物，由生物科技工程製造而成，多來自墨西哥，由兩大毒品集團在非法實驗室中生產。而製造吩坦尼所需的成分，即所謂的「前驅化合物」，是一種「雙用途」化合物，主要由中國生產。中國向墨西哥毒品集團供應這些前驅化合物，這一貿易估計每年價值達數百億美元，十分興盛。

吩坦尼是一種由生物科技革命催生的合成藥物，是 ANPP（4- 苯胺基 -N- 苯乙基 -4- 哌啶）和 NPP（N- 苯乙基 -4- 哌啶酮）按照極精確的比例混合製成。合成吩坦尼效力驚人，效力高達海洛因的 50 倍，甚至是嗎啡的 100 倍。對於毒品販運來說，這是一種完美的選擇。由於效果極強，只需要微量便能達到理想效果，因此少量運輸即可輕鬆跨越美墨邊境，卻依然能從非法進口中獲取巨額利潤。然而，吩坦尼的高效力同時也對使用者構成極大的危險。通常由醫生開處方並經藥劑師分發時，是以貼片形式給藥，可以精確控制吩坦尼進入患者血液中的劑量。然而，當從非法毒販處購買一小包吩坦尼時，使用者必須謹慎地計算 5 至 7 粒的分量，每一粒都如鹽粒大小，有時甚至更小。可憐那些視力不佳的使用者，或者那些在吸食毒品時無法專注，甚至在昏暗的小巷中嘗試計算正確劑量的人。要記住，5 至 7 粒足以讓使用者感到飄然，但如果服用 8 至 12 粒或更多，則極有可能因藥物過量而死亡。再者，如果毒販在製作吩坦尼藥丸時添加了過多的吩坦尼，也會造成致命的後果。正因如此，每年約有 10 萬名美國人因非法吩坦尼過量而喪生。

美國政府數年前與中國政府進行談判，要求中國政府阻止中國化工企業向墨西哥販毒集團出售製造類鴉片藥物的前驅化合物。在談判初期，中國政府的干預措施確實起到了一定效果。然而，隨著近年來中美外交關係的惡化，中國政府在這方面的打擊力度有所減弱。執行相關法規的中共官員中普遍存在的嚴重腐敗問題，也進一步削弱了中國在禁毒行動上的成效。此外，中國政府還默許境內的有組織犯罪集團參與類鴉片藥物前驅化合物的交易，進一步助長了非法交易的氾濫。

做為冷戰 2.0 新議程的一部分，美國應該對中國施加更多壓力，逼迫中國加強執法，掃蕩製造類鴉片藥物前驅化合物的化工企業。這並不是什麼高深的科技問題。北京在 2021 年通過一項簡單的禁令和嚴厲的刑期威脅，就成功取締了境內的加密貨幣交易，非法加密貨幣在中國僅幾個月內便銷聲匿跡。中國完全可以對這些製造吩坦尼前驅化合物的公司採取類似行動，卻選擇不這麼做。那些生產前驅化合物的製藥公司早已廣為人知，中國當局只需要真正下定決心就能取得成效。然而，到目前為止，美國政府尚未給予北京足夠的動機來認真對待此事。因此，美國城市街頭因類鴉片藥物使用過量致死的悲劇仍在繼續發生。說服中國嚴肅看待這一問題，應成為美國在冷戰 2.0 的優先事項。

在 2023 年 11 月的中美高峰會上，習近平與拜登達成共識，中國同意採取某些措施，加強監管生產類鴉片藥物前驅化合物的化工企業。中國之所以同意這些措施，是因為中國經濟狀況不佳，他們希望從美國那裡獲得一些經濟讓步。然而，中國是否會真正履行承諾，監管類鴉片藥物前驅化合物，仍有待觀察。如果中國最終拒絕合作，美國應對中國出口商品實施更多制裁。不過，即使中國的供應被切斷，墨西哥的大型毒品販毒集團很可能會尋找其他來源獲取吩坦尼成分。

目前真正需要的是利用生物科技專業知識，創新出解決方案，幫助合成類鴉片藥物成癮者走向更好的未來。這也是民主國家加強自身實力的途徑之一。

第 13 章
強化民主

一個國家能不能投射地緣政治硬實力與軟實力，就看國內是否穩定、強盛。民主國家應採取果斷行動以保護自身，並透過科技與創新的優勢，在全球範圍內擴大影響力。然而，這些措施的前提是民主國家本身足夠強大，能夠執行並持續推進這些行動。簡單來說，若民主國家未能保持良好的「體能、心理和情感狀態」，便無法在冷戰 2.0 的長跑中堅持下去，更無法與中國這樣的對手抗衡。

民主國家需要增加國防支出，但同時，政府應抵制企業不合理地以所謂「人工智慧差距」或「生物科技差距」為由，要求更多政府資金的行為。要有效抵禦冷戰 2.0 中的專制政權，民主國家需幫助公民提升數位韌性。這在社群媒體盛行的世界中已經十分重要，而在人工智慧深度滲透的時代則更為迫切。此外，人工智慧的發展應受到適度監管，但這種監管必須保持「輕觸」原則，以免抑制研究與開發的步伐與規模，或築起一座只保護現有科技巨頭的「數位護城河」。這將成為美國經濟史上最具影響力的立法干預之一——國會、白宮及司法機構應做好多次調整方向的準備，以確保最終達成正確的平衡。最後，民主國家還需更加努力地保護自身內部，防範那些同情專制政權、姑息專制者，甚至懷有專制野心的人。他們就潛伏在民主國家的公民之中。根據本書對全球科技創新現狀的分析，專制國家單憑自身實力難以在冷戰 2.0 中獲勝，但若民主國家內部出現「內應」，專制國家的勝算將顯著提升。

民主國家的國防支出

從俄羅斯 2014 年併吞克里米亞、2022 年對烏克蘭的無理入侵，以及隨後爆發的俄烏戰爭中，可以汲取幾個發人深省的教訓。其中既包括宏觀層面的重大教訓，也有較微觀的具體細節。最根本的一點是，專制國家在這年代仍然願意透過軍事侵略來擴張領土。在 2014 年之前，民主國家普遍認為，這種國家層級的侵略行為自 1945 年希特勒和納粹專制政權被擊敗後便已成為歷史。顯然，這種想法過於樂觀。違反《聯合國憲章》，以軍事力量擴張領土，[1] 如今再次成為專制政權實行並默許的行為。這種擴張主義行為構成了冷戰 2.0 中緊張局勢和不安感的主要原因。

前一章在多項變革建議中包括將目前僅由歐洲和北美國家組成的北大西洋公約組織（NATO），改造為全球聯盟條約組織（GATO），形成一個由民主國家組成的國際集體防禦共同體。這可以把亞太地區的多個民主國家與北美及歐洲的民主國家結合在一起，形成一個強大的全球集體安全聯盟。無論 GATO 能否成真，一個關鍵問題依然存在：在俄羅斯入侵烏克蘭及中國聲稱必要時以武力奪回台灣的背景下，GATO 成員國，或現有的 NATO 成員國及其他民主國家，是否應增加國防開支，以及應增加多少。

第 10 章的表 10-2 列出了各主要民主國家的經濟規模以及國防預算的相對比例。僅以北約成員國為例，截至 2024 年，32 個成員國中只有 23 國達到了北約規定的國防支出占各國 GDP 2% 的標準。[2] 這表示仍有 9 個成員國未達標，這一現狀必須立刻改變。表面上看似有幫助的承諾並不夠，因為將承諾轉化為可隨時部署的軍事裝備是一項艱巨的任務，而目前許多民主國家未能通過這項關鍵考驗。[3] 以加拿大為例，加拿大完全有能力在國防準備方面做得更多。做為七大工業國（G7）和二十國集團（G20）的重要成員，加拿大的國防支出僅占 GDP 的 1.3%。更甚者，2024 年 4 月，加拿大發布了備受關注的國防政策審查報告，其中列出了未來 5 年的支出計畫，但即使這些計畫完全落實，國防支出也僅達到 GDP 的 1.76%，仍然低於 2% 的標準！這顯然不夠。長期以來，加拿大政府一直心安理得地將自己的國防責任外包給美國，這種情況不能再持續下去。如果加拿大希望在冷戰 2.0 的國際舞台上被認真對待，就必須強化國防準備能力。（我特別提到加拿大，因為我是加拿大人。）

至於國防支出占 GDP 的 2% 夠不夠，這也值得討論。這個標準是在 2014 年俄羅斯併吞克里米亞時設定的。例如：眼見俄羅斯在 2022 年全面入侵烏克蘭，波蘭認為國防支出標準應至少提高到 3%。波蘭正按照這一指導方針行事，承諾再增加 400 億美元的軍事支出，值得注意的是，波蘭有大概一半的新裝備將由韓國製造。這進一步表明，儘管全球民主國家聯盟（如 GATO）尚未建立起完善的制度基礎，但實際上，一種 GATO 式的關係正在逐步形成。

至於是否需要設定新門檻，要求 NATO 會員國將國防支出提高到 GDP 的 3%，應該進行謹慎的評估，既不能輕率地否決，也不應因恐慌而倉促採納。

重建民主國家的軍工生產能力

即使所有未達標的國家（如加拿大）都承諾增加國防支出的財務投入，許多國家依然無法及時採購新裝備，因為最具吸引力的武器系統早已積壓訂單。簡而言之，即便解決了需求端的問題，供應端仍將面臨嚴峻的挑戰。

在二戰期間，美國工廠（在加拿大工業企業的重要支持下）成為「民主的兵工廠」。1943 年，戰爭生產的高峰期，北美的工業基地**每月**製造 8,000 架飛機和 700 輛坦克，並且**每 2 天**建造 3 艘「自由級」海軍船艦。這一切的代價不低，包括暫停了民用汽車的生產，直到 1940 年代後期才恢復。然而，當時的形勢更加危急，因此以如此高節奏和緊迫的方式將工業能力轉向戰爭需求完全有其必要。

自冷戰 1.0 結束以來，民主國家的軍事工業基礎逐漸萎縮。在冷戰 1.0 期間，德國的工業每年可以製造 400 輛坦克；而現在的產能僅剩 40 輛。1989 年東歐陣營獲得自由、1991 年蘇聯解體之後，民主國家認為自己贏得了所謂的

「和平紅利」。他們欣喜地發現，原本需要投入於國防的大量資金可以轉而用於醫療保健、教育和退休金等領域。然而，幾乎沒有人注意到，那些曾經生產彈藥等軍事物資的工廠遭遇了大規模的縮減，甚至有些工廠直接關閉了。

結果，美國現在只有一座工廠能生產 155 毫米的火砲彈藥。這座工廠建於 1930 年代，每日的產能僅為 460 發。而在俄烏戰爭的高峰時期，烏克蘭每天的砲火需求量約是這一產能的 10 倍，以實現與俄軍「一發還一發」的戰術對等。因此，烏克蘭在戰爭的不同階段多次面臨砲彈短缺的危機。目前，歐洲有 10 座規模較小的工廠生產 155 毫米火砲彈藥，正全力以赴補充烏克蘭的需求，但仍需一段時間來彌補缺口。同時，美國也已採取重要措施來提升 155 毫米火砲彈藥的生產能力。總之，民主國家需要重建軍事工業基礎，以確保能應對戰爭所需的基本資源和裝備。

在某些方面，民主國家製造高階武器系統的產能不足特別明顯，例如愛國者防空系統（Patriot ADS）、F-35 戰鬥機及坦克等。以愛國者防空系統為例，這款高性能系統在防禦俄羅斯的「匕首」（Kinzhal）高超音速彈道導彈方面發揮了重要作用——這是好消息。但壞消息是，建造一套新的愛國者系統需要 2 年時間，這根本讓人無法接受。而且，負責製造這套系統的兩家美國國防工業企業 1 年最多只能生產 18 套，這同樣令人無法接受。此外，每套系統的成本高達 10 億美元，這更是難以接受。至於攔截來襲導彈的每枚導彈，成本為 400 萬美元，這勉強可以接受，但仍需要大幅降低成本。這款武器，或其後續版本，必須重新設計以減少成本。此外，供應鏈也必須優化，以便能夠大幅提高生產速度。簡而言之，不僅僅是愛國者系統存在這樣的問題。標槍飛彈（Javelin）和刺針飛彈（Stinger）導彈系統、F-35 的軟體，以及其他多種裝備的生產也存在類似問題。這些問題迫切需要解決，以確保民主國家在冷戰 2.0 中具備足夠的軍事應對能力。

同時，目前的產能（即使在成本過於高昂的情況下）必須在短時間內大幅改善。以台灣為例，2019 年向美國訂購了價值 190 億美元的愛國者系統及其他高階武器，但 6 年後（即 2025 年），交付工作仍未開始。同樣的情況也發生在波蘭。波蘭最近簽署了採購協議，訂購 18 套海馬斯高機動性多管火箭系統、32 架 F-35 戰鬥機、96 架阿帕契直升機、250 輛艾布蘭主戰坦克及 6 套愛國者系統。然而，波蘭的訂單需要排在台灣之後，而台灣又被排在目前最緊急的客戶烏克蘭之後。這顯然表明，美國的軍工生產能力遠未達到應有的水準。在冷戰 2.0 中，民主國家要取得優勢，必須依靠高科技創新，尤其是人工智慧和高效能半導體的科技領先地位。然而，如果民主國家的工業生產能力不足以及時建造並交付整合了這些高科技創新成果的實體武器系統，僅靠科技創新優勢遠遠不夠。

好消息是，一些較小的民主國家正逐步加強自己製造武器的能力。南韓正在成為坦克、裝甲運兵車和火砲的重要生產國。愈來愈多國家獲得信任，經授權製造高敏感科技彈藥，例如美國授權日本生產愛國者導彈，然後美國回購日本的大部分生產量；美國也宣布與澳洲達成類似的協議，由澳洲生產海馬斯高機動性多管火箭系統的 GMLRS 導彈。這些合作模式是真正的雙贏方案。有時，美國的盟友甚至在美國**本土**協助增強產能。在美國喬治亞州，一座大型先進工廠正建造用於生產火砲彈殼，科技源於土耳其，這項科技透過將金屬坯料加工成彈殼而實現高效生產。這也展現了科技脫鉤的效果。一位美國五角大廈高級官員參觀這座位於喬治亞州的新工廠時，問及土耳其的生產科技有沒有分享給俄羅斯或中國。對方回覆沒有，這位高官便接著說：「就繼續保持這樣的狀態。」民主國家之間的聯盟合作正透過這些協議展現強大的力量。

慎防假科技落差

採購武器系統時，民主國家不應對俄羅斯全面入侵烏克蘭的行為反應過度。然而，即使本章前兩節強調了許多重點，民主國家也不應反應過度。1960 年，美國總統艾森豪（在成功結束二戰的 15 年後卸下盟軍最高司令一職）在結束 8 年的總統任期時，警告了「軍工複合體」的危險，指出在國家安全預算的分配上，不能完全聽命於軍火公司。軍火製造商往往會聲稱民主國家的軍事能力落後於專制國家，因為這些公司始終希望政府能投入更多預算購買軍事設備。然而，在民主國家，政府不能任由「狐狸送雞入市」，亦即不能將決策權交給以利潤為優先考量的企業。

自二戰以來，這種情況屢次發生。例如在 1950 年代（艾森豪總統期間），一些主張增加軍事預算的人一直強調「轟炸機落差」，也就是說，蘇聯空軍擁有的遠程轟炸機數量遠多於美國，因此蘇聯能夠更有效地對美國目標投放原子彈，而美國對蘇聯的打擊能力則相對較弱。10 年後，出現了「導彈落差」的說法，許多人因此主張增加美國的軍事開支。（這裡的「導彈」指的是用於攜帶核彈頭並飛越半個地球的洲際彈道導彈。）然而，當事實被冷靜且清晰地審視後，結果顯示，無論是「轟炸機落差」還是「導彈落差」，都不存在。

如今，一些評論人士認為，中國在人工智慧科技和創新方面已經超越或即將超越美國。[4] 這類說法應該被謹慎考量並加以驗證。目前，如果存在所謂的「科技差距」

（包括人工智慧領域），這個差距是偏向民主國家的，特別是當所有主要民主國家的貢獻被合併考量時（而非僅限於美國）。如果所有北約成員國都達到 2% 的軍費支出要求，短期內軍事開支將增加 2,000 億至 7,000 億美元。[5] 北約政府（而非各國首都的遊說團體）應該審慎評估是否應將全聯盟的支出門檻從 2% 提高到 3%。

換句話說，政府決策者不應盲目相信業內人士所提的建議來調整軍事開支，因為這些人士往往存在嚴重的利益衝突。相反地，政府必須始終準備自行評估事實，根據實際情況做出判斷。這個過程應從確認民主國家實際面臨的威脅開始，然後決定如何最好地應對這些威脅。唯有如此，才能制定出合理的國防預算。例如：如果美國的核三位一體（轟炸機、潛艦、陸基導彈）中的每一部分都適度削減，便可在不犧牲作戰效能的情況下實現顯著的財政節約。[6] 對於較小的民主國家而言，應該優先採購昂貴的戰鬥機（如 F-35），還是更應該購買導彈和無人機？最終，這些小國可能會發現，無人機和導彈幾乎可以完全滿足防禦性的戰鬥需求。這正是台灣目前在國防預算規畫上激烈討論的焦點，特別是這個小島國家正在考慮是否應該採用「刺蝟戰略」來應對中國可能的攻擊。這場辯論因烏克蘭戰爭而進一步升溫。在俄羅斯大規模部隊入侵後，烏克蘭這個小國透過類似「刺蝟戰略」的戰術，出乎所有人意料地在面對龐大的俄羅斯軍隊時表現出色，這也為台灣提供了重要的參考案例。

慎防不宜介入的戰爭

整體而言，北約國家若能由所有成員國充分資助（見上文），可組建全球最強大的軍事力量。眼見俄羅斯軍隊在烏克蘭戰場表現不佳，北約可能因此受到誘惑，將強大的軍事力量部署到不應該介入的地區。例如：蘇丹正在爆發一場慘烈的內戰。駐喀土穆的國際記者不斷傳來可怕的影像，包括殘酷的戰場和受苦受難的平民。儘管這些畫面令人痛心，但民主國家應克制衝動，不要介入蘇丹。如果有一方決定派遣維和部隊，那應該是由非洲聯盟負責，並且需在交戰雙方確實展現出結束戰鬥的希望後進行部署。這是一場兩個專制派系之間的內戰，不應由民主國家的軍隊插手。

另一方面，波札那是一個位於非洲、處境險惡的民主國家。如果波札那向其他民主國家尋求協助，包括軍事支援，民主國家應該認真考量一下。同樣地，當民主國家向另一個民主國家提供安全援助（尤其是對不屬於像北約、未來的 GATO 或 PATO 這樣的安全聯盟的國家），這並非出於慈善，而是因為在冷戰 2.0 的零和地緣政治世界中，每個民主國家的利益都與其他民主國家的生存與成功息息相關。每當一個民主國家淪陷於專制勢力之手，這個國家就可能成為跳板，對其他民主國家發動網路攻擊甚至更糟行動。例如：香港已成為俄羅斯和中國用來規避民主國家制裁計畫的樞紐。香港曾經將充滿活力的創業精神與敏銳的商業頭腦投入到民主國家的成功中，但如今卻被用來助長專制政權。這正是民主國家在協助受專制威脅的民主國家時，應力圖避免的情景。因此，當一個民主國家受到專制政權威脅，這時提出的援助請求——包括軍事協助——通常應該得到其他民主國家的回應。

相較之下，即使伊拉克的專制統治者海珊極端惡劣，美國及其他民主國家在 2003 年入侵伊拉克是不明智的決定。同樣地，2001 年美國及其他民主國家進入阿富汗清除基地組織訓練營很合理，但這項任務僅需約 10 個月便可完成。完成這一目標後，民主國家的武裝部隊本應撤離，他們卻選擇留下來，試圖「為這個國家帶來民主」。結果是，經過 18 年的努力，付出高昂的性命代價和財政開支後，民主國家於 2021 年 8 月倉皇撤離。值得注意的是，這場尷尬的撤離無可避免地影響了普丁 6 個月後決定入侵烏克蘭的行動。

簡言之，民主國家不應試圖將民主「帶去」一個從未有過民主制度的國家或地區。這是一項極具挑戰性且高風險的任務。在適當的情況下，民主國家可以提供某些幫助，來「支持」為民主而奮鬥的大規模運動，但不能取代當地的努力。換句話說，如果只有少數當地人願意為爭取民主而奮鬥犧牲，那麼派遣來自成熟民主國家的軍隊，可能對這場運動幫助不大。這結論聽起來或許嚴苛，但替代方案更糟糕，例如阿富汗的困境。聽起來或許諷刺，但民主國家不應將「種植民主之樹」視為自己的責任。然而，民主國家可以短期內幫助「澆灌和滋養」一棵由當地大多數人種下的民主之樹。但最終，民主的照顧和維護必須由當地人接手。如果他們失敗了，那將是令人遺憾的一天，但這不應成為民主國家派遣武裝部隊介入的理由。

堅韌的數位民主國家

民主國家的優勢就是開放，不過，民主國家的主要劣勢也是開放。就是因為包容開放，專制國家能夠在民主國家滲透充斥假消息的社群媒體內容。《穆勒報告》詳細描述了俄羅斯的網路水軍如何發動有組織的運動來破壞美國 2016 年大選。此外，專制國家散布的假消息品質愈來愈精緻。《穆勒報告》指出，許多假消息並非直接呼籲「投票給川普」。（普丁不希望希拉蕊贏得選舉，因為她在擔任美國國務卿期間對專制領袖非常嚴厲，尤其是對他。）專制政權在社群媒體上的策略更加狡猾卻非常有效。俄羅斯網軍成員會加入某個 Facebook 群組，然後在數月內有計畫地貼文，讓群組的成員逐步對希拉蕊產生強烈的反感。這些問題及其他相關問題反映了專制政權在冷戰 2.0 的核心策略：穩步削弱美國、加拿大及其他民主國家數位空間中的民主價值。那麼，民主國家應該如何應對這些挑戰？

解方不是成為封閉的社會（如專制國家正在採取的方式），而是保持開放，並變得非常具有韌性。有兩條路徑可以探索。首先，社群媒體公司必須加強行動，刪除明顯來自惡意外國代理人的社群媒體帳戶。目前這些公司已經開始這麼做，但還需要投入更多的努力。民主國家的社群媒體公司擁有豐厚的財務資源，而這些來自線上服務（包括相關廣告）的收益，應該有更多被重新投入到提升平台安全性上。

這裡可以引入一個有趣的例子，回溯到 120 年前的肉類加工業。當時，美國不衛生的大型肉類工廠生產出大量受汙染的肉品。[7] 許多消費者因食用這些問題肉品而生病，甚至有人因此喪命。最終，政府決定介入，對肉品加工廠制定標準，並由政府監管機構進行檢查。肉品加工商最初抗議，認為政府的要求過於苛刻，要求每塊離開工廠的肉都必須無汙染根本不合理。但政府依然立場堅定。它實際上在說：「如果你從每片賣出的肉中獲利，那就必須確保沒有人因食用而生病。」數年內，美國的肉品加工業改變了作風，受汙染肉品導致的疾病和死亡率大幅下降。如今，美國市場上幾乎很少見到受汙染的肉品。這正是應對假資訊的方式。美國的社群媒體公司盈利豐厚。例如：蘋果、Google、Meta 和微軟在 2023 年的總利潤高達 3,050 億美元。顯然，這比利潤中應該投入更多比例來保障產品與服務的安全性。

民主國家的政府，透過學校、學院和大學，必須教育公眾學會辨別和應對假資訊。繼續以肉類的比喻來說，當消費者在超市選購牛排或豬排時，應該具備基本能力檢查包裝是否有明顯問題。例如：肉品有沒有變色？是否已過保鮮期限？包裝的保鮮膜有沒有破損？確實，肉品加工商和超市也有責任採取相應措施，但消費者本身也需具備一定的鑑別能力。對於假資訊，社群媒體公司需要運用多種人工智慧過濾科技來移除有問題的帳號及錯誤或不實的內容。同時，有些更複雜的假資訊還需要由這些公司雇用的內容審核員進行人工檢查。然而，即便如此，仍有部分假資訊可能會通過這些過濾機制。因此，具備鑑別能力的內容消費者群體至關重要。

台灣和愛沙尼亞是民主國家，在教育公民應對假資訊方面特別厲害。兩國毗鄰龐大的專制國家，經常遭受來自這些鄰國的大量網路問題訊息、駭客攻擊及惡意軟體攻擊。然而，台灣和愛沙尼亞在防禦來自中國和俄羅斯的專業駭客時表現出色，這些攻擊者受政府雇用、支持或縱容。愛沙尼亞的專業能力[8]更被北約認可，成為北約常設反假資訊與反網路攻擊中心的所在地。值得注意的是，台灣和愛沙尼亞不僅在科技層面上有所突破，還積極教育公民，包括兒童，學會辨識假資訊，因此不容易像其他民主國家的數百萬民眾那樣輕易受騙。在所有民主國家中，小學和中學的學生都應接受這兩個國家提供的類似訓練。民主國家必須從小開始培養公民抵禦有害社群媒體手段及其他軟體攻擊的能力，包括專制國家試圖摧毀真相的各種方式。在冷戰 2.0 中，民主國家的每一位公民都是對抗假資訊和網路攻擊武器的前線士兵。各年齡層的公民都需要配備適當的武器與訓練，才能在這場戰爭中具備足夠的韌性來應對挑戰。

面對數位世界中假資訊傳播，民主國家還有另一項挑戰：必須拯救許多資訊市場中的高品質新聞業，尤其是那些目前根本沒有本地新聞報導的城鎮。或許得開發不同的資金模式，例如接受社群媒體公司的財務支持——資助金額可以根據當地使用者的數量進行調整，特別是在減少假資訊方面的努力成效有限時。在這種情況下，社群媒體平台從假資訊中賺取的收益愈多，就應該支付更多的資金來支持該地區的獨立新聞業，至少能用高品質的新聞來抵消部分假資訊帶來的最壞影響。這些高品質的新聞應該免費提供給當地公民，而非隱藏在高昂的付費牆之後，這樣才能真正發揮新聞業反制假資訊的力量。

正如民主國家面對與專制國家的冷戰（或熱戰）時，開放的優勢可能成為把柄，對人類生命的高度重視（通常是民主國家的寶貴特質）在戰爭中也可能帶來反效果。俄羅斯在烏克蘭戰爭中以「絞肉機」戰術而臭名昭著：他們將未受訓練的年輕徵兵送上戰場，僅僅是為了找出烏克蘭士兵的隱蔽位置，導致大量俄羅斯士兵死亡。讓家長悲慟地收到孩子的屍袋，普丁毫不在意——對他來說，唯一重要的是：「為達目的，不擇手段。」而做為專制領袖，人民也對他無能為力。同時，基輔的民主領導層在戰場上的戰術部署和執行，則特別注重將傷亡——尤其是死亡人數——壓至最低。在這種道德標準截然不對等的情況下，烏克蘭如何能夠指望擊敗俄羅斯？答案的一部分在於科技：烏克蘭愈來愈需要依賴人工智慧增強的武器來彌補人力兵員的不足，並實現領導層的心願，盡量減少傷亡。

民主國家另一個危險在於，過去 80 年來，民主國家普遍享受了相對的和平與國內政治文化的文明，導致如今的公民難以想像普丁或習近平這樣的專制領袖有多殘酷。

例如：加拿大人就很難理解和接受，自普丁 2000 年上台以來，已有 26 名記者在俄羅斯被謀殺，而在同樣的 25 年期間，加拿大卻從未發生記者被謀殺的事件。

民主標準：科技監管

第 5 章至第 8 章介紹的四項加速科技，力量太強大，所以各種應用及開發都需要政府的適當監管與監督。例如：紐約市就有個演唱會場地的所有者使用臉部辨識軟體，根據自己的喜惡而禁止某些人參加活動。[9] 這類利用數位科技，且明顯冒犯民主國家道德與倫理標準的行為，必須受到規範。然而，民主國家在監管這些問題時，採取的方法將與專制國家截然不同。重要的是，民主國家的監管機制是為確保公眾受保護，所以必須對市場競爭中的競爭取代效應保持敏感。監管不應成為障礙，造成較小型、後期進場的「改進者」無法與市場上較大的「先行者」競爭。如果擁有市場壟斷地位的大型科技公司向政府遊說，試圖推動某些特定類型的監管，主張開放市場的支持者應開始提防這些行為。

考量到前述關於謹慎監管的提醒，我們可以考慮這三套規則。首先，民主國家需要制定一部隱私法，來保障科技使用者對自身個人資訊的合理期待。不論是因進行線上交易而提供的資訊、因服務或產品供應商的需求而被蒐集的資料，還是做為生物科技程序的一部分提交給醫療中心的數據，這些僅是現代科技導向社會中，個人資訊被蒐集、儲存、使用和分享的數百種方式的其中三種。

全球各地的民主國家如今在隱私與科技領域積累了足夠的經驗，因此應在經濟合作與發展組織（OECD）的主持下，共同制定一套統一的隱私法規範。這項規範的起點可能是歐盟的隱私規則，即所謂的《一般資料保護規範》（GDPR），歐盟已有 27 個國家採用這套規範，可進一步調整，以便美國、加拿大及其他民主國家也能採納。最終結果將是一套通用的隱私法律，不論個人用戶在何處與基於民主國家的線上或線下服務互動，該法律均適用。然而，法律的執行將由特定國家的資料隱私監管機構在當地進行。

此外，關於人工智慧和生物科技還需要兩部法律。這兩個領域中的隱私相關問題，將由前文提到的隱私法規範管理。同時，民主國家普遍存在的其他法律，已為整個社會行為規範設立標準，也將適用於這兩項科技。例如：產品和服務的供應商若向消費者做出廣告宣傳，則不得在內容上做出虛假陳述。這類一般法律同樣適用於一個商家利用人工智慧撰寫誤導性廣告的情況。

相較之下，針對人工智慧和生物科技的專門法律，則會聚焦於這兩個新興科技領域中獨特的風險層面。以人工智慧為例，歐盟在這方面領先於其他民主國家，截至 2024 年 8 月已頒布《人工智慧法》（將於 2026 年 8 月生效），初期採取相對溫和的監管方式，僅針對那些對使用者或大眾存在重大風險的人工智慧應用進行規範。這項法規的邏輯是：不同應用場景所帶來的風險程度存在明顯差異，例如人工智慧軟體若用於協助一群作家創作同人小說，這是一種低風險活動；但若用於讓飛機在無人駕駛的自主模式下飛行，則屬於高風險。後者的軟體可能需要經過嚴格的測試，甚至獲得認證後，才能允許進入市場流通。

類似的風險導向方法也可以應用於生物科技的監管，但凡涉及人類健康的生物科技應用，幾乎都需要通過監管機構預審，至少要檢驗安全性，可能還需檢驗有效性（如藥品一樣），特別是當供應商聲稱自己的生科產品能實現特定醫療效果時。例如與人類生殖相關的服務，尤其是人工子宮這類科技，將需要相關政府醫療器材監管機構進行非常全面的測試。此外，像體外發育機（即人造子宮EGM）這樣的科技也會引發更廣泛的審查。例如：EGM 嬰兒的潛在父母可能要像領養孩子的父母一樣被篩選「資格」。然而，反對的聲音可能認為「自然父母」並不需要經過這樣的篩選。在醫學領域，有關體外受精倫理的既有案例可以做為借鑑，但在 EGM 嬰兒的相關規範上，仍有大量未知領域需要探索。屆時，重新審視「民主的基本原則」將變得尤為重要。

最具爭議的將是關於「設計嬰兒」的相關規範。首先需要解決的基本問題是，民主國家是否願意允許未來父母選擇透過醫療系統嘗試進行基因改變，以影響個人特質，特別是當這些改變可能繼續遺傳下去時。如果答案是肯定的，接下來最具挑戰性的倫理議題將是確定哪些特質可以被修改，哪些不可以。毫無疑問，這個領域將引發激烈爭論，但民主國家處理這些問題的方法，至少在將科技進步與人類價值和倫理相結合的過程中，將優於專制國家的做法。

這三個法律體系的目標，是為冷戰 2.0 時代的新興科技建立一套價值觀、倫理和規範，使民主國家的人民感到舒適並引以為傲。這些「民主標準」的科技規範將與民主本身的核心原則保持一致：例如重視普通公民的意見參與、尊重個人自由、法治運作，以及在過程中接受媒體和新聞的公開監督等。目的是在每個民主國家中建立社會光譜中的大多數共識；而極端的兩端可能無法被滿足。（例如一些左派評論家可能會主張全面禁止某項活動，而一些右派評論家則可能支持「完全不設限」的做法。）理想的情況是，透過理性的中間立場推動進步，同時努力將不合理的風險以及對個人和社會的傷害降至最低。

在冷戰 2.0 期間，先進民主國家在推動科技創新與應用時，應該以這種謹慎的方式與合理的道德規範來降低科技風險。如果在設計和管理過程中始終以民主標準為指導，那麼接觸到新科技的人會更喜歡民主國家的科技，而不是專制國家的科技。畢竟專制國家的科技沒有明確規範，只要特定的推動者在某一天逃脫了專制領袖的掌控，任何事都有可能發生。隨著時間推移，民主國家不但科技會逐漸進步，**監管**科技的方式也會愈來愈好，盡顯優勢；而專制國家的科技則可能因為一些危險的問題曝光，讓人感到害怕。這樣的差異會讓大家看到，民主國家的科技更關心人性化和生活品質，而專制國家的科技就少了這一點。這將是冷戰 2.0 中民主國家的一個重要優勢。

民主標準：移民政策

民主制度的力量來自開放，這種開放在許多層面上都很重要，例如開放的辯論與批評（這也是為什麼言論自由和新聞自由如此重要），以及允許競爭發展的開放市場經濟。在移民政策方面，開放性同樣至關重要，但需要結合適當的管控和規範。開放並非無限度，正如言論自由並不包括在擁擠的劇院沒有著火時惡意高喊「失火」。開放經濟也在公共規範的框架內運作，這些規範為所有企業主設立了必須遵守的規則，例如關於就業、環境保護及納稅的規定。同樣地，移民政策也需要遵循這一原則。每個民主國家都需要明確的邊界，而進入民主國家並非基本權利。國界本來就應設置合法的通道，僅允許符合資格的人群（包括真正的難民、學生、企業家及其他特定類別的合法移民）在符合法律規定的條件下通過。移民，如同民主國家的所有公民一樣，也需履行相關義務和責任，包括在成為新國家公民時放棄原有的國籍。換言之，民主國家不應允許雙重國籍的存在。

移民為民主國家帶來許多益處，尤其是在高科技創新領域。原因很簡單，要在現代科技的跨學科領域全面進步，必須結合數百種不同的觀點。這一點在四項加速科技（人工智慧、半導體晶片、量子電腦和生物科技）領域尤為明顯。以電腦產業為例，當今 IBM、Google 和 Microsoft 的現任執行長都出生於印度，這令人深刻地體會到移民的價值。再回顧半導體晶片的發明歷史，現今最常見的金屬氧化物半導體場效電晶體（MOSFET）型半導體晶片，是由阿塔拉（Mohamed Martin Atalla）和姜大元（Dawon Kahng）於 1959 年發明的。阿塔拉出生於埃及，在當地成長並完成本科學位，隨後前往美國普渡大學攻讀研究生，畢業後加入貝爾實驗室，與姜大元共同發明了MOSFET。至於姜大元，他出生於南韓，完成本科學位後移民美國，於 1959 年獲得俄亥俄州立大學博士學位，並加入貝爾實驗室，與同為第一代移民的阿塔拉展開合作。這些例子清楚地說明，移民不僅能為民主國家的科技進步注入活力，還能推動具有全球影響力的創新成果。

移民對美國科技領先地位的貢獻數不勝數。例如：姜大元後來與施敏教授共同發明了浮柵金屬氧化物半導體場效電晶體（floating-gate MOSFET）。施敏出生於南京，在台灣長大，畢業於國立台灣大學，隨後於 1960 年移居美國，先後在華盛頓州立大學取得碩士學位，以及於 1963 年在史丹佛大學取得博士學位。他加入貝爾實驗室後，與姜大元合作完成了這項發明。再以林傑屏博士為例，他在半導體價值鏈的另一階段做出了巨大貢獻。林傑屏出生於中國，隨家庭搬遷至越南，後移居香港，再前往加拿大多倫多大學就讀，於 1967 年取得工程物理學位，隨後前往麻省理工學院完成碩士和博士學位。畢業後，他曾在德州儀器和惠普公司任職，隨後於 1980 年創立科林研發（Lam Research Corporation），1984 年上市，現已成為全球領先的高階半導體蝕刻機製造商之一，也是舊金山灣區僅次於特斯拉的第二大製造業公司。提到特斯拉，就不得不提馬斯克。馬斯克出生於南非，本科期間曾在加拿大的女王大學就讀 2 年，隨後轉往美國麻省理工學院。他創立了 Tesla、SpaceX、Starlink、Neuralink，並擁有推特（現稱為「X」）等多家引領科技潮流的公司。這些移民科學家與企業家的故事，展現了移民在推動美國科技創新與領先地位中不可或缺的作用。他們的努力不僅促成了關鍵科技的發明，還帶動了全球產業的升級與突破。

移民的影響不限於美國，所有民主國家都能從中獲益良多。在人工智慧領域，加拿大多倫多大學的辛頓（Geoffrey Hinton）教授常被譽為現代人工智慧之父，他是在 1987 年從英國移居加拿大。再以 mRNA 疫苗的開發為例，兩位核心研究者吳沙忻（Uğur Şahin）與圖雷西（Özlem Türeci）分別出生於土耳其和德國。圖雷西的父親是從土耳其移居德國的移民。他們共同創辦的公司生物新科技（BioNTech，台灣稱 BNT）開發了 COVID-19 病毒最先進的 mRNA 疫苗，隨後與美國製藥巨頭輝瑞公司的執行長博爾拉（Albert Bourla）合作，將 BNT 的疫苗推向全球市場。[10] 值得一提的是，吳沙忻與圖雷西的土耳其背景，與博爾拉的希臘背景有些微妙的對比，因為歷史上土耳其與希臘的關係充滿敵意。然而，BNT 與輝瑞之間的合作，充分展示了在民主國家中，人們能夠摒棄過去的黑暗，著眼於光明的未來，實現非凡的協作。這些案例反映了移民對於推動創新、促進國際合作及增進民主國家繁榮的重要性。

這份移民名單若要列舉完整，光是聚焦在科技領域移民對民主國家的貢獻，就足以撰寫一本書。這種開放的動態令我深有感觸，因為我居住的多倫多，就有 50% 的居民出生於加拿大以外的地方。目前，加拿大總人口略超過 4,000 萬，每年接納 50 萬名移民。其中約 10% 是難民，其餘移民者則是經過層層篩選才進入加拿大。這套制度要求申請者符合特定的標準，並根據技能與特質進行評分，達到一定分數才能獲得考量資格。另一個進入加拿大的途徑是以大學研究生的身分來到這裡（就像前文提到的阿塔拉、姜大元和林傑屏在美國的案例）。如果這些學生學業有成，他們可以申請永久居留權，最終還能申請成為加拿大公民。

有些新移民因愛情而來到新的國度，例如盧克（Tobi Lütke）與加拿大籍妻子在歐洲滑雪時相識。他隨後追隨妻子回到她居住的渥太華，開始製造滑雪板。然而，在嘗試透過網路銷售滑雪板時，他發現當時網路交易太複雜。於是自行開發電商軟體。不久之後，他注意到其他商家對他的軟體產生了興趣，於是決定專注於銷售軟體，而非滑雪板。如今，他的公司 Shopify 年銷售額超過 70 億美元，市值高達 1,370 億美元。盧克和妻子依然住在渥太華，並且仍然熱愛滑雪運動。

在基於規則的制度下，妥善管理的移民對民主國家來說是一項真正的資產與優勢，但大規模且無管制的經濟移民則不然。若讓無限數量的移民湧向國境，試圖在沒有任何限制、審查或管控的情況下強行入境，在民主國家顯然不可行。若允許此類大規模移民行為，民主國家不僅損害自身利益，也會損害公民的福祉。然而，隨著生育率下降和人口減少，大多數民主國家將需要在多元技能領域接納大量移民，包括醫療系統的護理人員、建築工人、服務業從業者，以及如前文所述的科技創業家等。即便如此，民主國家仍需提防專制國家藉鼓勵非法移民湧入民主國家以破壞社會穩定。例如：白俄羅斯的專制領袖曾從中東運送移民至白俄羅斯，再逼迫這些移民越境進入波蘭（民主國家），試圖在鄰國引發政治緊張局勢。這是冷戰 2.0 時代中專制國家使用的較為荒謬的地緣政治手段。

同時，專制國家無法對潛在的新移民保持開放與吸引力，這是一項重大劣勢。中國和俄羅斯不願以有意義的移民政策來解決人口下降的問題，最終將對經濟造成顯著影響。目前，這兩個國家已經有數百萬個職位空缺無法填補。儘管他們可能考慮採用「人工子宮」科技，但這項科技至少還需要 10 年才能問世，且透過人工子宮誕生的世代還需要再過 20 年才能進入勞動力市場。在這段期間，中俄兩國的人口將大幅減少。有規畫的移民政策是眼下及中期唯一可行的解決方案，除非中俄強迫女性接受極權式的生育系統，和《使女的故事》一樣。[11] 但即便是專制國家，這種做法可能也無法被接受。然而，許多民主國家的人民也曾認為在歐洲發動一場為土地而戰的大規模戰爭是不可想像的，但俄羅斯後來卻入侵了烏克蘭。因此，在冷戰 2.0 時代，設計出既能符合移民需求又能滿足東道國需求的移民系統，將成為民主國家的重要優勢。只要民主國家的政府能以果斷、同理心及基於規則的選擇、篩選與入境制度來處理移民問題，移民將為民主國家帶來淨收益。

民主日

民主國家通常有許多重要的國定假日，用來紀念某些值得慶祝的時刻，並讓民眾享有一天假期，通常安排在星期一或星期五，讓人們能有三天的連假。美國的感恩節、陣亡將士紀念日和勞工節就是很好的例子。其他國家也有類似的假日。在英國，這些假日被稱為「銀行假日」（Bank Holidays）。未來 10 年左右可能會出現更多這類假日，讓那個星期的工作天數縮短一點——這也許是因為企業級人工智慧應用提高生產力而帶來的好處之一。其中一個新的星期五或星期一假日應被命名為「民主日」。或者，為了顯示此事的緊迫性，何不乾脆將元旦重新命名為民主日？畢竟，將一年中的第一天稱為元旦似乎只是陳述事實，缺乏更深層的意義。這一天似乎正等待著被賦予一個更重要、更具意義的名稱。

聯合國大會指定了數十個「國際日」。單是6月就有30個，包括「全球父母日」（6月1日）、「國際瑜伽日」（6月21日）和「國際小行星日」（6月30日）。聯合國每年9月15日慶祝「國際民主日」。然而，就和聯合國其他倡議一樣，雖然初衷值得讚揚，但執行效果不佳。這一天應該重新定位為一個真正的節日，並設計出一系列精采且有意義的活動，來紀念和強化民主的基礎。這樣的節日也能突顯民主國家相對於專制國家的深厚非對稱優勢。畢竟，即使是普丁和習近平這樣大膽的領袖，恐怕也不會發起一個名為「專制日」的活動。

若將新年改名為「民主日」，由於前一晚的狂歡，當天早晨的活動可能不會特別熱鬧。然而，一場「民主日早午餐」則可以成為這一天活動的起點。沒有什麼比和親朋好友共享一頓美味大餐更美好的了，更棒的是在餐桌上討論什麼讓民主制度如此特別，以及當前威脅民主活力甚至存續的挑戰是什麼。討論可以涵蓋多個民主的核心要素，比如言論自由、新聞自由（包括保護記者），以及法治（特別是司法獨立）。對於桌上有競爭心的朋友，可以設計一些小測驗，例如取材自《經濟學人》的「全球民主指數」。問題可以包括：列出世界排名前十的民主國家、哪些民主國家去年跌入了「瑕疵民主」這個分類、哪二十個國家是全球最惡劣的專制國家（提示：這份令人不寒而慄的「專制全明星名單」包括中國和俄羅斯）。如此類推。

如果孩子們也在民主日的早午餐餐桌旁，這正是灌輸公民教育的好時機。學校裡的民主教育成效參差不齊，結果令人擔憂。一項近期的大型國際調查顯示，35% 的年輕人（18 至 35 歲）認為由不受選舉或立法機關約束的專制領袖治理國家是一種「好方法」。[12] 這反映了「仁君的迷思」的影響，這種觀念來自專制國家，但實際上只是個神話。事實上，生活在專制統治下並不好，專制者為了掩蓋真相，透過宣傳和捏造的數據扭曲現實，並且常常在位時間過長。然而，因為能嚴格控制資訊，他們在國內和國際上的形象塑造非常成功，讓他們能長期維持權力。這也顯示了為什麼民主價值的教育，尤其是針對專制對比民主的差異，是如此迫切需要。在「民主日」前後，可以由學校或地方政府發放簡單但富有啟發性的兒童讀物。飯後一起花 30 分鐘閱讀這些素材，會很有意義。民主國家對過去和現在的民主英雄的紀念往往不足（甚至完全缺失）。在冷戰 2.0 的大環境下，所有民主國家其實是一體的。幫助每一位民主國家的公民了解為何這是一場值得參與並且必須獲勝的競爭，就是一個非常重要的起點。

我們身邊的專制者

令人遺憾的是，並非所有民主國家的領導人都致力於民主理想。有些人實際上更希望自己成為專制者。近期的一個典型例子是美國總統川普。不論是在白宮內外，川普似乎都無視法治的重要性。他有很多行為都表現出對美國憲法的漠視與不尊重，儘管他在擔任美國第 45 任和第 47 任總統時，曾宣誓維護憲法。川普蔑視民主規範和制度的態度，在他 2016 年參加共和黨總統初選時就初露端倪。在那次選舉中，川普必須公開他的稅務紀錄，這是過去 50 年美國總統選舉政治中的一項慣例，而 2016 年其他所有共和黨初選候選人也都遵守要求公開了。但川普拒絕，並且從未自願公開他的稅務紀錄。後來，當川普成為共和黨的總統候選人時，他在 2016 年候選人辯論中被問到，如果輸掉選舉，他是否會接受結果。他的回答是「不確定」，這使人對民主中最神聖的傳統之一——和平交接權力——產生了疑問。

在 2020 年競選連任時，川普再次展現了類似專制的態度。他建構了一個精心設計的專制說法，聲稱對手要勝選就只能靠選舉舞弊了。而他明顯敗選時，立刻推出了所謂的「大謊言」，說選舉結果從他手中被偷走了。這舉動非常大膽，動搖了美國民主制度的根基。因為如果選民不相信選舉是公平進行的，那麼整個民主制度的合法性就會受到質疑。值得注意的是，川普團隊就選舉舞弊提起的 60 起訴訟案中，沒有一案獲勝。法官們接連駁回了這些捏造的指控，理由是完全缺乏證據。然而，即使在法院接連 60 次敗訴後，川普仍然向他的鐵粉繼續散播「大謊言」，宣稱選舉被竊，並要求捐款。從 2020 年 11 月的選舉日敗選到 2021 年 1 月 6 日因煽動國會攻擊而被推特封鎖帳號的這段期間，川普共從他的信徒手中籌集了 2 億美元。川普說出的每一句話，無論是演講還是社群媒體上的發文，粉絲好像都會買單。[13]

川普在 2021 年 1 月 6 日煽動支持者攻擊國會大廈，以及他試圖推翻 2020 年大選結果的其他行動，就是最明顯的證據，可以證明他的專制傾向。川普不斷要求時任副總統彭斯（Mike Pence）推翻幾個州的選舉結果，讓眾議院進行投票，以保留川普的權力。幸好，彭斯展現了堅定的立場，拒絕配合這場川普專制政變的卑劣企圖心。在那前一週，另一位政治人物，喬治亞州州務卿拉芬斯伯格（Brad Raffensperger），也在面對來自川普的巨大壓力及支持者的威脅（甚至是生命威脅）時，表現出極大的勇氣。川普在喬治亞州的選舉人團投票中以約 11,000 票的差距敗北。2021 年 1 月 2 日，川普在一通現已臭名昭著的電話錄音中，要求負責喬治亞州選舉（包括重新計票）的拉芬斯伯格「只需要找到 11,780 張選票」。令人敬佩的是，拉芬斯伯格拒絕屈服於川普的非法要求。他隨後也成功競選連任，擊敗了一位受到川普大力支持的對手。拉芬斯伯格對於再次參選，並忍受針對他生命的威脅，給出的理由是：「如果好人離場，讓壞人占據整個場地，那麼壞人就會贏。」[14] 這句話正好說明了我們對抗身邊的專制者時，所需要的勇氣。

要防止川普對美國選舉制度及民主進行專制式的攻擊，應該在一開始就採取行動。在 2016 年的黨內初選期間，當川普拒絕自願公開他的報稅資料時，共和黨應該堅持要求他公開。如果他繼續拒絕，共和黨應該禁止他參加黨內競選，並將他的名字從初選選票上剔除。同樣地，在 2020 年的選舉中，當川普耗盡了他提出的 60 個法律挑戰後，結果已經明顯證明川普聲稱的選舉舞弊根本不存在（即他所宣稱的舞弊足以改變選舉結果的情況並不存在）。此時，若川普仍繼續散播這樣的虛假資訊，推特及其他所有社群媒體平台應立即終止他的帳戶。實際上，他的律師在部分案件中也已遭到科羅拉多州的法官譴責，因為川普的委任律師承認在這些案件中做出了虛假聲明——她聲稱有選舉舞弊的證據，而川普的法律團隊其實早已知道沒有這樣的證據。[15] 此外，應該有法律程序（例如刑事起訴）可以禁止川普募款。既然法院已裁定川普的指控不實，他持續散播選舉舞弊謊言並藉此籌款的行為，應被視為欺詐，並由司法部或聯邦貿易委員會起訴，就和其他利用假資訊來牟利的案件一樣，當作詐欺案件進行起訴，這樣他才能為自己利用謊言賺取金錢的行為負法律責任

同時，共和黨的領導層應該明確譴責川普，並將他交由華府特區警方處理。當川普的總統任期和 2020 年選舉的完整歷史被記錄下來時，包括對美國國會大廈既危險又可恥的攻擊，其中有一部分責任要歸咎於共和黨領導層。像麥康奈（Mitch McConnell）和葛拉漢（Lindsey Graham）這樣的領導人就是川普的幫凶——他們拒絕挺身而出反對這位專制者。這種情景我們並非第一次見到。在德國，曾有一群商界人士和其他體面的建制派人物認為希特勒是很有用的執行者，可以幫他們實現目標。而川普也確實為麥康奈、葛拉漢及其他共和黨的重要人物帶來了高額的減稅優惠。然而，正如希特勒時期的情況一樣，當共和黨的重要人物無法控制川普後，川普在未受約束的情況下幾乎以一己之力摧毀了美國的聯邦政府體系。下次當專制者或潛在的專制者再次出現在美國的政治舞台時，無論屬於哪一政黨，那些真正相信民主的人都必須站出來，

為迅速驅逐這位潛在的專制者而奮鬥。

令人遺憾的是，這個「下一次」來得並不久遠。2024 年，川普重返政壇，成功參加了共和黨的初選，最終與民主黨候選人、時任副總統的賀錦麗（Kamala Harris）角逐總統職位。在一場相對接近的選舉中（川普的得票率不到 50%），川普再次進入白宮。未來值得關注的是，川普究竟會兌現多少他競選期間那些出於個人恩怨的承諾，對華府的政府體系進行破壞和報復。同時，也值得關注的是，這種即將到來的混亂是否會削弱美國在外交政策上的重要議程，包括保護美國本土以及與志同道合的盟友合作，反擊來自莫斯科、北京、德黑蘭和平壤等地的專制主義行動。

我們身邊的姑息主義者

川普的專制傾向可以從很多地方看出來。2024 年，共和黨總統初選中，川普公開呼籲美國停止向烏克蘭提供援助。烏克蘭在遭受俄羅斯可怕的侵略後，正為自己的生存而奮戰。儘管烏克蘭獲得了將近 50 個國家的支持，但美國提供的軍事裝備和財政援助至關重要。若沒有這些支持，烏克蘭早在 2022 年春季就撐不下去了。川普認為，支持烏克蘭與美國的利益無關，實際上，他默許普丁可以在俄羅斯周邊國家建立勢力範圍，即便要消滅一個擁有 3,800 萬人口的民主國家也在所不惜。另一位在共和黨初選中居領先地位的候選人是佛羅里達州州長德桑蒂斯（Ron DeSantis）。他進一步強化了這種「川普式觀點」。德桑蒂斯聲稱，俄羅斯對烏克蘭的戰爭僅僅是一場「領土爭端」，與川普步調一致。他表示，美國對烏克蘭的支持根本無助於維護美國的利益。

這兩位共和黨總統候選人在 2024 年 11 月大選中的立場，令人想起 1930 年代兩個偉大民主國家——法國和英國——面對希特勒的態度，希特勒是當年的極端專制領袖，於 1933 年透過選舉合法上台成為德國領導人，但他一掌權，就著手拆除德國國內的制衡機制，隨後破壞了歐洲的安全體系。到 1936 年，希特勒在德國內的專制權力幾乎已全面鞏固，接著便開始侵吞鄰國，先是奧地利，再是捷克斯洛伐克的部分領土。對於希特勒的行徑，法國與英國政府充滿恐懼。他們在 1938 年 3 月與希特勒會面，並試圖透過談判遏制他的擴張野心。最終，希特勒在書面協議上簽字，承諾併吞捷克斯洛伐克後就不再對其他鄰國抱有企圖。英國首相張伯倫（Neville Chamberlain）認為成果豐碩，回國後，還得意地在媒體面前揮舞著希特勒簽署的文件，宣稱自己已為英國贏得了「我們時代的和平」。

當時德國以外的歐洲人都不想再經歷戰爭，張伯倫迎合這股強烈的渴望（也是情有可原），畢竟上一場大戰結束還不到 20 年。第一次世界大戰，被當時的人稱為「終結所有戰爭的戰爭」，因為慘烈程度前所未見，共有約 1,000 萬士兵在戰鬥中喪生。張伯倫因成功談判出和平協議而被譽為英雄，這份協議似乎能讓希特勒安分守己。但後來事實證明，張伯倫對希特勒的評估完全錯誤。希特勒隨後先後入侵波蘭、法國，並於 1940 年底前轟炸英國及歐洲其他十幾個國家。這場新的戰爭，即第二次世界大戰，最終奪走了約 7,000 萬人的生命。「我們時代的和平」的承諾也因此化為泡影。

像希特勒這樣的專制者，以及今天的普丁和習近平，都深知要想擴張自己的領土並將專制政權強加於他國，必須依靠民主國家中有許多姑息主義者高喊「我們時代的和平」來助力。如果姑息主義者掌握了權力，專制者便能輕鬆地逼迫他們做出糟糕的妥協。正如張伯倫那樣的政治家，以及像川普和德桑蒂斯這樣的候選人，他們可能願意犧牲像烏克蘭這樣的小型民主國家的政治獨立和自由，做為向專制者進貢的祭品，以換取在新的秩序中獲得優渥的地位。因此，如果民主國家現在不支持烏克蘭抵抗俄羅斯，普丁將繼續他瘋狂的計畫，一個接一個地征服周遭國家，重建俄羅斯帝國。幾十年前，有關各方曾簽署協議，確認包括烏克蘭、摩爾多瓦、白俄羅斯、愛沙尼亞、拉脫維亞和立陶宛在內的前蘇聯加盟共和國，以及前東歐集團成員國（如羅馬尼亞、保加利亞、捷克共和國、斯洛伐克、匈牙利和波蘭），都是獨立國家，邊界不容侵犯。然而，目前尚不清楚 2024 年 11 月當選的川普總統是否會延續他在競選期間所主張的綏靖政策。或許（但願），川普不希望自己成為歷史上那位那位將烏克蘭拱手讓給俄羅斯普丁的美國總統。唯有時間能給我們答案。

至於中國對於和平協議、條約以及法治等民主價值的看法，2023 年 4 月，中國駐法國大使盧沙野在接受法國電視採訪時，他的言論令人咋舌。在主持人問他認為 2014 年俄羅斯強行占領克里米亞半島是對是錯的時候，盧大使回答說，不僅克里米亞屬於俄羅斯，甚至那些在 1989 年至 1991 年間蘇聯解體後新成立的國家也不被認為在國際法上具有合法性，因此俄羅斯可以將這些領土拿回去；必要時可以動用武力，就如普丁在烏克蘭的行動。這番言論讓人終得窺見專制領袖的真實世界觀，短暫卸下的偽裝露出他們赤裸的內餡：「我們基本上可以為所欲為，因為我們比你們強大。」那些支持普丁說法的民主國家妥協派，聽完就應該徹底清醒過來。普丁的謊言聲稱波羅的海三國（拉脫維亞、愛沙尼亞、立陶宛）根本不該被允許加入北約，但事實上，這三個國家以及波蘭、匈牙利、東德、捷克斯洛伐克、保加利亞、羅馬尼亞，最近還有芬蘭與瑞典加入北約，正是因為只有透過集體防禦，民主國家才能遏制像普丁這樣貪婪的專制領袖。這其中還包括習近平，他是盧沙野的上司，正在尋求將中國帝國擴展至台灣這座小島以及廣闊的南海領域。

從實際角度來看，面對川普、德桑蒂斯，以及其他縱容專制者的人，最直接的回應是：如果美國與其他 49 個民主國家停止支持烏克蘭這個同為民主的國家，那麼地球上任何一個民主國家都無法倖免於普丁和中國的貪婪野心，尤其是台灣。實質上，烏克蘭、台灣、南海、新疆（反對中國使用高科技壓迫維吾爾族），以及應對中國的地緣政治與經濟脅迫，還有各種專制國家對國際規則的破壞（包括俄羅斯、中國、伊朗和北韓對民主國家不斷發動的網路攻擊與勒索病毒攻擊），都是所有民主國家必須認真面對的課題。這也是為什麼民主國家需要支持烏克蘭、台灣，以及國際規則秩序，無論專制者在冷戰 2.0 中開闢了什麼新戰線。

俄烏戰爭進入第三年，支持姑息政策的聲浪愈來愈高。這些人主張讓烏克蘭將 20% 的領土割讓給俄羅斯（並將 500 萬烏克蘭人交給普丁），這樣可以停止流血衝突，即使條件是烏克蘭無法加入北約也沒關係。[16] 這是一種極端的姑息政策，因為沒人能保證普丁會休養生息幾年，然後再次入侵烏克蘭。當然，結束戰爭的方式應該由烏克蘭人自行決定，而目前他們並無意向俄羅斯割讓土地——這也從 2024 年 8 月烏克蘭大膽突襲反攻俄羅斯庫斯克地區就可以清楚地看出烏克蘭要傳遞給普丁的訊息。但如果他們最終選擇停戰，烏克蘭不但割讓土地還放棄加入北約的話，那實在太瘋狂了。更好的解決方案則是，民主國家終於提供烏克蘭真正需要的武器，不只是那些足以讓烏克蘭不至於輸掉戰爭的武器，而是能讓烏克蘭取得勝利的武器，並取消民主國家對這些武器的使用限制，使烏克蘭能以更靈活的方式部署軍火（無論在烏克蘭境內還是俄羅斯境內），從而真正讓普丁相信停止戰爭是唯一的選擇——普丁從烏克蘭撤軍（包括克里米亞），這將瞬間終結血腥衝突。[17] 全世界，特別是民主國家，正屏息以待，看總統候選人川普是否會在當選後轉變為一位不同的總統川普，迅速認識到俄羅斯、中國、伊朗和北韓在冷戰 2.0 中對民主國家的巨大威脅，並採取相應行動。

第 14 章
科技脫鉤的世界

在冷戰 2.0 持續衝擊下，必須勾勒出一個符合民主國家利益的理想運作模式。民主國家將在某些科技領域與專制國家脫鉤，這些領域主要集中於四項核心加速科技（人工智慧、高效能半導體晶片、量子運算、生物科技）及其他重要科技。受影響的貿易總量約占當前民主國家與中國貿易總額的 25% 至 35%，但此舉將對專制國家產生更廣泛的戰略、政治乃至文化層面的地緣政治與安全影響。若中國持續生產某些商品（包括新型高科技產品及鋼鐵等傳統出口品），產量遠超內需，並利用補貼政策，將過剩的商品低價出口至其他國家以衝擊民主國家的在地製造商，那麼受影響的貿易比例可能還會更高，甚至大幅增加。

科技脫鉤的理由很簡單——民主國家不應該提供繩索給專制國家，讓專制國家反過來絞殺民主國家。例如：民主國家製造的半導體晶片不應提供給俄羅斯，讓普丁用於製造導彈，攻擊烏克蘭並殺害烏克蘭人。此外，只要專制國家拒絕遵守以規則為基礎的國際秩序，民主國家就可以合理懷疑專制國家想要「絞殺民主國家」。科技脫鉤的第二個理由是，民主國家不應協助專制國家製造壓迫公民的科技。世界上最惡劣的數位監控、控制與壓迫系統，不應包含矽谷開發的人工智慧軟體或美國設計、台灣生產的半導體晶片。冷戰 2.0 會如何結束？有兩種可能情境：第一種情境裡，因為科技脫鉤，俄羅斯與中國的生活水準相較於美國、歐洲及其他民主國家顯著下降。當普丁與習近平下台後，他們的繼任者進行經濟與政治體制改革，以追趕民主國家；換句話說，俄羅斯與中國最終和平地實現經濟與政治民主化，正如許多過去的專制國家那樣完成轉型。第二種情境是中國進攻台灣，政權更迭的進程加速。北京的軍事行動促使科技脫鉤升級為全面貿易禁運，民主國家與專制國家的經濟連繫因此中斷。經濟的劇烈動盪與中國社會的動亂促使北京出現政權更迭，並比第一種情境更早採用經濟與政治民主化。

科技脫鉤的核心框架將按以下方式運作：全球將劃分為三大主要國家群體。民主國家包括美國、第 10 章表 10-2 列出的其他主要民主國家，以及若干較小的民主國家。主要民主國家理想情況下應聯合組成全球聯盟條約組織（GATO），或者更可能如目前的情況般，在全球舞台上保持某種程度上的鬆散連繫，同時在區域內形成強大的聯盟，例如歐洲的北大西洋公約組織（NATO）和太平洋地區的太平洋聯盟條約組織（PATO），即「亞洲版 NATO」。無論全球或區域性的聯盟結構如何展開，要被當作民主國家，就必須：舉行自由、公正且具公信力的選舉；恪守法治，由獨立的法官進行監督；確保個人政治自由、性別平等及社會平等；培育自由且獨立的媒體環境；推動開放的市場經濟，並設立有效的公共監管機制。此外，民主國家將以符合以下「民主標準」的方式，推動人工智慧、半導體晶片、量子運算及生物科技這四大加速器科技及其他科技——尊重人權、保護消費者選擇權、維護消費者權益。

相比之下，以中國和俄羅斯為首，包括古巴、伊朗、尼加拉瓜、北韓、沙烏地阿拉伯、敘利亞和委內瑞拉，這些國家將在冷戰 2.0 中繼續被視為專制獨裁國家，因為：

這些國家通常只有一個政治政黨，即使舉行選舉，也由該政黨操控以確保可預測的結果。例如：2024 年 3 月和 7 月在俄羅斯和委內瑞拉舉行的總統「選舉」完全是一場政治戲碼，因為現任專制者首先阻止了最具實力的反對派候選人參選，接下來的選舉過程也無法挽回地淪為鬧劇。專制國家根本沒有法治。司法系統淪為專制者用來維持社會控制的工具。個人自由受到嚴格限制，僅在專制者的意願下才允許個人有部分自由。專制者依靠數以千計的國家安全警察，透過武力和暴力手段維持權力。此外，專制者還利用最先進的科技監控、監視和宣傳系統（包括人工智慧、半導體晶片、量子運算和生物科技）以及對媒體的全面控制，來鞏固統治地位。專制者的行為不受任何監督，還可以將經濟利益分配給自己和支持者（尤其是國家安全警察和軍方）。大多數公民都能接受這種安排，因為專制者願意分享部分財富（例如提高退休金和最低工資）來鞏固政權合法性，讓公民感到有所回報。

在科技脫鉤的世界中，第三類國家被稱為「不結盟國家」。其中一些是民主國家，但帶有某些強烈的專制特色。這些國家選擇不加入像 GATO 這樣的聯盟，甚至不參與任何區域性的民主國家聯盟，主要是因為他們自認本國的經濟很依賴專制的中國。同樣地，專制的不結盟國家通常希望與俄羅斯保持較緊密的關係（以獲得武器，或是像許多非洲國家那樣獲得來自莫斯科的傭兵），有時候也會靠近中國，但不願與任何一方建立正式的同盟。從本質上來說，不結盟國家主要以**利益**而非**價值**做為地緣政治的行動驅動力，並不斷尋找交易機會以促進自身的國家利益。可以預見，民主國家與專制國家將持續競相爭取不結盟國家的支持。這種現象展現了冷戰 2.0 中充滿交易色彩的地緣政治模式，可形容為「堡壘地緣政治」（kasbah geopolitics）。

科技脫鉤

在探討科技脫鉤的世界將會呈現什麼樣貌（事實上，這樣的世界已初具雛形）之前，我們應回顧為什麼冷戰 2.0 需要這種科技分化的原因。主要有兩點：第一，民主國家長久以來奉行一項明智的政策，即不向敵視民主國家的專制政權出售武器和彈藥。這樣做是要避免民主國家最終面臨這樣的窘境：專制國家利用由民主國家製造的武器反過來對抗民主國家。這可以說是一種基本的自我保護政策。然而，時代不同了，這項政策逐漸演變——武器系統用到愈來愈多電腦科技。（回想一下「軍民兩用」的概念，同一種高科技設備既可以用於民用，也可以用於軍事。）因此，民主國家如今不僅禁止向專制國家出售武器，還禁止出售可能被專制國家整合到武器中的科技。儘管如此，仍有部分交易穿過了多層管控的防線。例如：2023 年 6 月爆出的新聞顯示，一名英國大學教授正在協助一位伊朗科學家進行有關無人機的研究。（要記得，伊朗已經向俄羅斯出售了數千架無人機，而這些無人機隨後全部被用於襲擊烏克蘭的目標。）就是這類民主國家的不當行為，所以武器與軍民兩用的科技（以及相關科技知識）都必須禁止出口。

民主國家與專制國家進行科技脫鉤的第二個原因是：專制國家廣泛運用高科技產品壓迫公民。尤其是中國，開發了多種科技產品，實施對公民無所不在、無孔不入且持續不斷的監控，尤其是對新疆的 1,300 萬維吾爾族人。這些監控措施包括：使用人臉辨識軟體、DNA 檢測設備、覆蓋街道每一寸的攝影機、電話錄音、各種形式的數位訊息。這些數據會被強大的超級電腦即時分析、分類並處理，以便專制政權使用壓制性手段，懲罰完全無辜的人民。有鑑於中國政府的這些行為，民主國家決定禁止出口任何可能被中國用於這些大規模監控和壓迫系統的科技。簡言之：民主國家不願捲入這種非人道的科技模式，因為這完全違背了《聯合國人權宣言》中規定的隱私權和尊嚴權，而該文件對所有聯合國成員（包括中國和俄羅斯）均具約束力。更令人憂慮的是，中國不僅在國內完美運作這套數位公民監控與壓迫系統，還將這類科技系統賣給全球超過 60 個專制國家，這些國家對此如飢似渴。毫無疑問，在惡意專制科技的領域裡，中國是全球佼佼者。

此外，關於「為何要進行科技脫鉤？」這個問題，請大家記住，中國其實已經對民主國家進行科技脫鉤長達數十年。早在網際網路興起後不久，中國就構建了所謂的「防火長城」，以電子形式模仿了數百年前為防禦外來侵略者而修建的物理「萬里長城」，阻止國外資訊進入中國。這也正是為什麼中國的普通電腦或智慧手機用戶無法使用 Google、Facebook 及其他各種美國網路服務。同樣地，中國政府還切斷了多個經濟和社會活動領域，禁止民主國家的個人和企業參與投資。因此，當有人提出「為什麼民主國家要與中國進行科技脫鉤？」這個問題時，其中一部分答案可以是：「中國早已啟動了科技脫鉤進程！民主國家只是將中國已經開始的過程推向了合乎邏輯的結論。」因此，中國也不應因為抖音被美國禁用而感到憤怒，畢竟類似的美國服務早在中國就已被禁止使用了。

同時大家也必須注意到，中國在與民主國家進行科技脫鉤的進程中，還有很多事沒做完。中國試圖脫離許多全球社會建立的網絡與系統，並為此不遺餘力。例如：中國正極力擺脫以美元做為全球儲備貨幣和支付貨幣的地位，要求更多的貿易夥伴以人民幣做為支付貨幣——甚至直接要求（而非請求）俄羅斯接受中國用人民幣來支付俄羅斯石油與天然氣。此外，中國還希望以中國版本取代環球銀行金融電信協會（SWIFT）金融支付系統。同時，中國也對全球連接各國的海底光纖通信電纜感到憂慮，因為這些電纜的所有權與營運權多數掌握在民主國家企業手中，這使得這些國家的國家安全機構能夠攔截和監控數據與語音通訊。因此，中國正加快部署自有的通信衛星，以避免依賴民主國家營運的衛星。事實上，科技脫鉤並非新鮮事；只是在冷戰 2.0 的背景下，進程變得愈加緊迫而已。

在考量科技脫鉤時，請大家牢記這個貫穿一切的觀念：這任務非常困難。中國經濟與主要民主國家經濟之間的高度交織，就算只是部分脫鉤，也是複雜而艱巨的過程。因此，當這一過程的某些階段顯得異常困難且昂貴時，有必要一再提醒民主國家的企業及其他相關人士脫鉤的理由（如前文所述）。科技脫鉤的代價不菲，例如：民主國家的半導體公司因失去大量中國客戶而承受了數十億美元的銷售損失。不過，部分財務損失將因美國政府提供的半導體補貼計畫而得到一定程度的補償。

民主國家所考量的科技脫鉤重點，將聚焦於涉及四大加速器科技的產品。美國政府應依據制裁法，阻止此類產品出口至中國，就像 2022 年 10 月通過的制裁法案，禁止向中國運送高階半導體，以及，非常重要的，製造這些先進半導體所需的設備。同時，可以預期美國最終還會頒布法律，禁止美國投資者將資金投入與這些科技相關的中國企業，並禁止美國大學教授與中國同行在這些科技領域進行合作。

然而，大部分在民主國家與專制國家之間貿易的產品將不受這些制裁影響；也就是說，約三分之二至四分之三的中國產品仍會免於此類制裁。例如：沃爾瑪還是可以買得到數百種中國製商品（如浴簾、鍋具和庭院家具），但有一個非常重要的例外：如果中國採取極端行為，民主國家可能會決定全面禁止與中國之間的所有貿易。這與 2022 年俄羅斯入侵烏克蘭時，民主國家對俄羅斯實施的貿易禁運如出一轍。當時，民主國家對俄羅斯實施的禁運涵蓋了幾乎所有產品、商品，當然也包括所有科技。因此，如果中國攻擊台灣，許多民主國家很可能會對中國實施全面貿易制裁。在這種情況下，即使是低科技商品也會被納入禁運範圍，中國將被視為一個「賤民國家」（pariah state）。

想想這個情境：假設中國攻擊台灣，美國如拜登政府所承諾的那樣介入，為台灣提供協助。這不僅意味著美國會提供武器給台灣（如同烏克蘭），還代表美國士兵將積極參與對抗中國的戰鬥，這與美國在俄烏戰爭中僅提供武器但未直接參戰的做法截然不同。

如果在中國對台灣發動預期中的攻擊後的數天內，中國導彈成功擊中美國一艘在太平洋的航空母艦——如同烏克蘭巡航導彈曾擊沉俄羅斯黑海艦隊的旗艦「莫斯科號」一樣——導致 2,200 名美國海軍水兵喪生。軍艦遭受破壞和海軍士兵死亡的可怕影片迅速在美國的社群媒體上流傳。幾週後，美國陣亡士兵的遺體和棺木陸續運回美國各地的小鎮。假如在這場攻擊之後，特斯拉仍然持續在中國的工廠生產汽車，並在中國的展示中心銷售汽車，那麼在台海戰爭期間以及之後的數月，甚至數年內，可能在美國市場裡連一輛特斯拉都賣不掉。此外，當美國第一批導彈擊沉中國的一艘軍艦，導致 350 名中國年輕水兵喪生時，可以預見的是，中國消費者將不再購買特斯拉汽車——甚至擁有特斯拉汽車的中國車主也可能因擔憂民族主義者的報復而不敢再駕駛這些車輛，因為中國的民族主義者已經放火燒毀了特斯拉的展示中心。美國和中國的社群媒體將聯合促成歷史上最全面的貿易禁運。

特斯拉的 CEO（也是世界首富）馬斯克一定希望這樣的局面永遠不會發生。他於 2023 年 6 月訪問中國時，向接待他的中方官員表示，中美關係如同「連體嬰」，雙方的商業利益完全一致。[1] 這或許有一定道理，但北京的行為表明，中國對於掌控台灣的渴望遠大於中美經濟關係。

有趣的是，中國利用馬斯克的訪問來大肆宣揚北京對外國投資者的開放態度，而同時，馬斯克的「X」（前稱「推特」）卻被禁止在中國營運，馬斯克的星鏈衛星業務同樣遭到封鎖，因為這些企業都與中國的審查政策和全面社會控制理念相違背。更令人矚目的是，馬斯克做為世界上最敢言的商業領袖之一，在中國卻表現得格外安靜——他在訪華期間甚至沒有發一條推文，以免冒犯接待他的中方官員。在美國這樣的自由言論堡壘中支持言論自由並不難，但真正的品格和勇氣應該是在面對專制政府時，依然為自由言論發聲。馬斯克在這次的考驗中慘敗。

馬斯克並非孤例。星巴克執行長納拉辛漢（Laxman Narasimhan）也曾於 2023 年春天訪問中國，當時他宣稱要將星巴克在中國的門市從現有的 6,000 家擴展到 9,000 家。這樣的計畫本無可厚非，但若美國因協防台灣而軍事介入中國攻台戰爭，這些計畫必然會落空，因為中國的民眾可能會群起破壞他們能找到的每一家星巴克門市。這並非純粹的推測。還記得 2021 年瑞典服飾品牌 H&M 因批評中國在新疆的勞動制度而引發社群媒體輿論風暴嗎？當時中國政府動員共產黨青年團對 H&M 進行抵制。[2] 若中美因台灣爆發熱戰，中國士兵因美國從關島、沖繩及菲律賓基地發射的導彈而傷亡，情勢只會更加惡化。中國的社群媒體怒火勢必蔓延至現實生活，而美國在中國經營的零售門市必然成為顯而易見的攻擊目標。

為了積極應對這樣的情境，民主國家的公司可能需要重新調整供應鏈，以降低潛在風險。假設一家美國家具零售商的重要供應商位於中國，且產量占美國銷售量的 80%。至少，這家美國家具零售商應該謹慎地與另一家供應商簽訂合約，做為產品的第二來源，例如設廠於墨西哥。這樣一來，若來自中國的供應突然中斷，墨西哥的工廠仍可繼續生產，並在理想情況下增加產量以彌補中國工廠停止生產的損失。他們也可能選擇在墨西哥設立第二來源的工廠，並在越南設立第三來源的工廠。關鍵目標是供應鏈多元化或「降低風險」，以應對任何可能的突發情況。就連在科技領域，蘋果公司也正在實施這種降低風險的策略，要求主要的 iPhone 組裝廠富士康將部分生產轉移到印度，以及少部分轉移到越南。這種策略即便在短期到中期會增加成本，也可謂「有備無患」。

至於像星巴克或特斯拉的經銷門市，則需要針對中國市場可能出現的強烈反彈制定應急計畫。儘管中國政府可能會壓制抗議活動和消費者反應，但如果事態惡化（尤其是在中國政府推動消費者朝這個方向行動的情況下），這些公司以及其他處於類似情境的企業，必須有應對最壞情境的備案。理想情況下，這些公司應該早在過去就已考慮過這類中斷風險，並視為在全球最大消費市場經營成本的一部分。假設這些業務的利潤足夠可觀，即便最終因台灣爆發熱戰而完全退出中國市場，企業仍能在市場營運期間取得足夠的投資回報率，儘管這回報期可能比預期縮短。這也是為什麼星巴克和速食巨頭麥當勞仍以驚人的速度在中國擴張門市；顯然，他們相信，即使最終像 2022 年俄羅斯入侵烏克蘭後的情況一樣，門市被迫關閉，只要在短短數年間能獲得足夠的盈利，這項投資依然值得。

至於因科技脫鉤而不再與專制國家交易的民主國家科技商品，會比專制國家生產的同類商品更具「民主友善性」。例如：民主國家製造的臉部辨識科技將採取更多措施，防止系統操作員濫用或駭客滲透系統的可能性。這些科技的安全功能將遠比專制國家製造的同類產品更強大。簡而言之，這些產品將依照「民主標準」打造。此外，民主國家的政府和企業使用這些科技商品的方式也和專制國家大不相同。中國等專制國家常見濫用科技的情況，但民主國家會直接禁止危險性較高的科技應用（特別是某些由人工智慧驅動的應用）例如舊金山市已禁止政府機構使用臉部辨識軟體。

民主國家與不結盟國家的貿易關係在某方面相似於民主國家與專制國家的貿易關係。低科技商品，包括農產品、加工食品以及沃爾瑪出售的數百種商品，將在邊境兩側自由流通，幾乎不會引起關注（除非，如前所述，中國攻擊台灣後實施全面貿易禁運）。然而，科技產品的貿易將採取不同且更為細緻的策略，尤其是民主國家與不結盟國家之間的科技產品交易。不結盟國家中的民主國家可能會更傾向於僅從其他民主國家購買高科技產品，因為這些產品是依照「民主標準」製造的。

另一方面，不結盟國家，即使是歷史悠久的民主國家，通常也不喜歡被鎖定在與任何國家（無論是專制國家還是民主國家）的長期科技供應安排中，若能避免這種情況則更為理想。為了保持自身做為專制陣營貿易夥伴的吸引力，不結盟國家不希望被認為與民主陣營過於接近。專制國家甚至可能將繼續從不結盟國家大量採購商品的條件，與不結盟國家購買某些類型的高科技產品掛鉤。如果這些高科技產品與不結盟國家的民主標準不相符，這兩個潛在貿易夥伴之間可能會出現相當嚴重的障礙。能夠幫助不結盟國家應對這些全球貿易政策難題的民主國家，將在不結盟國家的首都受到歡迎；反之，那些無法精準處理這些微妙問題的民主國家，將失去不結盟國家的市場占有率。一些不結盟國家也會努力製造更多的自主科技產品，例如印度正致力於開發一些數位身分和支付系統的軟體。[3]

在「部分脫鉤」的領域中，有種情況特別棘手：服務（而非商品）是由專制國家的組織機構提供給民主國家（包括不結盟的民主國家）的客戶。抖音便是個典型案例。抖音是一款極受歡迎的應用程式，尤其受到青少年（甚至是年輕的兒童）喜愛，在美國擁有約 1.7 億使用者。這問題的複雜之處在於，抖音的母公司是一家中國企業，而這款影片分享與串流服務會收集使用者的個人資料。核心問題出在中國法律規定，中國政府有權取用抖音這類公司收集到的所有使用者資料。雖然抖音聲稱北京從未要求提供使用者資料，但這當然並不意味著北京不會在明天動用這項權利。

如果數位服務商收集到的公民個資有可能分享給外國政府，只要有這種風險，所有民主國家都不該允許數位服務（或其他類型的服務）收集公民的個人數據。至於抖音，有個解決方案是要求抖音的中國母公司將美國業務出售給非中國買家，最好是美國企業。這一構想吸引人的地方在於簡潔明瞭。事實上，任何來自專制國家的公司若在民主國家經營業務，且營運過程中消費者數據若不是平常就流回專制國家，就是最後會被專制國家要求轉交，那麼這樣的公司應該被取消繼續經營的資格。其實，在網路服務方面，許多國家已經開始「脫鉤」，而這還是專制國家先開始的。例如 Google 和 Facebook 早就不能在中國使用。所以，只要抖音還是由中國公司字節跳動擁有，民主國家的政府就會確保自己的國民無法使用這個應用程式。這樣的限制其實是因為中國過去幾十年來也不讓美國的數位公司在中國營運，屬於一種互相對等的規定。因此，美國政府在 2024 年 4 月通過了一個法案，除非抖音被賣給非中國的公司，否則要禁止抖音在美國繼續營運。這項決定並不奇怪，也很合理。

這並不代表所有中國企業在民主國家的投資都應該被禁止，正如許多民主國家的企業仍可以投資中國企業。然而，這些投資者現在面臨更大的風險，因為若是兩國之間爆發全面的貿易禁令，這些外國投資者將不得不面臨撤出對方市場的巨大挑戰。另一方面，民主國家中應該禁止中國企業投資生產四大加速器科技產品的高階科技公司。即使是第 9 章中提到的那些敏感性較低但仍具重要性的行業，投資也需要由民主國家的政府仔細審核。

科技脫鉤做為冷戰 2.0 的一部分，是在高科技定義的全球化時代，民主國家應對專制國家威脅的結構性解決方案。然而，除了應對科技帶來的挑戰，民主國家也不能忽視專制國家某些低科技層面的行為，這些行為同樣不可接受。例如：當專制國家對民主國家進行經濟脅迫，或中國發起或默許對民主國家的網路攻擊，甚至企圖透過恐嚇來影響民主國家的立法者時，理想的回應方式應如第 12 章所述，民主國家應以團結一致、強有力且經濟上相稱的集體行動來回應。最重要的是，民主國家必須保持一致行動；否則，中國龐大的經濟影響力將對任何單一民主國家

（也許美國除外）產生壓倒性優勢。民主國家應牢記這句箴言：「團結才是力量。」這對於民主國家思考如何應對來自大規模專制國家（尤其是中國）的經濟威脅（更不用說政治或軍事威脅）時，具有極為重要的指導意義。

另一個大問題也需要民主國家協調行動，中國很固執，打死不承認自己在用出口策略擺脫經濟低迷的困境，而這個策略會嚴重傷害（在某些情況下甚至完全摧毀）民主國家的製造業及勞動力。在當今冷戰 2.0 的現實中，民主國家的政府不會袖手旁觀，任由自身的先進製造業基礎在不公平的中國出口競爭下崩塌。這一問題影響到許多涉及先進製造技術的產品市場，以電動車市場為例便可見一斑。

中國汽車市場的年需求量約為 2,200 萬輛，但在中國政府的推動下，中國的汽車製造商最近擴大了工廠產能，達到每年約 4,000 萬輛的規模。產能過剩的車輛根據規畫出口到國外市場。美國和歐盟等民主國家開始採取反制措施。2024 年 5 月，華府對來自中國的電動車徵收 100% 的關稅，歐盟也於同年 8 月跟進，對中國電動車徵收 35% 的關稅，其他國家也可能陸續採取行動。拜登的新關稅措施還涵蓋了電動車電池、太陽能板以及現代港口使用的高科技起重機（這些起重機如今由軟體驅動）。這些（以及其他）中國製造業部門都有拿到北京政府的高額補貼。

此外，在民主國家內，愈來愈多貿易問題被放在冷戰 2.0 的框架下來審視。整體來說，民主國家對於向違反基於規則的國際秩序的專制國家開放市場持極為謹慎的態度。中國獨自支撐普丁政權的戰爭經濟，使莫斯科得以繼續推進在烏克蘭的殘酷血腥戰爭，這一事實沒有幫中國國家主席習近平在全球民主國家領袖中的形象加分。民主國家的政府愈來愈以防禦姿態應對中國的出口行為，部分是為了保護民主國家的工業基礎，但同時也是因為華盛頓與布魯塞爾不希望經濟上支持那些致力於削弱民主體制的專制政權。然而，與科技脫鉤類似，這種在製造商品貿易領域中的脫鉤趨勢因為民主國家與中國之間在商業與外國投資上的高度交織而變得更加複雜。然而，製造商品貿易正迅速成為冷戰 2.0 中的另一個重要戰線。

科技脫鉤後的專制國家

在全球的專制國家中，可以確定的是，在可預見的未來，只有中國能夠持續性地創新出有意義的新科技。因此，所有專制國家的經濟體系將持續不斷地圍繞中國進一步緊密結合。這一現象已經在中俄之間有所體現，部分原因是民主國家因俄羅斯入侵烏克蘭而實施經濟制裁所致。

然而，值得觀察的是，俄羅斯在烏克蘭戰爭結束後，是否會繼續接受自己當中國夥伴的新角色。在第一場冷戰時期，雙方的角色完全相反；此外，1960 年代，俄羅斯與中國之間曾經出現過分歧，甚至在邊境爆發低烈度的軍事衝突。在冷戰 2.0 的餘下時間裡，俄羅斯是否會滿足於扮演中國副手的角色？

然而，儘管俄羅斯在經濟和人口規模上遠小於中國，俄羅斯在全球舞台上的影響力卻超出其實際規模，這主要歸功於過去 25 年來的領導者——普丁。他毫不猶豫地將年輕的俄羅斯士兵置於險境，只要這些人的死亡或傷殘能讓他重建「俄羅斯帝國」的願景，並增加他的個人財富。這也是普丁在軍事上取得成功的主要原因，至少在他入侵烏克蘭之前是如此。相較之下，多數民主國家的公民早已不再接受士兵從戰區以屍袋的形式回國，除非這真的是場無法避免的戰爭，而且範圍有限、持續時間有限。美國總統以及許多其他民主國家的領袖吸取了阿富汗與伊拉克戰爭的教訓，從此非常謹慎地部署地面部隊。而俄羅斯則截然不同，毫無顧忌地進行軍事行動，並利用如瓦格納集團等與政府關係密切的私人傭兵組織，執行例如非洲地區的軍事與安全任務。這些士兵幾乎全是退役俄軍，他們承擔了甚至普丁都不希望在國際媒體沾上邊的骯髒任務。此外，這些傭兵在全球南方地區的行動是要支持當地的專制政權，這也帶來了經濟利益。這些行動常以保護金礦等資源設施做為幌子，而傭兵集團及普丁本人則通常直接以這些資源做為酬勞。

雖然中國將是專制國家中最具科技創新力的國家，但科技進步無可避免地會落後於民主國家（以美國為首）。這是因為民主國家研究人員和企業在過去 50 年已經積累了創新領先地位。在未來幾十年中，加速科技將推動民主國家在經濟和軍事各個領域實現創新，這會讓中國自上而下的科技產業戰略模式中固有的缺陷變得更明顯。最終，落後於民主國家的現實可能促使習近平考慮是否應該提早攻打台灣，但這種情況也可能導致習近平，或者更可能是他的接班人，提出一個「重大協議」：中國放棄對台灣的主權主張，做為交換，民主國家取消所有貿易禁運措施。

未來中國會不會為其他專制國家開發科技？我們不禁要問，中國是否會繼續允許數十萬名優秀的年輕人才——特別是 STEM 領域的學生——離開中國，前往民主國家攻讀研究生學位。目前，這些留學生中約有 80% 會回國，但仍有數萬人留在民主國家。冷戰 2.0 下的全球創新模式，是否會允許這種人才外流持續下去？如果中國希望阻止這種人才外流，理應需要為本國人才提供吸引力十足的機會和高薪職位，讓他們願意留在國內。但這將對中國的經濟體系造成壓力。對於年輕工程師而言，加州矽谷的吸引力巨大，因為他們希望能參與最酷的科技研發，同時賺取可觀的收入。如果這種雙重機會無法在中國實現，而同時他們又無法移民到民主國家，那麼中國內部的緊張局勢可能會加劇。冷戰 2.0 帶來對科技和人員流動的更嚴格控制，是否會不可避免地導致「天安門事件 2.0」的出現？在一個科技脫鉤的世界中，這是一個值得高度關注的重大風險因素。

民主國家應該要反問：即使中國繼續允許最優秀的 STEM 學生到民主國家留學，民主國家是否應該繼續接收這些學生？一方面，表現非常優異的 20% 學生會留在民主國家，對民主國家的科技進步做出實質性貢獻；另一方面，那 80% 返回中國的學生可能會對安全構成一定風險，因為他們可能接觸到民主國家不希望與專制國家共享的資訊與材料。然而，這第二種風險可以透過對專制國家留學生進行適當的監管來管理。此外，對於那些曾在中國軍事院校就讀的中國研究生，民主國家拒絕接收他們也很合情合理。

因此，最主要的問題是，允許如此多優秀的研究生到民主國家學習並留下來，是否間接剝奪了專制國家內部那些可能成為民主革命領袖的菁英人才。換句話說，如果民主國家不斷吸引這些學生中的頂尖菁英，卻期待專制國家內部出現「天安門事件 2.0」這樣的自由運動（並且這次能取得更大的成功），這未免有些不切實際。從這個角度來看，偏向吸納專制國家中最優秀、最聰明人才的移民政策，或許顯得既自私又目光短淺。

科技脫鉤後的不結盟國家

第 10 章表 10-5 列出了主要的不結盟國家，這些國家都是民主政體。總體而言，這些國家的總人口達到 27.17 億，但 GDP 總和僅為 8.27 兆美元。

然而，不結盟國家在經濟實力上雖然相對較弱，但在冷戰 2.0 期間仍能發揮超越經濟規模的影響力，因為民主國家與專制國家都在竭力爭取這些國家的支持。中國尤其需要依賴不結盟國家的自然資源和糧食作物，特別是來自巴西、南非及莫三比克的供應。與此同時，民主國家也將不斷提醒主要的不結盟民主國家，從根本上說，它們本身也是民主國家。

然而，在結盟民主國家與不結盟民主國家之間的關係中，「血濃於水」的情感並不常見。不結盟國家通常會從民主國家購買大量科技產品，做為回報，也希望能將大量商品出口到民主國家。然而，就整體經濟價值而言，像巴西這樣的國家從對專制國家中國的出口中所賺取的收益，遠超過對所有民主國家出口的總和。以下數據足以說明：2022 年，巴西的五大出口商品分別是鐵礦石（462 億美元）、大豆（390 億美元）、原油（307 億美元）、原糖（100 億美元）和家禽（76 億美元）；巴西的五大出口市場則為中國（883 億美元）、美國（302 億美元）、阿根廷（120 億美元）、荷蘭（93 億美元）及智利（71 億美元）。不結盟民主國家的「心」或許傾向民主國家陣營，但「頭腦」顯然仍與專制國家密切合作。

然而，不結盟國家需要現代化的武器系統。雖然這些國家屬於不結盟陣營，但絕不代表他們能免受區域安全風險的影響，而且這些國家往往處於極為複雜的區域環境中。例如印度面臨的安全挑戰顯然極為棘手。然而，第 9 章表 9-15 顯示，印度僅有兩家小型武器製造商，而其他不結盟國家則完全沒有。因此，無論印度（或其他不結盟國家）向哪個武器製造商購買武器，都會因此對外國勢力產生長達數十年的技術依賴。對於像現代噴射戰鬥機這樣的複雜系統，依賴可能長達 30 年；即使是先進坦克，依賴期也可能長達 20 年。無論他們選擇從哪個陣營獲得這些戰略科技，都會削弱他們的不結盟地位，至少在軍事準備上是如此。在當今科技密集的世界中，維持不結盟地位絕非易事。

在冷戰 2.0 中，幾個不結盟國家將扮演重要角色，尤其是印度、巴西和南非。然而，印度的地位特別關鍵。隨著中國人口縮減，印度如今成為全球人口最多的國家（這一事實既可能是祝福，也可能是詛咒）。此外，印度是一個民主國家，儘管莫迪總理（Narendra Modi）的民族主義和宗教分裂政策展現出某種程度的專制傾向。不過，2024 年春季的聯邦大選給莫迪帶來了挫敗，未能讓他在印度議會（下議院）獲得絕對多數席位——他雖然仍擔任總理，但必須在聯合政府的框架下執政。在經濟方面，長期以來人們普遍認為，印度在製造業、金融和商業領域的全面潛力受到繁瑣官僚程序和某些情況下政府助長的腐敗所阻礙。然而，莫迪顯然有意讓印度在先進製造業價值鏈上更進一步，他正全力吸引 iPhone 組裝商鴻海進駐印度；[4] 他甚至試圖在印度建立半導體晶片製造業。[5]

印度在資訊科技外包領域小有成就。像印福思（Infosys）、威普羅（Wipro）、塔塔顧問服務（Tata Consultancy Services）及高知特（Cognizant）這些企業在班加羅爾、欽奈和普納擁有現代化的電腦園區，與矽谷的科技園區相差無幾。然而，我們不能誤解這些公司。他們與 AWS、微軟和 Google 這些不斷推出世界級創新產品與服務的企業不同，印度的這些公司主要專注於外包服務，而非全球領先的創新能力。這也是為什麼印度每年仍有大量頂尖 STEM 大學畢業生前往美國、加拿大、英國以及其他一些民主國家的原因。這些印度移民在新家園表現優異，並為這些國家帶來顯著貢獻。如前言所述，數百位北美科技公司的執行長都出生於印度，包括現任 Google、微軟和 IBM 的執行長。此外，印度近年來推行了一套數位身分系統，並加上支付和其他功能；這項成功的「印度製造」科技如今正被印度銷售給其他全球南方國家。

然而，仔細檢視印度在四大加速器科技以及其他重要科技中的排名，可以發現印度目前仍是創新科技的淨進口國。事實上，印度空軍所使用的武器系統有 70% 是由俄羅斯設計的，而印度陸軍所使用的武器系統更有高達 90% 來自俄羅斯。在如此依賴俄羅斯的情況下，是否還能意義重大地稱印度為「不結盟國家」？近來，印度為了對抗來自中國的重大威脅，開始與美國關係升溫，但即便如此，印度還是從俄羅斯購買了新型防空導彈系統 S-400，而不是選擇購買美國的愛國者導彈系統，這讓美國感到相當不滿。

然而，印度對於俄羅斯愈來愈依賴中國感到不安，因為如前所述，印度對中國一直保持高度警戒。印度與中國之間有一條爭議邊界，1962 年雙方曾為此爆發戰爭，結果印度以屈辱方式戰敗。最近的一次衝突發生在 2022 年 12 月，儘管沒有造成人員死亡，因為雙方有協議禁止攜帶武器進入該地區。然而，中國近期開始在這條及其他爭議邊界附近建設村莊，試圖改變「地面事實」，這與中國在南海的珊瑚礁上興建軍事設施的做法如出一轍。

此外，印度對中國的不信任感促使這個國家加入四方安全對話（Quad），這是一個由美國、日本、澳洲和印度組成的鬆散戰略安全對話組織，專注於應對中國在印太地區的侵略性行動。Quad 還在這個區域舉行了規模最大的聯合軍事演習。同時，印度也是「I2U2」的成員之一，這個組織與 Quad 有些相似，由印度、以色列、阿拉伯聯合大公國和美國組成。在軍事科技方面，印度最近剛同意向法國購買戰鬥機，並向一家美國公司購買戰鬥機引擎，這也得到了美國政府的欣然支持。顯然，印度的軍事採購計畫正處於變化之中。

同時，當歐洲因應 2022 年俄羅斯入侵烏克蘭而逐步停止購買俄羅斯能源時，印度同意購買俄羅斯原本賣給歐洲的大部分石油。（2022 年，印度從俄羅斯的進口量增長了 400%。）這讓美國感到不安，而烏克蘭更是憤怒不已。在冷戰 2.0 的局勢下，若以印度為例，民主國家會發現與不結盟國家的關係管理相當具有挑戰性。在冷戰時期，地緣政治通常呈現兩極化的局面。對於不結盟國家而言，兩極化為他們帶來了選擇與機會，因為這些國家的科技創新能力相對較弱。歸根結柢，他們不結盟是基於「選擇」而非「偶然」。儘管面臨挑戰，民主國家仍握有相當不錯的籌碼來處理與不結盟國家的關係，但前提是主要的民主國家在出招時能採取一定程度的協調行動。

互助合作——還是各行其道？

有些評論員認為，即使中國與美國之間的關係變得緊張，甚至如冷戰 2.0 全面爆發時那樣劍拔弩張，雙方及盟友和夥伴仍然有許多空間可以在一些攸關全球利益的國際項目上進行合作。這些潛在合作的議題包括氣候變遷、打擊恐怖主義、疫情準備、糧食安全、公海規範、核武管控、國際犯罪、國際貿易與製造業產能過剩，以及非法毒品問題——而這還只是其中一部分。

理論上，即使在一個部分科技脫鉤的世界裡，各國在那些普遍無爭議且對彼此都有利的議題上進行合作應該沒有問題。至少理論上是這樣。然而，現實世界中，科技幾乎支撐了所有重要的全球議題，同時科技也是民主國家與專制國家之間極為敏感的關鍵核心，因此兩大陣營之間的合作將面臨極大的挑戰。

假設美國發明了一種全新的電池科技，徹底革新了電力儲存方式，這對於實現大規模太陽能和風能發電並接入主要國家電網來說是至關重要的創舉。這項創新可以大幅推進對抗氣候變遷的進程。美國若提議授權中國使用這項科技，中國會接受嗎？如果日後美中因台灣問題發生爭端，導致美國禁止中國使用任何來自美國的科技，這會怎麼樣？即便沒有這類問題，中國是否願意長期依賴美國進行科技更新？總體來看，對中國而言，選擇自行開發電池科技可能會更容易，即使中國製的性能不如美國的新科技。此外，若中國在全球社會，特別是在不結盟國家中，被發現使用民主國家的科技，可能會損害國際形象，讓中國在外交上「失面子」。例如：中國至今仍未購買民主國家的 mRNA 疫苗，儘管這類疫苗的效能已被證明遠遠優於中國製造的非 mRNA 疫苗。

另一個急需美國、俄羅斯和中國合作的領域是針對核武器設置一些限制和程序。在這方面，美俄之間有著堅實的合作先例，從 1970 年代初期到 2010 年代末，雙方即使在冷戰最激烈的時期，也在這一領域取得了進展。1963 年古巴飛彈危機期間，美國和蘇聯幾乎爆發核戰，危機過後，兩國談判代表開始討論如何限制各自的核武庫。1972 年，美國和蘇聯簽署了《戰略武器限制談判》（SALT）。隨後又達成了其他協議，包括核不擴散、核武器試驗，以及中程核武器的相關協議。

自 2014 年俄羅斯併吞克里米亞以來，美俄之間有關核武器的談判停滯了，雙方陸續終止或退出了之前的多項條約，目前僅剩一項條約仍然有效。普丁發動的對烏克蘭戰爭，由於美國及其他民主國家提供的高科技武器，俄羅斯無法取得優勢，這一事實並未為談判氛圍帶來任何改善。簡而言之，現在並不是恢復核武條約談判的有利時機，特別是美國勢必希望將中國的核武器也納入談判範疇，因為從策略角度來看，將這兩個專制國家一同處理核武管控問題是合理的。與氣候變遷一樣，各方在理智上清楚應該採取的行動，但彼此之間的善意卻稀少得可憐，難以促成實質性的協議。冷戰 2.0 期間，國際間或許很難針對這類議題進行談判與協議。

關於民主國家與專制國家合作的最後一個問題是國際體育賽事，例如奧運會和世界杯足球賽這類全球盛事，甚至像 PGA 高爾夫聯賽這樣的體育賽事聯盟。這些榮譽不應被授予專制國家。俄羅斯在 2014 年的索契冬奧徹底羞辱了奧運精神。首先，莫斯科執行了有史以來最複雜、最廣泛的非法禁藥計畫，包括在牆壁上開設祕密隔間，以便運動員在樣本檢測時能祕密地將非法替換樣本交給檢測人員。其次，奧運會的重要目標之一是促進世界的和平與和諧，而索契奧運結束不到 2 週，普丁便入侵烏克蘭，非法併吞克里米亞，等於利用奧運向民主國家公然挑釁。他似乎在說：「我可以舉辦神聖的奧運，同時利用精心設計的禁藥作弊計畫踐踏運動精神，最後還肆無忌憚地入侵一個民主國家，哈哈！」8 年後，2022 年冬奧會期間，普丁赴北京與習近平會晤，而在冬奧結束不到 2 週後，普丁便全面入侵烏克蘭。這一次，在中國領導人習近平的默許甚至合作下，普丁再次侮辱了奧運精神。值得一提的是，在 2022 年冬奧會的幾個月前，有 23 名中國游泳運動員被檢出使用禁藥，然而國際奧委會為了不惹惱即將舉辦冬奧會的東道主中國，仍允許他們參賽，這堪稱體育史上可恥的一幕。然而，在冷戰 2.0 的世界中，這樣的情節卻似乎不足為奇。

專制者根本無視奧運會和世界杯足球賽等體育賽事的真正意義。他們參與這些全球重要賽事的唯一目的，是為自己和國家尋求一些表面上的正當性，並赤裸裸地蔑視民主國家。然而，更糟糕的是，當民主國家的機構向莫斯科和北京卑躬屈膝，容許這些專制國家玷汙民主的價值與規範時，局面便更加令人不齒。[6] 簡言之，民主國家試圖以「文化與政治接觸」的方式拉近與俄羅斯和中國專制者的關係，先後給了這些專制國家三次奧運會的主辦權，而換來的卻是三場公然的禁藥醜聞，以及兩次侵略烏克蘭的惡行（2014 年占領克里米亞及 2022 年的全面入侵）。太陽策略已然無效，如今是時候轉向北風之策略，重新思考與專制者的應對方式了。

是否應允許專制國家的運動員參加在民主國家舉辦的

國際賽事，這一議題在第 12 章已有探討。此處的重點是，專制國家絕不應被允許主辦此類賽事。例如沙烏地阿拉伯極力爭取主辦 2030 年世界杯足球賽。此外，沙烏地也試圖透過「運動洗白」掩蓋專制行為，例如利用 LIV 高爾夫計畫以巨額資金挖角職業高爾夫球手，最終希望將 PGA 納為己有。對於沙烏地的這些企圖，應該以堅定的「不」來回應。

這些運動賽事最初起源於民主國家，因此，民主國家應該「收回這些賽事」，重新將它們完全掌握在自己的手中。此外，民主國家要打造一個「乾淨版本」的分離式比賽將會相對容易，原因很簡單：作弊最猖獗的參賽者——例如使用提升表現的違禁藥物的俄羅斯選手——將被排除在只允許民主國家參賽的比賽版本之外。2024 年巴黎奧運因國際奧委會禁止俄羅斯參加（做為 2 年前入侵烏克蘭的懲罰）而變得更加精采；同時，看到烏克蘭運動員參賽並贏得 25 枚獎牌也讓人深感動容——榮耀歸於烏克蘭！

當然，專制國家可能會舉辦他們自己版本的運動賽事。這些比賽將必須在專制國家內舉行，而民主國家的運動員可能會以個人名義參賽，因為主辦方可能會提供巨額現金獎勵，對這些運動員來說相當有吸引力。這些比賽甚至可以被稱為「金錢與藥物賽事」。預計涉及的金額將非常可觀，許多來自民主國家的運動員可能會願意像專制國家的對手一樣接受禁藥計畫，儘管長期下來可能對他們的健康造成不良影響。這種情況實際上會形成另一種形式的科技脫鉤——民主國家提供乾淨、公平且有合理報酬的運動競技，而專制國家則舉辦充滿藥物濫用但獎金豐厚的比賽。遺憾的是，後者可能在包括民主國家在內的電視觀眾中吸引更高的收視率。

順帶一提，這種關於運動賽事的文化脫鉤提議，其實是由專制國家先開始的。1970 年，俄羅斯作家索忍尼辛（Aleksandr Solzhenitsyn）因著作《古拉格群島》（*The Gulag Archipelago*）獲得諾貝爾文學獎。他未能出席頒獎典禮，因為俄羅斯政府明確表示對他獲獎感到不滿，原因是這本書詳細描述了由俄羅斯政府管理的西伯利亞勞改營。類似地，2010 年，中國對挪威實施了為期 6 年的部分貿易禁運，因為諾貝爾委員會將和平獎頒給了中國異議人士劉曉波，當時他正在中國監獄服刑。一個分裂的運動競技世界，恰好契合這種文化脫鉤的模式，也與冷戰 2.0 的趨勢完全一致。

冷戰 2.0 會持續多久？

關於冷戰 2.0，值得探討的最後一個問題是：「這種科技分裂的全球體系將持續多久？」這是一個很自然的問題，因為戰爭總有結束的一天。冷戰 1.0 確實在 1989 年結束了，當時東方集團國家脫離了蘇聯的掌控，幾年後蘇聯本身也解體了，這進一步確認了冷戰的終結。這樣的結局極其重要，一位著名歷史學家甚至提出一個觀點：歷史已經終結，因為不同政治制度之間的較量已分出勝負，而民主無疑是勝利者。[7]

冷戰 2.0 也可能有這樣一個決定性的結局嗎？確實，專制政權轉型為民主國家並成為負責任的國際社會成員，這肯定早有先例。20 世紀上半葉，德國和日本是主要的好戰專制國家。然而，二戰後，在民主國家的指導、引導以及大量經濟援助下，兩國都成功轉型為民主國家。今天，無論是德國還是日本，再次走向專制的可能性都幾乎無法想像。此外，德國和日本還深刻認識到，財務、科學與文化的成功並不需要透過實體殖民地來實現，商業貿易比軍事掠奪更加高效。如今，日本是全球第三大經濟體，德國則是全球第三大出口國。兩國選擇與民主國家共同奮進，獲得了驚人的成功。因此，專制國家轉型為民主國家的先例十分豐富，不僅限於德國和日本，還包括許多其他國家，如義大利、西班牙、葡萄牙、南韓及台灣等，都走上了類似的轉型之路。

那麼，俄羅斯和中國如何才能轉型為民主國家呢？有兩種可能的情境：第一種情境是，冷戰 2.0 時期，民主國家與專制國家之間的科技與創新差距逐步擴大，且民主國家顯著領先。由於被剝奪了來自民主國家的創新成果，俄羅斯和中國試圖追趕，但最終難以跟上民主國家的步伐，相對創新速度逐漸減緩，生活水準也隨之下降。短期內降幅可能較小，但中期內差距將顯著擴大。最終，這種差距會演變成明顯的鴻溝，不僅全球都能看見，國內人民也會感受深刻。屆時，俄羅斯和中國或將淪為「大型北韓」，完全脫離全球主要創新和經濟發展的核心圈。

俄羅斯和中國的人民將目睹這樣的景象：癌症、失智症、藥物依賴與糖尿病的療法在民主國家被研發成功；完全潔淨的核融合能源在民主國家實現；民主國家的飛機使用無汙染的航空燃料；能夠抵禦酷熱的小麥在民主國家成功種植；而且民主國家集體完成了首次載人火星任務。20 年後，當普丁和習近平相繼退出歷史舞台時，俄羅斯和中國的新領導人可能推動一次變革，類似於鄧小平在毛澤東之後的改革開放，或葉爾欽在戈巴契夫之後的政治改革。然而，這一次的變革將不僅局限於經濟轉型，還會延伸到政治層面，真正將民主帶到莫斯科和北京。屆時，冷戰 2.0 將劃下句點。

第二種情境的發展與第一種情境基本相似，但有一個關鍵的差異：中國因預見自身未來可能的衰退，決定對台灣發動攻擊，試圖奪取這個島國。諷刺的是，就如俄羅斯全面入侵烏克蘭讓民主國家對抗普丁的意志更加堅定，習近平這場魯莽的台灣戰爭，以及與美國的對抗，也會進一步促使民主國家團結起來。無論習近平是否能成功征服台灣，他的自大行為最終將導致中國與俄羅斯的孤立程度超過第一種情境，兩個主要的專制國家將更快地淪為「大型北韓」。這場冒險行動的非預期後果是加速了兩國的政權更迭。值得注意的是，無論是哪種情境，政權的變革都是由內部推動的。是俄羅斯人民選擇了民主，是中國公民建立了屬於自己的民主。唯有這種內生的轉變才能帶來持久、有意義的改變。

顯然，這類預測會受到許多條件的限制，並且在可能的情節變化中不可避免地出現曲折。然而，有一項不可或缺的條件是確定無疑的：民主國家要在冷戰 2.0 中戰勝專制國家，就必須繼續在美國的領導下團結向前，並在科技創新和軍事準備等多個領域上增進合作與聯合行動。只有如此，他們的成功才能得到保障。

因此，實現這兩種情境的最大阻礙是，如果未來 10 年間，美國出現了一位引領國家進入孤立主義的總統，讓美國從歐洲和亞洲撤退。這樣的情境將為民主國家帶來災難性的後果，包括對美國自身的重大威脅。

——謝詞——

雖然寫書是一段孤獨的旅程，但我非常高興能在此向一些在這段旅程中不同階段幫助過我的人表達謝意。

感謝我的經紀人，三叉戟媒體集團（Trident Media）的唐·費爾（Don Fehr），毫無保留地分享了他對出版業的深刻見解，對此我非常感激。唐也明智地把我介紹給優秀的飛馬國際出版社（Pegasus Books）團隊。感謝飛馬的成員——克萊伯恩·漢考克（Claiborne Hancock）、潔西卡·凱斯（Jessica Case）、茱莉亞·羅梅洛（Julia Romero）、瑪莉亞·費爾南德茲（Maria Fernandez）——全都展現了極高的專業水準，與他們合作一直是件愉快的事。德魯·韋斯利·惠勒（Drew Wesley Wheeler）以輕巧而堅定的手法為我的手稿進行編校，這對作者來說是理想的組合。溫蒂·西奧多（Wendy Theodore）則在協助完成第二版修改時提供了極大的支持。

以下人士閱讀了手稿的早期版本並提供了寶貴的意

見：帕罕·阿拉比（Parham Aarabi）、約翰·布萊克（John Black）、羅納德·布蘭克（Ronald Blank）、丹尼爾·尤斯塔奇（Daniel Eustache）、約翰·格魯茲納（John Gruetzner）、康拉德·麥克（Konrad Mech）、拉蒙·尼桑（Ramon Nissan）、喬納森·羅斯（Jonathan Rose）、法蘭克·斯瓦托塞克（Frank Svatousek）。其中，我特別要感謝約翰·布萊克，他的文學、商業與專業見解提供了極大的幫助——在過去 30 年裡，我們雖不完全是博斯韋爾與強森那樣的搭檔，卻也相去不遠。

在台灣發行繁體中文版，我對台灣遠見天下文化出版公司編輯團隊張彤華等人提供的專業翻譯與出版知識專業深表感謝；同時也感謝紐約三叉戟媒體集團的艾莉絲·伯恩特（Alice Berndt）和邁爾斯·特梅爾（Miles Temel），以及台北光磊國際版權公司的郭柔辰，協助促成這段合作關係。

最後，最重要的感謝獻給我的伴侶芭芭拉·安德森（Barbara Anderson）。感謝你始終如一的道德指引，讓我們的旅程成為一場美好的冒險。

——注釋——

第 1 章　科技與國力

1. Mao Zedong, "Problems of War and Strategy," *Selected Works Vol. II* (Oxford, UK: Pergamon Press, 1965), 131.
2. "'Whoever Leads in AI Will Rule the World,' Putin to Russian children on Knowledge Day," *RT*, Sept. 1, 2017.
3. companiesmarketcap.com.
4. Ilaria Mazzocco, "How Inequality Is Undermining China's Prosperity," Center for Strategic & International Studies, May 26, 2022.
5. "GDP, current prices (List 2024)," International Monetary Fund, imf.org.
6. "GDP, current prices (selection 2024)," International Monetary Fund, imf.org.
7. This 9:33-minute excerpt from the movie can be found on YouTube: "*2001: A Space Odyssey*—The Dawn of Man."
8. Morris Rossabi, "All the Khan's Horses," *Natural History*, Oct. 1994.

9. Linda Davies, "Why the Battle of Agincourt Is Still Important Today," *Guardian*, Oct. 25, 2015.
10. "World's Best Hospitals 2023," *Newsweek*, October 7, 2022.
11. *The Convention on the Prohibition of the Development, Production, Stockpiling and Use of Chemical Weapons and on Their Destruction*, Jan. 13, 1993.
12. Diego Cerdeiro, "Sizing Up the Effects of Technological Decoupling," IMF Working Paper—WP/21/69, 2021, imf.org.

第 2 章　第一場冷戰：專制、民主和科技

1. Jonah Crane, "DeFi World Faces Jarring Transition to Proper Oversight," *Financial Times*, May 17, 2023.
2. "The World's Most, and Least, Democratic Countries in 2022," *The Economist*, Feb. 1, 2023.
3. Dexter Filkins, "A Dangerous Game over Taiwan," *New Yorker*, Nov. 14, 2022.
4. Mary O'Grady, "Evan Gershkovich and Our Brave New World," *Wall Street Journal*, June 5, 2023.
5. Chun Han Wong, "China Accuses Newspaper Editor of Espionage after Meeting with Diplomat," *Wall Street Journal*, April 24, 2023.
6. Alyssa Lukpat, "A Record Number of Journalists Were Detained Worldwide Prior to Evan Gershkovich's Arrest," *Wall Street Journal*, April 20, 2023.
7. Jennifer Dunham, "Deadly Year for Journalists as Killings Rose

Sharply in 2022," *Committee to Protect Journalists*, Jan. 24, 2023, cpj.org.

8. Orla Ryan, "The Joke Can Be on Hong Kong Comedians If They Cross the Line," *Financial Times*, June 1, 2023.
9. Alexandr Solzhenitsyn, *The Gulag Archipelago* (New York: Harper, 1976).
10. Jamie Dettmer, "Hitler's 'War of Annihilation' Caught Stalin by Surprise," *VOA*, June 22, 2021, voanews.com.
11. Anne Applebaum, *Iron Curtain* (New York: Doubleday, 2012).
12. Winston Churchill, "The Sinews of Peace," International Churchill Society, winstonchurchill.org.
13. 完整揭露：作者的雙親以政治難民的身分在 1956 年 11 月逃到匈牙利，作者則是 1957 年 8 月出生在多倫多。
14. See transparency.org.
15. Kelly McLaughlin, "Is Putin the World's Real Richest Man?" *Daily Mail.com*, Feb. 20, 2017.
16. Guy Faulconbridge, "Putin foe Alexei Navalny dies in jail, West holds Russia responsible," *Reuters*, February 16, 2024
17. James Titus, "Soviet Computers: A Giant Awakes," *Datamation*, Dec. 15, 1971.

第 3 章　中國崛起

1. Margaret Macmillan, *Paris 1919* (New York: Random House, 2001), 322–344.
2. Tania Branigan, *Red Memory* (New York: W. W. Norton, 2023).

3. Valerie Strauss, "How Many Died? New Evidence Suggests Far Higher Numbers for the Victims of Mao Zedong's Era," *Washington Post*, July 17, 1994.
4. Scott Kennedy, "*Data Dive: The Private Sector Drives Growth in China's High-Tech Exports*," Center for Strategic & International Studies, April 28, 2022.
5. Evan Feigenbaum, *China's Techno-Warriors: National Security and Strategic Competition from the Nuclear to the Information Age* (Stanford, CA: Stanford University Press, 2003).
6. "Essay: The Crack-Up by F. Scott Fitzgerald," PBS, *American Masters*, Aug. 31, 2005, pbs.org.
7. Alexandra Stevenson, "What to Know about China Evergrande, the Troubled Property Giant," *New York Times*, Dec. 9, 2019.
8. Iori Kawate, "Foreign direct investment in China falls to 30-year low," *Nikkei Asia*, February 19, 2024.
9. Michael E. O'Hanlon, "China's Shrinking Population and Constraints on Its Future Power," Brookings, April 24, 2023.

第 4 章　風暴雲集，戰火將至

1. Nicholas Kristof, "Crackdown in Beijing; Troops Arrest and Crush Beijing Protest; Thousands Fight Back, Scores Are Killed," *New York Times*, June 4, 1989.
2. "Communiqué on the Current State of the Ideological Sphere (Document No. 9)," April 22, 2013, published by Rogier Creemers, digichina.stanford.edu.

3. Josh Chin, *Surveillance State* (New York: St. Martin's Press, 2022).
4. Shoshana Zuboff, *Surveillance Capitalism* (New York: Public Affairs, 2019).
5. Elizabeth C. Economy, "The Great Firewall of China: Xi Jinping's Internet Shutdown," *Guardian*, June 29, 2018.
6. Adam Taylor, "Is Vladimir Putin Hiding a $200 Billion Fortune? (And If So, Does It Matter?)," *Washington Post*, Feb. 20, 2015.
7. 前美國駐俄大使麥克福爾（Michael McFaul）在文中曾描述普京墜入獨裁深淵，請參見："Russia's Road to Autocracy," *Journal of Democracy* 32, no. 4 (Oct. 2021), journalofdemocracy.org.
8. Aaron Krolik, "Cracking Down on Dissent, Russia Seeds a Surveillance Supply Chain," *New York Times*, July 3, 2023.
9. "Department of Justice Seizes $2.3 Million in Cryptocurrency Paid to the Ransomware Extortionists Darkside," press release, U.S. Department of Justice, June 7, 2021.
10. Special Counsel Robert S. Mueller III, *Report on the Investigation into Russian Interference in the 2016 Presidential Election*, Washington, March 2019, Vol. 1, 1.
11. Ibid., Vol. 1, 4.
12. Muyi Xiao, "China's Great Wall of Villages," *New York Times*, August 10, 2024.
13. 常設仲裁法院案件編號 2013-19：關於《南海仲裁案》一事，根據 1982 年《聯合國海洋法公約》附件七成立仲裁庭來進行審理，案件當事方為菲律賓共和國與中華人民共和國，裁決日期為 2016 年 7 月 12 日，來源：pcacases.com。

14. Suresht Bald, ed., Thucydides, *The Peloponnesian War* (New York: Random House, 1951), "Melian Dialogue," nku.edu.

第 5 章　爭奪人工智慧霸權

1. 給一般大眾的人工智慧及其對世界影響的簡單解釋，可以參考這本書：Henry Kissinger, Eric Schmidt, and Daniel Huttenlocher, *The Age of AI: And Our Human Future* (New York: Little, Brown, 2022).（繁體中文版《AI 世代與我們的未來：人工智慧如何改變生活，甚至是世界？》由聯經於 2022 年出版。）
2. Geoffrey Hinton et al., "Learning Representations by Back-Propagating Errors," *Nature* 323, no. 6088 (1986).
3. Kai-Fu Lee, *AI Superpowers* (New York: Mariner/Harper Collins, 2021).
4. Zeyi Yang, "The Bearable Mediocrity of Baidu's ChatGPT Competitor," *MIT Technology Review*, March 22, 2023.
5. Mykhaylo Zabrodskyi, "Lessons in Conventional Warfighting: Russia's Invasion of Ukraine: February–July 2022," *Royal United Services Institute*, Nov. 30, 2022.
6. Stephen Chen, "China Tests AI-Powered Long-Range Artillery That Can Hit a Person 16 km Away," *South China Morning Post*, April 17, 2023.
7. Emily Branson et al., *Digital Future Index 2021–2022,* digitalcatapult.org.uk, 33.
8. 同上，頁 34（原始數據為英鎊，已換算為美元）。
9. Stanford University, "The AI Index 2024 Annual Report", April

2024.
10. 根據《QS 世界大學排名》，請參見：topuniversities.com。
11. Geoffrey Hinton et al., "Deep Neural Networks for Acoustic Modeling in Speech Recognition," *IEEE Xplore*, Nov. 2012.
12. 相關素材請參見：stopkillerrobots.org.
13. "Pause Giant AI Experiments: An Open Letter," futureoflife.org.
14. Cade Metz, "Elon Musk Ramps Up A.I. Efforts, Even as He Warns of Dangers," *New York Times*, April 27, 2023.

第 6 章　爭奪半導體晶片霸權

1. 有關美國與世界其他各國半導體產業的統計數據，請參見半導體產業協會（Semiconductor Industry Association, SIA）的官方網站：semiconductors.org。
2. Ryan Smith, "Samsung and AMD Renew GPU Architecture Licensing Agreement: More RDNA Exynos Chips to Come," April 6, 2023, AnandTech, anandtech.com.
3. 若想獲得 ASML 的第一手資訊，請參見：Sander Hofman, "Making EUV: From Lab to Fab," March 30, 2022, asml.com.
4. Ana Swanson, "The global effort to make an American microchip," *New York Times*, March 19, 2024
5. 國家安全顧問蘇利文（Jake Sullivan）於 2022 年 9 月 16 日參加「特別競爭研究計畫全球新興科技高峰會」（Special Competitive Studies Project Global Emerging Technologies Summit）的致詞稿，請參見美國白宮網站：whitehouse.gov。
6. 若想更全面了解半導體產業供應鏈，請參見：Jan-Peter

Kleinhans, "The Global Semiconductor Value Chain," Stiftung Neue Verantwortung, Oct. 2020, stiftung-nv.de.

7. Synopsis.com, "Strategic Acquisitions."
8. Zeyi Yang, "Corruption Is Sending Shockwaves through China's Chipmaking Industry," *MIT Review*, Aug. 5, 2022.

第 7 章　爭奪量子運算霸權

1. Kenneth Chang, "Quantum Computing Advance Begins New Era, IBM Says," *New York Times*, June 19, 2023.
2. Stephen Witt, "The World-Changing Race to Develop the Quantum Computer," *New Yorker*, December 12, 2022.
3. 其他關於 IBM 量子電腦的訊息，可以在 IBM QC 的網站（https://quantum.ibm.com/）上找到。
4. Yudong Cao, "Quantum Chemistry in the Age of Quantum Computing," *Chemical Reviews* 119, no. 19 (2019).
5. Ibid.
6. Dylan Tokar, "Alphabet Launches Bank AI Tool," *Wall Street Journal*, June 22, 2023.
7. Amine Zeguendry, "Quantum Machine Learning: A Review and Case Studies," *Entropy* 25, no. 2 (Feb. 2023).
8. See *Pressure*, a play by David Haig, 2014.
9. Berenice Baker, "US Air Force Awards Quantum Contracts", *IOT World Today*, January 24, 2024, iotworld today.com.
10. Stephen Chen, "Post-Snowden China Looks to 'Hack-Proof' Quantum Communications," *South China Morning Post*, June 13,

2014.

11. Edd Gent, "Alibaba and Baidu Cash Out on Quantum Computing Stakes", *IEEE Spectrum*, February 14, 2024, spectrum.ieee.org.

第 8 章　爭奪生物科技霸權

1. Rob Stein, "First Sickle Cell Patient Treated with CRSIPR Gene-Editing Still Thriving," Dec. 31, 2021, NPR, npr.org.
2. Dennis Meadows, *Limits to Growth* (Falls Church, VA: Potomac Associates, 1972).
3. Paul Ehrlich, *The Population Bomb* (New York: Ballantine Books, 1968).
4. US4259444A, "Microorganisms Having Multiple Compatible Degradative Energy-Generating Plasmids and Preparation Thereof."
5. Fiona Rutherford, "The World's First Artificial Womb is On the Way", *Bloomberg*, September 14, 2023
6. Emily Partridge et al., "An Extra-uterine System to Physiologically Support the Extreme Premature Lamb," *Nature Communications*, April 25, 2017.
7. Rob Stein, "Scientists Create Artificial Womb That Could Help Prematurely Born Babies," NPR, npr.org, April 25, 2017.
8. Shuo Xia et al., "A Microfluidic Culture Model of the Human Reproductive Tract and 28-Day Menstrual Cycle," *Nature Communications*, March 28, 2017.
9. Julian Savulescu, "First Synthetic Embryos: The Scientific

Breakthrough Raises Serious Ethical Questions," *Phys Org*, Aug. 12, 2022, phys.org.

10. Xiujian Peng, "China's Population Is Now Inexorably Shrinking, Bringing Forward the Day the Planet's Population Turns Down," *The Conversation*, Jan. 18, 2023, theconversation.com.
11. Walter Mead, "What if Putin Loses His War?", *Wall Street Journal*, June 5, 2023
12. Valentine Faure, "The Children of the Nazis' Genetic Project," *The Atlantic*, Feb. 22, 2023.
13. Roni Rabin, "Many Women Have an Intense Fear of Childbirth, Survey Suggests," *New York Times*, May 16, 2023.
14. Talya Minsberg, "Track Star Tori Bowie Died in Childbirth," *New York Times*, June 13, 2023.
15. Antonio Regelado, "The World's First Gattaca Baby Tests Are Finally Here," *New York Times*, Nov. 8, 2019.
16. NATO, "Summary of NATO's Biotechnology and Human Enhancement Technologies Strategy", April 12, 2024. Nato.int.
17. The White House, "Executive Order on Advancing Biotechnology and Biomanufacturing Innovation for a Sustainable, Safe, and Secure American Bioeconomy", September 12, 2022.
18. Sui-Lee Wee, "China's Ill, and Wealthy, Look Abroad for Medical Treatment," *New York Times*, May 29, 2017.
19. 根據《QS 世界大學排名》，請參見：topuniversities.com.
20. 如 companiesmarketcap.com 網站所呈現。

第 9 章　其他重要的科技

1. Jared Malsin, "Kremlin Extends Global Influence with Russian Nuclear-Power Juggernaut," *Wall Street Journal*, April 27, 2023.
2. Fusion Industry Association, fia.org.
3. Jennifer Hiller, "Tech Billionaires Bet on Fusion as Holy Grail for Business," *Wall Street Journal*, April 23, 2023.
4. SIPRI Arms Industry Database, sipri.org.

第 10 章　其他強大的資產

1. worldpopulationreview.com.
2. World Bank, data.worldbank.org.
3. World Population Review, at worldpopulationreview.com; only "active duty," and excluding "paramilitary" and "reserves."
4. Junhua Zhang, "Failing Aircraft Venture Highlights Strains in Chinese-Russian Relations," *GIS*, Aug. 17, 2022, gisreportsonline.com.
5. Agathe Demarais, "Why China Hasn't Come to Russia's Rescue," *Foreign Affairs*, April 28, 2023.

第 11 章　冷戰 2.0 的引爆點

1. *Patriot* (updated report), by the Center for Strategic & International Studies, Missile Defense Project, missilethreat.csis.org.
2. Marc Santora, "Ukraine Claims It Shot Down Russia's Most Sophisticated Missile for the First Time," *New York Times*, May 6, 2023.

3. 若想閱讀一本充滿地方風情的有趣書籍，請見：James Wheeler Davidson, *The Island of Formosa, Past and Present* (New York: Macmillan & Co., 1903), 可在 Google 的數位檔案中查閱。
4. 承上，Davidson 詳細描述了日本攻擊行動如何從北部登陸開始，然後有條不紊地向南推進。如果習近平決定讓解放軍攻擊台灣，這會是他選擇的路徑嗎？
5. "Changes in the Unification-Independence Stances of Taiwanese as Tracked in Surveys by Election Study Center, NCCU; John Feng, "Taiwan's Desire for Unification with China Near Record Low as Tensions Rise," *Newsweek*, July 14, 2022, newsweek.com.
6. Paul Mozur, "Made in China, Exported to the World: The Surveillance State," *New York Times*, April 24, 2019.
7. Steven Feldstein, "The Global Expansion of AI Surveillance," Carnegie Endowment for International Peace, Sept. 17, 2019.
8. Asli Aydintasbas, "What Is the Fallout of Russia's Wagner Rebellion?" Brookings, June 27, 2023.
9. Roberto S. Foa et al., "A World Divided: Russia, China, and the West," Oct. 2022, Centre for the Future of Democracy, University of Cambridge, bennettinstitute.cam.ac.uk.
10. "How India Is Using Digital Technology to Project Power," *The Economist*, June 4, 2023.

第 12 章　管理冷戰 2.0

1. "Security Council Fails to Adopt Draft Resolution on Ending Ukraine Crisis, as Russian Federation Wields Veto," United

Nations, meetings coverage and press releases, SC/14808, press.un.org.

2. "Framework for the Consideration of Prospective Members," OECD, June 7, 2017.
3. Costas Paris, "Russian Shipbuilders Are Running Out of Parts," *Wall Street Journal*, April 24, 2024.
4. 加拿大財政部長方慧蘭曾於 2022 年在德國舉行的 G7 會議上提出類似的計畫，但迄今為止，美國和歐盟都尚未採納任何類似的措施。
5. World's Top Exports, worldstopexports.com.
6. Yang Jie, "Apple CEO Tim Cook Meets Prime Minister Modi, as Tech Giant Looks to Expand in India," *Wall Street Journal*, April 19, 2023.
7. "America's Commercial Sanctions on China Could Get Much Worse," *The Economist*, March 30, 2023.
8. Dan Goodin, "18,000 Organizations Downloaded Backdoor Planted by Cozy Bear Hackers," *Ars Technica*, Dec. 14, 2020, arstechnica.com.

第 13 章　強化民主

1. 《聯合國憲章》序言：「我們，聯合國的人民，決心讓後代免於戰禍，這種災難在我們一生中曾兩度為人類帶來無法言喻的悲痛⋯⋯」《聯合國憲章》第 2 條第 4 項「所有會員國應在國際關係中避免以武力威脅或武力方式侵犯任何國家的領土完整或政治獨立。」請參見：un.org。

2. "Doorstep statement by NATO Secretary General Jens Stoltenberg at the start of the 2024 NATO Summit in Washington", July 10, 2024, nato.int.
3. "Europe Is Struggling to Rebuild Its Military Clout," *The Economist*, May 7, 2023.
4. Kai-Fu Lee, *AI Superpowers: China, Silicon Valley and the New World Order* (New York: First Mariner Books/Harper Collins, 2018).
5. "How to Get More Bang for the Buck in Western Defence Budgets," *The Economist*, May 25, 2023.
6. "How to Save $48 Billion from the US Nuclear Triad over the Next 10 Years—While Still Keeping It," Center for Arms Control and Non-Proliferation, Nov. 20, 2013, armscontrolcenter.org.
7. Upton Sinclair, *The Jungle* (New York: Barnes & Noble Classics, 2005; original edition 1906).
8. Tony Lawrence, "Estonia: Size Matters", *PRISM Security Studies Journal*, 2023, Vol. 10, No.2, ndupress.ndu.edu.
9. Kashmir Hill, "Madison Square Garden Uses Facial Recognition to Ban Its Owner's Enemies," *New York Times*, December 22, 2022.
10. David Gelles, "The Husband-and-Wife Team behind the Leading Vaccine to Solve COVID-19," *New York Times*, Nov. 10, 2020.
11. Margaret Atwood, *The Handmaid's Tale* (Toronto: McClelland & Stewart, 1985).
12. Jon Henley, "Younger people more likely to doubt merits of

democracy – global poll", *The Guardian*, September 11, 2023.

13. Chris McGreal, "Trump Raised $200 m from False Election Claims. What Happens to the Money Now?" *Guardian*, Dec. 19, 2020.
14. Sam Levine, "He Became a Hero for Halting Trump's Efforts to Overturn the Election. Will Voters Now Punish Him?" *Guardian*, May 19, 2022.
15. Jacqueline Thomson, "Trump Lawyer Jenna Ellis Censured over 2020 Election Fraud 'Misrepresentations,'" *Reuters*, March 9, 2023.
16. A. Walter Dorn, "Here's Why Ukraine Should Seek Peace", *New York Times*, June 14, 2024
17. Anastasia Edel, "The West Clearly Doesn`t Want to Defeat Putin", *New York Times*, August 13, 2024.

第 14 章　科技脫鉤的世界

1. Christian Shepherd, "China Gives Elon Musk a Hero's Welcome—and a Message for the U.S.," *Washington Post*, June 2, 2023.
2. Raymond Zhong, "How China's Outrage Machine Kicked Up a Storm over H&M," *New York Times*, March 29, 2021.
3. "How India Is Using Digital Technology to Project Power," *The Economist*, June 4, 2023.
4. 要在中國供應鏈體系之外組裝 iPhone 將是一項挑戰，因為富士康在印度的供應商僅有 11 家，在越南目前也僅有 26 家，而中國的富士康供應商多達 150 家。請參見：Rajesh Roy, "Top Apple Supplier Foxconn Plans Major India Expansion," *Wall Street Journal*, March 4, 2023.

5. Melissa Cyrill, "India's Semiconductor Sector: Tracking Government Support and Investment Trends", *India Briefing* – Dezan, Shira & Associates, July 17, 2024, india-briefing.com.
6. Leana S. Wen, "The 12 medals that Chinese swimmers won in Paris will forever be tainted", *Washington Post*, August 12, 2024.
7. Francis Fukuyama, *The End of History and the Last Man* (New York: Free Press, 1992).

國家圖書館出版品預行編目（CIP）資料

冷戰 2.0：AI 如何影響中美俄新戰略／喬治・塔卡奇（George S. Takach）著；葉妍伶譯 . -- 第一版 . -- 臺北市：遠見天下文化出版股份有限公司 , 2025.02

560 面；14.8×21 公分 . --（社會人文；BGB606）

譯自：Cold War 2.0: Artificial Intelligence in the New Battle between China, Russia, and America

ISBN 978-626-417-153-3（平裝）

1. CST：人工智慧　2. CST：國際關係
3. CST：國際政治　4. CST：全球戰略

578　114000315

社會人文 BGB606

冷戰 2.0

AI 如何影響中美俄新戰略

Cold War 2.0: Artificial Intelligence in the New Battle between China, Russia, and America

作者 — 喬治·塔卡奇（George S. Takach）
譯者 — 葉妍伶

副社長兼總編輯 — 吳佩穎
社文館副總編輯 — 郭昕詠
責任編輯 — 張彤華
校對 — 凌午（特約）
封面設計 — 朱陳毅（特約）
內頁排版 — 蔡美芳、張靜怡（特約）

出版者 — 遠見天下文化出版股份有限公司
創辦人 — 高希均、王力行
遠見・天下文化　事業群榮譽董事長 — 高希均
遠見・天下文化　事業群董事長 — 王力行
天下文化社長 — 王力行
天下文化總經理 — 鄧瑋羚
國際事務開發部兼版權中心總監 — 潘欣
法律顧問 — 理律法律事務所　陳長文律師
著作權顧問 — 魏啟翔律師
地址 — 台北市 104 松江路 93 巷 1 號

讀者服務專線 — (02) 2662-0012 ｜傳真 — (02) 2662-0007；(02) 2662-0009
電子郵件信箱 — cwpc@cwgv.com.tw
直接郵撥帳號 — 1326703-6 號　遠見天下文化出版股份有限公司

製版廠 — 東豪印刷事業有限公司
印刷廠 — 家佑實業股份有限公司
裝訂廠 — 台興印刷裝訂股份有限公司
登記證 — 局版台業字第 2517 號
總經銷 — 大和書報圖書股份有限公司｜電話 — (02) 8990-2588
出版日期 — 2025 年 2 月 25 日第一版第 1 次印行

定價 — NT 700 元
ISBN — 978-626-417-153-3
EISBN — 9786264171526（EPUB）；9786264171519（PDF）
書號 — BGB606
天下文化官網 — bookzone.cwgv.com.tw

天下文化
BELIEVE IN READING